FINANCIAL & MANAGERIAL ACCOUNTING
THE BASIS FOR BUSINESS DECISIONS
19th Edition

会计学
企业决策的基础
（管理会计分册）

（原书第19版）

[美]　**简·R. 威廉姆斯**（Jan R. Williams）　　**马克·S. 贝特纳**（Mark S. Bettner)　　**约瑟夫·V. 卡塞罗**（Joseph V. Carcello）　◎著
　　　　田纳西大学　　　　　　　　　　　巴克内尔大学　　　　　　　　　　　田纳西大学

赵银德 潘俊 张怡 ◎译

机械工业出版社
CHINA MACHINE PRESS

图书在版编目（CIP）数据

会计学：企业决策的基础．管理会计分册：原书第19版／（美）简·R. 威廉姆斯（Jan R. Williams），（美）马克·S. 贝特纳（Mark S. Bettner），（美）约瑟夫·V. 卡塞罗（Joseph V. Carcello）著；赵银德等译．-- 北京：机械工业出版社，2022.11
（管理教材译丛）
书名原文：Financial & Managerial Accounting: The Basis for Business Decisions, 19th Edition
ISBN 978-7-111-71902-1

I. ①会… II.①简… ②马… ③约… ④赵… III. ①会计学－高等学校－教材 ②管理会计－高等学校－教材 IV. ① F230② F234.3

中国版本图书馆 CIP 数据核字（2022）第 200358 号

《会计学：企业决策的基础》分为财务会计和管理会计两大部分，本书是管理会计分册。除了具有一般会计学教材以及本书以前版本所具有的传统特点外，新版还具有以下特点。①内容覆盖均衡有度：均衡地覆盖了当前的管理会计主题。②会计循环清晰明了：延续了财务会计分册将会计循环归纳为清晰而有趣的 8 个步骤。③学习激励实用有效：提供面向学生的学习工具包。④提高问题处理能力：通过各种专栏鼓励学生站在决策制定者的角度思考现实世界中的问题。此外，新版还增加了很多案例和练习以及参考资料，有助于读者深入领会所学理论。

本书可作为会计学、审计学、财务学专业本科生的初级会计教材，也可作为金融学、管理学、经济学各专业本科生的会计学课程参考教材，还可作为相关领域实务工作者的参考书。

出版发行：机械工业出版社（北京市西城区百万庄大街 22 号　邮政编码：100037）
责任编辑：吴亚军　　　　　　　　　　责任校对：丁梦卓　　王明欣
印　　刷：河北宝昌佳彩印刷有限公司　　版　　次：2023 年 2 月第 1 版第 1 次印刷
开　　本：185mm×260mm　1/16　　　　印　　张：18.5
书　　号：ISBN 978-7-111-71902-1　　　定　　价：79.00 元

客服电话：（010）88361066　68326294

版权所有·侵权必究
封底无防伪标均为盗版

谨以此书献给本·维希特、麦格·维希特、阿什·亨特、莱妮·亨特和露西·亨特，是他们教会我开心地做祖父。

——简·R.威廉姆斯

谨以此书献给我的母亲玛乔丽、父亲弗雷德。

——马克·S.贝特纳

谨以此书献给我深切怀念的吉尔伯特·E.伯恩哈德以及我的妻子特瑞和我们的孩子——珍妮、史蒂芬、克伦与莎拉。

——约瑟夫·V.卡塞罗

译者序 | The Translators' Words

在对具有广泛社会影响的复杂经济活动进行决策时，总是离不开高质量的会计信息。高质量的会计信息指的是会计信息必须准确、客观、全面地反映财务状况和经营成果，这不仅影响投资者、债权人、经营者的利益，而且影响整个社会的经济秩序。然而，由于经济活动中充斥着"灰度梯度现象"，即牵涉无法客观判断的灰色内容，所以会计信息常常难以非黑即白。因此，高质量会计信息的生成总是有赖于深谙会计理论与实务的会计专业人员基于批判性思维的审慎判断。当然，明智的决策者在掌握并运用高质量会计信息时，除了依赖判断之外，也要运用众多其他信息，如财务状况、经营业绩和现金流信息之外的一般经济因素、行业发展趋势、消费者偏好等众多会影响未来业绩的变量。综上，我们自然认为一个勤勉尽责的会计专业人员必须在高质量会计信息的生成和实践运用中担当起大任。换言之，会计专业人员应当具有履行这种担当的能力，而一本优秀的会计学教材也应当服务于履行这种担当的能力的培养。幸运的是，威廉姆斯博士领衔撰写的第19版《会计学：企业决策的基础》就是这样一部深得读者信赖、具有持续性行业重要影响力的领先之作。

第19版《会计学：企业决策的基础》分为财务会计分册和管理会计分册。与之前各版一样，本书一如既往地强调那些有助于学生在未来商业世界取得成功所必须掌握的基本原理，始终保持其"内容覆盖均衡有度""会计循环清晰明了""学习激励实用有效"和"提高问题处理能力"的传统内容特色。

在方法上，本书形成了鲜明的特色。一是采用循序渐进式介绍会计循环的标志性方法，按业务分析、记账规则、日记账分录和T型分类账四步来介绍会计业务处理。二是提供了大量实用的章末练习材料，包括示范题、自测题、讨论题、测试题、案例题和练习题等。三是贯彻实用且有益的教学法，配备了众多案例、图表等，如各章的引导案例、注重概念学习与实际应用相结合的小案例和解释核心概念的图表。四是提供了帮助学生接触现实世界中各种会计行为的特色栏目，如讨论最近年度发生的会计欺诈丑闻的"伦理、欺诈与公司治理"专栏和强调利用会计信息进行决策的"会计与决策"专栏、旨在说明本书概念在实际工作中的应用的三个附录。

第19版的管理会计分册共11章，介绍了管理会计的基本理论与方法，涉及分批成本制、制造费用的分配、分步成本核算、成本核算和价值链、本－量－利分析、增量分析、责任会计与转移定价、经营预算、标准成本系统、经营业绩的激励、资本预算等主题，并设置了"吉尔斯特公司"和"尤替埃斯公司"两个综合题。第19版的管理会计分册不仅承袭了过往各版的长处和传统特点，而且许多内容进行了修订、更新与完善，如制造费用分配率、产品与服务的生产、成本核算系统、作业管理、国际财务报告准则、责任中心、制造费用的产量差异等。

　　本书的翻译是一项团队工作，既是译者之间的沟通，也是译者与作者之间的沟通。第19版的管理会计分册由赵银德、潘俊、张怡主译，朱超、彭雪玲、施伟、朱文凯、蒋立、周彦、周媛媛、张华、赵叶灵等参与了部分章节的翻译，最后，赵银德、潘俊、张怡对全书进行了审核与统稿。作为译者，我们自然未敢有半点马虎，坚守"译作千古事"的信念，努力译出佳作。但是，由于译者水平有限，书中不当和疏漏之处在所难免，敬请广大读者批评指正。在译稿付梓之际，我们特别感谢机械工业出版社给予的合作机会，并深深感谢本书的编辑为本书出版所做的辛勤工作。

译　者

前　言 | Preface

　　合抱之木，生于毫末；九层之台，起于累土。当你仰望大城市的一座座高楼大厦时，自然不会忘记这些宏伟建筑之所以能达到这样的高度，全靠其坚实的基础。同样地，财务会计与管理会计之类的基础课程称得上是取得商业经营成功的基础。就学生而言，只有牢固掌握诸如会计循环和管理决策之类的概念，才能为未来的成长奠定坚实的基础。

　　与之前各版一样，威廉姆斯和他的作者团队在修订第 19 版《会计学：企业决策的基础》时特别强调那些有助于学生在未来商业世界取得成功所必须掌握的基本原理。

　　第 19 版《会计学：企业决策的基础》一如既往地从以下四个方面来打造其特色：

　　内容覆盖均衡有度。第 19 版《会计学：企业决策的基础》对时下财务会计与管理会计方面的热点话题进行了极为均衡有度的介绍，并通过坚持财务会计与管理会计有着同等重要的地位，强调财务会计与管理会计都需要夯实基础。

　　会计循环清晰明了。在第 19 版《会计学：企业决策的基础》中，作者将会计循环表述为清晰而有趣的 8 个步骤。围绕该循环，本书连续采用 3 章内容来阐述会计循环的三大要素：编制分录（第 3 章）、调整分录（第 4 章）和结账分录（第 5 章）。

　　学习激励实用有效。第 19 版《会计学：企业决策的基础》的作者团队专门提供了面向学生的学习工具包，不仅可以激励学生努力学习，而且可以让更多学生完成会计课程的学习。作为对课程内容的有益补充，本书提供了至关重要的技术资料：麦格劳 – 希尔的"连线"（Connect）通过直接引用教科书的章末资料来创建可用于课后测试的作业及计算题，同时也为学生和教师提供了许多补充材料。[⊖]

　　提高问题处理能力。借助于"小案例""会计与决策""伦理、欺诈与公司治理"等专栏，本书鼓励学生学会从决策制定者的角度来思考现实问题。借助于附录中的家得宝公司财务报表，通过评价现实世界中的财务数据，学生可以提升解决问题的能力。在编写高质量的章末资料（如案例题等）时，作者高度关注细节，确保所有的课后作业与各章的学习目标直接相关。

　　⊖　读者可登录 www.mheducation.com 查阅。

简·R. 威廉姆斯（Jan R. Williams）

威廉姆斯博士现为田纳西大学诺克斯维尔分校工商管理学院名誉院长及荣誉教授。1977 年至 2013 年，威廉姆斯博士一直任教于该大学。威廉姆斯教授拥有乔治·皮博迪学院（George Peabody College）的理学士学位、贝勒大学（Baylor University）的 MBA 学位以及阿肯色大学的博士学位。1977 年之前，威廉姆斯博士先后任教于佐治亚大学（University of Georgia）和得克萨斯理工大学（Texas Tech University）。作为田纳西州的执业注册会计师和阿肯色州的非执业注册会计师，威廉姆斯博士与人合著出版了 4 部书，发表了 120 多篇相关学术研究、会议发言以及关于公司财务报告与会计教育的论文。威廉姆斯博士曾任 1999～2000 年度美国会计学会主席，曾担任全美会计荣誉学会（Beta Alpha Psi）主席、田纳西州注册会计师协会（Tennessee Society of CPAs）副主席，并积极参加美国注册会计师协会（American Institute of CPAs）和美国国家会计委员会协会（National Association of State Boards of Accountancy）的活动。2011 年至 2012 年，威廉姆斯博士担任负责全球商学院与会计专业认证的国际高等商学院协会（AACSB International）的董事会主席。自 2013 年从田纳西大学退休以来，威廉姆斯博士仍然积极参加一些商业与会计专业性组织的活动。2018 年，威廉姆斯博士被美国会计学会评为"会计教育杰出工作者"。

马克·S. 贝特纳（Mark S. Bettner）

贝特纳博士现为巴克内尔大学（Bucknell University）肯尼斯·W. 弗里曼管理学院（Kenneth W. Freeman College of Management）荣誉教授，并在 1989 年到 2019 年担任会计与财务管理学科的克里斯蒂安·R. 林德巴克首席教授（Christian R. Lindback Chair of Accounting & Financial Management）。贝特纳博士拥有得克萨斯理工大学工商管理学博士学位和弗吉尼亚理工大学会计学硕士学位。贝特纳博士出版的教材有《财务会计》(*Financial Accounting*) 与《财务与管理会计》(*Financial & Managerial Accounting*)。此外,他还撰写了许多辅助资料,在学术刊物上发表了多篇文章,在学术与专业会议上做过多次报告。贝特纳教授担任一些学术刊物编委会顾问,如《国际会计与商业社会学报》(*International Journal of Accounting and Business Society*)、《国际会计与商业学报》(*International Journal of Business and Accounting*) 等。贝特纳教授还担任《公共利益会计前沿》(*Advances in Public Interest Accounting*)、《经济学与商业历史文献》(*Essays in Economics and Business History*)、《会计观察》(*Critical Perspectives on Accounting*)、《国际临界会计杂志》(*International Journal on Critical Accounting*) 等刊物的审稿人。20 多年来,贝特纳教授还为宾夕法尼亚州银行家协会开发并讲授商业贷款方面的课程。贝特纳教授还担任巴克内尔大学小企业发展中心(Small Business Development Center)的顾问达 10 年之久。

约瑟夫·V. 卡塞罗 (Joseph V. Carcello)

卡塞罗博士曾为田纳西大学会计与信息管理系安永及商科校友基金首席教授,现为田纳西大学的荣誉教授。卡塞罗博士也是该大学公司治理中心的共同创建人并担任过中心的执行主任。卡塞罗博士拥有佐治亚州立大学博士学位、佐治亚大学会计硕士学位以及纽约州立大学普拉茨堡分校的理学士学位。目前,卡塞罗博士独立或合作完成了 3 部教材,发表了 60 多篇期刊论文并著有 5 部专著。卡塞罗博士曾任职于美国证券交易委员会投资者顾问委员会(U.S. Securities and  Exchange Commission's Investor Advisory Committee)、上市公司会计监管委员会投资者顾问组(Public Company Accounting Oversight Board's Investor Advisory Group)以及英格兰及威尔士特许会计师协会(the Institute of Chartered Accountants of England and Wales)的英国审计质量论坛指导委员会(U.K. Audit Quality Forum Steering Group)。卡塞罗博士曾在美国财政部的委员会和工作组就审计职业的未来以及《创业企业扶助法》(JOBS Act)做过证人。他还在美国国会众议院金融服务委员会的分委员会就会计与审计条例做过证人。卡塞罗博士曾是 COSO 特别工作组的成员,负责制定小型上市公司实施 COSO 内部控制框架的规定。长期以来,卡塞罗博士积极参加学术活动,担任《当代会计研究》(*Contemporary Accounting Research*) 杂志的编辑,还担任《会计评论》(*The Accounting Review*)、《审计理论与实务》(*Auditing: A Journal of Practice & Theory*)、《会计视野》(*Accounting Horizons*) 和《当代审计问题》(*Contemporary Issues in Auditing*) 的编委。卡塞罗博士还为四大会计师事务所中的两家会计师事务所和许多州的注册会计师协会讲授专业发展课程,并开展过获得四大会计师事务所中的另一家会计师事务所、美国注册会计师协会和审计质量中心资助的研究项目,而且担任过美国证券交易委员会与私人律师事务所的专家。

Contents | 目录

财务会计分册[⊖]

⊖ 《会计学：企业决策的基础》（财务会计分册）内容详见 978-7-111-71564-1。

管理会计分册

管理会计：经营的助手

学习目标

- 解释指导管理会计系统设计的三项原则。
- 描述制造成本的三种基本类型。
- 区分产品成本和期间费用。
- 说明制造成本如何在永续盘存账户间流转。
- 区分直接成本和间接成本。
- 编制产成品成本一览表。

引导案例

可口可乐公司

可口可乐公司神秘的饮料配方是药剂师约翰·S. 彭伯顿（John S. Pemberton）医生于1886年在佐治亚州的亚特兰大发明的。[⊖]弗兰克·罗宾逊（Frank Robinson）是一名管理会计师，也是彭伯顿医生的合作伙伴，他写下了可口可乐公司著名的商标符号——*Coca-Cola*。当阿萨·坎德勒（Asa Candler）在1891年以2 300美元的价格从彭伯顿手中买下可口可乐公司时，他同时意识到了弗兰克·罗宾逊的管理会计能力的价值。1892年，坎德勒、罗宾逊以及另外三位伙伴共同组建了可口可乐公司的前身佐治亚公司。

如今，可口可乐公司已成为全球最大的饮料企业，在全球200多个国家或地区生产500多种产品。可口可乐公司大约25%的经营收入来自北美销售区。可口可乐公司有四个知名的饮料品牌位列全球前五。为了帮助管理其全球业务，可口可乐公司在上百个国家或地区雇用了数以千计的管理会计师。

16.1 管理会计：基本框架

因为会计信息对于评判一家机构的产出十分关键，所以关键活动的业绩计量和报告，常常要通过会计来协调。通过本章学习，你将了解管理会计是如何成为企业的重要经营助力的。管理会计信息一方面给决策当局提供决策所需的信息，另一方面也可作为评价决策绩效的手段。本章将介绍管理会计的一些基本概念。

本章的引导案例提到了管理会计师弗兰克·罗宾逊，而正是他写下了可口可乐公司那著名的商标符号。**管理会计**（management accounting）是指在公司内部设计并运用会计信息系统

⊖　更多详情请访问：www.coca-colacompany.com/history。

以实现公司的目标。管理会计系统的设计应遵循三个原则。第一，管理会计系统帮助决定谁拥有对公司资产的决策权。第二，管理会计系统所提供的会计信息应支持公司的计划和决策。第三，管理会计报告可作为对公司业绩进行监督、评价和奖励的手段。

16.1.1 管理会计在决策权分配中的作用

为实现组织目标，管理者常常享有对公司某些资产的决策权。例如，工厂经理可能会负责做出与工厂设备、生产流程布局及原材料来源有关的决策。在工厂内部，原材料存货经理可能被授权进行材料的再订购，而生产监管人员则可能被授权负责生产线上的岗位分配。这里的关键就是公司的绝大多数成员都拥有一定的决策权。

公司内部的员工通常清楚自己的决策责任，因为在诸如工作说明书、上级的口头说明和管理会计制度文件和报告等中，这些决策责任都以各种形式进行了简要说明。就像你得到的一份课程大纲，说明了你必须遵守指导老师制定的标准，才能在本门课程得到"A"或"B"一样，管理者获得的管理会计报告勾画了预期成果，以帮助实现企业的目标。如同你对为得到"A"或"B"而必须分配"资产"（你用于学习的时间）负有决策责任一样，管理者对运用各种管理会计报告中的资产也负有决策责任。

16.1.2 管理会计在决策中的作用

管理者需要可靠且及时的信息来做出决策。例如，工厂经理需要信息来帮助评估设备的效率是否低下，或某种工作安排与工厂布局是否更有效率。因此，管理者既需要历史信息（如现有设备的成本和生产效率），也需要预计的信息（如其他可得设备的生产效率和成本）。他们既需要关于特定经营业务的信息，也需要关于公司价值链上其他部分的信息。**价值链**（value chain）是指生产商品或服务并将它们提供给顾客所必需的相互联结的一系列作业活动和资源。因此，工厂经理也需要价值链上其他活动的信息，如工程或销售。他们既需要来自内部的业务信息，也需要来自外部的标杆信息。

随着越来越多的组织开始共享信息，参与**标杆研究**（benchmark studies）已成为这些组织的普遍做法。独立咨询公司经常通过收集本行业其他公司的信息来撰写标杆研究报告。标杆研究指出了与本行业其他公司相比，公司的成本和生产过程究竟如何。公司也会与其价值链上的客户和供应商分享信息。例如，为了使供应商发出的货物正好在生产所需时到达，买卖双方需要分享生产信息。如图16-1所示，为了同时支持一系列广泛的决策责任，公司构建的管理会计系统应当能为各类利益相关团体提供各种过去、现在和面向未来的信息。这种管理会计系统必须做到决策权力分配清晰，对决策过程支持有力，并能为业绩评估和奖励提供决策信息。此外，管理会计系统必须经常性地接受监督和调整，确保能同时为三大决策功能提供支持。

16.1.3 管理会计在绩效评估和奖励中的作用

在绝大多数公司，管理者虽对资产拥有决策权，但拥有资产所有权的是他们所在的公司，而且这些资产的投资收益也归属于公司。为确保资产获得良好的收益，公司要对管理者决策的结果进行监督。当公司为股东所有时，前面章节所讨论的外部财务报表就起到监督整个公司的作用。公司也会设计并行的监督系统，以在公司内部发挥类似的作用。例如，许多公司会编制工厂层面的财务报表。这样，公司总部的管理人员通过比较工厂层面的财务报表与预算就可以监督工厂经理人员所做的决策。通常，管理者所取得的报酬和奖金会与这些内部财务报表的结果挂钩。

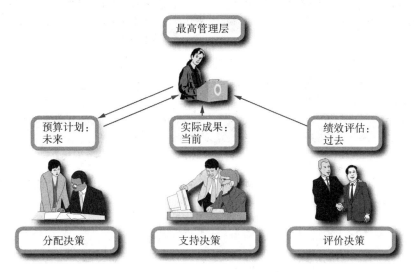

图 16-1　管理会计系统的框架

16.1.4　会计系统：经营的助手

要建立能同时满足外部用户（股东、债权人、美国国税局和美国证券交易委员会）和内部用户（工厂经理、营销经理、人事经理、首席财务官和首席执行官）需要的会计信息系统是非常具有挑战性的。图 16-2 简要说明了对于会计信息系统的需求。用户对会计信息的需要源自不同的（有时甚至是互相冲突的）目的。例如，计划和预算所需的信息往往是未来导向的，而用于监督和评估的信息多是历史导向的。此外，包括股东、债权人和美国国税局在内的外部用户对信息的及时性和详细程度的要求往往不同于工厂经理的要求。不过，同一会计信息系统常常服务于众多用户，不仅要顾及众多组织层面和不同岗位职责的需要，而且要照顾具有不同文化、语言、货币和经济环境的广大地区的需要。对于可口可乐公司这样的企业而言，在设计富有成本效率的会计信息系统以服务广大用户方面，比 15 年前做得更出色了。会计信息系统能够得到改进的主要原因就在于信息技术的迅猛发展。

由于对技术和信息需求的发展变化十分迅速，许多企业管理者在整个职业生涯中都要研究管理会计。事实上，许多公司都要求其雇员完成各种会计技能的培训。那些希望以管理会计为专业的个人可以获得职业资格证书。注册会计师协会负责两种资格证书考试，分别是注册管理会计师（CMA）考试和注册财务分析师（CFM）考试。一个人要成为 CMA 或 CFM，除了要通过严格的考试，还必须满足学历和经历方面的要求。

在学习后续各章时，必须牢记管理会计系统的三大原则：决策权分配、决策与决策支持、绩效评估与奖励。后续各章讨论的程序和方法都是围绕这些原则展开的。另外，由于管理会计和财务会计有一定的重叠，因此难免碰到许多财务会计方面的术语和概念，毕竟两者的用户都是以同一会计系统为基础的。

会计系统	
财务会计	管理会计
目的 向投资者、债权人和其他外部相关方提供关于企业财务状况、财务成果以及未来现金流量的有用信息	**目的** 向管理人员提供有助于其计划、评价和奖励业绩以及同外部相关方共享的信息；分配对于公司资源的决策权
报告类型 包括主要财务报表（如财务状况表或资产负债表、利润表和现金流量表）以及相关注释和补充披露；这些报表等可为投资者、债权人和其他用户提供进行外部决策所需要的信息	**报告类型** 包括许多不同类型的定制报告，具体取决于业务性质和管理层的具体信息需要。例如，预算、财务预测、标杆研究、作业法下的成本报告以及质量成本评估等
编报准则 一般公认会计原则，包括权威会计文献已正式发布的会计准则和标准行业惯例	**编报准则** 由各企业自行确定编报准则以产生同管理层的需要最相关的信息。管理层的需要既包括向外部单位进行报告，也包括向内部用户进行报告
报告主体 通常为被视为一个整体的公司	**报告主体** 为公司价值链的某一部分，比如一个业务部门、供应商、客户、生产线、部门或产品
报告的时间期限 通常为一年、一季度或者一个月，大多数报告着重反映完整期间，而且多强调离当前最近的期间，但常常也会列示以前期间的信息以便于进行比较	**报告的时间期限** 可以是任何期限，如年、季、月、周、日，甚至一个轮班。有些报告具有历史性特征，而有些注重未来期间的预期结果
信息的使用者 包括本企业管理人员及企业外部的人员与单位。这些外部人员与单位包括股东、债权人、潜在投资者、监管当局以及普通大众	**信息的使用者** 包括管理层（不同的管理人员使用不同的报告）、客户、审计人员、供应商以及企业价值链涉及的其他人员与单位

图 16-2　对会计信息系统的需求

16.2　生产经营的会计处理

批发商和零售商购入的存货处于可供销售状态，因此其利润表中报告的销货成本主要由该会计期间所销售存货的购买价格构成。不过，生产企业销售的产品是自己生产的，因此其销货成本由各种**制造成本**（manufacturing cost）构成，包括原材料成本、生产工人所赚的工资以及各种与生产经营相关的其他费用，如公用事业支出、维护支出和财产税等。

由于制造成本对管理会计和财务会计人员都极其重要，所以通过生产经营来说明管理会计和财务会计的交叉性是非常恰当的例子。财务会计人员使用制造成本来确定财务报表所报告的销货成本和存货价值。同样，管理会计人员也要依赖可靠的制造成本信息来帮助回答以下问题：

- 为赚取合理的利润，该如何确定产品的销售价格？
- 为了增强价格竞争力，是否有可能降低某种产品线的生产成本？
- 哪种方法成本更低些：外购或自制产品所需的某些零部件？
- 是否一定要用机器人装配线来实现生产过程的自动化？

16.2.1　制造成本的分类

普通制造企业需要购买原材料，然后通过生产过程将这些材料转变为产成品。将原材料转化为产成品所发生的成本称为**加工成本**（conversion cost），具体包括直接人工和制造费用。相反，生产过程中所消耗的直接材料和直接人工被称为**主要成本**（prime cost）。因此，直接人工既是主要成本，又是加工成本。图 16-3 给出了这些成本的分类情况。制造成本通常被分为以下三大类。

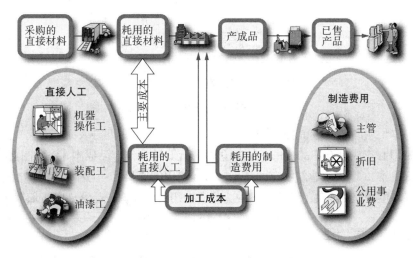

图 16-3　生产过程中实物的流转

（1）**直接材料**（direct materials），指生产中使用的原料和零部件，其成本可直接追溯到所生产的产品。

（2）**直接人工**（direct labor），指员工工资和其他薪酬费用，其劳动可直接追溯到所生产的产品。

（3）**制造费用**（manufacturing overhead），总括性分类，包括除了直接材料和直接人工成本以外的所有制造成本，如工厂公用事业费、管理人员工资、设备修理、机器折旧等。

需要注意的是，制造成本代表的是生产存货耗费的资源，所以不能立即在利润表中报告为当期费用。制造成本要作为产成品存货报告在资产负债表中。随着产成品存货的出售，其制造成本要作为销货成本从资产负债表转入利润表。因此，制造成本常常被称为产品成本（或存货成本）。

16.2.2 产品成本和期间费用

可以用"产品成本"和"期间费用"这两个术语来帮助说明制造成本和经营费用的差别。在制造环境下，**产品成本**（product cost）代表的是为生产存货而耗费的资源。因此，在存货售出前，相关的制造成本在资产负债表中按资产加以报告。当存货产品最终售出时，相关的产品成本作为销货成本从资产负债表转移到利润表。

与某段时间相关，但与存货生产不相关的经营费用就是**期间费用**（period cost）。绝大多数期间费用在当期发生时直接记入费用账户，假设其收益在同期已被全部确认。期间费用包括全部销售费用、一般管理费用、利息费用和所得税。总之，期间费用被归类为公司毛利的减项，在利润表中单独列示以区别于销货成本。

图 16-4 描述了家得宝公司财务报表中产品成本和期间费用的流转情况。

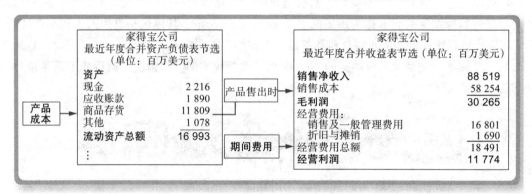

图 16-4　财务报表中的成本流转

为了进一步说明产品成本和期间费用的区别，不妨考察一下两种表面上看起来相同的费用：原料仓库的折旧和产成品仓库的折旧。原料仓库的折旧被看作产品成本（作为制造费用的组成部分记入销货成本），因为该建筑贮存的是生产过程使用的原料。一旦生产过程结束，产成品可供销售，所有与贮存存货相关的费用都被视为经营费用，因而产成品仓库的折旧属于期间费用。

⊙ **伦理、欺诈与公司治理**

公司可以通过将期间费用资本化而人为地增加报告的收入。期间费用的资本化违反了一般公认会计原则（GAAP）。例如，美国证券交易委员会（SEC）对优胜者互联网络公司及其前任董事长、首席执行官、总裁和前审计公司采取了强制执法措施，因为他们向美国证券交易委员会提交的财务报表具有重大误导性，而导致这一切的部分原因就是公司采用了不当手段将期间费用资本化。

优胜者公司将与雇用公司董事长、首席执行官、总裁有关的工资、工资所得税、租金、差旅、营销和咨询等期间费用进行了资本化。其实，这些费用与优胜者软件资产的开发并无关系。因此，这些花费应该在支出发生时计入当期费用，但优胜者公司不恰当地将期间费用进行了资本化，结果导致公司总资产虚增 416%。

除了对优胜者公司的前任董事长、首席执行官、总裁及前任会计师事务所进行其他制裁外，美国证券交易委员会做出永久禁令，禁止优胜者公司的继任者美国电视和电影公司再有任何违反证券法行为的发生。

16.2.3 产品成本和配比原则

在区分产品成本和期间费用时，我们依据一个熟悉的会计概念，即配比原则。简言之，只有当产品成本与产品收入相配比时，才应该在利润表中加以报告。为便于说明，我们以一家房地产开发商为例。该开发商在当年 5 月开始建造 10 栋房屋。当年度，该开发商发生了 200 万美元的材料费用、人工费用和制造费用（假定每栋房屋 20 万美元）。到 12 月末，所有房屋都尚未售出。那么，在这 200 万美元的建造费用中，有多少应在该开发商本年度的利润表中报告呢？

答案是 0。这些费用同开发商本年度所赚取的任何收入都没有联系。相反，当这些房屋最终出售时，它们才同该开发商的未来收入相联系。因此，在当年年末，200 万美元的产品成本应该作为存货在该开发商的资产负债表中加以报告。每售出一栋房屋，就会有 20 万美元作为销货成本从销售收入中扣除。这样，该开发商未来期间的利润表将会适当配比每笔收入及其销售成本。

16.2.4 制造企业的存货

在上例中，假设全部 10 栋房屋都于年末完工。这样，开发商的存货只包括产成品。大多数制造企业通常有三种类型的存货：

（1）**原材料存货**（materials inventory）：手头持有的，可用于生产过程的原材料。

（2）**在产品存货**（work in process inventory）：已开始进行生产，但尚未完成的部分完工产品。

（3）**产成品存货**（finished goods inventory）：可以销售给顾客的尚未售出的产成品。

所有这三类存货在资产负债表中都被归类为流动资产。原材料存货的成本以其购买价为记录基础。在产品和产成品存货的成本由直接材料费用、直接人工费用和所分配的制造费用决定。

⊙ **小案例**

在许多国家和地区，如阿根廷和希腊，存货的计量不像美国那样采用成本和市价孰低原则。此外，许多国家和地区，如韩国、墨西哥、尼日利亚、波兰和中国台湾地区，允许对财产和设备从高计价。这些会计方法差异使来自不同国家和地区的公司之间的存货价值比较变得很困难。

制造企业可选择采用永续盘存制或定期盘存制。永续盘存制具有许多优点，可为管理人员提供存货的最新信息，如具体的存货数量和单位产品的生产成本。鉴于这些原因，几乎所有的大型制造企业都采用永续盘存制。此外，采用永续盘存制可以清晰说明制造成本在存货账户间的流转以及转为销货成本的情况。因此，在讨论制造活动时，我们假定采用永续盘存制。

16.2.5 成本流转与实物流转同步

当采用永续盘存制时，制造成本在公司总分类账户间的流转与产品在生产过程中的实物流转高度同步。图 16-5 所描述的就是这一关系。图 16-5 中带有数字序号的方格代表 6 个总分类账户，分别代表生产企业对对应生产活动的会计处理：① 原材料存货；② 直接人工；③ 制造费用；④ 在产品存货；⑤ 产成品存货；⑥ 销货成本。

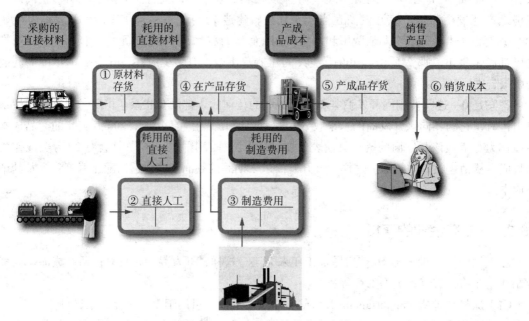

图 16-5　与生产相关的成本流转

16.2.6　制造成本的会计处理：示例

为说明制造成本的会计处理，我们假设位于俄勒冈州本德市的康斯德公司生产高档山地自行车。该公司运用成本信息来检测生产效率、确定产品价格和控制存货水平。

如图 16-6 所示，康斯德公司仔细跟踪制造成本在总分类账账户间的流转。图中所列示的数字表示康斯德公司 2021 年的全部制造成本。借方和贷方分录汇总了公司记录的整个年度的众多交易。在本例中，我们采用了不同的标注方式，以方便理解制造成本在这些账户间的流转。三个存货账户的期初余额以斜体字表示；制造成本以及表示这些成本从一个账户流转到另一个账户的箭头用正常字体表示；公司财务报表列示的年末账户余额则以黑体字表示。

接下来，我们要详细分析制造成本究竟是如何在这些总分类账户间流转的。

16.2.7　直接材料

直接材料是构成产成品实体的原材料和零部件，可以直接而方便地追溯到所生产的产品中。康斯德公司的直接材料包括制造自行车框架的轻合金管、车闸、变速杆、脚踏、链齿轮、轮胎等。用这些零部件组装而成的山地自行车就是公司的产成品存货。

“直接材料”和“产成品”这两个术语是从单个制造企业的视角进行定义的。例如，康斯德公司将车闸视为直接材料，但车闸制造厂希马诺公司则将出售给康斯德公司的车闸视为产成品。

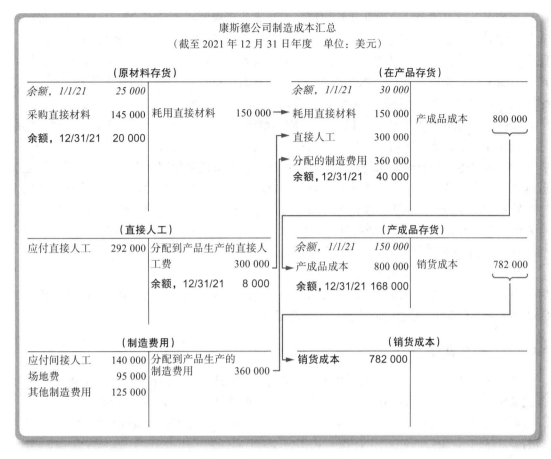

图 16-6　制造成本的会计处理

康斯德公司采用永续盘存制，公司购入的直接材料成本直接借记"原材料存货"账户。当这些材料用于生产时，其成本借记"在产品存货"账户，贷记"原材料存货"账户，这样就从原材料存货账户转入了在产品存货账户。年末原材料存货账户的余额表示现有的和备用的直接材料的成本。

一些在生产过程中所使用的材料，很难或无法直接追溯到所生产的产成品中。对康斯德公司而言，这种材料包括轴承润滑油脂、焊接材料、用于工厂维护的清洁剂等。这些项目被称为**间接材料**（indirect materials），要归类为制造费用。

16.2.8　直接人工

直接人工账户用于记录直接工人的工资费用，并将此费用分配到他们所帮助生产的产品中。⊖直接工人是指那些徒手或使用机器直接进行自行车产品加工的员工。

康斯德公司雇用了五类直接工人。各个类别及其相应的工作内容如右所示。

类别	岗位描述
切割工	将合金管件切割成适当的长度
焊接工	将切割完成的合金管件焊成自行车框架
油漆工	给自行车框架打底漆和上油漆
装配工	部分装配各辆自行车以备包装
包装工	将进行了部分装配的自行车装箱

⊖ 正如第 10 章所解释的，工资费用除了工人赚得的工资外，还包括工资所得税和附加福利，有些公司将附加福利计入费用，因为它们并不与计时工资存在比例关系。

直接人工成本的会计处理涉及互相独立而又彼此不同的两个方面。第一个方面涉及每一支付期末对直接工人的现金支付。在每一个付薪日，将直接人工工资总额借记"直接人工"账户，作为抵消，贷记"现金"账户。第二个方面涉及将直接人工成本分配给正在生产的在产品。由于员工在当期对生产做出了贡献，所以他们劳动的成本要分配到产品中，此时要借记"在产品存货"账户，贷记"直接人工"账户。

在图 16-6 的 T 型账户中，直接人工成本的流转类似于直接材料成本的流转。不过，它们之间仍存在一个显著的区别。材料是在被耗用前购入的，因此材料这个存货账户存在一个借方余额，数量等于现有未使用的材料成本。不过，员工所提供的服务在向他们支付工资之前就被耗用了。因此，在整个付薪期间都贷记"直接人工"账户，到付薪期末才借记"直接人工"账户。如果资产负债表日在两个付薪日之间，那么在做调整分录之前，直接人工账户就会发生贷方余额，该余额代表公司所欠工人已经付出的劳动的报酬。该贷方余额应该作为"应付工资"，列示在资产负债表中的流动负债部分。

许多生产工厂的员工并不直接进行产品生产。以康斯德公司为例，这些员工有工厂主管、维修人员、叉车司机以及保安人员等。与间接材料费的处理方法相似，这些**间接人工**（indirect labor）费用也是公司制造费用的组成部分。

16.2.9 制造费用

所有除了直接材料和直接人工外的制造成本都被归类为制造费用。制造费用账户用于：①记录所有被归类为"制造费用"的费用；② 将这些费用分配到所生产的产品中。

制造费用有许多种类，因此"制造费用"账户是一个统驭账户，其明细账户记录各种类别的制造费用。

由于制造企业性质多种多样，因此无法编制一张能包括所有类别制造费用的完整列表。不过，就康斯德公司而言，具体制造费用包括如下几种。

1. 间接材料费

① 不构成产成品实体的工厂物料，如用于切割机的润滑油和清洗油漆机的溶剂。

② 构成产成品实体的材料，但很难将其成本追踪到产成品中，如每辆自行车安装轴承都要用的机油、安装变速杆的螺钉、螺母以及其他零部件。

2. 间接人工费

①主管的工资。

②工厂修理人员、叉车司机、材料仓库收料员和工厂保安人员的工资。

3. 场地费

①厂房和材料仓库的折旧。

②土地和建筑物的保险费和财产税。

③建筑物的维护修理费。

④公用事业费和通信费。

4. 机器设备费用

①机器折旧。

②机器维护费。

5. 监管遵循费用

①满足工厂安全要求的费用。

②空漆罐等废料处理费。

③工厂排放物控制费（满足净化空气标准）。

销售费用和一般管理费用与生产过程无关，所以不包括在制造费用之内。对于某些费用，如保险费、财产税和公用事业费等，有时要将一部分分配到生产经营中，一部分要分配到管理及销售中。此时，这些费用要被分摊到制造费用、管理费用以及销售费用中。

就制造费用的记录而言，制造费用账户的借方记录所有种类的制造费用。借记制造费用账户的费用包括间接工人的工资、车间公用事业费、车间资产折旧以及间接材料的采购。[⊖]贷记的账户按制造费用的性质而有所不同。例如，在记录间接材料的采购业务时，贷方通常是应付账款，而在记录机器折旧时，贷方是累计折旧账户。

当全部制造费用项目为生产活动所消耗完时，相关的成本要从制造费用账户转入在产品存货账户（借记"在产品存货"，贷记"制造费用"）。在会计年度内，所发生的全部制造费用都应分配到所生产的产品中，但年终时的制造费用账户余额应为 0。

16.2.10 直接和间接制造成本

直接材料成本和直接人工成本可以简便而直接地追溯到具体单位的产品中。例如，在康斯德公司，确定用于生产某种自行车所用的金属管费用和直接人工成本相对较为容易。由于这一原因，会计人员称这些项目为**直接制造成本**（direct manufacturing cost）。

与之相反，制造费用则属于**间接制造成本**（indirect manufacturing cost）。例如，康斯德公司将制造费用归为几类，包括车间财产税、工具设备折旧、主管工资、设备修理费等。那么，每辆自行车应该分配多少间接成本呢？

答案并不简单。按照定义，间接成本无法简便而直接地追溯到特定产品中。这些成本常常以整体形式出现而不是核算为单位产品的费用，但财务会计人员和管理会计人员所需要的恰恰是单位成本信息。因此，制造企业必须设法将总制造费用按适当比例分配到各单位产品中。具体方法将在第 17 章和第 18 章中进行详细讨论。

16.2.11 在产品存货、产成品存货和销货成本

本章用很大部分篇幅来讨论制造成本的三种类型：直接材料、直接人工和制造费用。接下来要关注的是反映这些成本流转情况的三个账户：在产品存货账户、产成品存货账户和销货成本账户。

在产品存货账户用于：①记录与当期所生产的产品数量有关的累计制造成本；②将这些成本在本期完工的产成品和在产品之间进行分配。

因为直接材料、直接人工和制造费用被耗用到产品生产中，所以与之相关的费用要记录到在产品存货账户的借方。这些费用流入此账户（而不是流入相应的费用账户）也表明与之前

⊖ 有些公司将采购的间接材料记录于"原材料"账户或其他独立的账户。当各期间接材料的采购量和耗用量相差不大时，通常采用这里使用的方法。

的观点一致，即制造成本是产品成本，而不是期间费用。

在完成一定数量产品的生产后，产品的制造成本要从在产品存货账户转到产成品存货账户。因此，在产品存货账户的余额仅仅代表仍在生产过程中的产品的制造成本。

必须要注意的是，产品一旦归类为产成品，就不可再将额外费用分配给它们。因此，储存费用、营销费用和产成品的运输费用应视为销售费用，而不是制造成本。一旦产成品售出，其相关成本必须根据配比原则从资产负债表"流"入利润表。相应地，一旦产品被售出，其成本应从产成品存货账户转入销货成本账户。

⊙ 首席财务官

假设你是康斯德公司的首席财务官，刚从位于俄勒冈州本德市的工厂会计吉姆·斯威处收到公司的利润表和资产负债表。在与吉姆交谈时，你了解到在最近报告期内，工厂经理达莱因·柯斯基要求必须把存货的运输成本、修理工厂停车场费用以及工厂新建景观的费用都分配到产品成本中。此外，在上述分配发生期，工厂生产的自行车比卖掉的要多得多，从而使公司的可出售自行车存货大幅增加。因此，吉姆所说的这些成本中有大部分被分配到手头的存货上（包含在资产负债表的存货成本中），而没有分配到销货成本中（包含在利润表中）。再进一步看，在最近报告期内，依据工厂的盈利能力，达莱因和吉姆都获得大额奖金。作为公司的首席财务官，你该做些什么？

16.2.12 对单位成本数据的需要

要将具体数量产品的成本从一个账户转入另一个账户，就需要知道每种产品的单位成本，即分配到具体数量产品的制造成本。确定单位成本是每种成本会计制度的首要目标。对此，第 17 章和第 18 章将做全面解释。

单位成本对财务会计人员和管理会计人员都十分重要。财务会计人员使用单位成本来记录已加工完成的产品从在产品账户到产成品账户和从产成品账户到销货成本账户的转移。管理会计人员也需要使用相同的信息来进行定价决策、评估当前的经营效率以及制订未来的经营计划。

16.2.13 产成品成本的确定

绝大多数制造企业都会编制产成品制造成本一览表，便于管理人员了解当期经营活动的情况。表 16-1 给出了根据图 16-6 中的资料编制的康斯德公司的产成品制造成本一览表。

表 16-1 康斯德公司 2021 年度产成品制造成本一览表

康斯德公司

产成品制造成本一览表

截至 2021 年 12 月 31 日年度 （单位：美元）

年初在产品存货余额		30 000
分配到产品生产中的制造成本：		
直接材料	150 000	
直接人工	300 000	

（续）

制造费用	360 000	
制造成本总额		810 000
本年度在产品总成本		840 000
减：年末在产品存货余额		（40 000）
产成品制造成本		800 000

请注意，表16-1中的所有数字都来自图16-6中康斯德公司的在产品存货账户。简言之，表16-1汇总了在产品存货账户中制造成本的流入与流出情况。

那么，产成品制造成本一览表的目的是什么呢？产成品制造成本一览表并不是正式的财务报表，通常也不会出现在公司年报中，其主要目的是帮助管理人员了解和评价生产产品的整体成本。例如，通过比较连续几期的产成品制造成本一览表，管理人员就可以确定直接人工或制造费用占制造成本总额的百分比是上升了还是下降了。另外，产成品制造成本一览表对于编制单位成本信息也很有用。

如果一家公司只生产单一成品线的产品，那么其单位产品成本就等于公司的产成品制造成本除以产量。例如，如果康斯德公司只生产单一成品线的山地自行车，若在2021年生产了10 000辆山地自行车，那么其平均单位成本为80美元（800 000美元除以10 000辆）。如果康斯德公司生产多产品线的山地自行车，那么就需要对每种产品线编制独立的产成品制造成本一览表。

16.2.14　制造企业的财务报表

现在我们来说明例子中所给出的信息是如何在康斯德公司2021年度的利润表和资产负债表中进行报告的。

表16-2给出了康斯德公司2021年度的利润表。

表 16-2　康斯德公司 2021 年度报告的利润

康斯德公司

利润表

截至 2021 年 12 月 31 日年度		（单位：美元）
销售收入		1 300 000
销货成本		782 000
销售毛利润		518 000
经营费用：		
销售费用	135 000	
一般管理费用	265 000	
经营费用总额		400 000
经营利润		118 000
利息费用		18 000
所得税税前利润		100 000
所得税费用		30 000
净利润		70 000

请注意，康斯德公司的经营费用中没有出现制造成本。实际上，在制造企业的财务报表中，制造成本仅出现在两个地方。第一，与本期已售出产品有关的成本在利润表中列示为"销货成本"。康斯德公司利润表中所列示的销货成本为 782 000 美元，是直接从该公司永续盘存记录中取得的，这一数字可按以下方法进行验证（单位：美元）。

期初产成品存货（2021 年 1 月 1 日）	150 000
加：本年度产成品成本	<u>800 000</u>
可供销售的产成品成本	950 000
减：期末产成品存货（2021 年 12 月 31 日）	<u>168 000</u>
销货成本	782 000

第二，所有尚未售出产品的制造成本被分类为存货并在资产负债表中加以列示。康斯德公司三种存货在资产负债表中的报告情况如表 16-3 所示。

表 16-3　康斯德公司 2021 年年末流动资产负债余额

康斯德公司

部分资产负债表

2021 年 12 月 31 日　　　　　　　　　　　　　（单位：美元）

流动资产：		
现金及现金等价物		60 000
应收账款（扣除坏账准备后的余额）		190 000
存货：		
原材料	20 000	
在产品	40 000	
产成品	<u>168 000</u>	
存货总额		<u>228 000</u>
流动资产总额		478 000

如前所述，康斯德公司的资产负债表中包含一项流动负债——应付工资，它等于图 16-6 中所显示的直接人工账户下 8 000 美元的贷方余额。此外，必须注意的是，出于财务报告的需要，许多制造企业会在资产负债表中将三项存货的金额归并为单一存货金额。如果康斯德公司也这样进行归并，那么其资产负债表中要报告的存货总金额就是 228 000 美元。

⊙ **会计与决策**

本系列书的财务会计分册第 1 章初次介绍了如图 16-7 所示的会计高等教育路径委员会模型。按照该模型的观点，在对具有广泛社会影响的复杂经济活动进行决策的过程中，会计信息起着重要的帮助作用。此外，由于经济活动中充斥着"灰度梯度现象"，因此会计专业人员必须做出基于批判性思维方法的审慎判断。

财务会计分册的 15 章内容都贯彻了这一模型的思想观点，尤其是在财务会计领域，毕竟如我们所关注的诸如投资者和债权人之类的外部决策者都要运用会计信息。从本书第 16 章起，这一模型同样适用于管理会计领域，因为企业的内部决策也需要获得会计信息的支持。这些内部决策包括但不限于：

（1）搞清成本行为；

（2）实施成本控制，建立成本标准；

（3）实施全价值链质量控制；

（4）管理生产约束；

（5）开展绩效评估并奖励；

（6）执行短期预算；

（7）资本资产投资决策。

接下来各章的"会计与决策"专栏将展示会计在支持经营决策方面的重要作用。

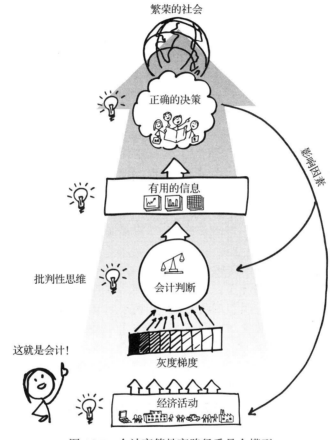

图 16-7　会计高等教育路径委员会模型

资料来源：the American Accounting Association.

16.3　小结

本章提供了一个可以帮助读者了解管理会计在企业经营中的作用的框架。按照该框架的思路，管理会计提供的信息、工具和方法可用来帮助管理者：①分配决策权限；②支持决策过程；③评价决策结果。管理会计系统所收集的过去、当前和未来的信息可用于支持各种决策。后面各章所介绍的许多内容都是建立在本章所确立的基本框架和管理会计方法之上的。无论你现在或将来要从事经营管理工作，还是当你拥有自己的企业时，这些概念和思想仍将十分有用。

学习目标小结

1. 解释指导管理会计系统设计的三项原则

　　首先，管理会计系统有助于决定谁对公司资产具有决策权；其次，管理会计系统所生成或创造的会计信息是公司进行计划和决策的基础；最后，管理会计报告提供了进行绩效控制、评估和奖励的方法。

2. 描述制造成本的三种基本类型

　　直接材料由生产产成品所必需的零部件和原材料构成。直接人工成本是支付给直接从事产品生产的生产工人的工资。制造费用包括除了直接材料成本和直接人工成本外的所有制造成本。制造费用的例子包括机器折旧、生产实施保险费用以及可追溯到制造活动的用电支出。

3. 区分产品成本和期间费用

　　产品成本是生产存货的成本。在相关产品被出售以前，它们被视为资产。在产品出售时，产品成本作为销货成本从收入中扣减。因此，本年生产、下一年才售出的产品成本从下一年的收入中扣减。

　　期间费用在其发生的会计期间记为费用。期间费用同产品的生产无关，因此在当期发生时直接记入费用，其假设的是支出所产生的收益已在支出发生时得到确认。期间费用包括一般管理费用、销售费用和财务费用。

4. 说明制造成本如何在永续盘存账户间流转

　　制造成本最初被记录在三个统驭账户中：原材料账户、直接人工账户和制造费用账户。当这些费用能够被分配到投产的产品中时，它们将从以上这些制造成本账户转入在产品存货账户。当产品完工之后，其成本从在产品存货账户转入产成品存货账户。然后，当出售这些产品时，其成本从产成品存货账户转入销货成本账户。

5. 区分直接成本和间接成本

　　直接制造成本（直接材料和直接人工）可以追溯到具体的产品。间接制造成本指的是许多作为一个整体分配到生产经营中且不能追溯到具体产品的制造费用项目。

6. 编制产成品成本一览表

　　产成品成本一览表汇总了制造成本流入和流出在产品存货账户的情况，其目的是帮助管理层清楚和评价当期发生的制造成本。

　　编制产成品成本一览表，要先列出年初在产品存货余额，再将本期耗用的原材料、直接人工和制造费用加到这一金额中。上述四项合计即为本期所有在产品的总成本。最后一步是减除年末在产品成本，从而得出本期的产成品制造成本。

习题／关键术语

示范题

　　以下 T 型账户汇总了玛斯通制造公司本年度制造成本在其分类账间的流转情况（单位：美元）。

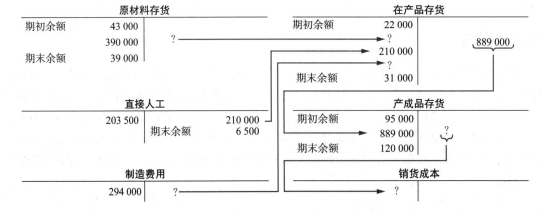

要求：

根据以上 T 型账户提供的数据，求出以下金额。有些金额已经列示在 T 型账户中，有些需要进行简单计算。

（1）购买直接材料。

（2）本年度耗用的直接材料。

（3）分配给产品生产的直接人工费用。

（4）年末应付直接人工工资。

（5）本年度分配给产品生产的制造费用。

（6）本年度分配到产品生产中的制造成本总额。

（7）产成品成本。

（8）销货成本。

（9）年末资产负债表中所列示的存货总成本。

答案（单位：美元）：

（1）购买直接材料 <u>390 000</u>

（2）计算耗用的直接材料

原材料存货期初余额	43 000
购买直接材料	<u>390 000</u>
可用直接材料	433 000
减：原材料存货期末余额	<u>39 000</u>
耗用的直接材料	<u>394 000</u>

（3）分配给产品生产的直接人工费用 <u>210 000</u>

（4）年末应付直接人工工资 <u>6 500</u>

（5）本年度分配给产品生产的制造费用：

从在产品转出的成本	889 000
期末在产品	<u>31 000</u>
应计成本总额	920 000
减：耗用的直接材料 [见（2）]	394 000
耗用的直接人工	210 000
期初在产品	<u>22 000</u>
本年度分配给产品生产的制造费用	<u>294 000</u>

（6）本年度分配到产品生产中的制造成本总额：

直接材料 [见（2）]	394 000
分配给产品生产的直接人工费用	210 000
本年度分配给产品生产的制造费用 [见（5）]	<u>294 000</u>
本年度分配到产品生产中的制造成本总额	<u>898 000</u>

（7）产成品成本 <u>889 000</u>

（8）计算销货成本

产成品存货期初余额	95 000
产成品的制造成本	<u>889 000</u>
可供销售的产成品成本	984 000
减：产成品存货期末余额	<u>120 000</u>
销货成本	<u>864 000</u>

（9）年末存货总成本：

原材料	39 000
在产品	31 000
产成品	<u>120 000</u>
总存货成本	<u>190 000</u>

自测题

1. 指出下列表述中哪些描述属于管理会计范畴而非财务会计范畴（可多选）。

   A. 使用一般公认会计原则进行报告

   B. 信息根据具体决策者的需要进行定制

   C. 信息传递更为广泛

   D. 强调预期的未来成果

2. 对于制造企业来说，"在产品存货"账户借方所记费用包括：

   A. 耗用的直接材料、直接人工和制造费用

   B. 产成品成本

   C. 期间费用和产品成本

   D. 以上都不是。借记本账户的费用类型取决于所生产的产品的类型

3. 2 月 1 日，在产品存货账户有期初余额 4 200 美元。2 月耗用的直接材料费为 29 000 美元，分配到产品生产中的直接人工费用为 3 000 美元，分配到产品生产中的制造费用为 3 600 美元。如果产成品成本为 37 700 美元，2 月底在产品存货账户的余额为：

   A. 9 900 美元

   B. 1 500 美元

   C. 2 100 美元

   D. 5 700 美元

4. 制造费用通常包括：

   A. 与产品销售相关的销售费用

   B. 生产线主管的工资

   C. 公司首席执行官的工资

   D. 为新产品而发生的研发费用

5. 以下是纽波特制造公司最近一年的会计记录（会计年度截至 12 月 31 日，单位：美元）。

	12月31日	1月1日
在产品存货	20 000	10 000
产成品存货	80 000	60 000
耗用的直接材料	200 000	
直接人工	120 000	
制造费用	180 000	
销售费用	150 000	

指出下列表述中哪些是正确的（可多选）：

A. 本年度借记在产品存货账户的金额为 500 000 美元

B. 产成品成本为 480 000 美元

C. 销货成本为 470 000 美元

D. 本年度制造成本总额为 650 000 美元

讨论题

1. 简要说明管理会计信息和财务会计信息在以下方面的区别：①信息的目标用户；②信息的目的。

2. 描述指导管理会计系统设计的三项原则。

3. 管理会计信息是按照一般公认会计原则还是按照其他规定的准则形成的？请解释。

4. 制造企业有三个存货统驭账户。请说出每个账户的名称并简要说明这三个账户在任何一个会计期末的余额所反映的是什么？

5. 处置工厂经营中所产生的有害废料的费用是产品成本还是期间费用？请解释。

6. 管理会计的关注点之一就是决策权。组织内的每个人都有一定程度的决策权。员工和管理人员是如何了解到他们拥有对公司资产的决策权的？

7. 借记"原材料存货"账户的是什么？贷记"原材料存货"账户的是什么？年末该账户很可能有哪种类型的余额（借方或贷方）？请解释。

8. 什么是会计标杆研究？为什么标杆研究对组织的管理会计系统很重要？

9. 借记本年度"直接人工"账户的是什么？贷记"直接人工"账户的是什么？年末该账户很可能有哪种类型的余额（借方或贷方）？请解释。

10. 图16-6中有6个分类账账户。这6个分类账账户中哪些账户常常在年末有余额列示在公司正式的财务报表中？简要说明这些余额在财务报表中是如何分类的？

11. 阿高制造公司每月大约使用 1 200 美元的库存物料来清洗工作场地和生产设备。这 1 200 美元应该包括在耗用的直接材料成本中吗？请解释。

12. 借记本年度"在产品存货"账户的是什么？贷记"在产品存货"账户的是什么？该账户的年末余额表示的是什么？

13. 借记本年度"产成品存货"账户的是什么？贷记"产成品存货"账户的是什么？年末该账户很可能有哪种类型的余额（借方或贷方）？

14. 简要说明列示在"产成品成本一览表"中的产成品成本该如何计算。

15. 在计算产成品单位成本时，"产成品成本一览表"是一种很有用的工具。说明管理会计人员和财务会计人员使用单位制造成本信息的几种方法。

测试题

1. 本年度纽瓦克造船厂建造了三艘大型帆船，发生了 25 万美元的制造成本。每艘船在年末都完成了大约 60%。这些制造成本中有多少应该在纽瓦克造船厂本年度的利润表中确认为费用？请解释。

2. 本年度某制造企业购买的直接材料成本为 36 万美元，且直接材料存货增加了 8 万美元。本年度所耗用的直接材料成本是多少？

3. 某公司本年度生产卡车 60 辆，耗费原材料、人工成本及制造费用共 450 万美元，本年度，该公司销售了 53 辆卡车，每一辆都分配了等额的费用。450 万美元的装配成本中应有多少计入本年的利润表？

4. 超大升降机公司是一家生产叉车的公司。本年度，该公司购买了 125 万美元的直接材料，分配到生产的直接材料为 160 万美元。原材料存货账户的期初余额为 45 万美元，该公司原材料存货账户的期末余额是多少？

5. 弗雷迪公司在本年度分配给产品生产的直接人工费用为 55 万美元。在此期间该公司支付员工工资 55 万美元。应采用什么日记账来记录这两笔业务？

6. 本年度，CF 制造公司本年度发生了 37 万美元的间接人工成本、1.5 万美元的间接材料费及16.3万美元的其他制造费用。此外，CF制造公司发生了储存产成品用的仓库租金12.5万美元。该公司的制造费用账户中有多少金额应分配给在产品存货账户？

7. 坎特伯利宠物公司在本州有三家商店。公司老板珀金斯女士难以跟踪三家宠物商店的存货成本。珀金斯女士知道你有能力跟踪和了解成本的流转，请你为她的三家商店确定以下缺失的项目（单位：美元）。

	中西部坎特伯利店	北部坎特伯利店	东部坎特伯利店
期初存货	30 000	？	？
转入	100 000	200 000	160 000
转出	110 000	180 000	150 000
期末存货	？	60 000	40 000

8. 4月1日，在产品存货账户期初余额为16 200美元。在4月期间，分配到产品生产的所耗用的直接材料成本为408 000美元、直接人工费用为56 000美元，分配到产品生产的总的制造费用为72 000美元。如果产成品成本为523 500美元，那么4月30日在产品存货账户的余额为多少？

9. 斯达维修公司为一家中等规模的掌上电脑游戏机制造商做所有的维修工作。这些游戏机直接发送到斯达维修公司；修复后，斯达维修公司按成本加成20%向游戏机制造商开具账单。2月，该公司采购零部件（更换零部件）总额为97 000美元，零部件的期初存货为38 500美元，期末存货为15 250美元，2月支付维修技术人员工资52 500美元，发生的制造费用为121 000美元。

（1）2月，该公司为维修工作耗用的材料费是多少？

（2）2月的主要成本是多少？

（3）2月的加工成本是多少？

（4）2月的维修费用总额是多少？

10. 本年度末，埃斯科拉制造公司有如下余额（单位：美元）。

在产品	43 600
现金及现金等价物	540 000
产成品	85 700
原材料	25 400
应收账款	237 000

为埃斯科拉制造公司的以上账户编制部分资产负债表。

自测题答案： 1. BD ；2. A ；3. C（4 200 + 29 000 + 3 000 + 3 600−37 700）；4. B；5. AC。

练习题

关键术语

第17章

分批成本制与制造费用的分配

┊学习目标┊

- 解释成本会计系统的目的。
- 确定适用分批成本核算的商品与服务的生产过程。
- 说明分批成本核算中制造费用分配率的目的及其计算。
- 描述分批成本单的目的及其内容。
- 了解会计处理分批成本核算中的成本流转。
- 阐明与制造费用相关的作业成本库并能举例。
- 说明如何利用作业基础将作业成本库分配给产出单位。

┊引导案例┊

柏克德公司

柏克德公司是工程与建筑领域全球最大的私有企业。柏克德公司在全球各大洲同时经营多种多样的项目，包括电厂、可再生能源设施、高速公路、桥梁、机场、采矿作业和废物处理中心的建造。

诸如柏克德之类的建筑与工程公司都会应用被称为分批成本核算的系统。这样，公司就能将完成各项工程所需的数十亿美元的投入追溯到具体项目上。因为每项客户工程都有自身特点，所以这些企业必须建立恰当的系统，以便把每天发生的成千上万的采购交易有效追溯到全球各地的具体项目。借助于分批成本核算系统，这些企业就可以确定原材料、劳动力和管理费用的使用效率，从而可以准确计量完工项目的盈利情况。此外，分批成本核算系统使得建筑与工程企业得以确定资产负债表中存货的价值以及利润表所报告的销货成本的价值。

17.1 成本会计系统

企业的成本会计系统必须提供准确无误的信息，确保成本能与生产产品和/或服务的过程相关联。耗费资源的生产过程必须与相关成本匹配。这样，管理人员就能决定如何以最好的方式为顾客提供产品与服务。此外，成本会计系统对于维持竞争优势来说也是必不可少的。

成本会计系统（cost accounting system）是指企业在为顾客生产和配送产品和服务的过程中用来追踪所耗用资源的方法和技术。通过运用成本会计系统所提供的信息，管理层不仅可以监控资源耗费，而且可以对员工进行绩效评价和奖励。另外，成本会计系统所产生的信息也可用于满足外部报告需要。存货、销货成本和各种经营费用可以通过成本会计系统进行追踪，然后在公司的资产负债表和利润表中进行报告。

对于制造公司和服务公司，成本会计系统有助于达到两个重要的管理目标：①确定制造产品或提供服务的单位成本；②向管理人员提供有助于计划和成本控制的信息。正如第16章所讨论的，单位成本是通过将直接材料、直接人工和制造费用追溯到具体单位的产品而得以确定的。

对于不同行业，单位产品的定义也各不相同。人们很容易将单位产品看成类似于汽车或电视机之类的单个产品。不过，在某些行业，单位产品可能以吨、加仑、英尺、千瓦时、乘客英里数或其他任何适当的产出单位来表示。不论表示方式如何，单位成本为存货计价和销货成本的确定提供了一个基础。同时，单位成本也为管理人员提供了用于制定价格、决定提供何种产品或服务、评价经营效率以及控制成本所需的信息。

成本控制是指使成本保持在适当的水平。一旦成本会计系统及时提供了单位成本信息，那么当成本开始上升到不可接受的水平时，管理人员就可以迅速做出反应。通过将当前的单位成本与预算成本、其他目标成本相比较，管理人员就可以确定哪些方面更需要采取纠正行动。

17.1.1 分批成本核算与商品及服务的生产

通常，成本会计系统的设计目的是满足个体公司的具体需要。本章通过举例来说明常用于计量和追踪资源耗用的会计系统——分批成本核算。

那些针对个别客户的具体需要而提供定制商品或服务的公司就常常会采用**分批成本核算**（job order costing）。按照分批成本核算方法，每一批次的直接材料、直接人工和制造费用分别进行汇总。所谓"批"代表的是满足某一具体订单所生产的产品或提供的服务，或是生产一批特定产品。如果一个批次中包含多个单位的产品，那么其单位成本可以这样确定——将记入该批次的总成本除以该批次产品的单位数量。

建筑公司多采用分批成本核算，因为每个建设项目都有影响其成本的独特性质。分批成本核算也为造船厂、动画电影厂、防务工程承包商、印刷厂、定制家具制造厂等采用。另外，分批成本核算也广泛应用于诸如汽车修理厂、会计师事务所、律师事务所、诊所和医院等服务型企业。

总之，分批成本核算适用于按顾客订单组织生产的企业，而且这些企业的生产往往需要不同数量和种类的直接人工、直接材料和制造费用。其他成本核算方法则适用于大量生产相同产品的生产过程，而且往往使用相同数量和种类的直接人工、直接材料和制造费用。这些核算方法将在第18章中讨论。对具体公司而言，最适合的成本会计系统类型取决于该公司的生产经营性质。事实上，从事多元化生产的公司可能会同时采用多种成本会计核算方法。这里我们通过举例来说明分批成本会计系统。

17.1.2 制造费用分配率

在详细分析分批成本核算之前，必须明白在将制造费用分配给个别产品和服务时必须采用预先确定的制造费用估计分配率。那么，为什么制造费用不是简单地在年末按公司每年实际发生的制造费用金额除以年度中实际生产的产品和服务数量进行分配呢？原因至少有三。第一，并非所有产品和服务都耗费相等的制造费用。第二，在年度结束前，实际制造费用以及总产出单位数量都是未知的，即使在年末知道了，也没有什么用处了。通过运用预先确定的制造费用估计分配率，管理层就能制定更为实际的销售价格，并在全年各批次完工前按此价格向客户销售。第三，有了估计的制造费用分配率，管理层就能据此判断每天发生的管理费用金额是否合理。

因此，当公司在整个会计期间向顾客提供产品和服务时，就可用估计的制造费用分配率将制造费用分配到具体批次的生产中。该分配率表示制造费用和某些同生产过程相关的作业基础（直接人工工时、机器工时等）之间预计的关系。这样，制造费用就可按照作业基础的比例分配到产品中。例如，公司可以采用直接人工工时为作业基础而将其制造费用按最大比例分配到所需直接人工工时数最多的产品中。

制造费用分配率（overhead application rate）往往在期初就已确定，而且以估计数额为基础。通常，制造费用分配率按如下公式进行计算：

$$制造费用分配率＝制造费用估计数／作业基础估计数$$

计算和使用制造费用分配率的原理相当简单。不过，对会计人员而言比较麻烦的是：①如何选择一个适当的作业基础；②在会计期间开始时，如何可靠地估计将要发生的制造费用总额，以及所需要的作业基础总量。

这里，我们以专为其他公司开发定制软件程序的计算之线公司为例来说明制造费用分配率的计算和使用。假定该公司管理层于2021年年初对该年度公司的软件开发作业做出如下估计。

估计该年度制造费用总额	360 000 美元
估计该年度直接人工总数	30 000 小时
估计该年度软件代码总行数	1 000 000 行

根据上述估计数据，这里分两种不同假设情况来讨论制造费用分配率的应用。

假设一：计算之线公司以直接人工工时数为作业基础。 如果计算之线公司采用直接人工工时数来分配制造费用，那么分配率就为每直接人工工时 12 美元（360 000 美元的估计制造费用除以总计 30 000 小时的估计直接人工工时数）。在整个会计年度，制造费用将直接根据生产软件实际需要的直接人工工时数的比例加以分配。例如，如果某特定软件的生产使用了 200 直接人工工时，那么这些产品将分配到 2 400 美元的制造费用（所用的 200 直接人工工时乘以 12 美元的分配率）。该分配将通过借记"在产品存货"账户和贷记"制造费用"账户 2 400 美元来完成。

假设二：计算之线公司以代码行数为作业基础。 如果计算之线公司选择采用代码行数来分配制造费用，那么分配率就为每行 0.36 美元（360 000 美元的估计制造费用除以所估计的 1 000 000 代码行数）。按照这一方法，制造费用将以生产每个客户独特的软件包所需的代码行数为基础加以分配。如果生产某种软件需要 1 000 行代码，那么该软件将会分配到 360 美元的制造费用（1 000 行乘以每行 0.36 美元）。同样，该分配将通过借记"在产品存货"账户和贷记"制造费用"账户 360 美元来完成。

⊙ **管理人员**

假定你在开发软件代码的计算之线公司工程组任经理。再假定公司采用代码行数作为向所开发的软件分配制造费用的作业基础。你所在的工程组有一位工程师刚刚给你建议，如果编写软件包的代码行数能整体上减少10%，那么公司每年就可以节约36 000（=10%×360 000）美元的制造费用。对此建议，你该怎么回答？

17.1.3 影响制造费用的"动因"

为了使制造费用分配率能够提供可靠的结果，被选为计算制造费用分配率的作业基础必然是重要的制造费用"动因"（driver）。要成为**成本动因**（cost driver），那么作业基础必须是制造费用发生的要因。也就是说，作业基础数量的增加（如完成的直接人工工时）必须引起实际发生的制造费用成比例的增加。

过去，直接人工工时（或直接人工费用）被认为是制造费用的主要动因，而且理由很充分。需要较多直接人工的产品常常也需要较多的间接人工（监督），当然也会发生更多的机器损耗（维护费用），消耗更多的工厂物料。因此，制造企业习惯上常常根据直接人工工时或直接人工费用的比例来分配所有的制造费用。

随着工厂生产的自动化程度越来越高，直接人工不再是驱动许多制造费用的要因。如今，许多制造企业发现诸如机器工时、计算机时间、调试生产运行所需要的时间等之类的作业基础与制造费用的发生更为对应。

1. 使用多种制造费用分配率

为了更好地了解生产不同类型产品或服务所需要的耗费量，许多公司开始采用基于多种分配基础的方法，其中之一就是本章要介绍的**作业成本核算**（activity-based costing）。

从本质上讲，作业成本核算所采用的就是代表不同种类制造费用的分配基础。例如，机器维护费也许可以采用机器工时作为作业基础来进行分配，而监管费用则可以采用直接人工工时作为作业基础来进行分配。在将制造费用分配到不同类型的产品或服务中去时，不同生产部门可能采用不同的分配基础。

这里的要点是，产品和服务所分配到的制造费用应当与生产该产品不合理所发生的制造费用成比例。如果用于分配制造费用的作业基础不是主要成本动因，那么分配给一定批次产品的制造费用可能会严重不合理。

2. 恰当分配制造费用显得越来越重要

在当今全球经济中，制造企业间的竞争空前激烈。如果一家公司想要确定它是否可以在市场中进行有效的竞争，首先必须比较确切地了解其产品的单位生产成本。在高度自动化生产的工厂里，制造费用通常是三类基本制造成本（直接材料、直接人工和制造费用）中比重最高的一类。因此，制造费用的分配是管理会计人员面临的最大挑战之一。

17.2　分批成本核算

制造费用分配对分批成本核算尤其重要，因为分批成本核算的显著特点是制造成本按批次分别累计。因此，制造费用必须按批次进行分配。由于完成一"批"所需要的资金金额是唯一的，不同于完成其他批次所消耗的资源量，所以制造费用须单独分配给各个批次。正如

第 16 章所讨论的，货物或服务的制造成本在发生时被记入（借记）"在产品存货"账户。在分批成本核算时，"在产品存货"账户属于驾驭（汇总）账户，且要以每个批次的分批成本单为基础。整体上，分批成本单起着明细分类的作用，表明记入每个批次的明细成本信息。

如果公司使用会计软件包，那么分批成本信息就记录在计算机文件中。但是不论是手工维护还是计算机维护，大多数分批成本记录的格式和内容基本上都是相同的。

17.2.1 分批成本单

分批成本单（job cost sheets）是分批成本核算的核心。每个批次都要单独编制一张分批成本单，用来汇总记入该批次的所有制造成本。一旦该批次完工，分批成本单就可以反映出产成品的成本，并提供计算单位成本所需的信息。

当直接制造成本（直接材料耗费和直接人工）可追溯到各批次时，就应尽快将它们记录在分批成本单中。同时，应采用某种制造费用分配率来分配制造费用。图 17-1 给出了橡木和玻璃家具公司一张批次编号为 831 的已完工的分批成本单。如图 17-1 所示，该分批成本单涉及100 张特殊款式餐桌的定制生产（金额单位：美元）。

橡木和玻璃家具公司
分批成本单

831

产品：　　　法国庭院餐桌　　　　开工日期：　　　1 月 3 日

生产数量：　　　100　　　　完工日期：　　　1 月 21 日

记入本批次的成本

生产车间	直接材料	直接人工		制造费用	
		小时	成本	分配率	分配的成本
磨制与雕刻	10 000	700	14 000	150%	21 000
抛光	15 000	300	6 000	150%	9 000

成本汇总与单位成本

	总成本	单位成本
直接材料耗用	25 000	250
直接人工	20 000	200
分配到的制造费用	30 000	300
产成品成本　　　　　（100 张）	75 000	750

图 17-1　已完工的分批成本单

在整个生产过程中，可以追溯到各批次的制造成本被累积在分批成本单中的"记入本批次的成本"部分。"成本汇总"部分在该批次完工时填写。

已完工的第 831 号批次的总成本为 75 000 美元。到本批次完工时，这一数字应该从"在产品存货"账户转入"产成品"账户。分批成本单中的单位成本数字由制造成本总数除以产量 100 单位来确定。

17.2.2 分批成本核算下的成本流转：示例

图 17-2a 和图 17-2b 描述了橡木和玻璃家具公司的成本流转情况，该流转图汇总了该公司 1 月的生产经营情况，请注意，每个存货账户（原材料、在产品和产成品）都由一个明细分类账进行支持（单位：美元）。

如图 17-2a 和图 17-2b 所示，所有明细分类账都以 T 型账户列示，以节省空间。实务中，分批成本单起着作为在产品存货账户的明细分类账的作用。而且，直接材料和产成品明细分类账会有附加栏，提供有关现存数量及单位成本的详细信息。

下面以橡木和玻璃家具公司为例来说明在采用分批成本核算时制造成本的流转情况。

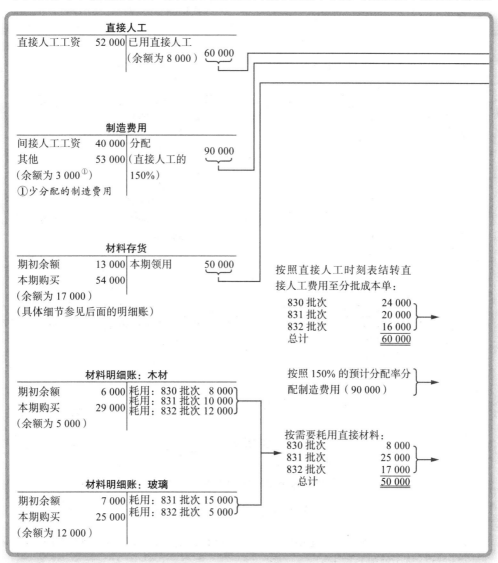

图 17-2a 橡木和玻璃家具公司的成本流转

17.2.3 直接材料的会计处理

在永续盘存制下，直接材料采购要从采购日记账过账至材料明细分类账的账户中。明细账中的分录表明了材料采购的种类、数量及已采购材料的成本。如图 17-2a 所示，每月月末，要编制一个汇总分录以便将当期购入的直接材料总成本记录在原材料存货账户的借方（对应的贷方通常是应付账款）。

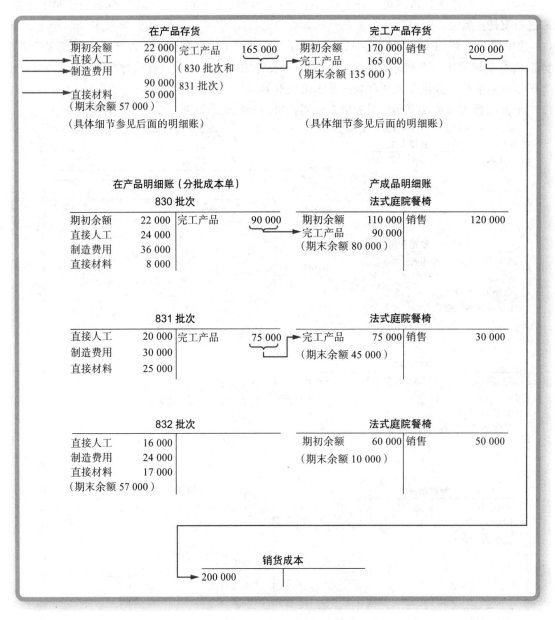

图 17-2b　橡木和玻璃家具公司的成本流转

类似地，月末，公司要对本月耗用的所有材料进行加总，同时对当月耗用的材料在账户中记录如下汇总分录（单位：美元）。

借：在产品存货　　　　　　　　　　　　　　　　　　　　　　50 000
　　贷：原材料存货　　　　　　　　　　　　　　　　　　　　　　　50 000
记录 1 月投入生产的所有直接材料成本。

> ⊙ **小案例**
>
> 跨国公司经常从许多国家或地区采购公司所需的直接材料。因为直接材料的供应商分布在不同国家或地区，所以这些材料的成本会受国际差异的影响。不过，国际差异不会影响从国内供应商处采购的直接材料的成本。另外，诸如进口关税、汇率波动和外国税赋等因素都会影响直接材料的成本，从而使开展国际采购的公司的采购职能更为复杂化。

17.2.4 直接人工费用的会计处理

借记"直接人工"账户是由对直接参与生产过程的工人支付工资而引起的，其对应的贷方是"现金"账户。⊖支付给间接参与生产过程的工人（如主管和保安人员）的工资借记"制造费用"账户，而不是"直接人工"账户。

当使用直接人工时，也就是当工人工作于具体批次产品时，需要贷记"直接人工"账户。目前，人们已开发出许多机械的和计算机化的方法，以确定分配给各批次的直接人工费用。常见的方法是为每名雇员准备一张工时卡，该卡列示工作于各批次的工时数、员工的工资率以及各批次所分配的直接人工费用。

如图 17-2a 和图 17-2b 所示，每月月末编制汇总分录时，应将当月所分配给各批次的直接人工费用借记在产品存货账户，贷记直接人工账户。就橡木和玻璃家具公司而言，该分录如下（单位：美元）。

借：在产品存货   60 000
  贷：直接人工   60 000
记录 1 月所有分配给各批次的直接人工费用。

请注意，在向员工支付工资时，借记"直接人工"账户（抵消分录为现金），但该账户贷方记录的是各批次实际发生的直接人工费用。虽然工作按天进行，但员工只是定期领取工资，如每两星期领取一次。这样，分配给各批次的直接人工费用并不一定就等于该月支付给员工的工资数。在本例子中，60 000 美元的直接人工费用被分配给 3 个尚在生产的批次，而支付给员工的工资总共才有 52 000 美元。因此，月底时直接人工账户里 8 000 美元的贷方余额代表的是一项应计的应付工资负债。

17.2.5 制造费用的会计处理

制造费用包括除直接材料和直接人工费用以外的所有制造成本。制造费用是一个统驭账户，各种类型制造费用的详细情况都记录在明细分类账中。

"制造费用"账户要借记本期发生的制造费用的实际金额。如图 17-2a 所示，1 月的实际制造费用共计 93 000 美元。这些不同出处的成本要过账到制造费用账户。例如，间接人工成本来自工薪记录，采购间接材料和支付公用事业费账单来自发票和收据，而工厂资产的折旧来自期末总账的调整分录。

⊖ 因为要从工资中扣除个人所得税和社会保险等，所以对应的贷方账户涉及多种流动负债账户。第 10 章对工资的会计处理进行了详细讨论。

1. 制造费用对批次的分配

制造费用属于间接费用，不能简单地追溯到特定的批次或产品。正如之前所讨论的，企业常常通过预先确定的制造费用分配率将制造费用分配到在产品中。橡木和玻璃家具公司以直接人工费用的150%为制造费用分配率，因此每张分批成本单都按各批次发生的直接人工费用的150%分配到相应的制造费用。

通常，要在总账中编制汇总分录以记录该期所有分配到各批次的制造费用（单位：美元）。

借：在产品存货	90 000	
贷：制造费用		90 000

计算应该分配到本月产品批次的制造费用并借记在产品存货账户（为本月直接人工费用的150%，即 60 000×150% = 90 000 ）。

2. 制造费用分配过度或不足

本例中，1月制造费用实际发生金额为93 000美元，但按制造费用分配率分配到各批次的制造费用总额仅为90 000美元。这种制造费用的实际发生额和分配额并不相等的情况应该在预料之中，因为所采用的预定分配率完全是估计而得的。

如果制造费用账户月末有借方余额，表明分配给批次的制造费用少于当月实际发生的制造费用。因此，制造费用账户的借方余额被称为**制造费用分配不足**（underapplied overhead）。相反，如果制造费用出现贷方余额，那就意味着分配给批次的制造费用超过了实际发生的制造费用。因此，制造费用账户的贷方余额被称为**制造费用分配过度**（overapplied overhead）。

制造费用账户的月末余额一般只允许在年度内进行累积。假以时日，这些金额会趋于平衡。到了年末，制造费用分配过度或分配不足的数额一般都不重大。对于这种情况，制造费用账户的年末余额可直接转入销货成本，但前提是该年度大多数余额可归入已售出的产品。如果制造费用账户的年末余额重大，那么就应该在"在产品存货""产成品存货"和"销货成本"账户间进行分配。

> ⊙ **财务总监**
>
> ABI 公司从事工业用激光器件的制造。假定你是该公司的财务总监，监督纳税申报表的编制是你的众多职责之一。你的助理已向你指出，上期"分配不足的制造费用"金额相当大，总会计师正将该费用分配到在产品存货、产成品存货和销货成本账户中。该助理建议将这些"分配不足的制造费用"只分配到销货成本一个账户中，这样可以得到税务方面的好处。她说，这种做法的结果是可增加利润表中的销货成本，从而使利润得到相应降低，而较低的利润则意味着减少所得税。你该如何回答呢？

17.2.6 完工批次的会计处理

至此，本章讨论了制造成本如何分配并借记到"在产品存货"账户，也讨论了具体批次的成本该如何分别在分批成本单中进行汇总。

在各批次完工后，分批成本单将从在产品明细分类账中转出，通过对分批成本单中的制造成本加总就可以得出产成品成本。如图 17-2b 所示，该成本随后将从"在产品存货"账户转入"产成品存货"账户。

1月期间，橡木和玻璃家具公司的第830号和第831号批次均已完工。记录这些批次已完工情况的分录如下（单位：美元）。

| 借：产成品存货 | 90 000 | |
| 　贷：在产品存货 | | 90 000 |

记录第830号批次600张法式庭院餐桌的完工（单位成本150美元）。

| 借：产成品存货 | 75 000 | |
| 　贷：在产品存货 | | 75 000 |

记录第831号批次100张法式庭院餐桌的完工（单位成本750美元）。

如果发生产成品的销售，那么可按单位成本数来确定销货成本。例如，以总价48 000美元销售40张法式庭院餐桌的记录如下（单位：美元）。

| 借：应收账款——安东尼精制家具公司 | 48 000 | |
| 　贷：销售收入 | | 48 000 |

赊销40张法式庭院餐桌。

| 借：销货成本 | 30 000 | |
| 　贷：产成品存货 | | 30 000 |

记录销售给安东尼精制家具公司40张法式庭院餐桌的成本（40×750＝30 000）。

17.2.7　服务行业的分批成本核算

在前面的例子中，我们强调的是分批成本核算在制造公司的应用。然而，许多服务行业也使用这一方法来汇总服务某一特定客户的成本。

以医院为例，每位患者代表一个独立的"批次"，患者的治疗成本按每个患者的记录（本质上就是分批成本单）进行累积。药品、输血和X射线等项目的成本代表直接材料耗用；医生提供的服务是直接人工；护理费、伙食费、包扎费以及医院建筑及设备的折旧都是医院制造费用的一部分。在医院，制造费用通常按预先确定的日分配费率分配到各个患者账户中。

17.3　作业成本核算

在前面所讨论的橡木和玻璃家具公司一例中，我们分析了制造费用该如何分配到生产中——主要是通过单一成本动因（如直接人工费用、直接人工工时或机器工时）所确定的费用分配率。这一方法在许多公司使用效果很好，尤其是当所有产品以相似方式制造时。

不过，现在要分析的是使用差别很大的生产过程来同时生产不同产品的公司。这样，不同产品的制造费用动因会有很大差别。在这些情况下，不同产品线的制造费用驱动因子差异会很大。对于这样的公司，采用作业成本核算（activity-based costing，ABC）就很有利。作为分配制造费用的方法之一，作业成本核算利用多种制造费用分配率，按消耗这些成本的作业情况来追踪间接成本。这样的例子包括储存材料、监督直接人工、调式机械设备、消耗电力和维护设备。

按照作业成本核算方法，可以采用多种作业基础（或成本动因）来将制造费用分配到产品中。因此，作业成本核算方法必须考虑到每一产品线特有的制造费用影响因素。这样，制造费用分配就会更加有用。此外，作业成本核算可为管理层提供信息，以便他们了解进行各种制造费用作业的成本。

> ⊙ **小案例**
>
> 　　福特汽车公司通过实施作业成本核算使应付账款部门的费用削减了 **20%**。该方法如此成功，以至于福特公司决定对其采购体系进行大规模重建。此前，在供应商发出订购的零件后，采购部门职员需要核对 **3** 份凭证：采购订单、收货单及供应商发票。如果三者全部相符，公司就支付货款。但现在所有订单被输入数据库，当零件到达时，收货部门职员在数据库中核查确认相符后就批准付款，随后货款会自动支付给供应商。

17.3.1　作业成本核算的过程

作业成本核算过程分为两步。第一步是将制造费用细分成若干**作业成本库**（activity cost pools）。每个成本库代表一种制造费用作业，如建筑维护、材料采购、工厂公用事业费、机器维修等，第二步就是将每个成本库的制造费用分别分配到产品中。简而言之，在分配每一种制造费用时，作业成本核算要分别确定并使用最合适的成本动因。

17.3.2　作业成本核算的好处

如果用作业成本核算来计量单位成本，那么可以在好几个方面给管理人员提供帮助。例如，作业成本核算有助于管理人员制定销售价格以及评价每种产品的盈利能力，也有助于管理人员更好地了解驱动制造费用的作业，而这一切常常能激励他们开发新的能减少制造费用的生产流程。

17.3.3　作业成本核算与单一制造费用分配率的比较

假定文件大师公司生产两种文件柜：①商业办公用金属文件柜，通过批发商店销售；②供家庭使用的木制文件柜，通过精品家具店销售。

在正常年度，该公司生产并销售大约 42 000 单位金属文件柜，9 000 单位木制文件柜。按照这一生产水平，制造费用总额每年平均为 249 600 美元，同时这些制造费用目前以每直接人工工时（DLH）1.60 美元的分配率分配到产品中，其计算如下。

第一步，计算正常生产水平下总的直接人工工时。

金属文件柜（42 000×2）	84 000 DLH
木制文件柜（9 000×8）	72 000 DLH
正常生产水平下直接人工工时总额	156 000 DLH

第二步，计算单位直接人工工时的制造费用分配率。

制造费用分配率（249 600/156 000）	1.60 美元 / DHL

使用直接人工工时作为单一作业基础，通过计算可以得出公司金属文件柜的单位制造成本平

均为38.20美元，木制文件柜的单位制造成本平均为117.80美元。具体计算如下（单位：美元）。

	金属文件柜	木制文件柜
直接材料	15.00	25.00
直接人工（按每小时10美元发生）	20.00	80.00
制造费用（每人工工时1.6美元）	3.20	12.80
单位制造成本总额	38.20	117.80

文件大师公司将产品的销售价格定为制造成本总额的160%，因此，该公司就以61.12（=38.20×160%）美元销售其金属文件柜；以188.48（=117.80×160%）美元销售其木制文件柜。在此价格水平下，金属文件柜的售价比该公司竞争对手销售的同类文件柜每单位低3美元。不过，木制文件柜的价格平均比市场上销售的同类产品每单位高10美元。

文件大师公司的营销总监格林·布朗认为木制文件柜的销售受到公司定价政策的影响。最近，他聘请了丽莎·斯科特女士作为顾问来对定价政策进行评估。斯科特女士起草了如图17-3所示的备忘录，概述了她的发现。

备忘录

日期：1月16日

至：文件大师公司营销总监格林·布朗

自：斯科特联合公司咨询师丽莎·斯科特

经仔细研究文件大师公司的定价政策，我发现该公司与整个办公家具行业的定价政策一致。因此，本人建议文件大师公司继续以制造成本总额的160%拟定价格。

不过，我们强烈鼓励公司管理层改变现行的制造费用分配方法。使用直接人工工时为作业基础使得制造费用总额向木制文件柜的分配有些过多。以下是我对发生这种情况的解释。

与金属文件柜产品线相比，木制文件柜产品线属于高度劳动密集型产品（也就是说，制造木制文件柜平均要耗用8个直接人工工时，而制造金属文件柜则平均只需要2个直接人工工时）。由于制造费用以直接人工工时为基础进行分配，每单位木制文件柜分配到的制造费用远远高于金属文件柜分配到的制造费用。如果直接人工工时是主要的制造费用动因，那么这样做也有合理性。但实际情况是，直接人工工时并不是贵公司制造费用的主要动因。

通过对贵公司制造费用的分析发现，最重要的成本动因是同金属文件柜产品线联系最紧密的那些作业。因此，贵公司应选择恰当的作业基础，将更多的制造费用分配给金属文件柜。显然，这样做对公司十分必要，意味着木制文件柜的成本将变低，为降低售价提供了依据，从而能更好地参与市场竞争。

最后，我建议我们约个时间，讨论一下在贵公司实施作业成本核算一事。

图17-3 关于制造费用分配的备忘录

假定文件大师公司决定推行该顾问建议的作业成本核算方法。请记住该公司正常生产水平下年平均制造费用总额是249 600美元。假定这些制造费用包括两大类：维修部门费用和公用事业费用。如前所述，作业成本核算过程需要分两步：建立独立的作业成本库以及采用恰当的成本动因将各个成本库分配给产品。图17-4说明了文件大师公司实施作业成本核算法的第一步。

17.3.4 第一步：建立独立的成本作业库

1. 维修车间费用

文件大师公司的制造费用中大约有 180 000 美元发生在维修部门。该车间有 5 名全职员工，其中有 3 个人负责修理工作，如修理用于制造金属文件柜的大型切割冲压机，另外两个人负责生产调试作业，如在每次生产前调试机器。

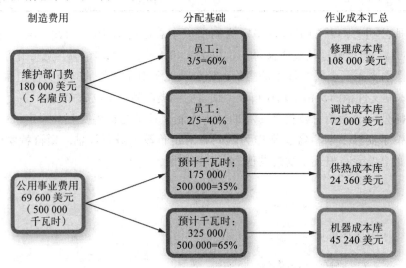

图 17-4　第一步：建立独立的作业成本库

通过实施作业成本核算，文件大师公司将修理作业和生产调试作业确认为独立的作业成本库。这样，每个成本库都分配到了该车间 180 000 美元总制造费用中的一部分。管理层认为进行各项作业的员工人数是影响维护部门总制造费用的最为重要的成本动因。如图 17-4 所示，使用员工人数为作业基础，108 000 美元被分配到了修理作业成本库，72 000 美元被分配到了生产调试作业成本库。

将维护部门费用分配至作业库的具体计算过程如下。

第一步：以员工人数为作业基础，计算所要分配到各项作业成本库中的费用占维护部门费用的百分比。

	人数	占总人数的比例
参加修理作业的员工人数	3	60%
参加生产调试的员工人数	2	40%
维护部门的员工人数	5	100%

第二步：以第一步计算出的百分比为基础，将 180 000 美元的维护部门费用分配至各作业成本库。

分配至修理成本库的费用（180 000 美元 ×60%）	108 000
分配至调试成本库的费用（180 000 美元 ×40%）	72 000
已分配的维护部门费用总额	180 000

2. 公用事业费用

文件大师公司制造费用总额中接近 69 600 美元属于公用事业费用，其中大部分发生于工厂供热和向用于制造金属文件柜的大型机器供应电力的作业。

因此，在实施作业成本核算的情况下，文件大师公司将供热需求和机器电力需求确定为作业成本库。如图 17-4 所示，各成本库分配到了 69 600 美元公用事业费用中的一部分。按照公司管理层的观点，各项作业所需的千瓦时数是公用事业费用的最主要动因。通过以千瓦时数为作业基础，24 360 美元的公用事业费用分配至供热成本库，45 240 美元分配至机器成本库。

将公用事业费用分配至作业库的具体计算过程如下。

第一步：以千瓦时数为作业基础，计算所要分配到各项作业成本库的费用占公用事业费用的百分比。

	千瓦时数	占总额的比例
每年供热需要的千瓦时数	175 000	35%
每年机器需要的千瓦时数	325 000	65%
每年总的千瓦时数	500 000	100%

第二步：以第一步计算出的百分比为基础，将 69 600 美元公用事业费用分配至各作业成本库。

分配到供热成本库的成本	24 360 美元
分配到机器成本库的成本	45 240 美元
已分配的公用事业费用总额	69 600 美元

17.3.5 第二步：采用恰当的成本动因将各个成本库分配给产品

已分配至各个成本库的费用现在必须分配至文件大师公司的两大产品线中。如图 17-5 所示，公司管理层已确定修理工作单的数量是将修理成本库费用分配至各产品线的最适当的作业基础。维护部门每年大约接到 250 个修理工作单，其中大约有 200 个与金属文件柜有关，50 个与木制文件柜有关。在正常年份，金属文件柜从修理成本库中分配到大约 86 400 美元，而木制文件柜分配到大约 21 600 美元，具体计算过程如下。

1. 向各产品线分配修理成本库费用

第一步：以工作单数为作业基础，确定将修理成本汇总分配至各产品线的百分比。

	工作单数	占总额的比例
每年与金属文件柜产品线相关的修理工作单数	200	80%
每年与木制文件柜产品线相关的修理工作单数	50	20%
每年总的工作单数	250	100%

第二步：以第一步计算出的百分比为基础，将修理成本库的 108 000 美元成本分配至各产品线。

分配至金属文件柜产品线的成本（108 000 美元 ×80%）	86 400 美元
分配至木制文件柜产品线的成本（108 000 美元 ×20%）	21 600 美元
分配至两种产品线的修理成本总额	108 000 美元

生产运行次数被确定为生产调试成本的最重要的动因。因此，生产运行次数就作为将生产调试成本库分配至各产品线的作业基础。文件大师公司每年安排大约200次生产运行，其中大约150次用于金属文件柜，50次用于木制文件柜。因此，在正常年份里，金属文件柜分配到约54 000美元生产调试成本库的费用，而木制文件柜分配到大约18 000美元生产调试成本库的费用。图17-5给出了具体计算过程。

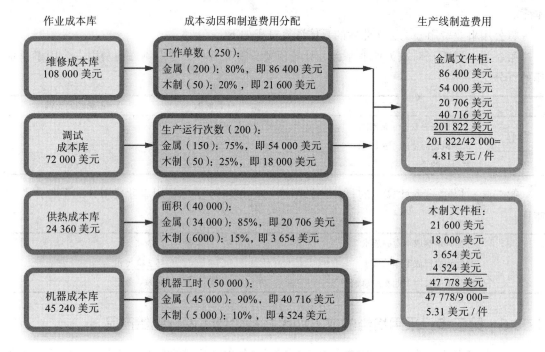

图17-5　第二步：向各产品分配成本库

2. 向各产品线分配调试成本库费用

第一步：以生产运行次数为作业基础，计算将生产准备成本汇总分配至各产品线的百分比。

	工作单数	占总额的比例
每年金属文件柜生产运行次数	150	75%
每年木制文件柜生产运行次数	50	25%
每年总生产准备次数	200	100%

第二步：以第一步计算出的百分比为基础，将72 000美元调试成本库分配至各产品线。

分配至金属文件柜产品线的费用（72 000美元×75%）	54 000美元
分配至木制文件柜产品线的费用（72 000美元×25%）	18 000美元
分配至两种产品线的调试成本总额	72 000美元

总的来说，维护部门的年均修理费用为108 000美元，生产调试费用为72 000美元（费用总额为180 000美元）。这样，在正常生产水平下，作业成本核算下有86 400美元的修理成本分配至金属文件柜，有21 600美元的修理成本分配至木制文件柜。此外，作业成本核算下有54 000美元的调试成本分配至金属文件柜，有18 000美元的调试成本分配至木制文件柜。

分配至供热成本库和机器成本库的成本现在也必须分配至金属文件柜产品线和木制文件柜产品线。按照公司管理层的观点，每种产品线占生产场地的面积是分配供热成本库成本最恰当的作业基础。在文件大师公司 40 000 英尺 $^{2\ominus}$ 的生产场地中，大约有 34 000 平方英尺用于金属文件柜生产，6 000 英尺 ^{2} 用于木制文件柜生产。因此，在正常年份里，金属文件柜分配到 20 706 美元的供热成本库费用，而木制文件柜分配到的供热成本库费用仅为 3 654 美元。

3. 向各产品线分配供热成本库费用

第一步：以所占生产场地的面积为作业基础，确定将供热成本库费用分配至各产品线的百分比。

生产线名称	所占面积	占总面积的比例
金属文件柜产品线占生产场地的面积	34 000	85%
木制文件柜产品线占生产场地的面积	6 000	15%
占生产场地的总面积	40 000	100%

第二步：以第一步计算出的百分比为基础，将供热成本库的 24 360 美元分配至各产品线。

分配至金属文件柜产品线的成本（24 360 美元 × 85%）	20 706 美元
分配至木制文件柜产品线的成本（24 360 美元 × 15%）	3 654 美元
分配至两个产品线的供暖成本总额	24 360 美元

机器工时数被确定为机器电费的最重要动因。因此，机器工时作为将机器成本库分配至各产品的作业基础。该公司每年大约使用 50 000 机器工时，其中，生产金属文件柜的机器使用了大约 45 000 小时，生产木制文件柜的机器使用了 5 000 小时。因此，在正常年度里，金属文件柜分配到了大约 40 716 美元的机器成本库费用，而木制文件柜分配到了大约 4 524 美元。具体计算过程如图 17-5 所示。

4. 向各产品线分配机器成本库费用

第一步：以机器使用小时数为作业基础，计算将机器成本汇总分配至各产品线的百分比。

	机器工时数	占总额的比例
金属文件柜每年所用机器工时数	45 000	90%
木制文件柜每年所用机器工时数	5 000	10%
每年总的机器工时数	50 000	100%

第二步：以第一步计算出的百分比为基础，将机器成本库的 45 240 美元分配至各产品线。

分配至金属文件柜产品线的成本（45 240 美元 × 90%）	40 716 美元
分配至木制文件柜产品线的成本（45 240 美元 × 10%）	4 524 美元
分配至两种产品线的机器成本总额	45 240 美元

总的来说，每年用于供热的公用事业费用平均为 24 360 美元，用于机器运转的公用事业费用平均为 45 240 美元（总费用为 69 600 美元）。在正常生产水平下，作业成本核算下有大约 20 706 美元的供热费用分配给了金属文件柜，有 3 654 美元的供热费用分配给了木制文件柜。此外，作业成本核算下有 40 716 美元的机器耗电成本分配给了金属文件柜产品线，有 4 524 美元的机器耗电成本分配给了木制文件柜产品线。

$\ominus$ 1 英尺 ^{2} = 0.093 米 ^{2}。——译者注

17.3.6 用作业成本核算确定单位成本

现在，我们可以计算文件大师公司的单位产品制造成本了。在正常作业水平下，文件大师公司每年生产销售 42 000 单位金属文件柜，9 000 单位木制文件柜。因此，每单位金属文件柜的制造费用为 4.81 美元，而每单位木制文件柜则为 5.31 美元。这些单位费用的计算如下（金额单位：美元）。

	金属文件柜	木制文件柜
维护部门成本		
从修理成本库分得的成本	86 400	21 600
从调试成本库分得的费用	54 000	18 000
公用事业费		
从供热成本库分得的成本	20 706	3 654
从机器成本库分得的成本	40 716	4 524
分配至每条生产线的制造成本总额	201 822	47 778
每年生产和销售的产品单位总数（个）	42 000	9 000
每单位产品的制造费用	4.81	5.31

根据这些数据，我们可以发现两点。首先，在正常作业水平下，文件大师公司的作业成本核算将每年全部 249 600 美元的制造费用分配给了各产品线（金属文件柜 201 822 美元，木制文件柜 47 778 美元）。其次，分配至各产品的制造费用金额与采用单一作业基础时所分配的金额有很大差异。具体情况如下（单位：美元）。

	金属文件柜	木制文件柜
采用作业成本核算时分配的制造费用	4.81	5.31
采用直接人工工时分配的制造费用		
金属文件柜（2DLH×1.6 美元/DHL）	3.20	
木制文件柜（8DLH×1.6 美元/DHL）	——	12.80
作业成本核算下，每单位产品制造费用的差别	1.61	（7.49）

如上所述，使用作业成本核算方法分配给金属文件柜的制造费用要比单独使用直接人工工时作为作业基础时多 1.61 美元。但是，使用作业成本核算方法分配给木制文件柜的制造费用要比单独使用直接人工工时作为作业基础时少 7.49 美元。因此，文件大师公司有可能提高金属文件柜的销售价格，同时降低木制文件柜的销售价格。具体计算如下（金额单位：美元）。

	金属文件柜	木制文件柜
直接材料	15.00	25.00
直接人工（每小时 10 美元）	20.00	80.00
制造费用（采用作业成本核算）	4.81	5.31
每单位产品的制造成本	39.81	110.31
按制造成本百分比确定的销售价格	160%	160%
按作业成本核算法确定的销售价格	63.70	176.50
按单一作业基础制定的销售价格	61.12	188.48
因采用作业成本核算引起的售价上升（下降）	2.58	（11.98）

如果文件大师公司维持其当前的定价政策，那么可能会将金属文件柜的单位价格提高

2.58 美元,同时将其木制文件柜的单位价格降低 11.98 美元。⊖

如前所述,文件大师公司金属文件柜的当前售价比竞争对手的售价大约低 3 美元。因此,即使金属文件柜的单位价格提高 2.58 美元,文件大师公司仍能保持竞争优势。不过,该公司木制文件柜价格高于同类产品 10 美元。这样,将单位价格降低 11.98 美元后,文件大师公司的木制文件柜就会有一个具有竞争力的价格,同时公司的产品质量又不会降低。

⊙ 会计与决策

根据会计高等教育路径委员会的模型,会计职业人员必须善于并且乐于做出主观性判断,而且擅长处理那些充斥着灰度梯度的情形。本章从头至尾,我们都可以发现,在确定有关产品生产或服务提供的单位价格时,都应用了这一模型的观点。

要确定直接人工和直接材料的单位成本通常不是问题,毕竟这些成本常常具有客观可确定性,而且也易于分析。与直接人工和直接材料不同,制造费用单位成本的估计是一项主观性工作,需要就有效制造费用成本动因的选择进行职业判断。然而,为了维持公司的竞争优势,在确定单位产品的制造费用时,管理人员必须直面其中那些模棱两可的复杂情形。

如今,全球经济竞争异常激烈。在很大程度上,有竞争优势意味着具有成本效率。如果一家公司不能有效率地生产合格产品,那么就可能输给外国的公司,甚至成为一家潦倒的公司。为了保持竞争优势,公司的最优选择就是应用先进的成本会计系统和成本控制方法。

至此,本章讨论了分批成本核算和作业成本核算方法。分批成本核算有两个优点:一是可以按"批次"计量生产定制产品的成本;二是每批产品一经完成,其单位成本就可确定。在作业成本核算制下,制造费用的分配以驱动制造费用的具体作业为基础。因此,作业成本核算可以为产品成本的计量提供更有用的指标。如今,许多公司已实施"混合"成本系统,为的是充分利用各种成本核算方法的优势。

⊙ 伦理、欺诈与公司治理

正如本章所讨论的那样,除了要把制造费用分配至产品外,很多公司还要把制造费用分配给公司的业务部门或分支机构。然而,如果做得不恰当,就可能导致财务报表所提供的信息有误,从而有可能毁掉那些责任人的职业生涯。

美国证券交易委员会(SEC)对维旺迪环球公司前首席会计官和总会计师采取了强制执法行动。维旺迪国际是法国娱乐业巨头,公司股票不仅在法国巴黎上市,还在纽约股票交易所上市交易。

维旺迪国际前首席会计官和总会计师在向其音乐分支机构环球音乐集团分配制造费用时,涉嫌进行不恰当的分配。维旺迪国际高级管理人员将环球音乐集团第三季度的息税、折旧与摊销前利润确定为 2.5 亿欧元。10 月,维旺迪国际前首席会计官和总会计师向环球音乐集团临时性地少分配了 700 万欧元的制造费用,从而恰好实现了环球音乐集团第三季度 2.5 亿欧元息税、折旧与摊销前利润目标。

⊖ 为了便于说明,我们假设文件大师公司的制造费用只包含维护成本和公用事业成本。因此,制造费用与直接材料和直接人工相比就很低。在许多公司,制造费用是整个制造成本中比较大的一项费用。因此,成本扭曲的程度常常比这里所描述的要大得多。

向环球音乐集团少分配制造费用不仅没有任何支持根据，而且也不符合一般公认会计原则。美国一般会计原则要求分配的数量必须遵循一定的计划和方案。如果分配会影响部门的业绩报告，那么公司应以某个合理的方式来确定制造费用的分配数量。维旺迪国际的前首席会计官和总会计师不仅没有按照计划和方案合理分配该公司的制造费用，而且其分配是基于公司对息税、折旧与摊销前利润的预定目标要求来进行的。

美国证券交易委员会永久性禁止维旺迪国际前首席会计官和总会计师在美国证券交易委员会下辖公司从事会计职业。即使美国证券交易委员会允许其提出复职申请，但只要是在上市公司工作，那么也只能在未来受雇公司的独立审计委员会的监视下工作，或者按其他美国证券交易委员会认可的方式工作。

我们从该案件中可以得出以下三个重要启示。第一，非净利润财务指标对于投资者和债权人而言常常也是很重要的，因此如果误导了那些对资本市场很重要的指标，那么当然会引起美国证券交易委员会的审议。第二，投资者和债权人经常会对公司几个方面（如业务部门）的经营情况感兴趣，因此美国一般公认会计原则要求在财务报告的附注中披露业务部门的经营信息。如果在财务报告附注中进行误导性披露财务信息，自然会引来监管部门的审查。第三，对于违反证券法的个体的制裁非常严厉。虽然美国证券交易委员会没有刑事执法权，但仍具备限制违反证券法的个体从事与会计相关职业或担任上市公司经理或董事的权利。对于被制裁者来说，这一切意味着严重的经济后果。

17.4 小结

对于那些面向客户生产独特产品的公司而言，分批成本核算是理想的选择。这里的公司包括定制家具制造商、建筑公司和船舶制造企业。此外，诸如医疗机构、律师事务所、会计师事务所等许多职业服务企业也都依赖分批成本核算方法。不过，仅凭分批成本核算方法并不能为公司追踪各批次的制造费用提供足够的所需要的详细信息。如果在实施分批成本核算方法的同时实施作业成本核算方法，那么通过作业成本核算方法，管理人员及其客户就能更清晰地了解具体服务或产品耗用间接制造成本的情况。在后面各章里，我们将介绍把握引起成本变动的作业何以成为计划和控制经营业务的基础。

学习目标小结

1. 解释成本会计系统的目的

　　成本会计系统可为组织管理消耗资源的作业提供有用信息。管理人员可利用这一信息来对员工的业绩进行评价和奖励。此外，在对外财务报表中，成本信息会以多种科目进行报告，如存货、销货成本、期间费用等。

2. 确定适用分批成本核算的商品与服务的生产过程

　　分批成本核算适用于按产品批次定制生产的公司。这种生产往往需要不同数量和不同类型的直接人工、直接材料和制造费用投入。

3. 说明分批成本核算中制造费用分配率的目的及其计算

　　制造费用分配率是用来将恰当金额的制造费用分配给正在生产的具体服务、产品或生产批次的一种工具。制造费用分配率表明了制造费用成本和一些作业基础间的关系，而该作业基础可用来把成本直接追溯到每个具体生产批次。制造费用分配率是用该时期中预计的制造费用金额，除以相关作业基础的预计作业数量（如机器工时、人工工时等）得出的。

4. 描述分批成本单的目的及其内容

分批成本单的目的是追踪与具体生产批次相关的所有制造成本。每一分批成本单列示了分配到该批次的所有直接材料、直接人工和制造费用。对于解释在产品存货账户的余额，分批成本单起着明细账的作用。

5. 了解会计处理分批成本核算中的成本流转

成本从直接人工账户、直接材料存货账户和制造费用账户流入在产品存货账户。当该批次生产完成时，所累积的成本被转入产成品存货账户。在产品销售以后，其成本从产成品存货账户转入销货成本账户。

6. 阐明与制造费用相关的作业成本库并能举例

作业成本库是指为生产某产品或提供某服务的作业所消耗的资源的成本。制造费用作业成本库的种类包括建筑物维护、公用事业费、采购作业、机器修理等。

7. 说明如何利用作业基础将作业成本库分配给产出单位

作业基础是衡量消耗相关资源成本库作业的指标。因此，对于采购作业成本库来说，作业基础就是所处理的采购单数量。将作业成本汇总除以作业基础就可得出单位作业成本。通过追踪与产品相关的作业基础，并将其与适当的单位作业成本相乘，就可将作业成本分配至产品。

习题 / 关键术语

示范题

海景实业公司是一家印刷企业，使用分批成本核算方法。该公司按照预先确定的基于直接人工费用的制造费用分配率将制造费用分配到各个生产批次中。下面给出的是第21号分批成本单（单位：美元）。

分批成本单

批次号：21	开工日期：2月1日
产品：所得税手册	完工日期：2月6日
产成品数量：2 500	

直接材料耗用	3 200
直接人工	400
分配到的制造费用	1 200
第21号批次的总成本	4 800
单位成本（4 800美元/2 500单位）	1.92

要求：

编制普通日记账分录。

（1）汇总加计到第21号批次的制造成本（使用复合分录）。
（2）记录第21号批次的完工。
（3）记录以4美元的销售单价赊销第21号批次产品中的2 000单位产品，在另一分录中记录相应的销货成本。

答案：

日记账分录

（1）借：在产品存货 4 800
　　　贷：原材料存货 3 200
　　　　　直接人工 400
　　　　　制造费用 1 200
第21号批次发生的制造成本。

（2）借：产成品存货 4 800
　　　贷：在产品存货 4 800
记录第21号批次的完工。

（3）借：应收账款 8 000
　　　贷：销售收入 8 000
记录以4美元的单价赊销第21号批次产品中的2 000单位产品。

　　借：销货成本 3 840
　　　贷：产成品存货 3 840
记录第21号批次产品中2 000单位产品的销售成本（2 000×1.92）。

自测题

1. 以下关于分批成本核算法的表述中，哪一项是错误的？

A. 个别分批成本单对可分配到各批次的所有制造费用进行了汇总，并共同构成在产品存货的明细分类账

B. 分配到个别批次的直接人工费用在支付时借记在产品存货账户，贷记现金账户，并将其金额记入分批成本单

C. 个别批次耗用的直接材料金额借记在产品存货账户，贷记原材料存货账户，并将其金额记入分批成本单

D. 分配到各批次的制造费用从制造费用账户转入在产品存货账户，并将其金额记入个别分批成本单

2. 在分批成本核算制下，制造费用分配不足：

A. 指与未完成批次相关的制造费用

B. 由年末制造费用账户的贷方余额表示

C. 如果数额不重大，则在年末全部转入销货成本账户

D. 指本年度发生的实际制造费用数少于分配到各个批次中的数额时的结果

3. 下列企业中哪一家最有可能使用分批成本核算？

A. 专门印刷定制婚礼请柬的印刷厂

B. 生产冷冻比萨饼的公司

C. 大型酿酒厂

D. 炼油厂

4. 制造费用分配率的目的是：

A. 把部分间接制造成本分配给所制造的每种产品

B. 确定要借记"制造费用"账户的成本类型和金额

C. 由"在产品存货"账户负担适当金额的直接制造成本

D. 按该期间制造的单位产出比例，分配制造费用为期间费用

5. 下面关于作业成本核算的表述中，哪些是正确的？

A. 作业成本核算的主要目的是更精确地将制造费用分配给产品线

B. 按照作业成本核算时，从来不用直接人工工时将制造费用分配到作业库或产品中

C. 当公司的各种产品线消耗数量大约相同的制造费用资源而现行分配给每个产品

线的费用数额差异很大时，就有理由采用作业成本核算方法

D. 作业成本核算方法可以与分批成本核算方法联合使用

6. 在对工厂设备盗窃或损毁险的保险费进行分配时，下面哪一项最合适作为分配的基础？

A. 直接人工工时

B. 每件设备的价值

C. 机器工时数

D. 生产空间的面积

7. 用作业成本核算方法分配制造费用有助于管理人员：

A. 确定是何种作业驱动了制造费用

B. 制定产品价格

C. 找出生产工序的无效率情形

D. 以上全部都是

讨论题

1. 什么是成本会计系统？

2. 成本会计系统的主要目的是什么？

3. 在任何给定的生产环境下，决定是否使用分批成本核算时应考虑哪些因素？

4. 制造费用分配率是什么？

5. 什么是制造费用成本动因？成本动因在制造费用分配率中起什么作用？

6. 什么是制造费用分配不足和制造费用分配过度？

7. 杰罗克斯公司以机器工时为基础，使用预先确定的制造费用分配率分配其制造费用。本年度末，该公司制造费用账户有贷方余额。对此可做何种解释？对这一余额应如何处理？

8. 泰勒和马龙公司是一家律师事务所。对这种类型的服务企业，使用分批成本核算合适吗？请解释。

9. 给"作业基础"这一术语下定义。

10. 给"成本动因"这一术语下定义。

11. 为什么有些公司不适合使用单一作业基础？

12. 对于生产多种产品的公司，作业成本核算是如何改进其制造费用分配的？

13. 什么是作业成本库？

14. 在生产高度机械化的企业，为什么使用直接人工工时作为作业基础可能不合适？

15. 讨论使用作业成本核算的可能好处。

测试题

1. 图尔公司使用分批成本核算制,并按每机器工时 45 美元的分配率来分配制造费用。期间,公司共耗用了 1 200 个机器工时,实际发生制造费用 55 000 美元。
   (1) 编制记录该期间将总制造费用分配到生产批次的汇总日记账分录。
   (2) 编制记录该期间发生的实际制造费用的汇总日记账分录(贷记各种账户)。
   (3) 编制在期末将制造费用账户直接结转至销货成本账户的日记账分录。

2. 6月1日,尼科尔斯公司完成了第 600 号批次产品的生产。6月10日,尼科尔斯公司将第 600 号批次产品赊销给一位顾客,价格为 25 000 美元。在该批次产品销售之时,分配给该批次产品的制造费用共计 16 000 美元。
   (1) 记录 6 月 1 日将第 600 号批次产品从在产品转为产成品的会计处理。
   (2) 记录 6 月 10 日销售第 600 号批次产品并将其成本从产成品转出的会计处理。

3. 福克斯制造公司按照每机器工时 32 美元的分配率来分配制造费用。
   (1) 该分配率是在本年度什么时候计算的?
   (2) 简要说明该分配率是如何计算的。
   (3) 指出这种会造成该期间分配的制造费用与该期间实际发生的制造费用存在差异的分配率的缺点。

4. 莫里斯公司按照每直接人工工时 50 美元的分配率将制造费用分配到各产品批次中。在本期内,实际制造费用总额为 240 000 美元,莫里斯公司的工人共工作了 5 000 小时。
   (1) 在本期末,编制将制造费用账户直接结转至销货成本账户的日记账分录。
   (2) 该公司的制造费用是分配过度还是分配不足?

5. 指出分批成本核算方法是否适合以下企业并解释原因。
   (1) 大家吃蛋糕面包店:一家面向客户定制婚礼蛋糕的小型面包店。
   (2) 巴克斯特-克拉克斯特-斯通律师事务所:一家专攻渎职案的律师事务所。

   (3) 布拉兹-塔克斯公司:一家生产合同承包商用的钉子的制造企业。
   (4) 粘牢胶水公司。
   (5) 泡沫大师公司:一家生产苏打水的公司。
   (6) 丹尼汽车修理厂。
   (7) 拉夫福德椽子公司:一家生产定制房屋用预装配椽子的企业。
   (8) 西德克萨斯医院。

6. 尼德尔斯制造公司对直接人工按每小时 20 美元支付工资。在本期内,员工工时卡记录的直接人工为 500 小时,公司实际支付的直接人工工资为 8 500 美元。
   (1) 编制记录该期间把直接人工成本分配到所有生产批次的汇总日记账分录。
   (2) 编制记录该期间支付的直接人工工资的汇总日记账分录。
   (3) 该期间末直接人工账户的余额是多少?在公司财务报表中该如何报告?

7. 诺顿实业公司在本期内购买了价值 900 000 美元的直接材料,本期各批次实际消耗的直接材料价值为 825 000 美元。
   (1) 编制记录该期间采购直接材料的汇总日记账分录(假设所有采购都是赊购)。
   (2) 编制记录该期间直接材料耗用的汇总日记账分录。

8. 针对下面所列的账户,编制两个汇总日记账分录。第一个分录用来说明需要借记该账户的交易。另一个分录用来说明需要贷记该账户的交易。假设该公司使用永续盘存制。另外,每个日记账要包括一个简单的说明,并用"×××"来代替金额。具体账户是:原材料存货;直接人工;制造费用;产成品存货。

9. 查韦斯公司使用了以下 8 个作业成本库:
生产调试成本库	维护成本库
供热成本库	设计与工程成本库
机器动力成本库	材料库存成本库
采购部门成本库	生产检测成本库

   推荐一个恰当的作业基础,以便将以上各个作业成本库分配至产品(对这些成本库做独立考虑)。

10. 路易斯公司利用作业成本系统来分配制造费用。该公司的公用事业成本库费用已累计达 450 000 美元，维护成本库费用已累计达 600 000 美元，生产调试成本库已累计达 150 000 美元。路易斯公司有两条产品线：豪华产品线和普通产品线。公用事业成本库费用按照机器工时在两个产品线之间进行分配，维护成本库费用按照维修工作单数量进行分配，生产调试成本库费用按照生产运行次数进行分配。

（1）把公用事业成本库费用分配至两条产品线。假设豪华产品线耗用 16 000 机器工时，而普通产品线耗用 4 000 机器工时。

（2）把维护成本库费用分配至两条产品线。假设豪华产品线产生了 125 个维修工作单，而普通产品线产生了 375 个维修工作单。

（3）把生产调试成本库费用分配至两条产品线。假设豪华产品线需要 75 次生产运行，而普通产品线需要 175 次生产运行。

自测题答案：1. B；2. C；3. A；4. A；5. AD；6. B；7. D。

练习题

关键术语

第 18 章

分步成本核算

- 区分适用分步成本核算的生产过程与适用分批成本核算的生产过程。
- 了解会计处理采用分步成本核算时的实物流转和相关成本流转。
- 计算约当产量。
- 运用所消耗的资源成本计算单位约当产量的成本。
- 运用单位约当产量成本将成本分配至本期产成品。
- 编制分步成本核算下的生产报告并运用该报告进行决策。

引导案例

凯洛格公司

凯洛格公司位于密歇根州巴特克里克市。该公司的生产方法可谓最适合采用分步成本核算法。麦片是威廉·凯洛格在 1894 年偶然发现的,其发现过程反映的就是这些生产方法。在密歇根州的巴特克里克市疗养院,威廉和他的兄弟约翰·凯洛格医生已经试验了多种食品加工方法,随后他们决定通过滚筒来煮小麦面团以生产薄片小麦食品。就在他们进行试验作业时,因发生了突然性生产中断,烧煮过的小麦只好在空气中多暴露一天多。过后,凯洛格兄弟决定继续通过滚筒来加工小麦。虽然产品不再新鲜,但令他们吃惊的是,滚筒下制出来的不再是一大张面皮,而是一颗颗的小麦粒片。从此,麦片就诞生了。

凭借超过 130 亿美元的销售净额,凯洛格公司已成为全球最大的麦片生产商和方便食品生产商,其产品包括小甜饼、薄脆饼、烤馅饼、麦片条、冰华夫、代肉食品、馅饼皮、冰激凌筒等。凯洛格产品在 21 个国家和地区生产,其销售遍布全球 180 多个国家和地区。

18.1 产品与服务的生产以及成本核算系统

企业所有者和管理人员总是十分依赖成本会计系统所提供的信息。**成本核算系统**(costing system)所提供的信息常常被用于各种商业决策,如产品与服务的生产计划、产品定价、与生产相关成本的控制等。因此,选择合适的成本核算系统是进行正确决策的关键和基础。选择时，管理人员应认真仔细地考虑产品与服务的生产过程，要使产品与服务的生产过程与所选择的成本核算系统相匹配。

正如第 17 章所讨论的，分批成本核算系统把实际发生的直接人工和直接材料成本追溯到具体的生产批次，同时以驱动各个生产批次资源耗用的特有作业基础来分配制造费用成本。与之相反，正如本章引导案例所描述的那样，凯洛格公司的麦片生产过程生产出来的是大量同质产品，而这种生产过程恰恰适合采用分步成本核算系统。按照**分步成本核算**（process costing）系统，先要累积与各种生产过程有关的全部直接成本和间接成本，然后由这些生产过程所生产的同质产出单位来平均分摊这些成本。

正如第 17 章所讨论的，那些提供独特服务或产品的公司非常适合采用分批成本核算。因此，建筑公司、车身修理店、园林设计所、医院和会计师事务所都是适合采用分批成本核算的对象。相反，那些大批量生产诸如包装食品、石油、纺织品、汽车等同质产品的企业，则最适合采用分步成本核算。图 18-1 比较了上述两种生产的特点，可帮助管理人员决定是采用分批成本核算还是采用分步成本核算。

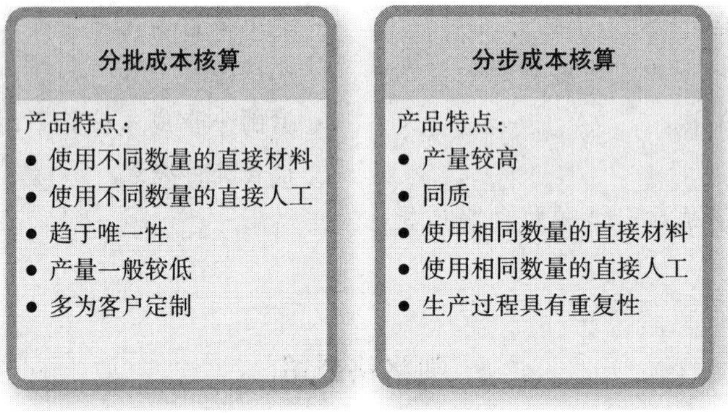

分批成本核算	分步成本核算
产品特点： • 使用不同数量的直接材料 • 使用不同数量的直接人工 • 趋于唯一性 • 产量一般较低 • 多为客户定制	产品特点： • 产量较高 • 同质 • 使用相同数量的直接材料 • 使用相同数量的直接人工 • 生产过程具有重复性

图 18-1　区分适合分批成本核算和分步成本核算的经营情况

众所周知，许多企业从事多种产品和服务的生产经营，其中的一些经营活动可能适合采用分批成本核算，而另一些则可能更适合采用分步成本核算。例如，戴尔公司的经营就是根据客户订购的规格来定制并供应计算机系统。虽然具体客户对计算机系统的特有设计要求差别很大，但诸如显示器、键盘等许多常用硬件类组件仍然属于大量生产的产品。对戴尔公司来说，分步成本核算可用于追踪与常用硬件产品相关的成本，而分批成本核算更适合追踪与每个客户特有计算机系统的设计和安装相关的成本。因此，常见的情况是很多公司可能会同时采用两种成本核算方法。调查表明，分批成本核算比分步成本核算使用得更广泛一些，但绝大多数公司的确在同时使用这两种核算方法。

⊙ **小案例**

根据对 141 家制造企业的调查[①]，51% 的企业采用分批成本核算方法，14% 的企业采用分步成本核算方法，另有 11% 的企业采用两种方法的某种组合。该调查还表明，直接材料成本占制造成本总额的 47%，排在其后的分别是制造费用成本占 38%，直接人工成本占 15%。随着企业自动化程度的日益提高，以及劳动力需求日益向低工资国家或地区外购，直接人工成本所占的比重在日益降低，而制造费用所占的比重在不断上升。制造费用和自动化程度方面的这种变化趋势常常要求企业更多地采用分步成本核算方法。

　① 参见 E. Shim and J. Larkin,"A Survey of Current Managerial Accounting Practices: Where Do We Stand ?" *Ohio CPA Journal* 53（1）, pp. 21-27.

18.2　分步成本核算

许多公司会连续不断地生产完全相同的产品，如任意瓶数的啤酒、任意加仑数的汽油、任意千瓦时的电力等。当连续生产完全相同的产品时，自然就不存在明显的"批"的区别了。因此，从事大规模生产的公司经常使用分步成本核算，而不是分批成本核算。

大规模生产通常包含一系列特定的步骤或生产过程。分步成本核算要分别计量每步生产的成本，然后再将这些成本分配到该具体期间内生产的产品中。

分步成本核算服务于两个相关目的。首先，分步成本核算用于计量完工产品的总成本和单位成本，以便对存货进行计价以及记录销货成本。其次，分步成本核算也为管理层提供了有关生产过程每一步产出的单位成本信息，以帮助评价生产部门的效率，从而引起人们对可能的成本节约的关注。

> ⊙ 小案例
>
> 　亨氏大瓶装番茄酱经常有两个标签，一个在前，一个在后。经过对制造成本的仔细分析，生产经理发现如果只贴一个标签，亨氏公司就可每年节约数十万美元。

18.2.1　实物流转与相关生产成本的追踪

1. 理解实物流转

因为分步成本核算涉及对所生产的产品平均分配成本，所以必须弄清楚本期实际生产和转移出的产品数。因此，分步成本核算的首要步骤之一就是，弄清楚成本分配期间资源的实物流转情况。

这里以金属制品公司为例来说明分步成本核算的各步骤。金属制品公司是一家小型公司，从事金属纪念品的生产，如钥匙圈、卷笔刀等。这些纪念品的生产要按顺序连续经过三个车间：切割车间、装配车间和包装车间。每个车间内的作业都可以被看作生产最终产品的一个独立加工过程。图 18-2 描述了每个车间所发生的作业过程。

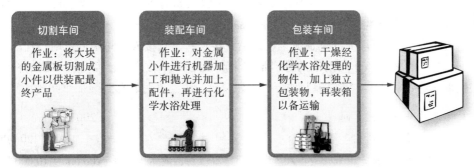

图 18-2　金属制品公司的生产过程

当轧制金属板被运到切割车间并投入生产时，金属制品公司的生产过程就开始了。切割车间要追踪所耗用的金属板的磅[⊖]数直到切割为纪念品的毛坯件（如钥匙链、开瓶器等）。在毛坯件移送到装配车间后，就成了产出单位。在余下的全部生产过程中，产出单位被用来追踪和分配生产成本。图 18-3 描述了一个月内金属制品公司的纪念品产出单位典型的实物流转过程以及与纪念品相关的成本情况。请注意图 18-3 中三个车间都存在的四类产出单位的数量：①期初在产品的产出单位数量；②本期投入产出单位的数量；③本期转移到下一车间的产出单位的数量；④期末在产品的产出单位数量。只有清楚了当期的全部产出单位情况，才能明白产出单位的实物流转情况。

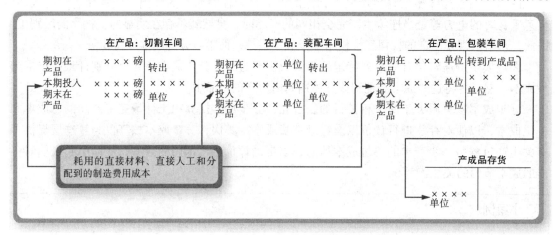

图 18-3　分步成本核算下的实物流转和成本流转

2. 理解成本流转

分步成本核算使用单独的"在产品"存货账户来计量每一生产过程发生的成本。成本流转在这些账户间顺序进行，就像装配流水线上的实物产出单位从一个生产过程移动到下一个过程一样。只有当这些产出单位完成了最后的生产过程时，它们的成本才会转移到"产成品"存货账户。

3. 对材料、人工和分配的制造费用的会计处理

每一车间的"在产品存货"账户都记录（借记）了所耗用的直接材料、直接人工以及与该具体过程相关的制造费用。例如，在金属制品公司，只有那些需要切割的材料才被记入"切割车间"账户。可明确追溯到装配车间和包装车间的材料成本要对应记入装配车间和包装车间的在产品账户。各个车间明确的直接人工和制造费用也要进行相同的会计处理。

4. 成本从一个步骤流转到下一个步骤

生产中的产出单位要从一个步骤转往下一个步骤。如前所述，分步成本核算时，伴随着实物的流转，对应的成本也同步从一个"在产品"账户流转到下一个。

假定本月发生 20 万美元的制造成本，包括直接材料、直接人工和制造费用，且都被记入切割车间账户。再假定该车间切割的材料足够生产 10 000 单位产品，而且经切割的材料也被转入装配车间。到了月末，需要编制如下日记账分录，汇总本月转移到装配车间的切割材料。

借：在产品——装配车间　　　　　　　　　　　　　　　　　　　　　　200 000
　　贷：在产品——切割车间　　　　　　　　　　　　　　　　　　　　　　　　200 000

将切割车间切割完成的产品成本转入装配车间，单位切割成本为 20（＝200 000÷10 000）美元。

　⊖　1 磅 = 0.454 千克。——译者注

实质上，切割车间的产出对装配车间来说是一种"直接材料"。

值得注意的是，这里将切割车间所有的月度生产成本 20 万美元转移到了装配车间。事实上，这里假定切割车间所有的成本都分配给了本月完工并转出的产出单位。

18.2.2 分步成本核算和约当产量

尽管有些公司并没有重要的期末在产品存货，但对有这类情况的公司来说，的确必须将部分生产成本分配到未完工产出单位。这里以金属制品公司的"装配车间"为例来进行分析。正如之前图 18-2 所描述的，装配车间接收来自切割车间的切割后材料，然后对这些切割后材料做进一步加工，同时发生了额外的直接人工、直接材料及制造费用。

假定装配车间立即对从切割车间转入的切割后材料进行机械加工和抛光处理。不妨假定这一步工作占整个装配工作的 30%。接着，要把配件装在抛光好的产出单位上。再假定这一步占整个装配工作的 50%。最后，在被转移到包装车间之前，必须对几近完工的产出单位进行化学水浴清洗。这一步工作占整个装配工作的 20%。由于在整个生产期间，直接人工和制造费用是均匀发生的，所以出于方便就将它们汇总在一起，并称之为**加工成本**（conversion costs）。图 18-4 对装配车间生产过程的三步工作进行了说明。

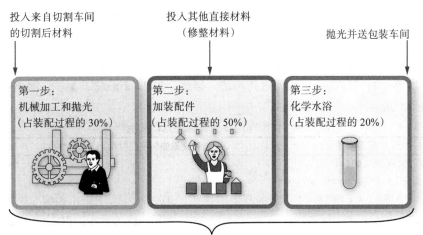

图 18-4　金属制品公司装配车间生产过程的三步工作

假设在 3 月底，装配车间有 3 000 单位在产品，这些在产品都完成了本加工过程的 80%（也就是说，还没有经过第三步，即化学水浴）。正如前几章所讨论的，生产未完工产品过程中发生的任何重要成本都要分配至在产品存货。

在分步成本核算系统中，未完工产品产出单位可用约当产量来重新表述。所谓**约当产量**（equivalent unit）是指对某个会计期间所完成工作的一种度量。因此，就从切割车间转入的切割后材料和在装配车间加装的配件而言，3 月 31 日 80% 完工的装配车间在产品存货应该被认为是 100% 完工的。换句话说，用于部分完成这些产出单位的材料相当于生产 3 000 单位产出所需的材料。不过，对于它们的加工需要（直接人工和制造费用）而言，这些产品产出单位只有 80% 完成。只有 80% 完成的 3 000 单位产出所需的加工相当于 100% 完成的 2 400（= 3 000 × 80%）单位产出的加工需要。因此，可以说装配车间的期末存货由以下几部分组成：3 000 约当产量从切割车间转来的切割材料；3 000 约当产量在第二步加入的配件；在整个过程中增加的 2 400 约当产量加工需要。由此可见，用约当产量解释耗用的资源可以使公司更好地了解并分析其产品成本。

为了更全面地说明分步成本核算，这里以装配车间某个典型月的情况为例。假设 3 月 1 日，装配车间有 1 000 单位的在产品。这些产出单位只完工了 30%（它们还没有经过第二步和第三步）。3 月，有 10 000 件切割后材料从切割车间转移到装配车间。3 月 31 日，装配车间有 3 000 单位的在产品，这些产出单位已经完工了 80%（尚未经过第三步）。表 18-1 汇总了装配车间在 3 月应记录的成本。

表 18-1　装配车间 3 月汇总成本　　　　　　　　（金额单位：美元）

期初在产品（3 月 1 日）	29 500	3 月发生的直接人工	105 000
3 月从切割车间转移来的切割后材料	200 000	3 月发生的制造费用	147 500
3 月加装的配件	44 000	3 月总成本	526 000

在整个 3 月，装配车间向包装车间转移了 8 000 件完工产出单位。不过，在转入包装车间的完工产出单位中，1 000 件是从 2 月结转来的期初存货，7 000 件是在 3 月投产并全部完工的产出单位。假设产出单位的实物流转采用先进先出法，那么上述数据可核实如下。

3 月 1 日的期初存货	1 000	3 月转移到包装车间的数量	8 000
加：3 月开始投入的数量（从切割车间转移进来的产出单位）	10 000	减：期初存货	1 000
总的在产品数量	11 000	3 月开始生产并完工的数量	7 000
减：3 月 31 日的期末存货数量	3 000		

假设产出单位的实物流转采用先进先出法。据此，表 18-2 汇总了 3 月装配车间所消耗投入资源的约当产量。

表 18-2　装配车间 3 月资源投入的约当产量

所耗资源	转移进来的切割后材料	配件材料	加工成本
完成月初在产品存货 1 000 件	0	1 000	700
本月投产和完工的新的产出单位为 7 000 件	7 000	7 000	7 000
本月投产（但未完工）的新的产出单位为 3 000 件	3 000	3 000	2 400
3 月投入资源的总约当产量	10 000	11 000	10 100

如表 18-2 所示，第一行表示为完成 1 000 件从 2 月结转来的期初存货所需资源投入的约当产量。要在 3 月完成这些产品，切割后材料资源消耗的约当产量为零，因为所有的这些切割后材料都是从 2 月结转到装配车间来的。因为这 1 000 件产出单位只经过第一步的处理（机械加工和抛光），所以完成这些产出单位仅要求 100% 的加装配件或 1 000 约当产量的加装配件。因为只完成了装配过程第一步，所以这些期初在产品存货在 2 月也就只完成了 30% 的加工需求。因此，它们还需要 70% 的加工资源投入，也就是说 3 月要完成它们的加工需要 700（= 1 000 × 70%）约当产量的加工成本。

表 18-2 的第二行表明，7 000 件产出单位要在 3 月投入并完工，三步都需要 100% 的资源投入，或者说分别需要 7 000 约当产量的切割后材料、7 000 约当产量的加装配件和 7 000 约当产量的加工成本。

表 18-2 的第三行表明，3 月 31 日的 3 000 件期末存货都是在本月投产但未完工的，这些数据表示为完成这些产出单位所需投入资源的约当产量。这些产出单位都已经过了装配车间的第一步和第二步。这样，在 3 月得到了 100% 的切割后材料和加装配件，或者说每一步都是

3 000 约当产量。但是，因为这些产出单位没有经过装配车间的第三步（化学水浴），所以在 3 月仅仅得到了加工资源投入的 80%，或者说 2 400（= 3 000×80%）约当产量的加工成本。

18.2.3 单位约当产量的成本

为了确定分配到 4 类所完成工作（期初在产品、期末在产品、投产并完工产品、转出产品）中的成本量，管理人员需要计算单位约当产量的成本。这种简单平均方法就是将给定期间内每种资源的累计成本除以每种资源相应的约当产量总数。例如，3 月总的配件材料成本为 44 000 美元，除以配件材料约当产量总数 11 000（参见表 18-2），就可得到每单位约当产量的配件成本为 4 美元。表 18-3 给出了 3 月装配车间每单位约当产量资源投入成本的具体计算过程。

表 18-3　装配车间 3 月单位约当产量的资源投入成本 （金额单位：美元）

	转移进来的切割后材料	配件材料	加工成本
3 月所耗用资源的总成本（见表 18-1）	200 000	44 000	252 500
3 月资源投入的约当产量（见表 18-2）	10 000	11 000	10 100
3 月单位约当产量的资源投入成本	20	4	25

3 月投产并完工的产出单位约当产量总成本为 49（=20+4+25）美元。如图 18-5 所示，这里的在产品 T 型账户列示了 3 月装配车间资源投入及相关转入包装车间产出单位的成本（单位：美元）。

装配车间 3 月在产品存货明细资料

期初余额	29 500	转入包装车间的成本	
（1 000 单位）		（8 000 单位）：	
		（1）来自期初在产品：	
直接人工	105 000	期初余额	29 500
		3 月完成的工作	
		配件（1 000×4）	4 000
增加的直接材料：		加工成本	
切割后材料	200 000	（700×25）	17 500
配件材料	44 000		
制造费用	147 500	（2）投产并完成	
		（7 000×49）	343 000
应计总数：	526 000	转出总数（8 000 单位）	394 000
期末余额			
直接材料：			
切割后材料			
（3 000×20）	60 000		
配件材料（3 000×4）	12 000		
加工成本			
（2 400×25）	60 000		
期末在产品总额			
（3 000 单位）	132 000		

图 18-5　将成本分配至产出

3 000 单位期末在产品分配到 132 000 美元，而这将转为 4 月的期初在产品余额。在 3 月期间，394 000 美元的成本从装配车间转入包装车间。为此，需要编制以下日记账分录以汇总成本从装配车间转入包装车间。

借：在产品——包装车间　　　　　　　　　　　　　　　394 000
　　贷：在产品——装配车间　　　　　　　　　　　　　　　　　　394 000
将完工单位产出的成本从装配车间转至包装车间。

请注意，上述 394 000 美元中有 200 000 美元是之前从切割车间转入装配车间的。最后，公司所有的制造成本都会转入利润表中列示的销货成本中。

> ⊙ **成本会计师**
>
> 假设你被聘为某大型糖果生产企业的成本会计师。该公司目前采用分步成本核算将成本分配到若干在产品存货账户。你观察发现，所有产出单位在各个生产阶段的加工时间非常短，经常只有几个小时。为了简化会计核算系统，你认为所有的制造成本应当直接计入完工产品存货中，因此也就不必在公司资产负债表中列示任何在产品了。这样做是否合乎伦理？请给出理由。

18.2.4　运用分步成本核算生产报告来追踪成本

本小节将分析如何运用分步成本核算制下的生产成本报告来帮助经理追踪成本。假设雨树可乐公司生产一种瓶装软饮料。该公司有两个生产车间：一是混合可乐糖浆的糖浆车间；二是将可乐糖浆和碳酸水混合物装瓶的罐装车间。

假设 6 月 1 日糖浆车间有 1 000 加仑⊖的混合糖浆。5 月 31 日转入的与该混合糖浆相关的总成本为 4 400 美元。该混合糖浆作为直接材料属于 100% 完工的产出单位，但按照加工要求只完工了 40%。在 6 月期间，糖浆车间新投产了 76 000 加仑的混合糖浆，并且向罐装车间转移了 75 000 加仑的完工混合糖浆。糖浆车间 6 月的生产成本由以下几部分构成：304 000 美元的直接材料；75 000 美元的加工成本（其中有 32 000 美元的直接人工和 43 000 美元的制造费用）。在 6 月 30 日，灌装车间库存中有 2 000 加仑经部分加工的糖浆混合物。作为直接材料，该部分糖浆混合物为 100% 完工的产出单位，但按照加工要求只完工了 20%。

表 18-4 给出了糖浆车间 6 月的作业汇总情况。这些信息在后面要用于编制糖浆车间 6 月的生产成本报告。

表 18-4　糖浆车间 6 月作业汇总

实物流转（加仑）		
6 月 1 日的期初在产品	1 000	
6 月的投入	76 000	
总的生产数量	77 000	
减：6 月 30 日期末在产品	2 000	
转移到灌装车间的混合糖浆的加仑数	75 000	
减：6 月 1 日的在产品	1 000	
6 月投入并完工的数量	74 000	
资源投入的约当产量（加仑）	直接材料	加工
完成 1 000 单位期初的在产品：		
直接材料（完成 100%，还需要 0%）	0	
加工（完成 40%，还需要 60%）		600
6 月投入和完工的数量：	74 000	74 000
投产 2 000 单位期末在产品：		

⊖　美加仑，全书同。1 美加仑 = 3.785 升。——译者注

（续）

	直接材料	加工
直接材料（100% 完成）	2 000	
加工（20% 完成）		400
6 月资源投入的总约当产量数	76 000	75 000
6 月资源投入的每单位约当产量的成本	**直接材料**	**加工**
6 月发生总成本（美元）	304 000	75 000
6 月资源投入的总约当产量（加仑）	÷ 76 000	÷ 75 000
6 月投入的每单位约当产量的成本（美元）	4	1

图 18-6 描述了雨树可乐公司整个分步成本核算系统中制造成本的流转情况。用黑体字表示的分录代表记入 6 月生产的直接材料、直接人工和制造费用。这些记录材料耗用和直接人工的分录是以整个会计期内材料请领单和员工考勤卡为基础编制的。制造费用在月末使用各车间不同的分配率进行分配。用加方框的形式表示的分录是在月末编制的，用来将本期完工产出单位的成本从一个车间转入另一个车间。

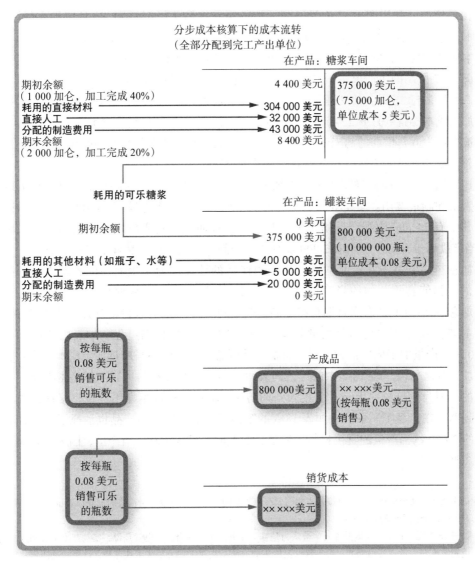

图 18-6 分步成本核算下产出单位成本的流转

使用分步成本核算可简单计算出每单位产出的生产成本，不仅可计算产成品的成本，还可计算各车间产出的成本。例如，本月从灌装车间转来的产成品的成本为每瓶 0.08 美元（=800 000 美元 ÷1 000 万瓶）；糖浆车间产出的混合糖浆的成本为每加仑 5 美元（=375 000 美元 ÷75 000 加仑）。⊖

下面要讨论的是用于分步成本核算的生产成本报告。公司经常要编制生产成本报告，用来说明某个时期（常为一个月）的经营成果。**生产成本报告**（production cost report）是对该期间所完成工作及其相关成本（包括每单位成本和总成本）的汇总。图 18-7 给出了雨树可乐公司糖浆车间 6 月的生产成本报告。因为编制成本报告的目的是帮助管理每个生产过程，所以不同公司的这些报告往往存在很大差异。不过，各公司的生产成本报告通常都会包含一些共同的信息。⊜

生产成本报告的功能之一就是追踪该期间约当产量的实物流转。如图 18-7 所示，第 1 列旁边的箭头表明，实物流转是通过确定本期的实物投入和实物产出来处理的。这就告诉管理层，本期所有的流入都应与产出相配比。生产成本报告的另一功能就是让流入成本与流出成本相配比。例如，利用图 18-7 中第一列旁边的第三组箭头可以得到 "6 月应计入的总成本" 和 "6 月已计入的总成本"。不难发现，包括期初在产品成本和本期投入成本在内的所有成本必须在本期进行处理，即可把这些成本分配至转出的产出单位或期末在产品。

如图 18-7 所示的生产成本报告也表明，无论是从月度投入的角度，还是从月度产出的角度（第二组箭头），需要会计处理的约当产量总数都完全相同。6 月糖浆车间的投入包括直接材料和加工成本。就 6 月开工生产的 76 000 加仑而言，消耗的材料有食糖、玉米糖浆、水等，它们都被折算为 6 月增加的约当产量。此外，从期初 1 000 加仑的在产品的角度来说，所有消耗的材料已在 5 月投入，所以 6 月不需要额外的材料投入。

不过，期初在产品的确需要进一步加工。事实上，要完工期初在产品，还需要 600 约当产量的人工和制造费用。对于 6 月开工的产出单位，还需要额外投入 74 400 约当产量的加工成本，其中有 74 000 约当产量用于本月开工并完成而且要转入罐装车间的新产出，余下的 400 约当产量用于开工生产期末 2 000 加仑的在产品，而这些在产品月末仅完工 20%。

期初在产品和期末在产品的存在使约当产量的计算成为学生面临的难题之一。在考虑与产出的实物流转相关的约当产量时，有必要记住这一点：在从糖浆车间转到灌装车间的 75 000 加仑中，1 000 加仑来自期初在产品，余下的 74 000 加仑来自本月开工的 76 000 加仑。

表 18-5 给出了雨树可乐公司糖浆车间约当产量计算的详细过程。如表中的最后一列所示，600 约当产量加工成本指为完成期初在产品所需，74 000 约当产量加工成本指为完成剩余所转出加仑数之所需。表 18-5 中的第三列表明，74 000 直接材料约当产量是本期投入并在本期完工的。因为直接材料上个月已投入到期初在产品中，所以本期不存在直接材料约当产量以投入到期初在产品中。最后，如表 18-5 的第四行所示，期末在产品也消耗了资源，包括本月投入的 2 000 约当产量的直接材料。但是，加工成本只有 400 约当产量，因为期末在产品只完成了 20%。

⊖ 请注意在这两个车间，产出单位并不相同。在糖浆车间，产出单位以计量糖浆的加仑数表示，而在罐装车间，产出单位则以可乐的瓶数表示。

⊜ 如图 18-7 所示的生产成本报告通常被认为是基于先进先出法的报告。也就是说，实物产出单位和成本是按先进先出流转假设进行追溯的。另一种广泛使用的方法是加权平均分步成本算法，这种方法假定，期初在产品和期末在产品之间的差距在任何给定的月份都不重大。高级的会计课程会提供这两种方法的细节。

第一部分：实物流转	产出单位总数（加仑）		
投入：			
● 期初在产品	1 000		
● 本期开工投入	76 000		
6 月应计为产出的：	77 000		
产出：			
● 完工加仑数	75 000		
● 期末在产品	2 000		
6 月已计入的	77 000		
第二部分：约当产量		**直接材料**（加仑）	**加工成本**（加仑）
基于月度投入：			
● 期初在产品		0	600
● 6 月新投入产出单位		76 000	74 400
投入的约当产量		76 000	75 000
基于月度产出：			
● 完工产出单位		74 000	74 600
● 期末在产品		2 000	400
产出的约当产量		76 000	75 000
第三部分：单位约当产量成本	**单位成本合计**（美元）	**直接材料**（美元）	**加工成本**（美元）
6 月投入资源的成本		304 000	75 000
6 月的约当产量		÷ 76 000	÷ 75 000
6 月的单位约当产量成本	5.00	4.00	1.00
第四部分：总成本的分配	**总成本**（美元）	**直接材料**（美元）	**加工成本**（美元）
6 月应计入的成本			
● 6 月 1 日的期初在产品成本	4 400		
● 6 月增加投入的成本	379 000		
6 月应计入的总成本	383 400		
已计入的成本：			
● 6 月转出产品的成本：			
6 月 1 日期初在产品的成本	4 400	4 000①	400②
完成期初在产品的成本	600	0	600③
投入并完工产出单位的成本	370 000	296 000④	74 000⑤
6 月转出的总成本	375 000	300 000	75 000
● 加上 6 月 30 日期末在产品	8 400	8 000⑥	400⑦
6 月已计入的总成本	383 400	308 000	75 400

计算过程（数据来自表 18-4 ）：
① 1 000 × 4=4 000
② 1 000 × 40% × 1=400
③ 1 000 × 60% × 1=600
④ 74 000 × 4=296 000
⑤ 74 000 × 1=74 000
⑥ 2 000 × 4=8 000
⑦ 2 000 × 20% × 1=400

图 18-7 雨树可乐公司糖浆车间 6 月的生产成本报告

总之，典型生产成本报告包括图 18-7 中提到的四个部分：①核算实物流转；②确定约当产量；③计算单位约当产量成本；④分配成本至本期产出。掌握这四部分内容有助于管理层做出有关生产过程的重要决策。

表 18-5　雨树可乐公司糖浆车间约当产量核算

	相配的实物流转	直接材料约当产量	加工成本约当产量
6 月 1 日期初在产品	1 000 加仑（完成 40%）	0	600
6 月投产并完成	74 000 加仑（完成 100%）	74 000	74 000
转出的约当产量总数	75 000 加仑	74 000	74 600
6 月 30 日期末在产品	2 000 加仑（完成 20%）	2 000	400
6 月约当产量总数		76 000	75 000

运用分步成本核算数据，雨树可乐公司的管理层就能制定销售价格，评价制造车间的效率，预测未来的制造成本，对存货估价并计算销货成本（财务报表和所得税申报表都要列示这两个科目的数据）。

⊙ 产品线经理

　　假设你是雨树可乐公司的产品线经理。作为职责之一，你必须对糖浆车间和灌装车间管理人员的业绩情况进行激励、评价和奖励。那么，该怎样利用分步成本核算所提供的信息来履行这些职责？

18.2.5　对部门效率的评价

管理层最关心的问题之一就是要弄清楚当期所消耗资源投入的成本是升高还是降低，或者与以前月度的情况保持一致。例如，糖浆车间 6 月的单位成本直接人工为每加仑 4 美元，加工成本为每加仑 1 美元（参见表 18-4 和图 18-7）。这些数字显然与从糖浆车间给转来的 5 月的期初存货完全相同（直接材料 1 000 约当产量 ×4 美元 + 加工成本 400 约当产量 ×1 美元 = 6 月 1 日糖浆车间期初存货 4 400 美元）。因此，管理层可以得出这样一个结论：从 5 月到 6 月糖浆车间的单位成本保持不变。

在评价部门效率时，管理层要考虑的只是该部门生产作业所引发的那些成本，而不要让那些从其他生产车间转入的成本"混淆视听"。这里以雨树可乐公司灌装车间为例来加以说明。如图 18-6 所示，6 月共有 800 000 美元记入灌装车间，但其中 375 000 美元的成本是由糖浆车间转入的（75 000 加仑按每加仑 5 美元转入，成本为 375 000 美元）。这 375 000 美元代表了生产糖浆的成本，而不是灌装可乐的成本。

灌装作业发生的制造成本仅包括记入灌装车间的直接材料、直接人工和制造费用。对雨树可乐公司的灌装车间而言，这些成本总计为 425 000 美元，即每单位 0.042 5 美元（= 425 000 美元 ÷1 000 万瓶）。

总之，当产品从一个生产部门转入另一生产部门时，产出单位总成本会累积起来。这些产出单位总成本常被用来对存货进行估价、计量销货成本以及评价生产经营的整体效率。不过，在评价具体生产部门的效率时，管理层应当主要考虑那些发生在该部门内的成本。

当然，管理人员也可以计算各部门内所发生的直接材料、直接人工和制造费用的单位成本。这些详细的成本信息应当能有助于管理人员迅速确定导致产出单位总成本发生任何变化的原因。

⊙ **伦理、欺诈与公司治理**

在实行分步成本核算制时，必须依据伦理和判断来计算约当产量。通过有意识地高估期末存货资源的约当产量，管理人员就可低估产品的销货成本，从而高估净利润。约当产量很容易被夸大，方法就是扩大分配到在产品的直接人工和制造费用。考虑到许多生产过程的复杂性，公司员工常常最可能清楚管理层是否夸大了生产的约当产量。《萨班斯－奥克斯利法案》就有这方面的规定，旨在增加员工揭露企业可能存在财务报告欺诈的可能性。

《萨班斯－奥克斯利法案》要求上市公司通过制定规则来鼓励员工报告可疑的会计或审计行为。上市公司的审计委员会必须制定规则并确保员工可通过某个保密且匿名的机制来报告相关的可疑行为（如举报热线等）。此外，那些进行善意举报的员工应得到某种程度的保护。如果是向刑事侦查员、联邦监管机构、国会、职工监事或员工的上级（或者公司内其他有关个人）进行举报，那么应对举报者实施保护。对于通过正当渠道的善意举报，《萨班斯－奥克斯利法案》禁止公司对该员工施行解雇、降职、停职、威胁、骚扰或者任何其他歧视行为。如果违反了这些规定，那么雇主就负有责任来恢复员工的权利，赔偿该员工的损失，同时承担全部诉讼费用。

尽管《萨班斯－奥克斯利法案》提供了使举报者免遭报复的保护条款，但员工在举报时还是会承担一定的风险。简单地说，《萨班斯－奥克斯利法案》保护的有效性取决于执法的有效性。如果发现公司保护机制存在潜在的威胁，并且相信自己已遭报复，那么员工可以向美国劳工部（DOL）提起申诉。不过，人们对该善意规定也不乏担忧。例如，人们担忧美国劳工部缺少资源和专业知识来有效调查这种潜在的报复，如雇主指控员工违反安全法。尽管有这些担心，员工如今还是有更好的方法来举报可疑的会计或审计行为，使自己得到很好的保护并免遭报复。

⊙ **会计与决策**

人们对会计信息常常带着误解，以为会计信息总是简单明了、无关对错、靠数据说话的，甚至认为会计信息就是一堆僵化的规则规定。按照会计高等教育路径委员会模型，要使会计具有价值，那么在决策过程中，会计人员必须擅长做出判断，勇于展示主观意见，而且有能力直面各种不明朗因素。

本章自始至终都在讨论如何用分步成本核算来确定生产或制造企业的单位成本。当然，我们也掌握了如何以约当产量为基础来把成本分配至在产品存货。用约当产量把产品成本分配给在产品存货，这种方法不仅可以帮助众多制造企业实施成本控制，而且也有助于企业在制定合理的销售价格时做出稳健的判断。不过，本章中讨论的分步成本核算方法并非适用于所有的制造企业。例如，有些采用分步成本核算的企业会直接把整个月份的直接材料、直接人工和制造费用分配给当月完工并转入产成品存货的产出单位，即便还有一些产出单位在月末仍然属于在产品。其实，当期末在产品单位数量相对于当期完工并转出的单位数量并不重大时，采用这种做法是合理可取的。

在决定是否必须将制造成本分配给期末在产品时，就需要对是否具有重大性进行判断。例如，假设某公司完工并按每个月平均 100 万单位的产出转移至销货成本，但因生产量非常之快而导致在产品一直是 1 万单位。这样，如果成本一直是均匀发生的，那么期末公司制造成本总额中只有 1% 实际属于在产品。针对这样的情况，公司显然可以把当月的全部制造成本分配给产成品存货，而不用向在产品存货分配任何成本。

18.3 小结

本章以及第 17 章重点介绍了产出单位成本的计量问题。后面几章将分析管理人员该如何确认、计量和应用相关的成本信息，以帮助分配决策权限、制订计划和控制成本。在任何经营环境下，企业总是需要产出单位成本信息。因此，全面了解产出单位成本的形成可以为企业开展盈利经营提供坚实的基础。

学习目标小结

1. 区分适用分步成本核算的生产过程与适用分批成本核算的生产过程

   分批成本核算适用于从事产品定制生产的企业和公司，而且这种生产需要不同数量和类型的直接人工、直接材料和制造费用。分步成本核算适用于大规模生产同质产品的生产过程，这种生产往往使用相同数量和类型的直接人工、直接材料和制造费用。

2. 会计处理采用分步成本核算时的实物流转和相关成本流转

   与生产过程相关的实物流转包括期初在产品、本期投入产品、期末在产品和本期完工并转出产品。分步成本核算下的成本流转与分批成本核算下的成本流转基本相同，在整个会计期内，直接人工、直接材料和制造费用等成本被分配至适当的在产品账户。在每个会计期末，各个在产品账户中的成本被转入下一步的在产品（或产成品）账户。

3. 计算约当产量

   约当产量是对生产性作业的计量，包括对非产成品进行的加工。其基本思想是：假设 500 单位产品完成了 50% 的加工，那么就相当于 250 单位产品完成了 100% 的加工工作。

4. 运用所消耗的资源成本计算单位约当产量的成本

   与本期完工工作相关的成本加上本期在产品成本，汇合起来就是各种重要的投入。用总成本除以总约当产量，就可得到每种投入的单位约当产量成本。

5. 运用单位约当产量成本将成本分配至本期产成品

   与转出产出单位相关的约当产量要乘以每种投入的单位约当产量成本。转出产出单位一般包括一定数量的期初在产品产出单位。其他转出的产出单位属于本期投入并于本期完工的产出单位。期初在产品产出单位包括一些前一期投入的成本以及本期增加的成本。两种成本都必须在这些产出单位完工时转出。

6. 编制分步成本核算下的生产报告并运用该报告进行决策

   分步成本核算下的生产报告是对本期完成的工作和相关成本的汇总。这里的成本包括单位成本和总成本。典型的生产成本报告包括四部分内容：①核算实物流转；②确定约当产量；③计算单位约当产量成本；④分配成本至本期产出。编制生产报告的目的是帮助管理层进行生产过程的有关决策。

习题 / 关键术语

示范题

麦格纳垃圾桶生产公司从事大型金属垃圾桶生产。公司产品主要销售给当地的卫生部门。垃圾桶由两个加工车间生产完成，分别是制造车间和油漆车间。在制造车间，所有的直接材料在开始生产时就投入，制造费用在整个生产过程平均发生，而人工仅在该生产过程的后半程均匀投入。在油漆车间，材料和人工在该生产过程的前半程均匀投入，而制造费用在整个过程平均发生。麦格纳垃圾桶生产公司采用分步成本核算法，公司1月份的成本和生产信息如下（金额单位：美元）。

	制造车间	油漆车间
直接材料成本	7 500	13 800
直接人工成本	18 000	7 800
分配到的制造费用	27 090	12 033
期初在产品单位数量	0	0
1月开工的产出单位	750	600
完工并转出的产出单位	600	510

1月底，制造车间的在产品完工率为30%，而油漆车间期末在产品的完工率为70%。1月，公司以每个180美元的价格销售了450个垃圾桶。

要求：

（1）计算1月两个车间按各种成本项目计算的约当产量数。

（2）以约当产量为基础，计算1月生产垃圾桶的单位制造成本、油漆成本和总成本。

（3）编制日记账分录汇总分配到制造车间和油漆车间的制造成本。

（4）编制月末日记账分录以记录从制造车间转入油漆车间及从油漆车间转入产成品存货的垃圾桶的成本。

（5）编制日记账分录以记录1月发生的销售以及相应的产成品存货的减少。

（6）使用T型账户计算在产品账户和产成品存货账户的期末余额。

答案（金额单位：美元）：

（1）产品的约当产量：制造车间

	直接材料	人工	制造费用
期初在产品	0	0	0
投入并完工产品	600	600	600
期末在产品	150	0	45（=150×0.3）
总约当产量	750	600	645

注：因期末在产品的完工率为30%，所有直接材料都已投入，但尚未发生直接人工，已分配了30%的制造费用。

产品的约当产量：油漆车间

	直接材料	人工	制造费用
期初在产品	0	0	0
投产并完工产品	510	510	510
期末在产品	90	90	63（=90×0.7）
总约当产量	600	600	573

注：因期末在产品的完工率为70%，所有直接材料及人工均已投入，但制造费用只分配了70%。

（2）1月生产一个垃圾桶的制造成本如下。

直接材料成本（7 500美元/750约当产量）	10
直接人工成本（18 000美元/600约当产量）	30
制造费用（27 090美元/645约当产量）	42
一个垃圾桶的制造成本	82

1月生产一个垃圾桶的油漆成本如下。

直接材料成本（13 800美元/600约当产量）	23
直接人工成本（7 800美元/600约当产量）	13
制造费用（12 033美元/573约当产量）	21
一个垃圾桶的油漆成本	57
一个垃圾桶的总成本（82美元+57美元）	139

（3）

在产品——制造车间	52 590
直接材料存货	7 500
直接人工	18 000
分配的制造费用	27 090
汇总1月制造车间发生的成本	
在产品——油漆车间	33 633
直接材料存货	13 800
直接人工	7 800
分配的制造费用	12 033
汇总1月油漆车间发生的成本	

（4）

在产品——油漆车间（转入的 600 产出单位 ×82 美元 / 产出单位）	49 200	
在产品——制造车间		49 200
完工产品的成本从制造车间转到油漆车间		
产成品存货（转出的 510 产出单位 ×139 美元 / 产出单位）	70 890	
在产品——油漆车间		70 890
将油漆车间完工产品的成本转入产成品存货		

（5）

现金（或应收账款）	81 000	
销售收入（售出的 450 产出单位 ×180 美元 / 产出单位）		81 000
记录 1 月份的销售		
销货成本（售出的 450 产出单位 ×139 美元 / 产出单位）	62 550	
产成品存货		62 550
记录 1 月的销货成本		

（6）

在产品：制造车间			
直接材料	7 500		
直接人工	18 000		
分配的制造费用	27 090	49 200	转入油漆车间
期末余额	3 390		
在产品：油漆车间			
从制造车间转入	49 200		
直接材料	13 800		
直接人工	7 800		
分配的制造费用	12 033	70 890	转入产成品存货
期末余额	11 943		
产成品存货			
从油漆车间转入	70 890		
		62 550	转入销货成本
期末余额	8 340		

自测题

1. 如果强力产品公司使用分步成本核算，则下面哪一项陈述可能是正确的？
   A. 公司采用大批量生产方式
   B. 各种产品使用了不同数量的直接人工
   C. 公司采用重复的产品生产过程
   D. 按客户特定要求生产产品

2. 下列企业中，哪些最有可能使用分步成本核算？
   A. 律师事务所
   B. 冷冻橘汁生产厂
   C. 医院
   D. 汽车修理厂

3. 果仁屋公司生产并销售花生酱。公司所有产品都经过 5 道生产工序，这些工序按顺序进行。假定公司使用分步成本核算，请从下面找出所有的正确答案。
   A. 不同生产车间对"产出单位"可能有不同的定义
   B. 从一个生产车间转入的成本要记入下一个生产车间（或产成品中）
   C. 成本会计系统分别计量各生产工序的产出单位成本
   D. 任何制造费用都不分配到各生产车间

4. 指出下面哪些短语正确完成了这句话："产品约当产量……"（指出所有正确答案）
   A. 是一个生产性作业指标
   B. 代表对仍在加工的产品上以及那些当期完工的产品所完成的工作
   C. 在大多数分步成本核算系统下被用于计算产出单位成本的基础
   D. 对生产过程消耗的每一重要投入进行分别计算

5. 生产成本报告包括下面哪些（指出所有正确答案）？
   A. 针对在产品生产中所消耗的每类资源的约当产量
   B. 应计入的成本总额
   C. 生产中的实物流转
   D. 分配给每项完工工作的制造费用成本
   E. 本期已计入的总成本

讨论题

1. 公司为什么可能会使用多种成本会计系统？

2. 任何给定的生产环境下，在决定使用分批成本核算或使用分步成本核算时应考虑哪些因素？

3. 罗地欧大道珠宝公司为名人定制庆典用珠宝首饰。你认为该公司会使用分批成本核算还是分步成本核算？请解释。

4. 描述至少两种产品或生产过程，它们既可使用分批成本核算，也可使用分步成本核算来确定产成品的成本。

5. 分步成本核算下生产成本报告的4个重要部分是什么？

6. 泰勒－马龙是一家律师事务所。对这类服务型企业，在分批成本核算法和分步成本核算法中，哪个更合适些？请解释。

7. 简要说明分步成本核算的过程以及确定单位产成品成本的方法。

8. 有些应用分步成本核算的公司会直接把全部生产成本分配到当月完工并转出的产品中，即便一些产出单位在期末仍然是在产品。这一做法合理吗？

9. 请讨论管理人员如何使用通过分步成本核算获得的信息。

10. 请解释"约当产量"这一术语。在快速移动的流水线作业中，约当产量与当月完工产品的数量可能会有很大差异吗？请解释。

11. 指出区分分批成本核算系统和分步成本核算系统的各个产品特性。

12. 在分步成本核算系统下，符合什么条件时会计人员可以把直接人工和制造费用合在一起直接当作加工成本处理？

13. 为什么把直接人工和制造费用的组合称为加工成本？

14. 为什么本期投入并完成的产出的单位成本与本期完成并转出的产出的单位成本不同？

15. 在使用先进先出法实物流转的分批成本核算系统中，如何计算本期开工并完成的产出单位的数量？

测试题

1. 判断下列公司是适合分批成本核算还是更适合分步成本核算，或者两者都适合？
   （1）爱瑞克森父子公司（一家拥有多个工地的建筑公司）
   （2）苹果公司（专为个人和机构客户生产计算机的公司）
   （3）游戏世界系统公司（专为城市公园和学校提供定制操场设备的公司）
   （4）强力实业公司（从事注塑成型塑料狗窝生产的公司）

   （5）天然营养产品生产公司（一家专业生产维生素和营养产品的企业）

2. 确定最适合以下企业的成本核算系统：分批成本核算系统、分步成本核算系统、作业成本核算系统。
   （1）詹森－尼德汉姆－格鲁弗律师事务所
   （2）沃尔玛公司
   （3）强生公司
   （4）特产公司
   （5）地毯制造公司

3. 针对下面四个会计账户，各编制一个日记账分录的例子，而且其金额要用分步成本核算法来记录借方和贷方。假设使用永续盘存法。分录中要包括对业务的说明并用"×××"来表示金额。
   （1）原材料存货
   （2）直接人工
   （3）制造费用
   （4）产成品存货

4. 福克公司对其两个生产车间混合车间和烘烤车间采用分步成本核算系统。福克公司给出了如下6月的制造成本信息（单位：美元）。

	混合车间	烘烤车间
期初在产品	500	1 000
转入成本	？	？
6月发生的成本	5 000	9 000
期末在产品	1 500	3 000

   （1）计算6月从混合车间转入烘烤车间的成本。
   （2）计算6月从烘烤车间转入产成品存货的成本。

5. 迪特马尔产品公司给出的公司成型车间4月的约当产量信息如下。

	直接材料	加工成本
4月1日的期初在产品产出单位数	10 000	？
4月投入并完成的产出单位数	？	20 000
4月30日的期末在产品产出单位数	8 000	？

   成型车间耗用的所有直接材料都是在

生产之初一次性投入。4月1日，期初存货完成加工成本的40%。4月30日，期末存货完成加工成本的70%。

计算4月迪特马尔产品公司成型车间所投入的直接材料和加工成本的约当产量。

6. 10月1日，克利福德制造公司的混合车间有10 000产出单位。这些产出单位的直接材料需要已完成75%，加工成本需要已完成60%。10月期间，混合车间投入并完工80 000产出单位。混合车间10月总的直接材料成本为1 778 000美元，总的加工成本为2 688 000美元。10月31日，期末存货为8 000产出单位，而且这些产出单位已完成了直接材料的80%和加工成本的70%。

（1）计算10月混合车间直接材料的单位约当产量成本。

（2）计算10月混合车间加工成本的单位约当产量成本。

7. 5月1日，米尔顿公司的切割车间有15 000单位的期初存货。这些产出单位的直接材料需要已完成100%，但加工需要只完成80%。5月31日，米尔顿公司的切割车间仍有12 000产出单位的存货，其直接材料需要已完成100%，而加工需要只完成30%。5月，切割车间直接材料总成本为1 000 000美元，或者说为每单位约当产量耗用40美元。5月总的加工成本为2 200 000美元，或者说每单位约当产量50美元。

计算5月米尔顿公司切割车间有多少产出单位投入并完工。

8. 6月1日，精密透镜制造公司的研磨车间从5月结转来的成本总计为400 000美元。完成期初存货所消耗的资源总额为80 000美元。6月研磨车间产出单位投入的总成本为1 600 000美元。6月30日，研磨车间期末存货分配到的成本总计为590 000美元。

计算6月从精密透镜制造公司研磨车间转出的成本。

9. 下面是油城润滑剂公司蒸馏车间12月生产成本报告所给出的约当产量数据。

约当产量	直接材料	加工成本
完成期初存货的约当产量	0	1 000
12月新投入的约当产量	54 000	43 000
12月投入的约当产量	54 000	44 000

假设12月31日蒸馏车间的期末存货由两部分组成：12 000约当产量的直接材料和2 000约当产量的加工成本。那么，12月蒸馏车间投入并完工了多少产出单位？

10. 天普实业公司包装车间的生产成本报告显示，包装车间11月投入并完工产出的单位约当产量成本为165美元。该成本报告还显示，11月从包装车间转出的单位约当产量成本为162美元。

11月单位约当产量的制造成本与10月相比是高还是低，或者是相等？为什么？

自测题答案： 1. AC；2. B；3. ABC；4. ABCD；5. ABCE。

练习题

关键术语

第19章

成本核算和价值链

学习目标

- 定义价值链并能说明其基本组成。
- 指出非增值作业与增值作业之间的区别。
- 解释作业管理与作业成本核算（ABC）之间的联系。
- 描述目标成本核算及其组成。

- 指出目标成本核算与价值链之间的关系。
- 解释准时制生产系统的本质和目标。
- 了解质量成本的组成。
- 描述每个质量指标的特征。

引导案例

金伯利公司

数年前，知名个人护理产品生产商金伯利公司将其给商店发货方面的战略从基于历史销售数据的预测转换为基于销货点数据的决策。金伯利公司发现，把基于历史销售数据的预测作为未来销售的预测指标并不精确。相反，公司必须根据目前消费者的购买情况，使得公司的发货与实际需求相匹配，从而为完善向杂货店和零售商进行补货提供了基础。

为了取得并运用销货点数据，金伯利公司在软件、硬件和场地方面进行了必要的投资，从而使公司供应链的成本、浪费和库存大幅降低。当然，金伯利公司需要的分销中心也变少了，但需要设在离客户群体更近的地点。借助于来自销货点的信息，金伯利公司就可以重新进行即时需求预测，从而确保消费者能在商店及时购买到所需的商品。

最后，金伯利公司利用运输管理解决方案软件设计出更具有成本效益的运输路线，从而为公司带来了每年100多万美元的能源支出节省，同时显著降低了公司每年的二氧化碳排放量。

这些事例只是金伯利公司在整个供应链中减少包装、恰当回收并再利用废产品以及加强成本管理的众多努力的一小部分。金伯利公司是公认的可持续资源倡议领域的领先者。⊖本章重点介绍那些广泛用于确定非增值作业、实施作业管理和目标成本核算以及应用质量成本与即时信息的方法，从而在提高公司绩效的同时促进全球可持续发展。

⊖ 参见 www.kimberly-clark.com/sustainability。

19.1 价值链

管理层对企业核心业务的关注往往从识别该组织价值链的组成内容入手。根据第 16 章对价值链的定义，**价值链**（value chain）是指为了创造和交付给客户富有价值的产品或服务所需的作业或资源集合。

显然，每一组织具体的价值链情况各不相同。进一步而言，组织内部服务于各个特定产品或服务的价值链也是完全不同的。以引导案例中的金伯利公司为例，该公司在其网站上列出了面向消费者和专业市场的产品和服务。这些品类代表了不同的市场与不同类型的供应商和客户。例如，与关注专业清洁用品的客户相比，普通消费品客户对产品特性的评价存在显著的差异。此外，专业清洁用品供应商与消费品供应商也存在巨大的差异。因此，打造能满足不同客户需求的价值链是大多数企业面临的主要挑战。

如图 19-1 所示，对公司的各项产品和服务而言，其价值链活动主要包括：

- 研发与设计活动：包括创意以及原创产品、流程和服务的开发。
- 供应商与生产活动：包括原材料和辅料的采购以及将它们加工为产成品和服务所必需的活动。
- 营销与分销活动：包括为潜在客户提供信息，并便于客户获得产品和服务。
- 客户服务活动：包括在向客户出售产品或服务后提供必要支持而消耗的资源。

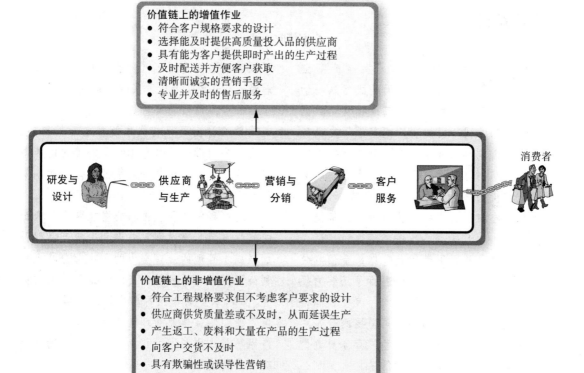

图 19-1　价值链上的增值和非增值作业

19.1.1　国际财务报告准则与价值链

美国一般公认会计原则（GAAP）与国际财务报告准则（IFRS）在报告方面的若干差异都与价值链有关。反映这种差异的两个例子是研发活动的会计处理与要求编制财务报告的套数。首先，国际财务报告准则要求将许多研发活动按资本支出处理，而美国一般公认会计原则要求将绝大多数研发活动立即按费用处理。这一差异可能会影响到企业的研发投资决策。

其次，如果美国公司在那些执行国际财务报告准则的国家开展经营，那么可能需要编制不同的财务报告，以便同时满足当地的公认会计原则要求与国际财务报告原则的要求。此外，这些公司为了符合美国母公司的报告要求需要按美国一般公认会计原则进行调整。类似地，如果美国公司是总部位于执行国际财务报告准则国家的上市公司的子公司，那么该美国公司必须编制符合国际财务报告准则要求的财务报告。不然，该公司必须将符合美国一般公认会计原则要求的财务报告按国际财务报告准则进行调整并包含在母公司合并财务报表中。这些额外的财务报告要求必然会显著增加价值链的成本支出。

19.1.2　增值作业和非增值作业

许多价值链活动并不能使客户对产品或服务产生更满意的看法。因此，任何组织都会设法找出并消除其价值链上的非增值作业。简言之，**增值作业**（value-added activities）能够增加产品或服务在客户心目中的满意度，而**非增值作业**（non-value-added activities）并不能增加产品或服务的这种满意度。因此，在不改变产品满意度的情况下，如果那些消耗资源的非增值作业能够消除，那么组织就能有效降低其成本。图 19-1 提供了有关增值作业和非增值作业的例子。非增值作业的一个例子就是企业持有过量的原材料、在产品或产成品存货。金伯利公司的管理层已经注意到了与持有大量存货相关的非增值成本，毕竟其经营计划之一就是强化库存管理。本章后面讨论的准时制存货管理，其开发的目的就是减少与持有过量存货相关的非增值资源的耗费。

> ⊙ **原材料存货经理**
>
> 假设你是一家木材厂的原材料存货经理。如果大量红木原木被闲置，正等着被运往木材厂，那么此时正在消耗什么类型的资源？

前面三章所做的成本分析侧重于价值链中的生产阶段（特别是直接材料成本、直接人工和制造费用）。但是，整个价值链都会发生资源消耗。因此，任何组织都会想方设法降低价值链中所有环节的资源消耗，同时以富有竞争力的价格提供消费者满意的产品和服务。本章重点讨论那些为评估价值链上各环节的资源利用和耗费状况而开发的其他成本核算程序和方法。这些程序和方法包括：对整个价值链都会起作用的作业管理；针对价值链上的研发和设计阶段而提出的目标成本核算；准时制生产流程；与整个价值链相关的全面质量管理。

19.2　作业管理

第 17 章首次介绍作业成本核算（activity-based costing，ABC）时，列举了一个强调生产中管理费用的作业成本例子。如前所述，与作业成本核算相关的基本程序包含：

- 明确发生制造费用成本的作业；
- 创建与这些成本因子作业相关的作业成本库；
- 确定作业指标（如人工工时、机器工时、千瓦时等）；
- 计算各项作业的单位成本。

之前，我们侧重于利用作业成本核算来将成本分配到各产品。然而，作业成本信息对管理有关消除价值链上非增值作业的决策也十分重要。例如，如果设备维修作业导致的停机时间可以消除，同时又不会给整个价值链带来相应的成本增加，那么设备维修就是一种非增值作业。运用作业成本来帮助减少和消除非增值作业的过程就是**作业管理**（activity-based management）。重新设计设备布局，获取高质量的投入用材料，采购新设备，外包修理工作，或者上述这些经营决策的组合都可以减少或消除作业成本，节省资源的消耗。

19.2.1　贯穿于整个价值链的作业管理

作业成本信息不仅对于控制价值链上的生产成本十分重要，而且对于评价与期间费用相关的诸如研发、分销、行政管理、融资、市场营销与顾客服务等作业也非常有用。在许多企业，期间费用甚至比产品成本对整体盈利能力有更重要的影响。

下面给出了一个关于作业管理的示例。管理层可以运用作业成本核算来识别非增值作业，或借此确定这些作业的成本在哪个环节不能给客户带来利益。管理者比较作业成本和收益的方法之一就是对比由内部完成各项作业的成本与从外部购入该作业的成本。

这里以从事木材、纸品与包装制品经营的博兹莫尔公司为例来说明作业管理是如何进行的。该公司的财务总监曾经接触过一位推销能减少业务处理成本的软件包的卖家。为了确定能给公司带来的成本节约，该财务总监决定对公司会计和财务部业务开展作业成本核算分析。

会计和财务部所承担的作业包括：

- 业务处理作业；
- 编制对外财务报告；
- 编制年度计划和预算；
- 承担特别要求的任务。

此外，会计和财务部的人工成本库构成如下：

- 职员 12 名，工资为 20 美元 / 小时。
- 财务分析师 5 名，工资为 45 000 美元 / 人。
- 预算分析师 6 名，工资为 39 000 美元 / 人。
- 高级分析师 3 名，工资为 75 000 美元 / 人；财务总监 1 名，工资为 185 000 美元。

在雇员的帮助下，该财务总监对所确定的四项作业的人工时间耗费进行了全面的作业分析。之后，她分别计算了全部四类作业中每一类作业占每类人工消耗的时间的百分比。图 19-2 列出了会计和财务部的相关百分比、成本库以及会计和财务部的作业情况。

如前所述，这位财务总监进行作业成本核算分析的目的是比较由内部进行业务处理的成本和购买业务处理软件的外部成本。因此，作业分析的下一步就是计算每一种作业的明细成本。运用图 19-2 中的百分比和每种类型人工的成本数据，可以得出如表 19-1 所示的每种作业成本的明细情况。图 19-2 中的作业成本核算分析可以帮助财务总监更好地管理她自己的以及会计与财务部 26 名员工的作业情况。特别的是，这位财务总监可以评估购买业务处理软件的外部成本是否小于目前由内部处理相关作业所发生的成本。

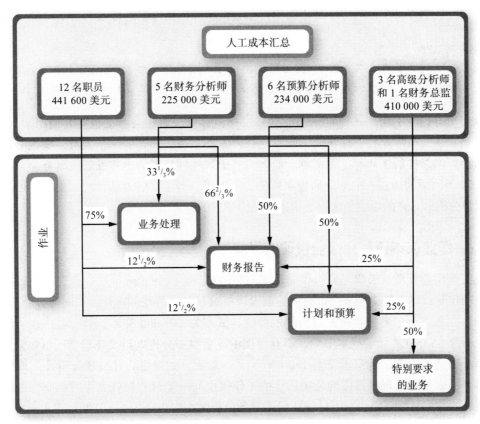

图 19-2　博兹莫尔公司会计与财务部成本库与作业确认

表 19-1　作业成本分析

人工类别	作业类别				人工资源合计
	业务处理	财务报告	计划和预算	特别要求的任务	
职员	3/4（75%）	1/8（12.5%）	1/8（12.5%）	0	22 080 小时 =（12 名职员 ×46 周 ×40 小时 / 周）×20 美元 / 小时 =
	331 200 美元	55 200 美元	55 200 美元	0	441 600 美元
财务分析师	1/3（33.33%）	2/3（66.67%）	0	0	5 名付薪分析师 ×45 000 美元 / 人 =
	75 000 美元	150 000 美元	0	0	225 000 美元
预算分析师	0	1/2（50%）	1/2（50%）	0	6 名付薪分析师 ×39 000 美元 / 名 =
	0	117 000 美元	117 000 美元	0	234 000 美元
高级分析师与财务总监	0	1/4（25%）	1/4（25%）	1/2（50%）	3 名高级分析师 ×75 000 美元 / 人 + 1 名财务总监 ×185 000 美元 =
	0	102 500 美元	102 500 美元	205 000 美元	410 000 美元
作业资源合计	406 200 美元	424 700 美元	274 700 美元	205 000 美元	1 310 600 美元

仔细查看表 19-1 中第一列与业务处理相关的作业成本。这些成本旨在确保基本日记账分录记录正确，从而确保企业资产的安全。会计职员帮助完成大量的具体工作。然而，财务分析

师通过评价并分析业务活动，来履行完成财务报告的职责。作业成本核算分析的结果是，在1 310 600 美元的人工成本库总金额中，财务总监估计其中的 406 200 美元与业务处理作业相关。

软件供应商称，其他已安装并使用了该软件的公司，每年节省 50% 的业务处理成本。该软件全套安装的报价是 450 000 美元，包括员工培训和客户支持服务的费用。如果财务总监购买该软件，且软件供应商的估计是正确的，那么该软件初始投资的回收期为 2.22 年。具体计算如下：

$$业务处理成本库的成本节约 = 406\ 200\ 美元 \times 50\%（每年节约数）= 203\ 100\ 美元/年$$
$$该软件成本的回收期 = 450\ 000\ 美元 \div 203\ 100\ 美元/年 = 2.22\ 年（回收期）$$

我们知道，除了购买软件带来的成本节约外，财务总监还会考虑很多其他因素。例如，鉴于目前有 9 人从事业务处理作业，所以她必须考虑是否必须解雇一半人员，她也必须权衡这样做会产生怎样的法律与伦理影响。此外，考虑到软件技术的迅速发展，财务总监可能会认为 2.22 年收回初始投入的估计回收期可能并不理想。为了更好地估计应用新软件可能给职员和财务分析师带来的影响，这里必须进行更为详细的分析。

19.2.2　作业成本核算：作业管理的子集

要实施作业管理，必须先取得作业成本核算的信息。为便于理解这一点，我们以博兹莫尔公司的作业成本数据为例来加以说明。假设博兹莫尔公司的外部审计人员向财务总监提议，可以由独立咨询公司来执行财务分析师的职能，成本为 190 000 美元。乍一看，这个提议似乎可以带来 35 000 美元的成本节约，毕竟目前的 5 名财务分析人员要花费 225 000 美元的资源，而外购这些业务估计只需花费 190 000 美元。然而，如果更为仔细地分析外部审计人员的提议，那么不难发现外部咨询公司所做的工作仅仅局限于财务报告方面的作业。根据作业成本核算的数据，财务报告方面的作业仅占财务分析师全部作业的 2/3，即（2/3）×225 000=150 000 美元。因此，如果采用了外部审计人员的提议，那么对成本所带来的真正影响是损失40 000 美元（150 000 美元 −190 000 美元），而不是节约 35 000 美元。

为了实施好作业管理，博兹莫尔公司必须清晰了解什么作业会消耗资源以及与这些资源相关的成本。此外，掌握竞争对手的作业基准信息有助于公司确定非增值作业以便进行消除。基准信息可能包括行业研究、竞争性报价资料、内部模型分析等。如图 19-3 所示，作业成本核算和基准信息都是作业管理的重要子集。

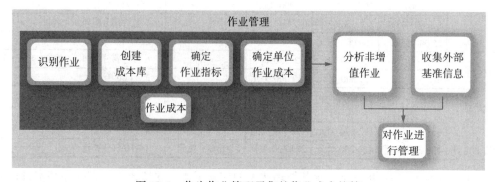

图 19-3　作为作业管理子集的作业成本核算

⊙ **小案例**

　　诸如通用动力、塔吉特、戴尔、强生、松下、惠而浦等众多全球公司正在网罗那些在供应链管理、作业成本管理、价值工程、目标成本核算和质量成本方面具有全球化思想和专业技能的大学毕业生。由于对这类人才的需求非常之大，这些全球公司开出了不菲的薪水。

　　请看下面这则在亚洲地区招聘全球经理的岗位说明：

　　针对亚洲市场所需要的商品，负责确立、开发和实施全球采购战略；主要职责为接洽供应链管理的各个方面，包括制造、工程、质量以及供应商管理层等。

　　要求具备以下专长与能力：

- 精通标准会计成本核算与作业成本核算。
- 具有较强的战略采购与谈判能力。
- 具有较强的分析能力，擅长通过发现和分析数据来确立有效的采购计划和措施。
- 擅长与组织各个层面进行有效沟通。
- 拥有价值工程和价值分析的经历。
- 具有较强的团队建设和人际沟通能力。

19.3　目标成本核算

　　前述关于博兹莫尔公司的例子关注的是与现有成熟的生产过程有关的作业。与之不同的是，**目标成本核算**（target costing）关注的是在成熟的生产过程形成之前产品开发早期阶段的作业。这种方法产生自客户的期望，关注的是设计问题，但具有涵盖产品或服务整个寿命期的潜力。目标成本核算的目的是设计一种能为企业带来丰厚利润的生产方式。因为同时关注整个价值链的利润和成本计划，所以组织就能对价值链的各组成部分进行协调。在整个价值链中，产品开发阶段的构思是至关重要的，毕竟有研究表明80%与生产相关的费用在生产正式开始前就已确定了。如果这些大量投入之后发生变更，那么总是会给公司带来重大的成本支出。

　　目标成本核算的起点是客户，主要分析客户对产品性能、质量以及最为重要的价格的期望。清晰了解客户需求是至关重要的，而这些需求可能就是客户对产品功能方面的要求。此外，客户可能不愿意为了较低的价格或较低的质量而放弃产品功能方面的要求。了解客户的期望也意味着要了解竞争对手的产品。客户并非生活在真空之中，他们对产品特征的需要是以市场现有可供产品为基础的。如果竞争对手能以低价提供性能相似的优质产品，那么公司常常就得重构其生产流程以便保持竞争力。

19.3.1　目标成本核算的组成

　　从最基本的层面上来看，理想的目标成本是指生产某种能够以特定目标价格销售的产品所必须消耗的资源的成本。因此，目标成本核算首先要通过市场分析以及与消费者的互动来确定恰当的目标价格。然而，管理层必须确定一个可接受的产品毛利，以便计算期望的目标成本。毛利是经营类型和市场需求的函数。不过，这里暂时不做详细讨论。计算目标成本的基本公式如下：

$$目标成本 = 目标价格 - 毛利$$

要透彻了解目标成本核算，必须分析其四项组成内容：

- 计划与市场分析；
- 概念开发；
- 生产设计和价值工程；
- 生产及其持续改进。

作为目标成本核算的第一项组成内容，计划与市场分析会消耗大量资源。在此期间，市场分析师需要通过分析竞争对手对产品的可能回应来找出小众顾客或客户细分市场。第二项组成内容是概念开发，此时要关注的是产品的可行性研究。概念开发是产品测试和再设计不断循环的过程，目的是理解客户的要求。根据前两项组成内容就可得出理想的目标价格。第三项组成内容就是生产设计，是在开发阶段确立了产品概念后进行的。工程技术人员和经验丰富的生产人员通过运用**价值工程**（value engineering），来确定生产满足客户需求的产品所需消耗的成本最低的资源组合。最后，通过开始生产及其持续改进来达到目标成本。后面两项组成内容是关于目标成本如何达到的。图 19-4 解释了目标成本核算中各组成内容间的相互影响。

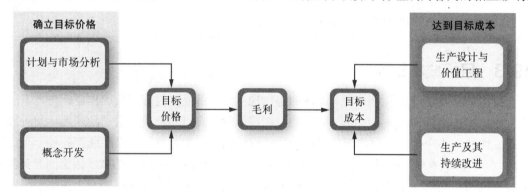

图 19-4　目标成本核算的组成

19.3.2　目标成本核算：示例

为了说明目标成本的核算过程，下面将以前面讨论过的博兹莫尔公司为例。博兹莫尔公司有一条生产硬纸板包装品的生产线。公司参加诸如洗衣粉、早餐麦片以及灯泡等商品包装业务的竞价。纸板盒的典型价值链如图 19-5 所示。这些包装材料价值链包括研发方面的工作，其目标是尽可能使所生产的纸板量轻、质优、强度高。博兹莫尔公司将生产的纸板卷式大卷并运送给负责印刷和成型的供应商。这些纸箱最后要运送给客户，即本例中的洗衣粉制造商。

在博兹莫尔公司营销与策划部最近进行的一次的市场调查中，客户对目前用于洗衣粉产品的硬纸板包装并不满意。通过深入分析发现，洗衣粉制造商认为硬纸板包装太重，增加了其运输成本。洗衣粉的消费者（终端用户）也对所使用包装油墨不满，因为一旦盒子受潮，盒子上印刷的内容就会掉色或被擦去。

为此，博兹莫尔公司组建了一支跨职能、跨组织的团队来设计能满足客户需要的产品。需要注意的是，有两类价值链客户很重要：洗衣粉制造商和洗衣粉消费者。来自博兹莫尔公司的团队成员包括市场营销、设计工程、生产工程和会计等部门的职员。此外，团队还邀请来自标签印刷公司和洗衣粉制造商的类似人员构成的小组加入。整个团队的首要目标就是通过调整洗衣粉包装盒的材料来更好地满足客户的需要和期望。

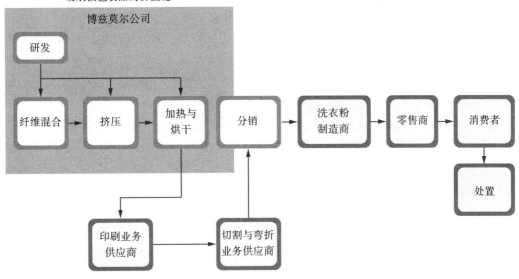

图 19-5 贯穿价值链的目标成本核算

值得注意的是，尽管由博兹莫尔公司来领导新组建的团队，但价值链中的所有成员都要参与设计新的硬纸板包装产品。如果博兹莫尔公司设计的新的硬纸板包装重量较轻，但不能很好地吸收印刷油墨，那么该方案仍然是不可行的。同样地，如果硬纸板包装重量较轻，但其强度经不起洗衣粉制造商机器的适度冲压，那么该方案同样是不可行的。最后，为了使最终客户（洗衣粉的消费者）满意，除了博兹莫尔公司要同意进行设计变更之外，来自印刷公司或洗衣粉制造公司的其他团队成员也要同意调整或改变其生产流程。

> ⊙ **团队领导**
>
> 假设你是博兹莫尔公司产品设计团队的领导，负责设计新的洗衣粉包装。在跨组织团队的首次会议上，就由整个团队创作出来的任何新设计的知识产权和保密问题，来自印刷公司的团队成员提了一条严肃的保留意见。该印刷公司有一项政策，即要求对所有的印刷配方和工艺进行保密，以便在市场上保持竞争优势。印刷公司的团队成员指出，博兹莫尔公司工程师 5 年前就使用了一个创意，而该创意正是他们通过与印刷公司工程师的谈话而得到的。印刷公司代表所提出保留意见的确需要慎重考虑，毕竟会威胁洗衣粉包装设计项目的继续进行。对此，你该怎么做呢？

针对市场营销团队成员提供的客户要求，设计工程师把这些要求与硬纸板的性能相对照、相联系。表 19-2 给出了关于相关要求和性能的一个例子。表中的所谓"高"或"低"表示在满足客户要求方面性能的重要性，"+"或"−"则表示性能与要求之间正向或反向的联系。

表 19-2 产品性能分析

要求		硬纸板的性能	
		弯折和剪切承受力	吸收率
洗衣粉消费者的要求	包装盒易于倾倒	高（+）	低
	受潮时油墨不会掉色	低	高（+）
洗衣粉制造商的要求	包装盒重量轻，便于运输	高（+）	高（+）
	包装盒坚固，便于装填	高（−）	低

借助上述要求/性能表，设计工程师将重心放在产品性能上，以便更好地满足客户的需求。在这个例子中，硬纸板的弯折与剪切性能对于包装盒倾倒的难易程度、包装盒的重量及其强度而言是非常重要的。不幸的是，虽然质量轻的包装易于弯折与剪切，也易于消费者倾倒，但其强度不足以满足洗衣粉制造商的要求。我们从表19-2中可以很清楚地看到，如果在保持重量轻和吸收率高的同时，能将硬纸板做得更坚固，那么消费者的几个要求就都能得到满足。当然，必须考虑使包装轻便而发生的额外成本问题。

团队中的营销人员必须确定在满足理想要求时消费者愿意支付的目标价格。营销人员通过市场调查发现，洗衣粉消费者并不愿意为这些理想要求支付高于目前每盒8.50美元的零售价格。而且，洗衣粉制造商也不愿意为硬纸板洗衣粉盒向博兹莫尔公司支付高于目前每个1.16美元的价格。

其他调查表明，竞争对手打算采用新设计的包装物（塑料容器）来部分解决这些问题。这种塑料容器重量轻、硬度高，而且可以消除标签的印刷问题。虽然这种新的包装方案不需要提高价格，但博兹莫尔公司负责市场营销和工程技术的主管们怀疑这种新包装是否会因倾倒问题而不为洗衣粉消费者所接受。因为塑料容器出口狭窄，会使洗衣粉在倒出时凝结起来，从而给消费者带来新的麻烦。不过，竞争对手们显然正在努力解决这些问题。

如表19-3所示，设计工程师与那些已收集到作业成本核算信息的会计人员通过共同工作，已找到了可以满足顾客需求的潜在解决方案。由表19-3可知，按照作业成本核算法，博兹莫尔公司目前出售给洗衣粉制造商的包装盒的单位成本为0.61美元。假设该洗衣粉制造商愿意支付1.16美元的单价，那么博兹莫尔公司所赚的利润为每只包装盒0.55美元。

表 19-3 满足目标成本的价值工程　　　　　　　　　　　　　（单位：美元）

解决方案	硬纸板纸箱：单位成本		
	现行基于作业成本核算的成本	初始目标成本	基于价值工程的目标成本
纤维混合物	0.22	0.25	0.25
挤压要求	0.08	0.05	0.05
干燥时间	0.04	0.06	0.05
弯折与剪切：外购	0.12	0.12	0.09
印刷：外购	0.15	0.18	0.17
合计	0.61	0.66	0.61

设计工程师建议的初始目标成本为0.66美元。新的混合物配方方案可以降低硬纸板中木质纤维的含量，而且可以用能减轻重量、增强硬度但成本稍微高一点的塑料纤维来替代。虽然这种新型混合物在成卷时只需要稍微用力，但需要较长的干燥时间和较高的干燥温度。干燥之后，硬纸板盒就可供印刷。不过，鉴于塑料纤维的吸收问题，印刷公司认为新配方下的硬纸板需要使用新的印刷技术，从而会使每只包装盒增加0.03美元的印刷成本和0.05美元（从基于作业成本核算的0.61美元上升到0.66美元的初始目标成本）的总成本。

由于0.66美元的初始目标成本过高且难以维持以前每只包装盒0.55美元的利润，所以价值工程变得至关重要。价值链中的成本必须予以削减，否则建议方案就无法获得采纳。事实上，价值链中尚有一个环节没有被考虑，即制作包装盒的弯折与剪切作业。在将包装盒运送到洗衣粉制造商处之前，博兹莫尔公司同弯折与剪切业务供应商进行了接触。鉴于弯折与剪切过程比过去变得容易，而且成本也下降了，博兹莫尔公司要求承担弯折与剪切业务的供应商降价0.03美元。对此降价要求，该供应商表示同意。随后，博兹莫尔公司提议与印刷公司分摊总成本增加中余下的 0.02 美元，从而将建议的目标成本控制在 0.62 美元。对此要求，印刷商表示了同意。最后，博兹莫尔公司也找到了从加热和干燥成本中削减 0.01 美元的办法。这样，通过在整条价值链中实施价值工程，最终实现了 0.61 美元的目标成本（0.66 美元的初始目标成本 −0.03 美元的弯折与剪切业务成本降价 −0.01 美元的印刷成本 −0.01 美元的干燥成本 = 通过实施价值工程而最终达成的 0.61 美元的目标成本）。

至此，目标成本中仍有一个方面未被讨论，即整个产品寿命期内的产品成本。**寿命周期成本核算**（life-cycle costing）所考虑的是产品在整个寿命期内所耗费的全部潜在资源。这些成本是产品开发和研发成本的延伸，体现为保修与处置成本。在博兹莫尔公司的例子中，如果这种用于洗衣粉包装盒的新型硬纸板混合材料为给消费者带来了额外的处置成本，那么这些成本必须予以考虑。例如，博兹莫尔公司需要了解这种含有塑料纤维的新型混合材料对消费者能否循环使用洗衣粉包装盒的影响，以及这些包装盒对环境成本的潜在影响。这些基于产品寿命周期的额外因素也是目标成本核算的正式组成内容。

19.3.3　目标成本核算的特征

不难发现这里给出的目标成本核算例子呈现若干特征。第一，整个价值链都会涉及在满足客户需要的同时尽量降低成本。第二，对核算步骤的理解是目标成本核算的基础。清晰理解核算过程的关键组成内容与相关成本之间的联系，对于重点关注价值工程措施而言是至关重要的。第三，目标成本核算要求把重点放在产品的性能特征及其对客户的重要性方面。第四，目标成本核算的首要目标就是减少研发时间。所组建跨职能、跨组织的团队应允许同时而不是顺序地考虑可能的解决方案，从而可以加快新产品的开发速度。最后，借助作业成本核算信息，管理人员就可以更好地决定在哪些方面做出改变可以影响实现目标成本所需的作业的成本。

19.4　准时制存货管理系统

准时制生产系统（just-in-time manufacturing system）是用来降低生产过程成本的一种方法。所谓"准时制"指的是仅仅在需要完成客户订单时才去采购原材料并制造产品。准时制有时被描述为需求驱动型生产，因为生产完全是由客户的需求来拉动的。那些只是简单地生产尽可能多的产品的方法，是传统供给驱动型生产，两者有很大的区别。

准时制的特征是原材料、在产品和产成品等存货非常少或不存在。如图 19-6 所示，原材料仅仅在需要时才安排送达，而且产品会很快从一道工序流转到下一道工序，不会发生任何等待或停工的情况。在准时制下，生产的产成品数量不会超过现有的客户订购数量。准时制的目的之一就是要减少或消除与储存存货相关的成本，而这些成本大多是不会增加产品价值的。

准时制是一种要在整个生产过程中消除非增值作业并提高产品质量的经营"哲学"。正如之前所讨论的，非增值作业这一术语是指那些不能直接为客户增加产品价值的功能。非增值作业的例子包括储存直接材料、调试机器设备、机器设备或雇员闲置的时间等。

㊀ 确定最佳存货规模所需考虑的因素已在第 8 章进行了讨论。

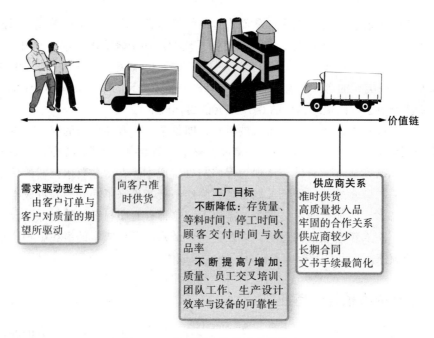

图 19-6　准时制在价值链中的特点

19.4.1　准时制、供应商关系与产品质量

有效准时制的最重要目标也许就是在不牺牲产品质量的前提下控制产品成本。这一目标的实现在一定程度上需要与有限数量的优质供应商培养并建立牢固持久的关系。可靠的供应商关系对于实现长期质量目标很重要，即便供应商提供的价格并非最低。事实上，对于更高质量的产品，略高的价格很可能会带来长期的质量改进和成本节约，因为实施准时制的制造商对于所收到的原材料可以减少用于检查和测试的时间。

如图 19-6 所示，准时制的有效实行要求与可靠得多的供应商维持良好的联系。在准时制下，工人必须是多面手。因为仅当需要时才进行产品生产，所以工人必须能快速适应产品生产的转换。为此，工人必须掌握各种生产技能，会操作不同的机器设备。许多公司发现，弹性生产方式能增强员工的积极性、生产技能与生产效率。

为了适应准时制下弹性生产的要求，高效的生产布局也是至关重要的。机器要按被使用的先后顺序靠近放置，这样才能实现在产品迅速而顺利的流转。既然机器的停工会中断整个生产过程，因此设备的可靠性也是非常重要的。为了帮助确定设备的可靠性，准时制下的工人要经常接受培训，以便能对所使用的机器进行预防性维修，并能亲自做许多常规维修。

19.4.2　准时制效率的计量

在准时制下，时间的安排是非常重要的。因此，为了合理地安排生产作业，应以恰当的方式避免瓶颈，从而确保工作适时完成。为此，必须进行时间计量。

一件产品通过整个生产过程所需要花费的时间长度称为**生产周期**（cycle time）。生产周期通常包含四个独立要素：①产品生产时间；②储存和等待时间；③移送时间；④检验时间。然而，只有产品生产时间要素能增加产品的价值。从理想的角度来说，应该尽可能减少产品生产周期中的其他时间要素。

准时制下广泛采用的效率计量指标是**生产效率比**（manufacturing efficiency ratio）或吞吐率，也称产能比。该评价指标表示增值作业（生产作业）所花费的时间占总生产周期的百分比。生产效率比的计算方式如下：

$$生产效率比 = 增值时间 / 生产周期$$

最佳效率比率是100%，即没有时间被花费在非增值作业上。然而，生产效率比实际上总是远低于100%。在许多情形下，生产效率比应能提供给管理者某个警示暗号。对于有些不曾努力去提高效率的公司而言，其生产效率比有时甚至会低于10%。事实上，效率的提高经常会直接转化为成本的节约和利润的增加。

实施准时制的公司的会计系统除了要对产品成本和生产周期进行计量外，还须进行质量计量。广泛使用的生产质量指标就是每百万产品单位中的次品数。有些公司的次品率已经减少到每百万产品单位不足一个次品。除此之外，其他的质量指标有商品退回率、保修索赔次数、客户申诉次数以及客户满意度调查结果。

准时制本身并不能保证产品质量，但能将"为质量而奋斗"作为组织的基本目标。

19.5 全面质量管理和价值链

准时制方法的广泛使用表明，要在全球市场上得以生存，企业必须在质量和成本方面进行竞争。忽视产品质量的代价往往很高昂，而最显著的代价无疑是销售收入的损失。那些能够在质量与成本方面参与全球竞争的公司，往往拥有成熟的**全面质量管理**（total quality management，TQM）体系。全面质量管理包括质量管理的责任分工、为决策提供高质量的评估手段以及对质量绩效的评价和奖励。通过设计能够反映质量水平以及分配质量损失成本的制度，会计人员就参与了全面质量管理的评估和报告过程。

19.5.1 质量成本的组成

在设计追踪质量成本的评价体系时，通常需要考虑质量的四项组成内容：

（1）预防成本，指在作业中为预防次品发生所耗费的资源的成本。例如：员工培训；质量过程审计（包括新产品目标成本核算中的质量检查）；供应商质量评价。

（2）鉴定成本，指为了确定产品是否符合质量标准而发生的成本。例如：检测进料、在产品和产成品；监控生产过程；检查设备以确保质量。

（3）内部损失成本，指为了矫正低质量的产品而发生的与生产相关的额外成本。例如：返工有缺陷的产品；停机损失；工程技术变更；废料处理。

（4）外部损失成本，是涉及金额最大也是最难确定的。外部损失成本是指因有质量问题的产品进入市场而发生的成本。例如：损失的销售收入；加工退回产品的成本；保修成本；产品责任成本；商誉减值。

上述四类质量成本并不是相互独立的。显然，如果花费更多的时间和精力来确保次品不出厂门，那么就有可能降低外部损失成本。如图 19-7 所示，人们事实上已经知道这些质量成本之间的取舍关系。

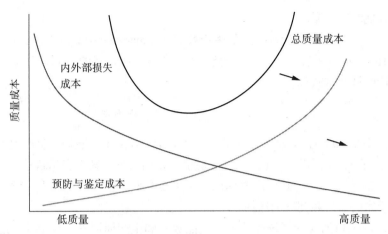

图 19-7　质量成本图示

如图 19-7 所示，随着预防与鉴定方面所消耗资源的增加，与内外部损失相关的成本就会下降。如果所设计的生产流程能减少预防损失的成本并提高产品质量，那么就会带来较高的客户满意度、较多的回头客业务、较低的保修成本等好处。正如之前讨论目标成本核算时所提及的那样，要重点关注预防成本问题。此外，与准时制存货所讨论的相仿，预防还包括找到高质量的供应商。

图 19-7 中的箭头反映的是过去 25 年一直在发生的一个现象。在生产车间和办公室普遍应用电算化设备之前，生产过程的各个阶段必须耗费大量人力资源来检验产品质量。通过人工检查所有收到的原材料、在产品和产成品存货，代价往往非常之高，而结果并不总是那么可靠。通过运用计算机技术来进行质量检查，就能减少鉴定成本并提高鉴定的可靠性。鉴定与预防成本的减少会使成本曲线发生移动，从而实现质量的提高、成本的降低。

全面质量管理得以令人瞩目的另一个原因在于人们认为它与价值链之间存在内在联系。如果价值链的某个部分质量较低，那么该价值链的所有组成部分的质量成本都会增加。如果供应商提供的是低质投入品，那么就可能造成购买者发生重新加工和质量保修方面的费用支出。如果零售商将低质量的产品提供给消费者，那么就会损害产品的销售，并影响整个价值链。因此，整条价值链都应当采用全面质量管理方法。

⊙ **小案例**

　　六西格玛（six sigma）是许多公司应用全面质量管理时的补充工具。六西格玛最初由摩托罗拉公司作为商业管理策略开发出来，其一直以来就被当作全面质量管理看待。六西格玛的核心思想是：只要能计量生产中的次品数，那么就可以系统地找到如何使次品数尽可能降为 0 的方法。在六西格玛中，所谓次品是指不能满足客户规格要求的任何产出，也可以指可能导致不能满足客户规格要求的任何行为。为了达到六西格玛的质量目标，生产的次品率不能超过百万分之 3.4，即 99.999 66% 的无差错率。

　　许多公司利用六西格玛方法来完善经营与生产过程。例如，通用电气公司将六西格玛纳入公司的企业文化，因为公司坚信竞争环境要求公司不能出任何差错。不过，持批评意见者认为，六西格玛的应用会扼杀公司的创造力，因为公司将过多的资源投入现有生产而不是用于开发新的经营机会。

19.5.2 质量成本的计量

质量是一个多维概念。多样化的评价尺度对于把握质量的各个方面是十分必要的。大多数公司都从创建质量成本报告开始入手，而这个报告又以前面所讨论过的质量成本的四个组成部分为基础。表19-4列示了博兹莫尔公司的季度质量成本报告。

表 19-4　质量成本报告

	博兹莫尔公司 质量成本报告 截至 9 月 30 日		
	成本（美元）	TQM 分类成本（美元）	占销售百分比（%）
预防成本：			
培训	12 000		
维护	10 000		
质量计划	8 000	30 000	3.2
鉴定成本：			
检验——原材料	6 000		
检验——设备	2 000		
检验——生产过程	4 000		
设备测试	5 000	17 000	1.8
内部损失成本：			
返工	5 000		
停工期	7 000		
废料	8 000	20 000	2.1
外部损失成本：			
保修	4 500		
损失的销售收入	20 000		
修理	6 500	31 000	3.3
总计		98 000	10.4

编制简要质量成本报告只是帮助公司管理相关作业的第一步。20 000 美元的销售收入损失是一项很重要的非增值作业成本，所以博兹莫尔公司希望消除这项成本。为此，公司管理层必须了解和追踪那些产生该损失的作业。换言之，管理层必须确定诸如损失的销售收入、返工、保修等成本动因。评估与管理产品质量要求对这些成本动因进行多维评价。因此，客户满意度调查、供应商评级制度、生产次品率的计量、停工期、发货及时度等都要由公司通过运用全面质量管理方案予以记录和评估。

> ⊙ **伦理、欺诈与公司治理**
>
> 　为了提高上市公司编制准确、可靠的财务报表的可能性，《萨班斯－奥克斯利法案》要求上市公司及其审计师必须就公司内部控制结构的有效性进行单独报告。内部控制结构包括公司实施的预防错误、浪费和欺诈（非增值作业）的全部措施，其目标是确保会计信息的质量和可靠性。因为公司的价值链通常包括交易的会计记录，所以内部控制结构设计必须考虑整个价值链的可靠性。
>
> 　公司必须出具反映其内部控制结构有效性的审计报告。不过，出具这种审计报告的费用一直是昂贵的。因此，企业界一直有反对的声音，质疑审计报告是否能产生价值。特别

地，一些小型上市公司抱怨称，提供内部控制报告所花费的成本给这些小型公司带来了巨大的压力。多年来，就资本市场监管方面政府必要的适度干预而言，管理部门的态度一直不甚明确。最近，政府似乎又在推动放松与《萨班斯－奥克斯利法案》相关的监管要求。

19.5.3　生产率与质量

不同时考虑生产率而进行的质量评价，可能只是一种适用于破产的方法。质量和生产率是紧密联系的，所以管理者更乐于执行能减少与低质量相关的成本和能提高生产率的作业。所幸的是，这通常是可行的。管理者常常发现，那些减少废料和返修工作的作业也会提高生产率。

生产率通常是经过比较投入和产出来进行衡量的。如果既定产出所需的投入量不断减少，质量显然得到了提高。在质量成本报告中，"占销售百分比"一列反映了对生产率的评估。销售额反映的是产出，而投入反映的是与质量相关作业的资源耗费。对于博兹莫尔公司而言，产品质量的提高表现为总质量成本占销售收入百分比的下降。本章前面部分所讨论的另一个生产率指标——准时制生产效率比——就是通过比较投入、增值时间与产出、生产周期来对生产率产能进行评价的。

> **⊙ 会计与决策**
>
> 会计常常被认为是讲究客观、基于规则以及用数据来说事的。根据本书自始至终所引用的会计高等教育路径委员会模型的观点，专业会计人员不仅要遵循规则、用数据说事，而且要运用判断、严谨思考并对大量会影响到战略决策的各种重要问题做出解释。
>
> 我们在第17章讨论了管理人员如何借助作业成本核算来更好地把握产品成本和成本动因。在第17章中，作业成本核算的主要目的就是要识别出驱动产品成本的作业，然后把这些作业的成本根据其依赖作业的程度按比例分配至相关产品（如所需要的机器工时数、产生的采购订单数、要求的检测次数等）。在本章中，我们对作业成本核算的分析进行了扩展，通过示例介绍了管理人员如何运用作业管理方法来明确消耗资源的作业间的关系。因此，不同于作业成本核算，作业管理可以为控制整个价值链上的资源消耗提供富有价值的见解。据此，作业管理可以为管理人员赋能以提高顾客满意度、消除非增值作业、持续提升质量、建立目标成本并通过流程再造来提高生产效率。
>
> 对照会计高等教育路径委员会模型的精神，作业成本管理作为一个极好的例证，充分说明了会计并非只是基于规则和用数据来说事的。相反，作业成本管理这个例证表明，托起经济健康发展、社会繁荣富裕的基础在于明智的决策，而明智的决策只能来自严谨的思考和合理的判断。

19.6　小结

至此，我们介绍了通常被公司用来管理其价值链成本的四种方法，分别是：作业管理、目标成本核算、准时制和全面质量管理，其基本目标都是消除价值链中的非增值作业。要实现这一目标，企业必须将管理这些非增值作业的责任分派给雇员，提供关于这些作业的成本信息并奖励消除这些作业的管理者。究竟哪些属于非增值作业最终要由客户来决定。诚然，在确定价值链的形态和结构时，客户同样起着决定性作用。

学习目标小结

1. 定义价值链并能说明其基本组成

所谓价值链是指为创造和交付给客户有价值的产品或服务所需的一整套作业与资源，其基本组成包括研发与设计、供应商与生产、营销与分销、客户服务等作业。

2. 指出非增值作业与增值作业之间的联系

增值作业可以增加产品或服务在消费者心目中的满意度，而非增值作业则不能增加产品的这种满意度。

3. 解释作业管理与作业成本核算（ABC）之间的联系

作业管理要求清楚作业所消耗资源与这些资源的成本之间的联系。作业成本核算的目标是得出所要计量的成本影响因子的单位成本，而作业管理的目标就是管理影响这些成本的作业。

4. 描述目标成本核算及其组成

作为一种业务流程，目标成本核算针对的是新产品和服务开发的最初阶段。目标成本核算的组成内容包括：基于计划和市场分析的概念开发、基于价值工程的产品开发以及以持续改进为目标的生产流程。

5. 指出目标成本核算与价值链之间的关系

目标成本核算涉及整个价值链，其目的是明确那些既能满足顾客需求又能降低成本的作业。目标成本核算的首要目标是减少开发所需的时间。为加快新产品开发，应采用跨职能、跨组织的价值链方案，而不应采用按部就班的解决方案。

6. 解释准时制生产系统的本质和目标

准时制下，原料的采购与产品的生产仅在销售需要时发生。因此，准时制生产是由客户需求驱动，而不是由存货控制驱动的。准时制的目标是消除（减少）非增值作业，关注的是提高整个生产过程中的产品质量。

7. 了解质量成本的组成

质量成本可分为四类：①预防出现低质量产品的相关成本；②鉴定与检验产品质量的成本；③在向客户提供产品或服务之前，为矫正产品质量问题而发生的内部损失成本；④因向客户提供不能令人满意的产品或服务而发生的外部损失成本。

8. 描述每个质量指标的特征

质量指标必须以客户为中心，因为质量低劣只有客户才能体会。质量指标应是多维的，包括财务的和非财务的，旨在帮助管理层关注产生质量成本的作业。

习题 / 关键术语

示范题

2020 年年初，苏斯基公司启动了一个质量改进项目。公司通过大量的努力来减少产品的次品数。到 2022 年年末，来自公司生产经理的报告显示，废料与返工的数量都有所下降。公司财务总监对此很满意，但还是想评估一下质量改进项目的财务影响。为此，该财务总监收集了本年度以及前两年的数据（单位：美元）。

	2020 年	2021 年	2022 年
销售收入	10 000 000	10 000 000	10 000 000
废料	450 000	400 000	300 000
返工	625 000	600 000	400 000
产品检修	100 000	120 000	125 000
产品保修	875 000	800 000	600 000
质量培训	20 000	40 000	80 000
材料检验	80 000	40 000	40 000

要求：

（1）将成本分类为预防成本、鉴定成本、内部损失成本和外部损失成本。

（2）计算全面质量成本占这三年每年销售收入的百分比。由于质量改进，2020年、2021年和2022年各增加了多少利润？

（3）作图比较2020年、2021年和2022年的预防及鉴定成本与内部和外部损失成本。推断出曲线所显示的最优质量点。

（4）如果把质量成本考虑成非增值作业，请指出如何消除此类作业。

答案：

（1）

（单位：美元）

	预防 质量培训	鉴定 产品和原材料检验	内部损失 废料和返工	外部损失 产品担保	合计
2020年	20 000	180 000	1 075 000	875 000	2 150 000
2021年	40 000	160 000	1 000 000	800 000	2 000 000
2022年	80 000	165 000	700 000	600 000	1 545 000
2020～2021年成本变化	+20 000	−20 000	−75 000	−75 000	−150 000
2021～2022年成本变化	+40 000	+5 000	−300 000	−200 000	−455 000

（2）

（金额单位：美元）

年度	总质量成本÷销售收入	利润增加＝成本降低
2020	2 150 000/10 000 000=21.5%	
2021	2 000 000/10 000 000=20.00%	2 150 000−2 000 000=150 000
2022	1 545 000/10 000 000=15.45%	2 000 000−1 545 000=455 000

（3）

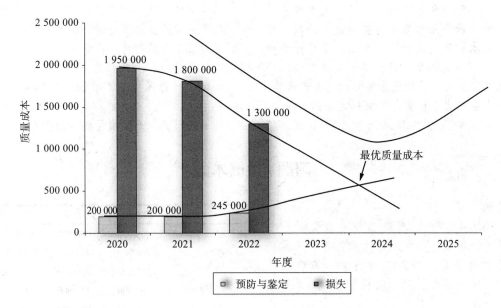

（4）非增值作业是指那些能够予以消除，同时不会减少产品对客户价值（增加成本或降低质量）的作业。下面给出的例题答案假设客户所要承担的成本并不会增加且产品质量不会降低。许多其他作业也可能引发这些成本，当然也可能有一些其他答案。

质量种类	作业	解决方案示例
废料	设备问题	采用新设备/加强维护
	劳动力问题	加强质量培训和/或增加激励
返工	零件太多	实施价值工程
	员工粗心	加强质量培训和/或增加激励
产品检验	低质量原材料	要求供应商质量认证
	低水平测试设备	采购新的检验设备
产品保修	检验失误	购买更为可靠的设备
	零件太多	实施价值工程
原材料检验	运输中的问题	要求运输商质量认证
	供应商运送低质量的产品	要求供应商质量认证

自测题

1. 下面哪一项会被面包消费者视为非增值作业？

   A. 将面粉、鸡蛋、牛奶和其他成分混合成面包面团

   B. 烤制面包

   C. 将烤好的面包送到仓库，以待销售给当地商店

   D. 将烤好的面包运送给当地商店

   E. 轮换商店的面包存货，以便将较早生产的面包先销售出去

2. 普雷莫制笔公司正在开发一种新的钢笔，以取代现有的高端总裁范牌钢笔。根据市场调研，公司确定了钢笔应具有的某种关键功能，并估计顾客愿意以每支30美元的价格来购买具有这种功能的钢笔。按照普雷莫制笔公司生产经理的估计，使用现有设备来生产拟定牌子钢笔的单位成本是每支26美元。总裁范牌钢笔的现行售价为每支24美元，其全部生产成本为每支20美元。某竞争对手也在销售与拟定牌子类似的钢笔，但没有那种普雷莫制笔公司已取得专利的易伸缩功能。竞争对手产品的售价为28美元，估计的生产成本为25美元。如果普雷莫制笔公司希望拟定牌子钢笔的销售回报率为22%，那么下面哪一项反映了新款钢笔的目标成本？

   A. 26.00 美元

   B. 23.40 美元

   C. 24.00 美元

   D. 19.80 美元

3. 准时制存货系统的目标是：

   A. 与精心选定的一组可靠的供应商建立起长期关系

   B. 将存货保持在最低水平上

   C. 提高整体产品质量

   D. 上述各项都是

4. 下面哪一项不属于质量成本？

   A. 因生产质量问题导致产品受欢迎度降低，从而发生收入损失

   B. 在工厂内用叉车装卸时，从叉车上落下而受损的商品的修理成本

   C. 支付给出现最少次品数的工作团队的奖金

   D. 所支付的外部审计费用

5. 以下哪项不属于外部损失成本？

   A. 为履行因返工而被延迟交货的顾客订单而发生的额外运输费用

   B. 产品召回所发生的成本

   C. 产品责任保险成本

   D. 维护客户投诉热线所发生的成本

讨论题

1. 判断业务流程管理成功的三个重要标准是什么？

2. 假设你有意在你所在地区开设一家新的餐馆。对于餐馆而言，在其价值链的研发和设计阶段，需要执行哪些具体的作业？

3. 对于地方消防队而言，其价值链的市场营销与分销阶段各包含哪些作业？

4. 区分增值作业与非增值作业并各举一例加以说明。

5. 假设你是某音响设备生产商的产成品仓库

部经理。对于储存在仓库中、等待运送到零售商店的音响设备而言，会发生哪些成本？

6. 为什么目标成本核算在价值链的研发和生产设计阶段运用最为有效？

7. 作业管理的目标是什么？如何与作业成本核算相区别？

8. 与传统制造体系下的产品相比，为什么准时制生产系统下的产品的次品可能较少？

9. 为什么准时制系统经常被描述成一种"哲学"，而不是一项存货管理技术？

10. 请列举并描述质量成本的四个组成部分。各举一例加以说明。

11. 什么是寿命周期成本核算？为什么会在目标成本核算中运用？

12. 有些管理人员认为设备的运行状态在准时制系统下比在非准时制系统下更为重要。你是同意还是反对？给出你的理由。

13. 为什么说目标成本核算制下生产的着眼点是客户？

14. 目标成本核算由哪四部分组成？为什么说每个部分对目标成本核算都起着重要作用？

测试题

1. 航正船舶公司是一家制造和销售小型帆船的公司。对于航正船舶公司的价值链，请指出至少四项具体组成内容。对于各项组成内容的价值链，指出其中可能存在的作业。

2. 假设零售企业伽玛公司希望取得本地晚礼服市场 20% 的份额。为此，公司认为晚礼服的平均单价应不少于 520 美元。同时，该公司规定对全部服装实施 30% 的加价。那么，公司晚礼服的平均目标成本是多少？

3. 以你曾经消费过的某一餐馆为例，指出该餐馆发生的成本分别属于四类质量成本中的哪一种？指出这些成本与其他成本间有何联系。

4. 各找一家杂货铺、银行和旅馆，指出其非增值作业并解释如何消除非增值作业。

5. 霍尔公司从事手持电子游戏机生产。近来，公司对生产过程中的增值和非增值作业进行了分析。公司发现与游戏机生产相关的全部非增值作业生产时间为平均每台

0.05 小时，平均每台总的生产时间为 0.20 小时。霍尔公司的生产效率比为多少？

6. 高空馅饼公司的作业分析师发现，其馅饼生产者的作业活动包括：25% 的时间用于添加配料；50% 的时间用于混合和揉制；7% 的时间用于倒入平底锅成型；18% 的时间用于清理干净。馅饼生产者的总工资和福利为每年 850 000 美元。公司正在考虑购买新设备，从而可以减少 50% 的混合和揉制时间。如果公司采购了新设备，每年可节约多少成本？除成本节约外，还有哪些价值链和质量因素需要考虑？

7. 假设你刚办了一家新企业，专业生产适用于野营的太阳能平底炒锅。公司的分析师认为，长期来看这种平底炒锅只能卖 32.50 美元的单价，因为几年后竞争者对手也会生产同样的产品。假设从长期来看，你希望从每台平底炒锅的销售中赚4.5 美元，那么目标价格、目标利润和目标成本分别是多少？

8. 下列陈述中，哪些对，哪些错？

（1）总质量成本包含外部损失成本和鉴定成本。

（2）传统分批成本核算法是对质量成本的确认和会计处理。

（3）内部损失成本的增加意味着鉴定成本的增加。

（4）质量能产生自回报。

（5）随着返工量的上升，内部损失成本也将增加，但外部损失成本将减小。

（6）高质量将带来高生产率。

（7）准时制生产体系常常需要追踪质量成本。

（8）内部损失成本和外部损失成本是相互独立的。

9. 阿珂姆国际公司雇用一家咨询公司来帮助确定公司是否存在质量方面的问题。该咨询公司花两个月时间检查了阿珂姆国际公司的所有生产过程。然后，该咨询公司建议阿珂姆公司购买新设备以减少产出时间。该咨询公司就该项服务向阿珂姆公司要价 50 000 美元。阿珂姆国际公司对该咨询公司所做的有关生产质量的工作满意吗？为什么？

10. 参与目标成本核算的团队成员应当考虑到他们所提的建议方案对实现现在和未来目标成本的影响。以表 19-3 中所提到的博兹莫尔公司为例，假设建议解决方案是为新的纸板混合物购买新的加热和干燥设备。假设该新设备的采购价格为 500 000 美元；出于报税目的，预计公司每年要增加 50 000 美元的折旧费用。那么，在该公司本年度的现金流量表上，该如何列示购买设备的事项？该购买事项会对公司未来几年的税后现金流产生怎样的影响？

自测题答案：1. CE；2. B [30－（0.22×30）]；3. D；4. D；5. A（返修是一项内部损失）。

练习题

关键术语

第20章

本-量-利分析

学习目标

- 解释固定成本、变动成本和半变动成本会如何响应业务量的变动。
- 解释规模经济使单位成本下降的原因。
- 制作本-量-利图表。
- 计算贡献毛益并能说明其用途。
- 确定实现期望水平经营利润所需要的销售量。

- 运用贡献毛益率估算销售收入变化引起的经营利润变化。
- 运用本-量-利关系评价某一新的市场营销策略。
- 运用本-量-利模型分析销售多种产品的公司。
- 确定半变动的成本要素。

引导案例

彪马公司

　　许多公司都非常重视成本控制。在彪马公司，高管人员也已敏锐地意识到了产品组合管理的战略意义。通过收集有关市场需求方面的信息，并将信息应用于高盈利产品的营销策略中，彪马公司得以不断完成自我重塑，从而在竞争激烈的市场中生存下来。

　　彪马公司的高管人员很清楚成本结构、贡献毛益以及保本敏感性对公司盈利能力与战略决策的经济影响。此外，他们也清楚，彪马公司的持续成功很大程度上取决于公司对资源约束、生产瓶颈以及一系列复杂的非财务问题的处理。

　　像彪马这类公司可以通过分析每条产品线的盈利能力来保持和提高公司的盈利能力。清晰了解产品成本、业务量和利润之间的联系，有助于管理人员制定提高公司盈利的战略。本章旨在帮助读者弄清楚成本-业务量-利润（CVP，简称本-量-利）之间的关系及其在经营决策中的作用。

　　本-量-利分析是了解成本和利润如何随业务量水平的变化而变化的一种方法。理解这些关系对制定未来的经营活动计划和预算是必不可少的。

　　管理人员常常通过本-量-利分析来回答如下问题：

- 要补偿所有的费用支出，公司应该达到怎样的销售量才能保本？
- 为了取得一定的经营利润，产品的销售量应达到多少？

- 公司如果扩大产能，那么其盈利能力会发生怎样的变化？
- 如果销售人员的报酬从固定的月工资转变为按销售收入的 10% 提取佣金，那么会有怎样的影响？
- 如果将每月的广告支出增加至 10 万美元，那么要保持现有的经营利润水平，销售量应增加多少？

本－量－利分析这一概念可以应用于整个企业，也可应用于企业的某个部门，如分公司、分部、车间等，甚至可以应用于某一具体的产品线。

20.1 成本－业务量关系

为了说明成本与业务量水平之间的关系，下面以麦金利航空公司的经营为例。总部位于阿拉斯加州费尔班克斯市的麦金利航空公司是一家小型包机服务商。这里，我们假设航线经营的月平均成本为 66 000 美元。显然，公司每个月的实际总成本不可能恰巧等于 66 000 美元。事实上，许多因素可能会造成实际费用支出高于或低于平均水平。通过本章的学习，我们会了解确定成本动因的重要性，也会了解管理人员是如何运用这方面的信息来改进计划并控制作业的。

在运用本－量－利分析时，管理人员首先要确定那些引起成本变化的作业。对于每一作业，管理人员要找出某个计量基准，以使那些作业量的增加或减少与成本的增加或减少相匹配。例如，使用机器就是一项会引起成本变化的作业。如果把机器工时作为计量基准，那么就可以使机器使用所消耗电量的成本与机器的维护成本相匹配。

作业基准可采用多种方式，具体依据公司经营的性质而定。例如，在零售行业，作业基准可能被定义为产出，如所销售产品的数量或销售收入的金额。在制造业，有时选择生产的关键要素投入量作为作业基准是更为合适的，如直接人工工时或机器工时。相反，航空公司则经常将乘客英里数作为最重要的成本动因。相应地，这里就采用这一计量基准来研究麦金利航空公司的成本性态。

在确定了乘客英里数作为作业基准后，接下来要做的是将麦金利航空公司的每一项经营成本按以下三个类别的成本进行划分：固定成本、变动成本和半变动成本。

20.1.1 固定成本（与固定费用）

固定成本（fixed costs）是指并不因作业基准的变化而发生明显变化的那些成本和费用。麦金利航空公司的折旧费用就是一个固定成本的例子。该公司的月度折旧费用并不随着乘客英里数的变化而变化。依据具体企业的特性，固定成本还可能包括管理人员和行政人员的薪金、财产税、租金和租赁费、各种类型的保险费等。

变动成本（variable costs）与变动费用是指随作业基准的变化而以几乎相同比例整体上升或下降的成本和费用。麦金利航空公司的燃料费就是一个变动成本的例子，它与乘客英里数呈几乎相同比例的变化。例如，如果某个特定月总乘客英里数增加了 10%，那么可以预期燃料费也会发生大约 10% 的增长。

半变动成本（semivariable costs）与半变动费用有时也被称为混合成本，因为它同时包含了固定和变动的成分。麦金利航空公司每月支付给费尔班克斯机场的费用就是一个很好的半变动成本例子，因为该费用包含了一个固定的基础比率和一个按乘客英里数计算的费用。麦金利航空公司需要为飞机支付租用飞机库的租金，这是成本中的固定部分，无论飞行业务如何，它是固定的。而航空公司使用的乘客候机楼费用则是成本中的变动部分。如果在某个特定月，麦金利航空公司的乘客英里数越多，那么机场所收取的候机楼使用费就越高。

在将各种不同的成本汇总到某个大类成本中时，经常会使用半变动成本的概念。例如，在制造业中，制造费用就是由固定成本和变动成本组合而成的。固定成本可能包括财产税、主管的薪金和折旧费用，而变动成本可能包括物料用品、电力和设备的维修。

⊙ **小案例**

确定并分解固定成本和变动成本并不容易。如果产品是在不同国家和地区生产并进行国际转移，那么这项工作会变得更加复杂。例如，因为文化和法律方面的差异，一些在美国可能被归类为固定成本的成本，在约旦可能被分类为变动成本，反之亦然。受此影响的成本或费用包括产品的保修费、运输费、利息和工资。对于延缓支付、争取降低销售价格的谈判以及官僚作风延误所引起的费用，其处理方法往往因文化而异，在美国被视为变动成本，在其他国家或地区很可能被认为是固定费用。例如，在约旦，项目清关通常需要多次去空港或海港进行拜访，而这些费用经常被归类为从事经营的附加费用。

20.1.2　成本－业务量关系：图表分析

为说明成本－业务量的性态，下面对有关麦金利航空公司的固定成本、变动成本和半变动成本的简化数据进行了分析。具体成本信息如表 20-1 所示。

表 20-1　麦金利航空公司的成本信息

成本类型	金额
固定成本	
保险	11 000 美元 / 月
折旧	8 000 美元 / 月
薪金	20 000 美元 / 月
变动成本	
燃料和维护	单位乘客英里 8 美分
半变动成本	
空港使用费	3 000 美元 / 月 + 单位乘客英里 2 美分

图 20-1 分别描述了各种成本类型和总成本的成本－业务量关系。仔细观察每个图中的业务量（月乘客英里数）和成本之间的关系。

如图 20-1 所示，总成本线给出了任何假定乘客英里数下的估计月度成本。如果麦金利航空公司预计某月的乘客英里数是 300 000，那么总成本估计数就是 72 000 美元，即单位乘客英里 24 美分。通过分解所有的固定成本和变动成本元素，就可以得出麦金利航空公司的成本－业务量关系，并能简单得到该航线的月度经营成本：对于任何具体数量的乘客英里数，总成本大约是 42 000 美元加上单位乘客英里 10 美分。

如表 20-2 所示，业务量对麦金利航空公司的单位总成本（即单位乘客英里成本）的影响可通过将总成本数转换为平均成本数观察到。值得注意的是，随着乘客英里数的增加，单位乘客英里的平均总成本会下降。

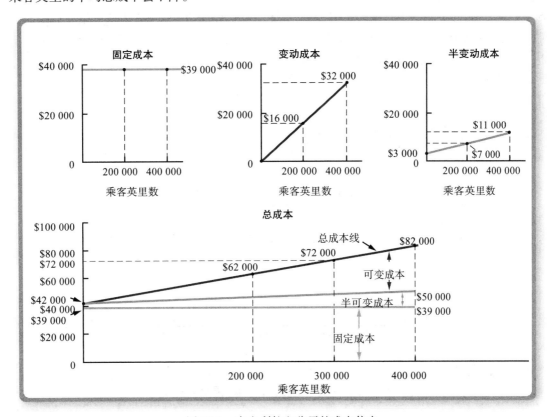

图 20-1　麦金利航空公司的成本信息

表 20-2　麦金利航空公司的平均单位乘客英里成本　（金额单位：美元）

总乘客英里数	200 000	300 000	400 000
成本			
变动成本（单位乘客英里 8 美分）	16 000	24 000	32 000
固定成本（11 000 + 8 000 + 20 000）	39 000	39 000	39 000
半变动成本			
变动部分（单位乘客英里 2 美分）	4 000	6 000	8 000
固定部分	3 000	3 000	3 000
总经营成本	62 000	72 000	82 000
单位乘客英里成本	0.31	0.24	0.205

图 20-2 给出了麦金利航空公司的总成本和固定成本的单位成本性态。不难发现，两条成本曲线之间的距离（表示变动成本为单位乘客英里 10 美分）在全部作业基准量范围内保持不变。

20.1.3　单位成本性态

在本例中，值得注意的是，不管乘客英里数如何变动，单位乘客英里变动成本保持 10 美分不变。然而，从单位乘客英里的角度来看，固定成本部分会随着乘客英里数的增加而减小，随着乘客英里数的减小而增大。这是因为总固定成本并不会随着业务量的变化而变化。如图 20-2 所示，随着月度乘客英里数的增加，单位固定成本反而下降。就麦金利航空公司而言，随着月度业务量从 200 000 乘客英里数增加到 400 000 乘客英里数，单位固定成本由单位乘客英里 21 美分下降到单位乘客英里 10.5 美分。对于图 20-3，必须弄懂业务量增加或减少时成本是如何变化的。

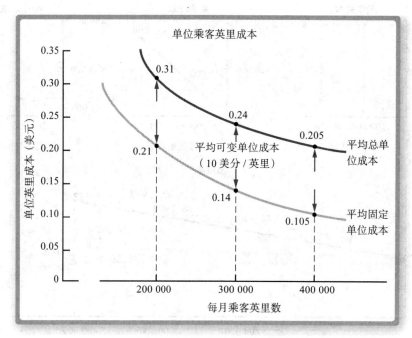

图 20-2　麦金利航空公司的平均单位乘客英里成本

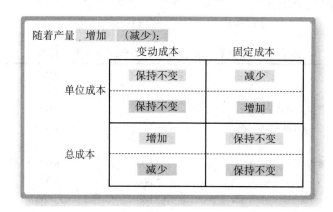

图 20-3　产量变动与固定成本及变动成本的变化

⊙ 经理

　　假设你是美国航空公司在底特律机场负责地勤业务的经理。你刚刚得到通知，飞行于费城和底特律航线的飞机型号将从波音 737 变为波音 747，每个航班搭载的乘客数预计要增加 50 名。由于每个航班的乘客要增加 50 名，哪些地勤业务成本会因此上升？哪些地勤业务成本不会受到影响？

20.1.4 规模经济

在业务量水平较高的情况下，麦金利航空公司的单位固定成本却降低了，这表明公司更有效地使用了飞机这种生产资源。通常，大多数企业会选择通过密集使用设备来降低单位成本，[⊖]这被称为**规模经济**（economics of scale）。

为了说明这一点，我们假设有一家汽车制造厂，每月发生的固定成本为840万美元，拥有每月生产7 000辆汽车的生产能力。公司所制造的产品的单位固定成本按3种不同的生产水平列示在表20-3中。

表20-3 某汽车制造厂的固定成本

月固定成本（美元）	生产水平（辆）	单位固定成本（美元）
8 400 000	4 000	2 100
8 400 000	6 000	1 400
8 400 000	7 000	1 200

不难发现，与每年月仅生产4 000辆汽车相比，该汽车制造厂每月生产7 000辆汽车时，每辆汽车能节约生产成本900美元（2 100-1 200=900）。这一成本优势是由于充分使用了该公司的生产设备，从而让尽可能多的产品单位来分摊其固定成本造成的。

规模经济在具有高固定成本的行业中表现得尤为明显，如航空、炼油、钢铁、公用事业等公司。大多数大型企业会自动享受到规模经济所带来的效益。这就是小型公司难以与比它大很多的大型公司相竞争的原因之一。不过，小型公司也可通过尽可能密集地使用设备来实现自己的规模经济。

⊙小案例

许多航空公司，包括某些全美最大的航空公司，最近几年一直处于亏损状态。不过，规模相对较小的西南航空公司却一直做得很好。为什么？因为西南航空公司是在满负荷或接近于满负荷的状态下开展经营的。也就是说，每一座位上几乎都坐着一位能带来利润的乘客。

因为西南航空公司与其竞争对手相比，单位乘客英里仅需支出较低的固定成本，所以西南航空公司能够比其他航空公司赚取更高的边际利润，并提供非常有竞争力的价格，而这有助于让所有座位总是被订满。

20.1.5 其他成本性态模式

现实生活中的成本关系很少像这里所举的麦金利航空公司经营的例子那么简单。不过，所有企业的经营成本都会呈现出变动、半变动和固定的特征。

如图20-4a所示，除了之前所描述的各种成本性态之外，有些经营成本是按照阶梯方式增长的。例如，当生产量达到必须要增加另一名班组长和员工的那个点时，人工成本就会上一个阶梯。如图20-4b所示，其他成本可能会沿着曲线而不是直线变动。例如，当某个生产计划要求员工加班时，因须支付加班工资，所以单位产品的人工成本会比产量增长得更快。

⊖ 提高业务量水平会使某些单位成本增加，如直接人工成本，在必须支付加班费时情况尤其如此。不过，这种成本增加往往大于产出水平增加所能带来的规模经济利益。

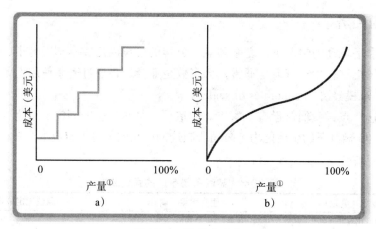

图 20-4　半变动成本

①表示为工厂生产能力的百分比。

　　要考虑所有可能的成本性态会大大增加成本－业务量分析的复杂性。对于图 20-1 中所描述的假定的直线关系，与现实情况相比究竟有多大差距呢？所幸的是，两方面因素使得近似的直线型成本性态能满足分析目的。

　　首先，成本性态的非常态模式有相互抵销的倾向。如果对一定时期内某家企业产量发生变化所引起的实际总成本变化进行分析，那么结果可能如图 20-5a 所示。请注意，该成本模式接近于一条直线，即使实际的散点并不正好落在直线上。

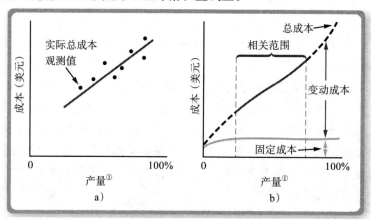

图 20-5　确认相关范围

①表示为工厂生产能力的百分比。

　　其次，成本性态的非常态模式很可能发生在非常高或非常低的产量水平上。例如，如果产量增加至 100%，即接近于工厂的生产能力，那么由于支付加班工资，变动成本可能急剧地向上弯曲。如果产量急剧下降，那么一方面需要关闭工厂，另一方面可能需要大面积裁员，从而需要减少一些通常被认为是固定成本的开支。不过，大多数企业会保持在 45% ～ 80% 的生产能力间经营，同时尽量避免产量的大幅波动。对于特定企业而言，产量变动超出某个相当狭窄范围的可能性通常很小。如图 20-5b 所示，预期产量可能变动的范围通常被称为**相关范围**（relevant range）。在该相关范围内，关于总成本变化随产量变化而呈直线相关的假设对大多数企业而言是合理且现实的。

20.2 成本性态与经营利润

之前已对各种类型的成本性态有了一个大概的了解，现在我们将讨论拓展到成本（既包括生产成本，也包括经营费用）、收入和经营利润之间的关系上。它们之间的关系如下：

$$收入 - 变动成本 - 固定成本 = 经营利润$$

上述基本关系式为引入本 – 量 – 利分析奠定了基础。本 – 量 – 利分析作为管理中的计划工具被广泛运用。通常，本 – 量 – 利分析也被称为保本分析，而所谓保本是指总收入正好等于总成本。**保本点**（break-even point）被定义为当经营利润等于 0 时的业务水平。作为决策的起点，保本点的计算通常通过本 – 量 – 利分析来完成。

在进行后续阐述之前，有两点内容必须加以强调。首先，本 – 量 – 利分析中的"利润"一词是指经营利润，而不是净利润。这是因为所得税、非经营所得与损失并不具备变动成本或固定成本的特征。其次，本 – 量 – 利分析只能传达甚少的现金流量信息。例如，收入通常由现金销售和信用销售引起，而费用通常由现金支付和信用付款引起。因此，如果特定产品的销售预期会产生长期应收账款，那么管理人员可能会将机会成本引入本 – 量 – 利分析，以确定应收账款占用现金应得的回报。

20.2.1 本 – 量 – 利分析：示例

假设滑雪用品公司生产适用于初学者的滑雪板。公司现在将其产品销售给科罗拉多、华盛顿和俄勒冈州的批发分销商。由于滑雪板运动很流行，该公司正在考虑将产品销往几家东海岸的批发商。尽管批发价格会因分销商所购买滑雪板数量的不同而有所不同，但销售收入都基本保持在平均每副滑雪板 90 美元的水平上。表 20-4 给出了滑雪用品公司的月度经营统计数据。

表 20-4　滑雪用品公司的经营数据

	金额（美元）	占销售价格百分比（%）
每副滑雪板的平均售价	90.00	100.0
每副滑雪板的变动费用		
直接人工成本	2.25	2.5
直接材料成本	28.25	31.4
变动制造费用	3.10	3.4
变动管理费用	2.40	2.7
每副滑雪板的总变动成本	36.00	40.0
单位贡献毛益与贡献毛益率（后面讨论的内容）	54.00	60.0
固定成本		
管理人员薪金	23 000	
保险费	1 300	
折旧费	5 000	
广告费	8 500	
月度固定成本合计	37 800	

请注意，所得税并不包括在月度经营费用中。所得税既不是固定成本，也不是变动成本，

因为它取决于应税利润的金额，而不是销售量。

进行本－量－利分析时，既可以用数学公式也可以借助直观图来表述本－量－利之间的关系。下面让我们先从图开始。

20.2.2 本－量－利图的绘制与运用

如图20-6所示的本－量－利（保本）图是以滑雪用品公司的成本和收入统计资料为基础绘制而成的。该图大致展示了保本点处的销售量和金额。

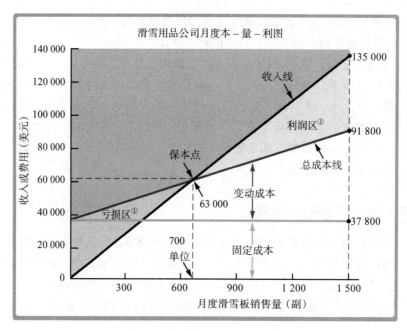

图20-6 滑雪用品公司的利润图

① 损益金额为所得税前的损益。

如图20-6所示，横坐标表示作业量，也就是滑雪用品公司每月销售滑雪板的数量。由于该公司的生产设备每月最多只能生产1 500副滑雪板，假设这也是相关范围的上限。纵坐标表示对应于不同销售量的收入和成本的金额。绘制这张图的步骤如下。

（1）画出总收入线。总收入线从0美元延伸至135 000美元。这是该公司在既定每月1 500副滑雪板的生产能力下，目前所能取得的最大收入。请注意，总收入线的斜率正好等于单位平均销售价格90美元。

（2）画出固定成本线。这是一条水平直线，表示在公司业务量的相关范围内，所有产量点上的月固定成本都保持在37 800美元的水平。

（3）画出总成本线。从固定成本线与纵坐标的交点37 800美元开始，总成本线经54 000美元，达到91 800美元的总成本水平。这是公司在既定每月1 500副滑雪板的生产能力下，预期会发生的最大总成本。请注意，在任何业务量水平下，从固定成本线到总成本线之间的距离表示公司的总变动成本，并且总成本线的斜率正好等于公司的单位变动成本36美元。因此，公司每多销售一副滑雪板，其总成本将增加36美元。

（4）将总收入线与总成本线相交的点标注为保本点。请注意，滑雪用品公司的保本点是

700 副滑雪板，相应的总收入为 63 000 美元。

在任何销量上的经营利润或损失等于总收入线与总成本线之间的距离。由于在保本点处该距离为 0，所以在保本点处的经营利润为 0，证明如下（单位：美元）。

收入（700×90）		63 000
成本和费用：		
固定成本	37 800	
变动成本（700×36）	25 200	63 000
经营利润		0

如果滑雪用品公司能够按每月 1 500 副滑雪板的生产能力经营，那么公司每月的经营利润将会达到 43 200（=135 000−91 800）美元。

20.2.3　贡献毛益：核心关系

如前所述，变动成本与收入直接呈同比例变化。因此，每形成 1 美元的收入将使变动成本有相应的增长。滑雪用品公司的经营数据（参见表 20-4）显示，变动成本占销售收入的 40%。换句话说，对于公司所取得的每 1 美元收入，预期会发生 40 美分的变动成本，剩下的 60 美分就被称作**贡献毛益**（contribution margin）。

贡献毛益，简单地说，就是收入超过变动成本的金额。在达到保本点之前，滑雪用品公司每 1 美元的收入会产生 60 美分的贡献毛益，以补偿固定成本。一旦销售量超过了保本点，那么每增加的 1 美元收入就会形成 60 美分的经营利润。图 20-7 描述了滑雪用品公司每 1 美元的销售收入在变动成本和贡献毛益之间的分配情况。

每 1 美元收入中有 40 美分耗用于与销售有关的变动费用

在到达保本点之前，公司每 1 美元收入中有 60 美分用来补偿固定费用。之后，产生 60 美分的经营利润。这属于所谓的贡献毛益

图 20-7　滑雪用品公司的贡献毛益

贡献毛益可表示为收入的百分比，或表示为某一期间取得的一定毛益（总收入 − 总变动费用），或**单位贡献毛益**（contribution margin per unit，单位销售价格 − 单位变动成本）。例如，滑雪用品公司销售每副滑雪板的平均贡献毛益为 54 美元，具体计算过程如下：

$$单位贡献毛益 = 单位销售价格 - 单位变动成本$$
$$54 美元 = 90 美元 - 36 美元$$

当贡献毛益表述为占收入的百分比时，就称为**贡献毛益率**（contribution margin ratio）。该比率既可用一定时期的总贡献毛益除以总收入，也可用单位金额来表示。

$$单位贡献毛益率 = 单位贡献毛益 / 单位销售价格$$

利用表 20-4 给出的滑雪用品公司的单位产品数据，其贡献毛益率可计算如下：

$$单位贡献毛益率 = 54\ 美元\ /90\ 美元 = 60\%$$

再次要提醒的是，在达到保本点之前，60% 的贡献毛益率意味着在每 1 美元销售收入中有 60 美分用于补偿固定成本。一旦达到了保本点，每增加 1 美元的销售收入，就会增加 60 美分的经营利润。

下面考察的是如何用贡献毛益这一重要概念来解答公司经营方面的一些重要问题。

20.2.4 必须达到多少销售量

贡献毛益这个概念提供了一种快速确定公司保本或取得期望水平经营利润所要求的销售量的方式。了解保本点销售量是非常重要的，特别是当公司决定是否引入一条新的产品线、建立一家新的工厂或在某些情况下要维持经营时显得极为重要。

为了解释销售量与贡献毛益之间的关系，假定需要计算滑雪用品公司一个月内必须销售多少副滑雪板才能保本。在图 20-6 的本 – 量 – 利图中，不难发现答案就是 700 副滑雪板。具体证明如下：在保本点上，公司所取得的贡献毛益总额必须正好等于固定成本。根据表 20-4 给出的数据，月度固定成本金额为 37 800 美元。在既定每副滑雪板的贡献毛益为 54 美元的情况下，该公司每月必须销售 700 副滑雪板才能保本。计算过程如下：

$$销售量 = 37\ 800\ 美元\ /54\ 美元 = 700\ （副\ /\ 月）$$

若深入推理，就会发现不仅需要在保本点了解销售量，而且要取得任何期望水平的经营利润也要了解销售量。对此可按以下公式计算：

$$销售量 = （固定成本 + 目标经营利润）/ 单位贡献毛益$$

例如，如果滑雪用品公司每月计划赚取 5 400 美元的经营利润，那么公司每月必须销售多少副滑雪板呢？

$$销售量 = （37\ 800\ 美元 + 5\ 400\ 美元）/54\ 美元 = 800\ （副\ /\ 月）$$

20.2.5 必须实现多少销售收入

为了确定一家公司实现既定目标经营利润下必须取得的销售收入，可以先计算需要实现的产品销售量，然后乘以单位产品的平均售价，即可得到答案。因此，滑雪用品公司计划要取得 5 400 美元的月度经营利润，必须实现大约 72 000 美元的收入（800 副滑雪板 ×90 美元 / 副滑雪板）。

这里还可以采取更为直接的方式来计算所要求的销售收入，即用贡献毛益率来代替本 – 量 – 利公式中的单位贡献毛益。计算公式如下：

$$销售收入 = （固定成本 + 目标经营利润）/ 贡献毛益率$$

这里，再次以计算滑雪用品公司每月要取得 5 400 美元经营利润必须要实现的销售收入为

例来进行说明:

$$销售收入 = (37\ 800\ 美元 + 5\ 400\ 美元)/60\% = 72\ 000(美元/月)$$

20.2.6　安全边际是多少

实际销售额超过保本点销售额的金额称为**安全边际**（margin of safety）。安全边际也表示在经营损失发生前销售额可以降低的水平。在如今动荡的经济环境中，了解公司所能承受的销售低迷程度，对于管理者而言是非常重要的。滑雪用品公司要实现保本额所要求达到的销售额为:

$$销售收入 = 37\ 800\ 美元/60\% = 63\ 000(美元/月)$$

因此，如果月度总销售收入为73 000美元，则该月的安全边际为10 000（=73 000-63 000）美元。

安全边际提供了估算任何计划销售水平下经营利润的一种快捷方式。具体关系为:

$$经营利润 = 安全边际 \times 贡献毛益率$$

上述公式的推导源自这样的事实，即安全边际实际上所表示的是超过保本点的销售金额。因此，如果固定成本已经被弥补了，那么这些销售收入的总贡献毛益就会增加公司的经营利润。

例如，假定预计滑雪用品公司下月的销售收入为72 000美元。由于保本点销售额63 000美元已定，则预计的安全边际为9 000美元。因此，计划的经营利润为5 400（=9 000×60%）美元。

20.2.7　预期经营利润会发生怎样的变化

如上所述，这里所举的例子中，贡献毛益率为60%。因此，一旦达到保本点，每增加1美元销售收入，就会使滑雪用品公司的经营利润增加60美分。相反，每减少1美元的销售收入，就会使利润降低60美分。这一关系可表示如下:

$$经营利润变化量 = 销售量变化量 \times 贡献毛益率$$

因此，如果滑雪用品公司预计月度销售收入增长5 000美元，则公司预期的经营利润会相应地增长3 000（=5 000×60%）美元。

20.2.8　本-量-利分析的商业应用

本-量-利分析的运用不仅仅限于会计领域，还可为组织内的许多个体提供很多有价值的信息。本-量-利分析被广泛运用于预算过程，以帮助制定销售目标、估算成本以及为各种决策提供信息。

这里以滑雪用品公司管理层运用本-量-利分析的几种方式为例来加以说明。如前所述，滑雪运动的流行促使滑雪用品公司决定将产品销售给东海岸的批发商。公司内部不同的管理者自然会对实行这项新的市场战略有着不同但仍然相互关联的计划考虑。

下面分析一下滑雪用品公司的 3 名管理者各自的关注点。

1. 广告总监

假定滑雪用品公司现行月销售量接近于 900 副滑雪板。为了实行新的市场战略，公司的广告总监要求每月增加 1 500 美元的预算。她计划将这笔资金用于在东海岸几本商业出版物上做广告宣传。依她的经验判断，广告将为该公司带来来自东海岸分销商的每月 500 副的滑雪板订单。她希望公司能关注她所提的要求对公司经营利润的影响。

具体分析过程如下。首先，依据现在 900 副滑雪板的销售量来计算公司现行月收入。然后，计算达到 1 400 副滑雪板销量时的预计月收入，并考虑额外增加的 1 500 美元广告成本（每月总固定成本从 37 800 美元增加到 39 300 美元）。这样，公司就能够估算出广告费支出建议对月经营利润的影响。

根据表 20-4 中的公司经营统计数据，可计算出该公司如表 20-5 所示的现行经营利润。

表 20-5　滑雪用品公司的经营利润 （单位：美元）

销售收入（900×90）	81 000
变动成本（销售收入的 40%）	（32 400）
贡献毛益（销售收入的 60%）	48 600
现行月固定成本	（37 800）
现行月经营利润	10 800

由于计划的广告支出被视为一项固定成本，因此这项开支不会影响滑雪用品公司 60% 的贡献毛益率。如果预计月销售收入为 126 000（=1 400 副滑雪板 ×90）美元，则预计月经营利润可计算如下：

$$预计月销售收入 =（固定成本 + 预计经营利润）/ 贡献毛益率$$
$$126 000 美元 =（39 300 美元 + 预计经营利润）/60\%$$
$$预计月经营利润 = 60\% \times 126 000 美元 - 39 300 美元 = 36 300（美元 / 月）$$

这一目标利润数字要比现在的月经营利润 10 800 美元高 25 500（= 36 300-10 800）美元。因此，该广告总监认为她请求增加 1 500 美元是合理的。

2. 生产经理

滑雪用品公司的生产经理并不完全同意广告总监的预测情况。他认为，日益增长的产品需求在最初会给公司的产能带来压力。为应对这种压力，他断言需要许多生产工人大量加班，而这会引起单位产品的直接人工成本增加约 1.80 美元。假设他的说法成立，那么他想知道要取得广告总监预计的每月 36 300 美元的经营利润所要求达到的销售量。

具体分析过程如下。如果单位产品 90 美元的销售价格不变，那么 1.8 美元的加班费将使滑雪用品公司现行的贡献毛益从单位产品 54 美元减少到 52.20 美元：

$$单位贡献毛益 = 销售价格 - 单位变动成本$$
$$= 90.00 -（36.00+1.80）$$
$$= 52.20（美元）$$

如果广告总监的预算每月增加了 1 500 美元，并且 36 300 美元的销售目标能够实现，那么必须达到的销售数量可计算如下：

$$预计销售量 = （固定成本 + 目标经营利润） / 单位贡献毛益$$
$$= （39 300+36 300） /52.2$$
$$= 1 448（副 / 月）$$

由于所要求实现的 1 448 副滑雪板的销量接近滑雪用品公司 1 500 副生产能力的上限，所以生产主管仍然谨慎乐观地估计公司有能力将产品销售给东海岸的分销商。因此，他建议公司应该尽快开始计划来提高公司的生产能力。

⊙ **会计师**

假设你是某工厂的会计师，对于每月 1 000 单位的正常生产能力，你预算的每月固定制造费用为 20 800 美元。所以，制造费用分配率为 20 800 美元 /1 000 单位，即每单位 20.8 美元。你知道如果产量增加到每月 1 500 单位，那么每月就会过度分配制造费用，多达每月 10 400 美元（=500 单位 ×20.80 美元 / 单位）。你对是否要将该制造费用分配率的问题报告给工厂经理一直犹豫不定，毕竟你们的年度奖金都是根据工厂的盈利能力计算的。如果制造费用因为生产量达到 1 500 单位而过度分配了，那么该分配率就太高了。如果预计的 1 500 单位销售量没有实现，那么大量的制造费用成本将被分配给未出售的存货。其结果是，工厂的利润会增加，同时你和经理的奖金也将会增多。你该怎么办呢？

3. 销售副总裁

销售副总裁并不认为每月增加 1 500 美元的广告预算会带来东海岸地区每月 500 副滑雪板的销量。她保守地估计，该地区月销量为 350 副（则月总销量为 1 250 副）。假设每月增加 1 500 美元的广告预算，而且考虑到为满足需求增长而支付的生产加班费，单位直接劳动成本实际上会增加 1.80 美元。如果销售副总裁 1 250 副滑雪板的预计正确，那么她想知道为实现每月 36 300 美元的销售利润，公司的销售价格有多少上升空间（上面所提到的单位产品的现行售价是 90 美元）。

具体分析过程如下。如果月销售量是 1 250 副而不是 1 400 副，那么公司要取得同样的目标利润（将广告费用和直接劳动成本的增加也考虑在内），单位产品的贡献毛益必须有所提高。同样，这里可以用以下公式进行计算：

$$预计销售量 = （固定成本 + 目标经营利润） / 单位贡献毛益$$
$$1 250 副 = （39 300+36 300） / 单位贡献毛益$$
$$单位贡献毛益 = （39 300+36 300） /1 250 = 60.48（美元）$$

我们知道，贡献毛益的计算如下：

$$单位贡献毛益 = 单位销售价格 - 单位变动成本$$

由于已经知道了单位贡献毛益为 60.48 美元，单位变动成本为 37.80 美元，因此，可以很容易地得到所要求的单位销售价格，具体计算如下：

$$60.48\ \text{美元} = \text{单位销售价格} - 37.80\ \text{美元}$$
$$\text{单位销售价格} = 60.48 + 37.80 = 98.28（\text{美元}）$$

面对竞争极端激烈的体育用品批发市场，销售副总裁担心，价格增长 9.2%（从单位销售价格 90 美元增长到 98.28 美元）可能会对公司的总销售收入产生负面影响。因此，她建议，单位产品的销售价格仍然保持在 90 美元，同时对公司的月度目标利润做相应调低。

20.2.9　关于本－量－利分析的其他思考

在实务中，本－量－利分析的运用经常会受到各种经营因素的影响而变得十分复杂。这些因素包括：不同产品的不同贡献毛益；决定半变动成本的要素；本－量－利分析需要满足的假设条件。下面对这些问题进行深入探讨。

20.2.10　公司销售多种产品情况下的本－量－利分析

滑雪用品公司只销售一种产品。不过，大多数公司会同时销售许多不同种类的产品。事实上，**销售组合**（sales mix）这一术语经常用于描述不同产品在总销售收入中所占的百分比。

不同的产品通常带来不同的贡献毛益率。很多时候，决策都是依据具体产品的贡献毛益率做出的。管理者经常会将成本－业务量关系运用到整个企业。出于这一目的，管理者会采用平均贡献毛益率来反映公司现行的销售组合。

在计算平均贡献毛益率时，可先计算每种产品所占总销售收入的百分比，再以此来对该产品的贡献毛益率进行加权计算。

为了便于说明，假设除了滑雪板以外，滑雪用品公司还销售护目镜。两条产品线的贡献毛益率分别为：滑雪板 60%，护目镜 80%。滑雪板占总销售收入的 90%，而护目镜仅占余下的 10%。表 20-6 给出了滑雪用品公司销售组合的平均贡献毛益率的 62% 的计算过程。因此，如果滑雪用品公司每月的固定成本总计为 40 300 美元，那么公司每月必须实现 65 000（= 40 300/62%）美元的销售收入才能保本。同样地，如果每个月的目标经营利润为 31 000 美元，那么公司每月必须实现 115 000［=（40 300+31 000）/62%］美元的销售收入。

表 20-6　平均贡献毛益率的计算

	产品的贡献毛益率		占销售收入的百分比	
滑雪板	60%	×	90%	=54%
护目镜	80%	×	10%	=8%
平均贡献毛益率		×		62%

那么，如何提高销售组合的"质量"呢？请注意，护目镜比滑雪板有更高的贡献毛益率。一家企业如果要提高其平均贡献毛益率以及整体盈利能力，那么公司的销售组合中应多包含贡献毛益率高的产品。这也是本章引导案例介绍的彪马公司所实施的策略。

销售具有高贡献毛益的产品常被称为高质量销售，因为它对公司的盈利能力有着很大的贡献。在滑雪用品公司，管理层应考虑采用多种方法来销售更多的护目镜。几乎每家企业都会鼓励其销售人员大量销售具有高贡献毛益的产品。

20.2.11 确定半变动成本的构成要素：高－低点法

如前所述，半变动成本既包含固定成本，也包含变动成本。本章中的半变动成本直接划分为固定和变动两部分。在实务中，必须估算半变动成本中固定的和变动的构成成分。为此，需要运用一些数学方法。这里，重点介绍的是**高－低点法**（high-low method）。[Θ]

为了说明高－低点法，假设滑雪用品公司的总管理成本中有一部分是固定的，另一部分会随着生产水平的变化而变动。表20-7给出了公司某一年度前6个月有关生产成本和管理成本的资料。

表20-7 滑雪用品公司的产量和管理成本

	总产量	总管理成本（美元）
1月	900	25 060
2月	850	25 040
3月	925	25 183
4月	950	25 280
5月	875	25 140
6月	910	25 194

如表20-8所示，为了确定总管理成本中的变动部分，我们将产量最高和最低月之间的成本的变化量与作业的变化量联系起来进行分析。

表20-8 利用最高和最低的产量找出变动的管理成本

	总产量	总管理成本（美元）
4月（最高）	950	25 280
2月（最低）	850	25 040
变化量	100	240

请注意，产量每增加100单位，就会使管理成本增加240美元。因此，该成本的变动部分预计为每100单位产品240美元，或者说每1单位产品2.40美元。

为了确定月度管理成本中的固定部分，可以利用高点或低点的月度总成本来减去变动的管理成本。以下利用最高作业量水平数据来计算固定成本：

$$固定成本 = 总成本 - 变动成本$$
$$= 25\ 280 - (2.40 \times 950)$$
$$= 25\ 280 - 2\ 280$$
$$= 23\ 000（美元 / 月）$$

需要注意的是，这些变动的和固定的管理成本都与表20-4中汇总的滑雪用品公司报告的月度平均经营统计数据相对应。

现在，我们已经得出了一个关于月度管理的**成本公式**（cost formula）：23 000美元 +2.40美元 / 副。该公式可用于评估公司于既定月所发生的管理成本的合理性，同时对于预测公司未来可能发生的管理成本也很有价值。例如，滑雪用品公司某个月度计划生产930单位产品，那么预期会发生多少金额的管理成本呢？答案为25 232美元，其推导过程如下（单位：美元）。

Θ 确定半变动成本中固定成分和变动成分的其他方法包括最小平方法以及回归分析法。这些方法主要在成本会计中予以讨论。

月度固定管理成本	23 000
变动成本（2.40×930）	2 232
估计的总管理成本	25 232

20.2.12 本–量–利分析的假设前提

本章讨论时借助一定的假设使得本–量–利分析的运用变得简化。然而，在实务中，某些假设并不成立。这里的假设包括：

- 假定单位产品的销售价格保持不变。
- 如果销售多种产品，那么假定销售各种产品的比例（销售组合）保持不变。
- 在业务量相关范围内的各个销售水平上，假定固定成本（费用）保持不变。
- 假定变动成本占销售收入的百分比保持不变。
- 对于制造企业而言，假定产品的生产数量与各期的产品销售量相等。

即使其中的一些假设难以得到满足，本–量–利分析对管理层而言仍然不失为进行计划工作的有用工具。随着销售价格、销售组合、费用支出以及生产水平的变化，管理层应及时更新和修订相关的分析。

20.2.13 本–量–利关系小结

本章主要阐述了一些用于本–量–利分析的比率和数学公式。为便于学习，表 20-9 对此进行了小结。

表 20-9 有关本–量–利分析的数学关系

评价标准	计算方法
贡献毛益	销售收入 – 总变动成本
单位贡献毛益	单位产品销售价格 – 单位产品变动成本
贡献毛益率	（单位产品销售价格 – 单位产品变动成本）/ 单位产品销售价格 或 （销售收入 – 总变动成本）/ 销售收入
要求的销售数量	（固定成本 + 目标经营利润）/ 单位贡献毛益
要求的销售收入	（固定成本 + 目标经营利润）/ 贡献毛益率
安全边际	实际销售金额 – 保本点销售金额
经营利润	安全边际 × 贡献毛益率
经营利润变化量	销售金额变化量 × 贡献毛益率

⊙ **伦理、欺诈与公司治理**

正如本章所讨论的那样，有些行业的特点是固定成本很高，如航空公司、汽车制造商、电信公司等。属于这些行业的企业往往会购买或自产各种类型的固定资产，如飞机、生产设备、光纤电缆等。如果公司对固定资产依赖严重，那么就会发生以下情况：①航空公司会与波音公司或空客公司签订购买或租赁飞机的新合同；②汽车制造商会决定关闭生产设施并解雇退休金计划内的工人；③电信公司的技术投资因过时或无法取得收益，从而使投资受损。潜在的投资者和债权人对所有这些事项往往很关心。虽然这些事项（或其影响）会反映在美国证券交易委员会（SEC）要求公司报告的季度和年度财务报表中，但《萨班斯－奥克斯利法案》规定公司应及时向资本市场披露这些事项。

《萨班斯－奥克斯利法案》第 409 款规定上市公司必须在某些重大事项发生后 4 个工作日内提交 8-K 报告给予披露。这些事项包括签订或终止实质性协议。例如，如果某家航空公司达成一项购买或追加租赁飞机的协议，那么航空公司必须披露该协议的日期、协议各方、公司与有关各方的任何关系以及该协议的条款和条件。如果管理层决定处置长期资产或解雇退休金计划内的雇员，那么公司必须提交 8-K 报告。所有这些披露必须包括全部相关日期以及与这些行动有关的费用。最后，如果固定资产或无形资产已发生实质性损坏，同样必须提交 8-K 报告。

《萨班斯－奥克斯利法案》第 409 款指出，对于其他需要披露的事项，应及时在现行报告的基础上通过 8-K 报告给予披露。这些事项包括：①公司破产或被接管；②公司收购其他公司或处置公司自有资产；③公司停止在证券交易所上市；④更换公司的审计事务所；⑤撤销、选举、任命董事会成员或主要官员；⑥修订或删除公司的伦理准则。要求对一些重大事项的最新进展进行迅速披露的目的是向市场参与者提供更为及时的实质性信息。

⊙ 会计与决策

会计高等教育路径委员会模型指出，会计信息是正确决策并取得有利经济结果的支持基础。当然，决策者在利用会计信息时必须做严谨的思考和合理的判断。

例如，假设健康大师公司生产两种型号的食品脱水机——豪华型和标准型。有关这两种型号的食品脱水机的信息如下（金额单位：美元）。

	豪华型	标准型
销售价格	500	400
变动成本	200	150
贡献毛益	300	250
每种产品的贡献毛益率	60%	40%

健康大师公司目前大约有 15% 的总收入来自豪华型食品脱水机的销售，其余 85% 来自标准型食品脱水机的销售。因此，公司目前的平均贡献毛益率为 43%，具体计算如下。

	产品的贡献毛益率		占销售收入百分比		
豪华型食品脱水机	60%	×	15%	=	9%
标准型食品脱水机	40%	×	85%	=	34%
平均贡献毛益率					43%

健康大师公司每月的平均固定成本为 688 000 美元。按照目前的销售组合，公司的收入保本点为 1 600 000 美元（688 000 ÷ 43%）。这一数据远远低于公司目前的月度销售水平。

最新的市场调研发现，如果每个月额外增加 32 000 美元来促销豪华型食品脱水机，那么豪华型食品脱水机的销售额在销售组合中的占比将增加到 25%，但并不会使公司的总销售额下降，也不会使两种产品线中任何一种产品线的贡献毛益发生变化。

那么，如何利用会计信息来快速评估增加 32 000 美元的月度广告支出来促销豪华型食品脱水机的可行性呢？下面做一分析。

首先，整体销售组合的预期变化可以使公司的平均贡献毛益率从 43% 增加到 45%。具体计算过程如下。

	产品的贡献毛益率		占销售收入百分比		
豪华型食品脱水机	60%	×	25%	=	15%
标准型食品脱水机	40%	×	75%	=	30%
平均贡献毛益率					45%

那么，增加 32 000 美元的月度广告支出会带来什么结果呢？虽然这一额外支出会使公司每月的固定成本增加到 720 000 美元，但公司的月度收入保本点仍然会保持在 1 600 000 美元（= 720 000 ÷ 45%）不变。因此，考虑平均毛益率的预期增加，那么当销售额超过保本点销售额时，每 1 美元销售额将使公司的经营利润增加 0.02 美元。

当然，利用会计信息时必须做严谨的思考和合理的判断。因此，有关市场调研的发现以及会计预测所依据的假设的有效性等诸多问题仍然有待回答。本书后面几章将讨论有关预测评价的种种方法。

20.3 小结

充分了解"成本性态"（成本通常是怎样随着业务量水平的变动而变动的）是掌握本书后续各章内容的前提。后续各章主要探索的是如何利用会计信息来评价管理人员和各部门的绩效，如何计划未来的业务运作，以及如何做出多种类型的管理决策。本章所介绍的概念和术语到时将会得到广泛应用。

学习目标小结

1. 解释固定成本、变动成本和半变动成本会如何影响业务量的变动

固定成本（固定费用）不随销售量的变化而变化，而变动成本（变动费用）会随着销售量的变化呈正比例变化。对于半变动成本而言，成本中的一部分是固定的，一部分是变动的。半变动成本在一定范围内会随业务量的变化而变化，但这个变化量少于同比例变化的金额。

2. 解释规模经济使单位成本下降的原因

规模经济通过较高的业务量来实现单位成本的下降。规模经济能够使固定成本在更多数量的产品中进行分摊，从而降低单位成本。

3. 制作本－量－利图表

本－量－利图表上的纵坐标表示收入或成本的金额，横坐标则代表销售量。所画的直线表示在不同销售量下的销售收入和总成本。销售收入和总成本线之间的纵向距离表示经营利润（或损失）的金额。这些线相交于保本点。

4. 计算贡献毛益并能说明其用途

贡献毛益是指销售收入超过变动成本的部分，因此它表示销售收入可用于弥补固定成本及提供经营利润的金额。在估算实现盈利目标所需要达到的销售收入或在一定的销售收入下可能会取得的利润时，贡献毛益是非常有用的。

5. 确定实现期望水平经营利润所需的销售量

实现目标利润所需要的产品销售数量等于固定成本加上目标利润的金额除以单位贡献毛益。而确定所要达到的销售收入，则可用固定成本加上目标利润除以贡

献毛益率来得到。

6. **运用贡献毛益率估算销售收入变化引起的经营利润变化**

　　销售收入的预期变化乘以贡献毛益率，即可得到经营利润的预期变化。

7. **运用本-量-利关系评价某一新的市场营销策略**

　　理解本-量-利关系有助于管理者估算收入和成本随销售数量变化而变化的情况。这样，管理者就能预测市场营销战略对整体盈利能力可能产生的影响。

8. **运用本-量-利模型分析销售多种产品的公司**

　　对于销售多种产品的公司而言，本-量-利分析采用的是加权平均贡献毛益。加权平均贡献毛益是建立在每种产品的个别贡献毛益和该产品销售在公司总体销售组合中所占的百分比基础上的。

9. **确定半变动的成本要素**

　　半变动成本包含固定的部分和变动的部分。将半变动成本分为固定部分和变动部分是管理者面临的一个永恒挑战。高-低点法是管理人员用来更好地理解半变动成本结构的一种简单方法。

习题 / 关键术语

示范题

　　弗雷斯诺加工公司的管理层请你协助开发用于经营决策的信息。

　　该公司拥有每年加工20 000吨棉花籽的生产能力。在加工过程中还会产生几项适于销售的产品，包括油、粗粉、果壳和棉绒。

　　市场调查显示，公司明年能以每吨200美元的价格销售其加工的产品。

　　已确定的公司成本结构如下。

棉花籽的成本	每吨80美元
加工成本：	
变动成本	每吨26美元
固定成本	每年340 000美元
营销费用	皆为变动成本：每吨44美元
管理成本	皆为固定成本：每年300 000美元

要求：

(1) 计算：①贡献毛益；②每吨经加工棉花籽的贡献毛益率。

(2) 计算保本点时的销售水平：①销售金额；②棉花籽销售吨数。

(3) 假设公司的预算要求实现经营利润240 000美元。计算实现该目标利润所要求取得的销售水平：①销售金额；②棉花籽销售吨数。

(4) 如果公司在本年度加工和销售16 000吨棉花籽，计算在保本的情况下，公司对每吨棉花籽原料所能支付的最高金额。

答案：

（1）①

	（金额单位：美元）	
每吨棉花籽总收入		200
减：变动成本		
棉花籽	80	
加工	26	
营销	44	150
单位贡献毛益（200-150）		50

　　②贡献毛益率：50÷200 = 25%

（2）①保本点销售金额：

	（金额单位：美元）
固定成本（340 000+300 000）	640 000
贡献毛益率［见（1）］	25%
保本点销售金额（640 000÷0.25）	2 560 000

　　②保本点销售吨数：

	（金额单位：美元）
固定成本（同上）	640 000
单位贡献毛益［见（1）］	50
以棉花籽产品的吨数来表示的保本点销售数量（640 000÷50）	
（可供选择的计算方法还有：保本点销售金额2 560 000美元÷单位销售价格200美元 = 12 800吨）	12 800

（3）①所要求的销售金额：

	（金额单位：美元）
固定成本	640 000
加：目标经营利润	240 000

	（续）
要求的贡献毛益	880 000
贡献毛益率［见（1）］	25%
要求的销售金额（880 000÷0.25）	3 520 000

②所要求的销售吨数：

	（金额单位：美元）
要求的销售金额［参见（3）①］	3 520 000
单位销售价格	200
所要求的销售吨数（3 520 000÷200）（可供选择的计算方法还有：弥补固定成本和实现目标经营利润所要求达到的贡献收益 880 000 美元［参见（3）①］÷单位贡献毛益每吨 50 美元 =17 600 吨）	17 600

（4）

		（金额单位：美元）
总销售收入（16 000 吨 ×200 美元/吨）		3 200 000
减：除了棉花籽以外的成本		
加工（16 000 吨 ×26 美元/吨）	416 000	
市场营销（16 000 吨 ×44 美元/吨）	704 000	
固定成本	640 000	1 760 000
公司实现保本时，16 000 吨棉花籽所能支付的最大金额		1 440 000
公司实现保本时，每吨棉花籽所能支付的最大金额（1 440 000÷16 000）		90

自测题

1. 本年度，力其威公司的销售净额比去年下降了 10%。你认为该公司的半变动成本：
   A. 总额下降了，但占销售净额的百分比上升了
   B. 总额上升了，且占销售净额的百分比上升了
   C. 总额下降了，且占销售净额的百分比下降了
   D. 总额上升了，但占销售净额的百分比下降了

2. 马斯顿公司以 50 美元的单价销售一种产品。每月固定成本总计为 15 000 美元，且单位产品的变动成本为 20 美元。如果管理层将该产品的单位售价下调 5 美元，公司若要保本，须增加多少销售金额？
   A. 增加 5 000 美元
   B. 增加 4 500 美元
   C. 增加 2 000 美元
   D. 保持不变

3. 欧森汽车供应公司通常能够取得 40% 的贡献毛益率。商店经理预计，每月多花费 5 000 美元在电台做广告，每月就能增加经营利润 3 000 美元。该经理预期做广播广告每月能增加的销售额为：
   A. 12 500 美元
   B. 8 000 美元
   C. 7 500 美元
   D. 其他金额

4. 下表所列示的是阿贝克斯制造公司月度最高和最低水平的直接人工工时与总制造费用。

	直接人工工时	总制造费用
所观察到的最高水平	6 000	17 000
所观察到的最低水平	4 000	14 000

   如果某个月公司耗用了 5 000 直接人工工时，则总制造费用中的固定部分大约为：
   A. 15 500 美元
   B. 8 000 美元
   C. 7 500 美元
   D. 8 000 美元 + 每单位 1.50 美元

5. 驱动者公司生产两种产品。关于这些产品的数据列示如下：

	产品 A	产品 B
月度总需求产品数	1 000	200
单位售价（美元）	400	500
贡献毛益率	30%	40%
相关销售组合	80%	20%

   如果固定成本等于 320 000 美元，则实现保本所需要达到的总销售金额为：
   A. 914 286 美元
   B. 457 143 美元
   C. 320 000 美元
   D. 1 000 000 美元

讨论题

1. 为什么说理解本－量－利关系对管理层非常重要？
2. 什么是作业基础？为什么它对分析成本性态非常重要？
3. 作业量增长会对以下事项产生怎样的影响？
   （1）总变动成本。

（2）单位作业量变动成本。

（3）总固定成本。

（4）单位作业量的固定成本。

4. 将成本和产量简单地假设成直线关系能使成本性态分析变得更为容易。什么因素能使这个命题在许多情况下成为合理且有用的假设？

5. 什么是作业的"相关范围"？

6. 解释如何用高–低点法确定：

（1）半变动成本的变动部分。

（2）半变动成本的固定部分。

7. 给出以下术语的定义：①贡献毛益；②贡献毛益率；③平均贡献毛益率。

8. 本–量–利（保本）图体现了哪些重要的联系？

9. 请解释如何用单位贡献毛益来确定保本点所要达到的产品销售数量？

10. 给出安全边际的定义。

11. 美国某大型钢铁企业的一位经理把公司最近一个财务期间净利润的下降归咎于"产品销售组合变化后出口销售占了较高比例"。该期间公司的销售收入增长甚微，而净利润却下降了28%。请解释将产品（销售）组合转变为出口销售占比较高为何会导致较低水平的净利润？

12. 请解释为什么企业通常能够通过更密集地使用设备来降低单位成本？

13. 为什么本–量–利分析关注的是经营利润而不是净利润？

14. 某家地方航空公司和某一家具制造商每年各取得1.2亿美元的年收入，并赚取1 000万美元的净利润。哪家公司可能有较高的保本点？请给出解释。

15. 列出本–量–利分析的假设前提。

测试题

1. 解释业务量增加对以下成本的影响（假设业务量保持在相关范围内）：

（1）总变动成本

（2）单位变动成本

（3）总固定成本

（4）单位固定成本

（5）半变动成本

（6）单位半变动成本

2. 解释你是否把下列成本或成本类型视为与销售净额相对应的固定成本、变动成本或半变动成本，简要说明你的理由。如果你认为某个成本项不适合任何成本分类，请解释。

（1）销货成本

（2）销售人员薪金（其中包括月工资底薪和销售提成）

（3）所得税费用

（4）财产税费用

（5）直线折旧法下销售展厅的折旧费

（6）双倍余额递减法下销售展厅的折旧费

3. 瓦德纳搜索与救援中心预计的响应紧急求助的月度成本为90 000美元加每次求助450美元。

（1）一个月内，该公司共接到90个紧急电话，请准确估计：响应紧急求助的总成本；响应紧急求助的平均成本。

（2）假设在既定月，紧急求助电话异常多。你认为该月响应紧急求助的平均成本比其他月高还是低？请解释。

4. 通过使用高–低点法，吉米荒野度假村估计每月提供导游服务的总成本是9 000美元，另加25%的导游服务收入。

（1）度假村导游服务的贡献毛益率是多少？

（2）要实现导游服务的保本，度假村必须获取多少导游服务收入？

（3）如果每月提供导游服务收入总额达到60 000美元，那么度假村提供导游服务的总成本是多少？

5. 纽柏林公司的年度固定成本是800 000美元，单位变动成本是48美元，贡献毛益率是40%。请计算：

（1）以上产品的单位销售价格和单位贡献毛益。

（2）纽柏林公司要想获得600 000美元的经营利润，需要达到的产品销售数量是多少？

（3）纽柏林公司要想获得600 000美元的经营利润，需要达到的产品销售金额是多少？

6. 多米尼克熟食店最近计算了保本点的年度销售收入为210 000美元。对于每1美元的销售收入，包含 0.30 美元需要抵补的变动成本。请计算：

（1）贡献毛益率。

（2）总固定成本。

（3）要想获得 105 000 美元的经营利润，需要达到的销售收入金额为多少？

7. 富里洛皮货公司的贡献毛益率是 80%，必须以单位售价 400 美元的价格销售 12 000 条披肩才能保本。

（1）请计算总固定成本。

（2）请计算单位变动成本。

（3）请归纳公司的成本公式。

8. 皮套裤和马鞍公司从事大头钉和西式服装零售。公司赚取占销售额 40% 的平均贡献毛益。最近，当地一家"乡村"广播电台的广告经理愿意以每月 2 100 美元的价格为该公司运作众多电台广告。

　　销售金额增加多少的情况下才能使所建议的电台广告：

（1）实现收支相等。

（2）实现月度经营利润增加 1 500 美元。

9. 你被聘用为顾问，负责协助以下公司开展本–量–利分析：

- 弗里曼花卉零售商店
- 萨斯奎缆车服务公司
- 威尔逊泵业制造公司
- 麦考利律师事务所

　　请为每一客户提出一项适当的作业基准建议。

10. 萤火虫公司生产手电筒和电池。公司的月平均固定成本为 160 万美元。该公司提供的两条产品线的资料如下：

	贡献毛益率	占总销售额的百分比
手电筒	35%	40%
电池	20%	60%

（1）确定该公司的月保本销售金额。

（2）要想取得 338 万美元的月度经营利润，该公司下个月必须取得多少销售收入？

自测题答案：1. A；2. C（从 25 000 美元到 27 000 美元）；3. D（20 000 美元）；4. B；5. D。

练习题

关键术语

第 21 章

增 量 分 析

学习目标

- 说明是什么使得信息与具体经营决策具有相关性。
- 讨论机会成本、沉没成本以及付现成本在经营决策中的相关性。
- 在一般经营决策中运用增量分析。
- 讨论当生产能力受制某一因素时如何实现贡献毛益的最大化。
- 识别非财务因素并能创造性地寻求更好的行动方案。

引导案例

玛氏公司

玛氏公司是全球最大的家族企业之一。1911 年，弗兰克·玛氏在他位于华盛顿州塔科马市的厨房里创办了这家生产奶油夹心饼的公司。目前，玛氏公司在 66 个国家或地区开展经营，每年的全球销售收入超过 330 亿美元，而且旗下拥有多个品牌，如奶路（Milky Way®）、士力架（Snickers®）、玛氏（Mars®）巧克力、M&M'S® 等。

玛氏公司以其创造力著称。例如，当玛氏公司推出 M&M'S® 品牌新款颜色产品时，为了宣传其产品的变化，玛氏公司用蓝色灯光来照射纽约市的克莱斯勒大楼。当玛氏公司开始采用网络来销售 M&M'S® 产品时，公司容许客户在外壳上印上他们自己的信息。

通常，公司会就产品改变、引入新产品、选择在不同地点生产、关闭某处生产设施等经营问题做出决策。从本质上讲，这些决策多属于短期决策。不过，诸如收购另一企业之类的决策则具有长期影响，所以不在本章讨论。本章主要讨论可采用增量分析的短期决策问题，如产品颜色的调整、采用互联网之类新的营销渠道等。

21.1 不断变化的市场与挑战

短期经营决策与未来导向的长期战略计划有着本质的区别。短期决策的制定依赖于一整套既定的资源，而且必须与现时的市场需求相适应。这就是说，公司没有时间来开发客户的需求或取得额外的资源基础。正如本章引导案例所描述的，玛氏公司既要做长期战略性决策，也要做短期决策。事实上，玛氏公司的情况并非个例，几乎所有企业既要进行长期战略性决策，也要进行短期决策。

本章重点介绍短期决策，即有时所指的增量决策的结果。这里主要关注的是短期决策中常用的一些概念，如沉没成本、机会成本、付现成本以及增量成本和收入。这些对特定经营决策影响重大的成本被称为相关成本。当然，对一些经营决策而言重要的财务信息，对其他决策而言则可能毫无关系。因此，在确认相关信息时，特别要强调决策的重点。如图 21-1 所示，相关信息的有效甄别需要从具体决策的视角来考虑。虽然这些概念对各种决策环境具有普遍重要性，但这里仅针对五种具体类型的经营决策进行说明，即：优惠订货决策，产品组合决策，自制或外购决策，出售、报废或重新组装决策以及联产品决策。

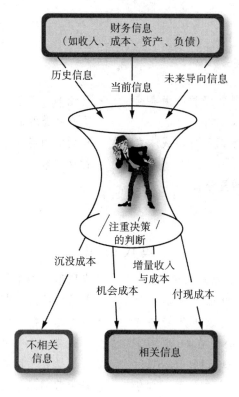

图 21-1　相关的财务信息

21.2　相关成本信息的概念

这里从一个十分简单但又熟悉的决策情景出发，以逐步了解这方面的概念和术语。

凯文·埃尔达尔是位于明尼阿波利斯的明尼苏达大学的大二学生。鉴于该州经历了有史以来最寒冷的冬季，埃尔达尔面临着一个非常重要的选择：去迈阿密度春假，他该驾车去还是该乘飞机去？

如果驾车去，那么他就得周六动身，当晚在路边汽车旅馆过夜，周日深夜可到达迈阿密。这样，他就能在迈阿密待上 5 天整（周一至周五）。不过，他务必在下周六启程返回，当晚又得在汽车旅馆住宿，从而确保能在周日深夜赶回明尼阿波利斯。如果坐飞机去，那么他可以轻轻松松地在周六早晨动身并于当晚抵达迈阿密。这样，他就有足足 7 天时间漫步海滩、放松心情，之后于下周日飞回明尼苏达。

如图 21-2 所示，为了尽可能客观地做出选择，凯文·埃尔达尔列出了以下他认为最可能影响其决策的相关因素。

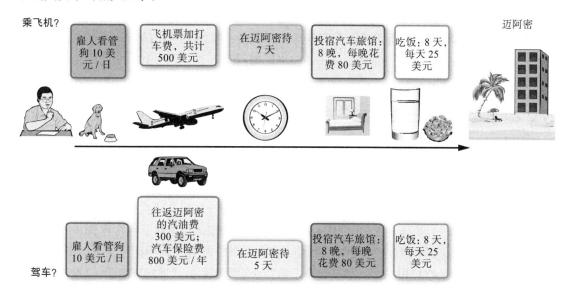

图 21-2 确定相关信息

下面，让我们来帮助凯文·埃尔达尔分析这些信息并对他的假期计划做出决策。

如果他决定开车去佛罗里达，那么他必须在旅馆住 8 个晚上（2 晚在途中，6 晚在迈阿密）。如果决定坐飞机，他也得在旅馆住 8 个晚上（在迈阿密，从周六到下一周周六）。这样，如果假定在迈阿密与途中的每晚住宿费相差不大，那么住宿费就与是开车还是乘飞机去度假的决策无关。

按照同样的逻辑可分析看管狗的费用与凯文自己的食物花费。不管凯文怎样去迈阿密，他都得离开明尼阿波利斯总共九昼八夜。因此，不管凯文选择开车还是坐飞机，照看狗所需的费用以及凯文自己的食品花费都是相同的。

如何看待凯文交纳的 800 美元汽车保险费呢？这一成本已经发生了，而且不论凯文是开车还是坐飞机，该费用都不会受到影响。像这种不受未来决策影响的过去发生的成本，被称为**沉没成本**（sunk costs）。如图 21-1 所示，沉没成本与制定未来决策无关。

从财务方面来看，凯文可以通过比较开车所花费的 300 美元汽油费与乘飞机所用的 500 美元的往返机票与打车费来做决定。这样，我们也许倾向于赞成他开车，可以省下 200 美元。

但是，凯文还希望考虑其他非财务方面的因素。例如，如果乘飞机去，那么他在海边多享受的两天时间对他而言有多大的价值呢？如果决定开车去，那么他的身体状况怎样？他的车得承受多少磨损？会不会因车发生故障而破坏他的计划？哪种交通工具更为安全？

本章余下部分将介绍如何识别和运用与特定类型经营决策相关的信息。尽管所讨论的是经营事例，但其中所包含的许多基本概念与凯文·埃尔达尔所面临的情况相似。

21.2.1 经营决策中的相关信息

鉴于相关一词概念宽泛，所以要识别所有与某一经营决策相关的信息颇具挑战性。这一识别过程不仅要了解定量和定性信息，还要掌握法律条例、洞察伦理的敏感性并能明辨是非。简而言之，识别与决策相关的财务信息（参见图21-1），需要运用判断和周密思考，不可为表面印象所蒙蔽。为简单起见，这里所做的讨论着重于"成本与收入"等相关财务信息。

其实，所有的经营决策都涉及各种行动方案的抉择。在可能考虑的行动方案中，只有那些可变的因素才是与决策相关的信息。在各种可能的行动方案中不会有所变动的成本、收入以及其他因素都与决策无关。

21.2.2 国际财务报告准则与相关成本

美国一般公认会计原则与国际财务报告准则间的差异会对决策者就成本是否具有相关性的判断产生影响。例如，不同于美国一般公认会计原则的要求，国际财务报告准则直到最近才容许对有关某些在建资产的借款成本立即按费用进行处理，即便这些资产要在将来某个时期才能投入使用。相反，美国一般公认会计原则一直要求对有关某些在建资产的借款成本在资产投入使用之前进行资本化处理。按照国际财务报告准则，如果对某些在建资产的借款成本立即按费用处理，那么借款就会影响决策者的某些决策，毕竟立即费用化会减少当前收益，并最终减少本期的税收费用。作为财务会计准则委员会/国际会计准则理事会（FASB/IASB）准则趋同项目的内容之一，国际会计准则理事会对其准则进行了调整，规定借款成本的资本化应该与美国一般公认会计原则的要求相一致。

21.2.3 一个相关成本的简单例子

为说明相关信息这一概念，假定红星番茄酱公司因工人罢工而关闭了。在罢工期间，红星番茄酱公司由于公用事业费、利息以及非罢工职工工资而每周发生约15 000美元的成本。为拍摄一部新的超级英雄动作片中的几组镜头，某大型电影公司有意租用红星番茄酱公司的厂房一周，所出的租金为10 000美元。红星番茄酱公司管理层估计，若出租厂房，那么会发生近2 000美元的清理费用。若仅根据以上信息，红星番茄酱公司将厂房出租给电影公司是否有利可图呢？

若出租厂房，那么红星番茄酱公司该周的盈利情况可计算如下（单位：美元）。

收入		10 000
成本与费用：		
每周工厂支出	15 000	
清理费用	2 000	17 000
经营利润（损失）		（7 000）

那么，7 000美元的估计损失是否就意味着红星番茄酱公司应拒绝电影公司的建议呢？进一步分析发现，该利润表中并非所有信息都与现在的这项决策有关。实际上，不管厂房是否出租给电影公司，每周都会发生15 000美元的工厂支出。

因此，这项决策中的相关因素就是两种方案（出租或不出租）下所发生的成本与取得的收入间的差异。这些差异通常被称为增量（或差异）成本和增量（或差异）收入。如表21-1所示，这里的分析重点就是这些**增量（或差异）收入**（incremental or differential revenues）和**增量（或差异）成本**（incremental or differential costs）（单位：美元）。

表 21-1 增量分析

	拒绝该建议	接受该建议	增量分析
收入	0	10 000	10 000
成本与费用：			
每周工厂支出	（15 000）	（15 000）	0
估计的清理费用	0	（2 000）	（2 000）
经营利润（损失）	（15 000）	（7 000）	8 000

上述分析表明，如果接受电影公司的建议，那么公司可取得 10 000 美元的增量收入，但增量成本只有 2 000 美元。因此，通过将厂房出租给电影公司，红星番茄酱公司该周的经营损失可减少 8 000 美元。

在考察有关特定类型经营决策的信息之前，有必要先介绍 3 个重要成本概念：机会成本、沉没成本和付现成本。

21.2.4 机会成本

机会成本（opportunity cost）是指如果采用另外一种方案本应得到的利益。例如，为了参加某个暑期班而放弃了一份报酬为 4 000 美元的暑期工作。这里的 4 000 美元便可被视为参加暑期班的机会成本。

虽然公司不会对机会成本做会计记录，但机会成本仍然是许多经营决策所要考虑的重要因素。不幸的是，有时人们在做决策时往往并不了解机会成本。为了便于解释，这里仍然以前面所讨论的红星番茄酱公司为例。

根据之前的分析，通过出租闲置厂房给电影公司，红星番茄酱公司可以使其经营损失减少 8 000 美元。但是，假设工人就在电影公司开机前停止了罢工，那么红星番茄酱公司必须舍弃工厂在电影摄制那一周本可获得的利润。因此，若该周的总经营利润为 25 000 美元，那么向电影公司出租厂房的机会成本便是这舍弃的 25 000 美元。

21.2.5 沉没成本与付现成本

如前所述，沉没成本指的是业已发生且不会因未来行动而有所改变的成本。例如，红星番茄酱公司对番茄酱工厂的投资就是沉没成本。不论红星番茄酱公司是出租厂房、恢复经营还是让厂房闲置，此项成本都不会改变。

与决策有关的成本仅仅是那些在考虑不同的行动方案时会有所改变的成本，但沉没成本是与之无关的，因为不论决策如何，沉没成本都不会改变。

与沉没成本相对应的是**付现成本**（out-of-pocket cost），它常用来描述尚未发生且在各种可能的行动方案中会有所改变的成本。例如，红星番茄酱公司预计的清理费用就可视为付现成本。一般地，付现成本被认为是与大多数经营决策相关的。

机会成本、沉没成本与付现成本对现金的影响是不一样的。沉没成本代表已经发生的现金流出量。机会成本与现金流量无关，既不会引起现金流入，也不会引起现金流出。付现成本则通常意味着与短期经营决策有关的计划中的现金流出。对持续经营的企业而言，分析短期经营决策对现金的影响就十分重要。许多小型企业之所以倒闭大多是因为制订了欠妥当的短期现金计划。

21.3 一般经营决策中的增量分析

接下来，让我们讨论如何运用增量分析来进行五种类型的经营决策，即：

- 优惠订货决策；
- 产品约束决策；
- 自制或外购决策；
- 出售、报废或重新组装决策；
- 联产品决策。

21.3.1 优惠订货决策

公司有时会接到一些要求以低于常规价格订购货物的大宗优惠订单。通常，这些订单并非来自公司的老客户。

例如，假设标准四杆公司生产高尔夫球，并且只在美国国内的专业高尔夫球商店进行销售。虽然公司具有 200 万只高尔夫球的月生产能力，但依当前的销售量，仅须生产 80 万只。按照这一产出水平，平均每月的制造成本约为 48 万美元，即每只球 0.60 美元。具体计算如下（单位：美元）。

制造成本：	
变动成本（0.20 美元 / 只 ×800 000 只）	160 000
固定成本	320 000
每月生产 800 000 只球的总制造成本	480 000
每只球的平均制造成本	0.60

假设标准四杆公司接到一份来自 NGC 公司的订单。该公司专在日本销售高尔夫运动产品，每月能销售 50 万只贴有 "专用标签" 的高尔夫球。不过，这些高尔夫球会被印上 NGC 的名称与标志，而且不会被识别成为标准四杆公司生产的产品。

为了避免与标准四杆公司的老顾客进行直接竞争，NGC 公司承诺不会在日本以外的地区销售这些高尔夫球。但对这批优惠订单，该公司希望每月只付给标准四杆公司 25 万美元，即每只球仅支付 0.50 美元。对标准四杆公司而言，接受这批订单是否有利可图呢？

初看起来，这批订单显得无利可图。NGC 公司所出的 0.50 美元的单位价格，不仅远远低于 1.25 美元的正常售价，甚至比标准四杆公司 0.60 美元的单位制造成本还要低。不过，在决定回绝 NGC 公司的订单之前，需要先对与该项决策相关的收入与成本做增量分析。

如表 21-2 所示，接受 NGC 公司的优惠订单将产生 25 万美元的增量收入及 10 万美元的增量成本。因此，这份订单将使标准四杆公司的月销售毛利增加 15 万美元。

表 21-2　对优惠订单的增量分析　　　　　　　　　　（单位：美元）

	生产水平		
	常规订单 （80 万只球）	优惠订单 （130 万只球）	增量分析
销售收入：			
常规订单（单价 1.25 美元）	1 000 000	1 000 000	0
优惠订单（单价 0.50 美元）	0	250 000	250 000

（续）

	生产水平		
	常规订单 （80万只球）	优惠订单 （130万只球）	增量分析
制造成本：			
变动成本（单价0.20美元）	（160 000）	（260 000）	（100 000）
每月固定制造成本	（320 000）	（320 000）	0
销售毛利	520 000	670 000	150 000

这类决策中的相关因素包括接受订单将取得的增量收入（新增收入）以及因接受订单而发生的增量成本（新增成本）。只有新增的0.20美元的单位变动成本与这项决策有关，原因在于：不管是否接受这份订单，32万美元的固定成本是不会改变的。这样，包含固定成本的0.60美元的平均制造成本就与该决策无关。[⊖]

如果采用第20章所讨论的贡献毛益概念来分析这一优惠订单，也可得出同样的结论。产品的单位贡献毛益可由销售单价减去其变动成本得出。在本例中，优惠订单的销售单价为0.50美元，单位变动成本为0.20美元，因此，该优惠订单的贡献毛益为单位产品0.30美元。换句话说，出售给NGC公司的每只高尔夫球可使标准四杆公司的经营利润增加0.30美元。这样，这份优惠订单将使该公司每月的经营利润增加15万（=500 000×0.30）美元。

在评估诸如标准四杆公司所接到的优惠订单的价值时，管理者应该考虑履行这份订单可能给公司的正常销售量和销售价格带来的影响。显然，标准四杆公司以0.50美元的单价将高尔夫球销售给国内的公司是不明智的，因为这些公司之后会以低于标准四杆公司通常每只球1.25美元的售价将球销售给标准四杆公司的老顾客。此外，标准四杆公司的管理者也应该考虑到：如果走漏了优惠订单的风声，那么公司的老顾客会有何反应。毕竟，这些顾客也会要求公司以每只球0.50美元的价格供货。

> ⊙ **销售代表**
>
> 　　假设你是标准四杆公司的一名销售代表。球杆加球童公司是一家出售高尔夫用品的零售连锁店，也是你最好的客户之一。该公司已听闻你与日本NGC公司之间优惠供货一事。球杆加球童公司过去一直是按每只球0.80美元的价格进货，而现在希望能够取得与NGC公司的优惠订单相同的价格。实际上，球杆加球童公司的采购经理还声称如果贵公司不能给予相同的价格，那就是不道德的行为。作为销售代表，你该如何应对呢？

总之，在评估因收入与成本发生预期的短期变化而带来的影响时，增量分析是一项有用的工具。不过，管理者对这些短期行为的长期影响应时刻保持警惕。

21.3.2 产品约束决策

在前面的分析中，我们已经说明了增量分析该如何运用贡献毛益法。当某种具体生产投入品（如原材料、熟练工人、经营场所等）的可获得性受到限制时，人们常常会应用贡献毛益

　⊖ 这里的讨论仅仅评估了接受这份订单的盈利能力。一些国家制定了反倾销法，通过法律来禁止外国公司以低于单位产品平均完全制造成本（变动成本和固定成本）的价格在其国内销售产品。标准四杆公司当然也应该从法律的角度考虑接受这份优惠订单在法律上和经济上带来的影响。

法。为了实现有限投入资源的单位贡献毛益的最大化，理解贡献毛益的概念往往有助于管理者决定该生产什么产品（或者外购用于销售）或不该生产什么产品。

假设有两份工作等你选择而且具有同等吸引力，其中一份的小时工资为 8 美元，另一份为 12 美元。如果你每周仅能工作 40 小时，而且希望能实现小时所得最大化。这样一来，你自然会选择小时工资为 12 美元的工作。出于同样的理由，如果公司的产出受到某种特定资源的约束，如人工或机器工时，那么管理层应按照如何实现单位稀缺资源总贡献毛益最大化的方式来使用这种资源。

为了解释这个观点，假设弗兰工作室提供 3 类产品：水彩画、油画和定制画框。不过，总产出受最多 6 000 小时直接人工的制约。完成工作室每件作品所需的单位直接人工工时的贡献毛益计算如下（金额单位：美元）。

产品	单位售价	− 单位变动成本	= 单位贡献毛益	÷ 单位产品所需直接人工工时	= 每工时贡献毛益
水彩画	90	30	60	2	30
油画	160	60	100	4	25
定制画框	35	15	20	1	20

不难注意到，油画所产生的单位产品贡献毛益最大（100 美元）。然而，从单位直接人工工时贡献毛益的角度来看，水彩画是工作室最具盈利能力的产品。

一般地，当某种投入资源因可获得性受限而成为生产约束时，公司应该设法实现该种资源的单位贡献毛益的最大化。表 21-3 给出了当每年的全部 6 000 人工小时都用于制作一种产品时，弗兰工作室所能取得的贡献毛益总额。显然，该工作室通过仅创作水彩画作品就能实现其总贡献毛益的最大化，其经营利润也可因此而实现最大化。

表 21-3　实现盈利最大化的受约束资源的运用　　　（金额单位：美元）

	总创作能力（小时）	× 单位直接人工工时的贡献毛益	= 仅创作一种产品的总贡献毛益
水彩画	6 000	30	180 000
油画	6 000	25	150 000
定制画框	6 000	20	120 000

然而，在大多数情况下，企业不可能只单纯生产一种最具盈利能力的产品。例如，水彩画的需求量可能并不大，不足以让弗兰工作室销售完所能创作的全部水彩画。在这种情况下，一旦水彩画的需求已被满足，则要通过创作油画来实现经营利润的最大化。如果油画的需求也已得到了满足，则可将剩下的所有直接人工工时用于生产定制画框。

还有一个需要考虑的重要因素是，工作室的一部分人工小时也许不得不用于生产定制画框，以辅助画品的销售。即使画框对工作室经营利润的贡献少于画品，弗兰工作室仍必须这么做，因为许多顾客希望工作室能够为他们所购买的画品装上画框。因此，除了要了解产品的贡献毛益外，公司还必须了解产品之间的互补性，即一种产品的销售对另一产品的销售有贡献吗？如果一种产品的销售会对另一种产品的销售产生贡献，那么这样的产品就被称为**互补产品**（complementary products）。

⊙ **商店经理**

假设你是弗兰工作室的商店经理。弗兰工作室希望你能够拓展商店的经营，除了销售工作室现在所创作的水彩画与油画之外，还能销售海报和印刷品。你是否认为海报和印刷品与工作室所销售的其他产品是互补品？为什么？

21.3.3 自制或外购决策

在许多制造业务中，企业必须对装配产成品所需的某一部件是自行生产还是外购进行决策。若企业目前正在生产一种部件，而该部件可以以更低的成本外购，那么外购此部件并将企业的生产资源用于其他用途，也许会提高企业的利润。

例如，若公司能以 5 美元的单价外购某种部件，而自行生产所需的单位成本为 6 美元，显然外购是上策。但聪明的读者会很快提出问题："6 美元的单位成本中包含了什么？"假设每月通常所要求的产量为 10 000 单位，那么 6 美元的单位成本的确定过程如下（单位：美元）。

制造成本：	
直接材料	8 000
直接人工	12 500
变动制造费用	10 000
每月固定制造费用	29 500
每月制造 10 000 单位产品的总成本	60 000
单位产品的平均制造成本（60 000/10 000）	6

假设业务调查表明，如果终止这一部件的生产，则所有的直接材料、直接人工成本加上9 000 美元的变动制造费用将不复存在。此外，2 500 美元的固定制造费用也不会发生。那么，这些便是生产 10 000 单位部件的相关成本。表 21-4 对这些费用进行了汇总（单位：美元）。

表 21-4　自制或外购决策的增量分析

	自制部件	外购部件	增量分析
生产 10 000 单位部件的制造成本：			
直接材料	8 000		8 000
直接人工	12 500		12 500
变动制造费用	10 000	1 000	9 000
固定制造费用	29 500	27 000	2 500
外购部件支出（单价 5 美元）	0	50 000	（50 000）
外购部件总成本	60 000	78 000	（18 000）

分析表明，每月自制部件的成本为 60 000 美元，而外购成本为 78 000 美元。这样，公司若仍然自制该批部件，则每月可以节省 18 000 美元。

在所举的例子中，我们假设部件通过外购取得，那么因生产部件而产生的变动制造费用中只有 9 000 美元不会发生。我们还假设如果部件由外购取得，那么固定制造费用中的 2 500美元也不会发生。这些假设的目的是说明：在一定的情况下，并非所有的变动成本都是增量，一些固定成本反而有可能是增量。

如果管理层想知道价格（或产量），而不管其为外购还是自制部件，那么情况又会怎样？在不管部件是自制还是外购的情况下，知道采购价格有助于管理者寻找到既能满足其外购需求又能保持其现有利润的供应商。当自制部件的总增量成本与外购部件的总增量成本相等时，公司是不会在乎该部件究竟是选择自制还是外购。这一点可用以下等式来说明（P 表示部件的采购价格，V 表示数量）：

$$P \times V = (V \times 单位增量变动成本) + 总增量固定成本$$

可以用表 21-4 中最后一列的增量变动成本（直接材料、直接人工、变动制造费用）来找出产量为 10 000 单位时的单位增量变动成本。因此，可以通过解以下等式来计算出不管是自制还是外购部件情况下的价格：

$$P \times 10\ 000 = [10\ 000 \times (0.80 + 1.25 + 0.90)] + 2\ 500$$

在产量为 10 000 单位的水平下，且不管是自制还是外购部件的情况下，解得的价格为每单位 3.2 美元。

值得注意的是，必须弄清楚当产量水平变动时增量成本是如何变化的。例如，如果考虑到外购的数量只有 5 000 单位而非 10 000 单位，那么就很有可能出现没有节省任何固定制造费用的情况。也就是说，若只外购 5 000 单位部件，那么对固定制造费用就没有任何影响。另外，在产量为 5 000 单位的水平下，单位直接材料成本也许会上升，这是因为公司可能会失去来自供应商的数量折扣。显然，在进行自制或外购决策时，理解成本如何随产量改变而改变是很关键的。

最后，如果公司将这些生产设备用于制造另一种新产品，并可使每月总利润增加 25 000 美元，那么情况又会怎样呢？若是这样，那么这 25 000 美元的利润应被视为用公司生产设备制造该部件的机会成本。显然，公司不会为节省 18 000 美元而放弃 25 000 美元的利润。因此，如果考虑到机会成本，很显然公司将会选择外购部件并用其生产设备制造新产品。

除了评估与自制或外购决策有关的机会成本之外，管理者还必须评估其他重要因素，即非财务因素。例如，自制或外购决策是否涉及产品质量问题？该项决策是否会对生产的时间安排及弹性产生影响？是否考虑过某些长期影响因素，如产品的可获得性以及与供应商建立可靠关系？忽略这类重要问题是增量分析出现错误的普遍根源。

⊙ **小案例**

曾经有一段时间，日本的许多汽车制造厂商在日本生产汽车，然后出口到美国和亚洲其他国家和地区。在 20 世纪 90 年代早期，美元与日元之间的汇率波动很剧烈，使日本公司将产品出口到美国销售变得很难赢利。因此，许多日本汽车公司改变了策略，开始在那些它们要销售产品的国家建立装配厂。此外，日本汽车公司选择从美国供应商处购买许多汽车零配件，而不再自己制造。通过这些改变，日本汽车公司支付生产成本的货币与销售产品时从客户处收到的货币实现了一致，从而帮助这些公司避免了因外汇汇率波动而产生的增量成本。

21.3.4 出售、报废或重新组装决策

公司面临的另一问题是如何处置陈旧或破损的产品。对此，管理层经常需要决定是利用资源重新组装，还是减价出售，或者简单地予以报废。

例如，假设计算机技术公司有 500 台笔记本电脑存货，生产成本为 325 000 美元。不幸的是，这些笔记本电脑的处理器在技术方面现已过时。因此，管理层必须决定如何处理这些笔

记本电脑。管理层考虑采用的选择方案包括：

- 将这些笔记本电脑出售给电视购物网（TSN），价格为 250 000 美元。
- 将这些笔记本电脑以 235 000 美元的价格出售给周围的学校，供计算机机房使用。
- 更换每台笔记本电脑已有的处理器，代之以速度更快、技术更先进的设备，替换成本总计为 190 000 美元。若该项选择被采纳，重新组装后的计算机可以按 450 000 美元的价格售出。

不管计算机技术公司怎样选择，之前生产这批笔记本电脑所发生的 325 000 美元成本属于沉没成本，与目前的决策无关。只有那些在所考虑的不同方案中会有所变动的成本与收入才是相关的。表 21-5 给出了这 3 种备选方案的增量分析情况（单位：美元）。

表 21-5 销售、报废或重新组装决策的增量分析

	销售给 TSN	销售给学校	重新组装
增量收入	250 000	235 000	450 000
增量成本	0	0	190 000
增量收益	250 000	235 000	260 000

分析表明，不管计算机技术公司做出哪种选择，都不可能完全收回已花费在这批笔记本电脑上的 325 000 美元的投资。

用速度更快的设备重新组装笔记本电脑，看起来是公司最具盈利能力的方案。但或许管理层还会考虑其他一些因素，如计算机技术公司是否有充分的生产能力来重新组装这些笔记本电脑且不减少其他产品的产量？

如果这批笔记本电脑的重新组装会影响其他产品的生产，那么"重新组装"这一备选方案就包含了机会成本——舍弃的本可制造的产品的利润。若这一机会成本超过了 10 000 美元，那么公司可以通过将这些笔记本电脑出售给 TSN，并将生产设备用于制造其他产品而实现其经营利润的最大化。

此外，将笔记本电脑出售给学校可能带来某种长期利益，尽管看起来这是盈利能力最差的选择。与选择销售给 TSN 相比，将笔记本电脑卖给学校包含了 15 000 美元的机会成本，但管理层可能会将此机会成本视为符合成本效益的广告。那些使用这些笔记本电脑的学生与他们的父母也许会成为公司其他产品的客户。

增量分析为许多经营决策提供了一个非常好的起点。不过，这一分析方法很少能够反映全部的情况。

⊙ **小案例**

阿克罗实业公司从事各种金属加工件的生产。该公司从柯达公司购入 500 吨液压机。该设备虽然已经使用了 15 年，但状况良好。买入后，该设备多年运转很正常。不过，该设备的控制件无法再买到。最后，因无法直接进行改良，也没有备用件等支持，其液压控制系统变得过时且不可靠。这样，阿克罗公司面临的选择是对设备进行报废还是进行重新组装。

除了控制系统外，该设备的液压与机械造型性能仍然保持良好。阿克罗公司选择进行重新组装。为此，公司准备以购买新设备成本 1/4 的花费，对该设备安装最新控制系统，从而提高设备的先进性。

21.3.5 联产品决策

许多公司会利用共同的原材料和共享的生产过程来生产多种产品，如炼油厂、木材厂、钢铁厂、肉类加工厂等。来自共享生产过程的产品称为**联产品**（joint products）。与这些产品相关的制造成本被视为一个整体，称为**联合成本**（joint costs）。

这种生产过程涉及两方面的经营决策问题。一是如何在所制造的各类产品间分配联合成本；二是增量分析决策问题，即某些产品是否应进一步加工以生产出具有更高价值的产成品。

1. 联合成本

先来分析联合成本问题。假设查尔科公司将木屑与松油混合在一起，发生了 2 000 美元的联合制造成本。从这些混合物中可分离出两种可供销售的产品：粒状木炭与甲醇。那么，这2 000 美元的联合成本该如何分配至这些产品呢？

虽然关于联合成本的分配没有"好"方法，但最常见的方法是按照与所生产的产品相对应的销售额比例进行分配。假设查尔科公司的联合制造成本为 2 000 美元，据此所生产的该批产品中木炭的销售额为 5 000 美元，甲醇的销售额为 9 000 美元。因此，这批产品的总销售额为 14 000 美元。

这样，2 000 美元的联合成本就可以按以下方式分配给两种产品（单位：美元）。

木炭 [2 000 × （5 000 ÷ 14 000）]	714
甲醇 [2 000 × （9 000 ÷ 14 000）]	1 286

2. 分离点后的决策

一旦联产品可以被分开，便到达了所谓的**分离点**（split-off point）。在分离点处，每种产品可以脱离其他产品而被单独售出，同时也可以实施进一步加工。

再来分析查尔科公司的例子。公司可以在分离点不经任何加工就将木炭与甲醇售出，也可以对其中的任一种产品实施进一步加工。公司可将粒状木炭制成空气过滤器，而将甲醇加工成洗涤剂。图 21-3 描述了查尔科公司的选择及其现在的销售价格与制造成本。

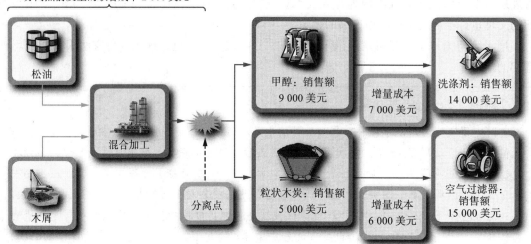

图 21-3　查尔科公司的生产过程、成本和收入

是将木炭与甲醇售出，还是继续进行加工，这一决定是以分离点后预计的增量成本与增量收入为依据的。表 21-6 给出了对这些成本与收入的分析（单位：美元）。

表 21-6　关于继续加工决策的增量分析

将木炭用于制造空气过滤器可产生的收入	15 000
减：木炭在分离点出售的收入	<u>5 000</u>
空气过滤器的增量收入	10 000
减：生产空气过滤器的增量成本	<u>6 000</u>
来自空气过滤器的经营利润的净增加额（减少额）	<u>4 000</u>
将甲醇用于制造洗涤剂可产生的收入	14 000
减：甲醇在分离点出售的收入	<u>9 000</u>
洗涤剂的增量收入	5 000
减：生产洗涤剂的增量成本	<u>7 000</u>
来自洗涤剂的经营利润的净增加额（减少额）	(2 000)

基于以上分析，查尔科公司目前应当选择用木炭来生产空气过滤器，并在分离点将甲醇售出。不过，这一最优选择也许会随着产品价格或增量制造成本的波动而有所改变。

⊙ **伦理、欺诈与公司治理**

《萨班斯 – 奥克斯利法案》以及随后纽约证券交易所和纳斯达克关于上市标准的改变都做出了众多规定，要求完善公司董事会的人员构成和权威性，尤其是上市公司的审计委员会。根据《萨班斯 – 奥克斯利法案》和交易所上市标准要求，上市公司的审计委员会至少要有一位财务专家。按照美国证券交易委员会的规定，审计委员会中的财务专家应符合以下要求：①了解一般公认会计原则和财务报表；②在会计估计、确认及计量方面具有应用过一般公认会计原则的经历；③具有编制或审计财务报表的经历；④具有实施财务报告内部控制和编制程序的经历；⑤了解审计委员会的职能。

虽然关于在审计委员会中增设财务专家的规定会增加公司的增量成本，但这样做也有助于公司避免发生重大机会成本的情况。因为审计委员会中的财务专家通常有担任过或现任财务总监的经历，或者担任过会计师事务所的合伙人，所以他们能更好地识别出公司在内部控制或财务方面存在的问题，从而使公司避免发生重大机会成本。除了加强对财务报告过程的监管之外，审计委员会中的财务专家应当帮助董事会在制定增量经营决策过程时确认和分析相关信息。

⊙ **会计与决策**

按照会计高等教育路径委员会模型，决策中运用的会计信息并非总是清晰而明确的，而且这些信息也并非总是定量的。这里以潘恩公司管理层目前正在评估的自制或外购决策为例来进行说明。

潘恩公司从事工业用泵的制造和销售。潘恩公司许多产品中使用的部件之一就是编号为 #RF-11 的部件。目前，该部件在潘恩公司内部生产。公司对部件 #RF-11 的最大月度需求很少超过 30 000 件，最小月度需求很少低于 20 000 件。在最近的月度，潘恩公司生产 25 000 件 #RF-11 部件所发生的单位成本如下（单位：美元）。

直接材料	20
直接人工	15
制造费用的可变部分	3
制造费用的固定部分	4
单位成本总计	42

一家外部企业报价，愿意生产潘恩公司需要的 #RF-11 部件。目前，潘恩公司生产该部件的设施并没有其他的用途，但如果选择外购该部件，那么与该设施相关的 75% 的固定成本就可以消除。

那么，潘恩公司采购 #RF-11 部件所愿意支付的最大单位价格是多少？问题的答案取决于给定月份潘恩公司对该部件的需求情况。

正如第 20 章所介绍的，单位固定成本随产量的增加而减少，随产量的减少而增加。因为上表中 4 美元的制造费用固定部分是按 25 000 件计算的平均单位成本，所以与 #RF-11 部件有关的月度制造费用总额为 100 000 美元（25 000×4）。需要记住的是，在不包括 25 000 件的所有其他产出水平下，即便总额保持不变，制造费用固定部分的单位成本是会发生变化的。

如果潘恩公司选择从外部采购 #RF-11 部件，那么公司就可避免每月 75 000 美元的制造费用固定部分（100 000×75%）以及单位产品 38 美元的制造费用变动部分（20+15+3）。下表给出了潘恩公司在对 #RF-11 部件不同需求水平下所期望实现的成本节约（单位：美元）。

	30 000 件	25 000 件	20 000 件
变动成本节约总额（每件 38 美元）	1 140 000	950 000	760 000
制造费用固定部分节约总额（每月）	75 000	75 000	75 000
估计每月的成本节约总额	1 215 000	1 025 000	835 000
估计每件的成本节约	40.50	41.00	41.75

由上表中的数据可知，如果特定月份只有 20 000 件 #RF-11 部件的订单，那么潘恩公司所能支付的最高采购单价为 41.75 美元，不然采购价就超过了成本节约。不过，如果订购 30 000 件的 #RF-11 部件，那么在采购价超过成本节约之前，所能带来的单位产品的成本节约为 40.50 美元。安全起见，潘恩公司应该争取谈判达成不超过 40.50 美元的采购价，从而确保公司的盈利能力不受损。

21.4 小结

至此，我们只是浅尝辄止地讨论了用于经营决策的各种可能的分析方法。不过，本章阐述的内容足以建立起作为分析基础的基本原则。行动方案的盈利能力取决于所发生的增量收入和增量成本。不过，机会成本在决策中也起着举足轻重的作用。

同时要强调的是，除了定量信息之外，还应考虑许多非财务方面的因素。如果管理人员只是根据收入与成本数据来寻求解决方案，那么这样的行为是不负责任的，也是缺乏远见的。事实上，正如图 21-4 所示，对于绝大多数经营决策，管理人员必须掌握法律条例、洞察伦理的敏感性并能明辨是非。因此，虽然增量分析对于行动方案的选择是一种很不错的工具，但管理人员也不应该仅仅因为某个方案保证能提高盈利能力而机械地予以采纳。相反，管理人员应该谨记：总有可能存在更令人满意或更有创造性的解决方案。

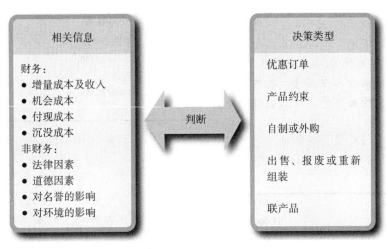

图 21-4 决策导向的判断

学习目标小结

1. 说明是什么使信息与具体经营决策具有相关性

只有那些随行动方案选择变化而变动的信息才与决策相关，那些不随行动方案选择变化而变动的成本或收入与决策无关。

2. 讨论机会成本、沉没成本以及付现成本在经营决策中的相关性

机会成本是指采用其他方案本可以得到的收益。机会成本往往是主观的，却是任何经营决策中要考虑的重要因素。沉没成本是由于过去行为而已经发生的结果。沉没成本不论选择何种方案都不会改变，且与目前的经营决策无关。付现成本会在未来发生，如果在可能的行动方案中会有所变动，那么就属于相关成本。

3. 在一般经营决策中运用增量分析

增量分析是通过确定预期的收入与成本间的差额来比较不同行动方案的一种方法。

4. 讨论当生产能力受制某一因素时如何实现贡献毛益的最大化

确定会限制产出量的生产投入要素。然后，确定能使该约束要素单位贡献毛益最大化的产出组合。

5. 识别非财务因素并能创造性地寻求更好的行动方案

属于相关非财务信息的例子有：法律与道德方面的因素，以及决策对公司形象、员工精神面貌以及环境的长远影响。此外，管理者还应创造性地探寻各种可选择方案。除非公司选择了最优行动方案，否则都会产生机会成本。虽然不会对机会成本进行会计记录，但机会成本决定了企业经营的成败。

习题 / 关键术语

示范题

卡尔基斯特制造公司是一家生产多种产品的制造商。其中一条生产线生产供割草机

用的各种电动机。公司生产3种不同型号的电动机。卡尔基斯特制造公司目前正在考虑一家供应商的提议：该供应商希望能为卡尔

基斯特制造公司的割草机用电动机生产线提供配套刀片。

卡尔基斯特制造公司目前自己生产所需要的全部刀片。为了满足顾客的需要，公司现为各种型号的电动机生产3种不同的刀片（共9种刀片）。不过，供应商可以为各种型号的电动机提供5种刀片。使用这15种刀片可以大幅度提高顾客所需电动机的割草能力。另外，供应商对各种刀片的报价统一为每片25美元。

卡尔基斯特公司预计来年自行生产刀片的成本信息如下（单位：美元；产量按10 000片预计）。

直接材料	75 000
直接人工	65 000
变动制造费用	55 000
固定制造费用	
折旧费用	50 000
财产税	15 000
工厂管理费用	35 000
生产总成本	295 000

假设：①用于生产刀片的设备没有其他用途，也没有市场价值；②若公司外购而不是自制刀片，刀片生产所需场地将被闲置；③如果停止刀片的生产，生产管理者将被解聘，其归类为生产管理费用的薪水也就相应不存在了。

要求：
（1）确定来年外购（而非自制）与电动机生产配套的刀片所产生的财务利弊。
（2）确定能使公司外购与自制刀片无差别的电动机产量水平。若预计未来产量水平会有所下降，那么这会影响公司的决策吗？
（3）假设目前刀片生产所占用的场地可以按每年45 000美元的价格出租给另一企业。这对于公司的自制与外购决策会产生怎样的影响？
（4）至少举出公司在制定决策时应加以考虑的4个其他方面的因素。

答案：
（1）本题是关于自制与外购的决策。因此，需要将自制与外购的增量成本进行比较。

单位增量成本	自制刀片
直接材料（75 000/10 000）	7.50
直接人工（65 000/10 000）	6.50
变动制造费用（55 000/10 000）	5.50
管理费用（35 000/10 000）	3.50
总成本	23.00

将制造10 000台电动机所需刀片的单位成本23美元与外购的单位成本25美元进行比较，可以看出公司若选择外购就会发生每片2美元的净损失。

（2）当自制与外购的增量成本总额相等时，公司自制与外购刀片就没有差别了。当单位变动成本乘以产品数量再加上固定可避免成本等于供应商所提供的单价25美元乘以数量时，自制与外购刀片的总成本相同，即：

（直接材料＋直接人工＋变动制造费用）×数量＋管理费用＝外购单价×数量

令数量为V，那么

$(7.50+6.50+5.50) \times V+35\ 000 = 25.00 \times V$

$19.50 \times V+35\ 000 = 25.00 \times V$

$35\ 000 = 25.00 \times V-19.50 \times V$

$35\ 000 = 5.50 \times V$

$V = 6\ 364（片）$

随着产量的下降，公司自制的平均单位生产成本将会上升。若电动机的产量降至6 364台以下，那么公司将会从供应商处购买刀片。

（3）如果目前刀片生产所占用的场地可以按每年45 000美元的价格出租给另一企业，公司将会面临与自制10 000单位刀片的生产有关的每单位4.50美元的机会成本。在计算自制刀片的相关总成本时，这一机会成本应该考虑在内：

$(23 \times 10\ 000)+45\ 000 = 275\ 000（即自制的相关成本）$

因为 275 000 美元的自制相关成本大于 250 000 美元的外购相关成本，所以卡尔基斯特公司应该选择外购。

（4）公司在选择从外部供应商处购买之前，还应考虑的其他因素包括：

- 供应商产品的质量。
- 供应商运输的可靠性。
- 公司生产能力的其他用途。
- 解雇员工对现有员工的影响。
- 供应商财务的长期稳定性。
- 其他供应商提供刀片的能力。
- 开发更多类型刀片创造新的销售收入的能力。

自测题

根据以下资料完成题 1 和题 2。

凤凰计算机公司的产品之一是窍门卡。尽管拥有每月生产 50 000 单位产品的生产能力，但公司目前每月只生产和销售 30 000 单位窍门卡。在每月 30 000 单位产品这一生产水平上，制造窍门卡的平均单位成本为 45 美元，包括 15 美元的变动成本与 30 美元的固定成本。凤凰计算机公司以 90 美元的单价将窍门卡销售给零售商。计算机营销公司希望以较低的价格每月购入 10 000 单位窍门卡。凤凰计算机公司完全可以在固定成本不变的情况下完成这些新增订单的生产。

1. 在决定是否接受这份来自计算机营销公司的优惠订单时，凤凰公司至少应考虑：

A. 计算机营销公司将会如何处理这些窍门卡

B. 窍门卡 45 美元的平均制造成本

C. 拒绝这份订单的机会成本

D. 每月额外生产 10 000 单位窍门卡的增量成本

2. 假设凤凰计算机公司决定以某一单价接受这批优惠订单以使公司每月的经营利润增加 400 000 美元，那么这批优惠订单的单价应为：

A. 85 美元

B. 70 美元

C. 55 美元

D. 其他

3. 在可用机器工时构成生产约束的情况下，管理层应考虑生产的产品是：

A. 单位贡献毛益最高者

B. 贡献毛益率最高者

C. 生产所需机器工时最少者

D. 单位机器工时贡献毛益最高者

4. 咨询师弗兰克最近指出，他的顾客最常犯的错误是忽视与经营决策相关的机会成本。弗兰克所指的成本是：

A. 因选择一种方案而放弃其他方案所失去的利益

B. 执行某一经营决策的付现成本

C. 为了把握住未来可能的机会而发生的成本

D. 为了把握住从前可能的机会而发生的成本

5. 以下哪个问题与自制和外购决策无关？

A. 供应商生产的产品的质量与自产产品的质量是否一样

B. 供应商能否在指定的交货日期交货

C. 供应商需要多长时间才能提交报价单

D. 以上问题均相关

讨论题

1. 短期经营决策与长期战略计划之间有什么区别？

2. 讨论在选择行动方案时增量成本和增量收入的重要性。

3. 定义机会成本。解释为什么在成本分析时会发生机会成本方面的差错？

4. 沉没成本与付现成本的区别是什么？

5. 在决定是否接受优惠订单时，应考虑哪些非财务因素？

6. 哈维公司以相同材料和共享的生产过程生产几种联产品。为什么分离点之前发生的成本与公司关于将产品在分离点处销售及对哪一些做进一步加工的决策无关？

7. 宝洁公司以接近或低于制造成本的价格销售吉列剃须刀。与此同时，公司也销售具有相对较高贡献毛益的剃须刀片。为什么宝洁公司不对无盈利的剃须刀生产线停工而专门生产剃须刀片？

8. 假设哈雷－戴维森摩托车公司正在分析是

否要从供应商处购买部件来替换目前自产的部件。在进行自制还是外购决策时，除了考虑价格因素之外还应考虑其他何种因素？

9. 乌尔沃公司的存货中有次品，公司可以选择销售、报废或者重建这些次品。在公司做决策前需要考虑哪些因素？

10. 付现成本、沉没成本和机会成本对现金的影响有何不同？为什么不同？

11. 为什么贡献毛益对增量分析决策而言是一个重要概念？

12. 哈利·哈尼是默托克公司东区分公司的经理。他对中央区分公司的经理提出：

在考虑是否要用新的更有效率的设备来替换旧的效率低下的设备时，你说我不应当考虑沉没成本。这完全可以。但是，我的绩效评估是以净营业利润除以总资产为基础的。新设备投资会增加资产总值，降低资产利润比，从而影响我的业绩。因此，我不会出售旧设备。

你同意哈利的观点吗？为什么？

13. 传统的会计系统只记录真实发生的交易，而机会成本在增量分析决策中又怎么会重要呢？为什么？

14. "当所接受的优惠订单的价格低于总生产成本（变动成本加固定成本）时，公司所冒的风险就是产能满负荷但产品的收益却无法覆盖如租金和管理费用之类的固定成本。"你是否同意以上观点？为什么？

15. 解释互补产品的概念以及为何在单个产品的增量分析决策中这一概念如此重要。

测试题

1. 某公司销售 100 000 台洗衣机，平均价格为 250 美元/台，生产这些洗衣机的平均成本为 180 美元/台。在何种情况下公司会接受单价为 175 美元/台、数量为 20 000台的优惠订单？

2. 易公司生产大量的渔具产品。某种型号的渔线轮的单位成本如下（单位：美元）。

直接材料及直接人工	15
工厂管理费用的可变部分	9
工厂管理费用的固定部分	6

最近，公司决定以 28 美元/单位的价格外购 8 000 单位渔线轮，因为这要比 17美元/单位的自制成本低。根据给出的数据评价易公司管理层的这项决策。

3. 佛蒙特州美味食品公司生产蓝莓果酱和蓝莓糖浆。两种都是基于联合生产工艺所生产的产品，年度总成本为 60 000 美元。蓝莓果酱的年销售额为 20 000 美元，蓝莓糖浆的年销售额为 80 000 美元。请用相对销售额法把联合生产的联合成本分配给两种产品。

4. 令人震惊公司是一家生产汽车和卡车警报系统的企业。公司现正在考虑以每次安装50 美元的价格将安装车间外包给一级技师服务公司。虽然令人震惊公司估计其现行成本为每辆车 40 美元，但公司可以将安装车间目前占用的闲置场地出租，从而每年可额外获得收入 12 000 美元。令人震惊公司目前每月大约进行 80 次安装。令人震惊公司是否应当把客户服务业务外包给一级技师服务公司？需要考虑哪些非财务因素呢？

5. 你的一位朋友以 40 美元的价格卖给你一张芝加哥小熊队棒球比赛的门票。你可以把这张票以 50 美元的价格卖给你的另一位朋友。你买了这张票后，选择去看球赛的机会成本是多少？

6. 下面哪些成本是沉没成本、付现成本或机会成本：

（1）下周你要去看电影花的钱。

（2）去年给汽车买保险的付款。

（3）你春季住在帐篷里而把公寓转租出去所获得的租金。

（4）12 瓶苏打水在便利店中与在打折杂货店购买的价格差额。

（5）本学期所交的学费。

（6）下学期的书本费。

7. 当地健身房配有 20 辆固定自行车，假设这些自行车每周能使用 840 小时。健身房提供两种不同的训练项目。第一种是自行车班，训练 1 个小时，每位顾客的贡献毛益为 18 美元。第二种是小型爵士乐队，使用自行车和地板训练 2 个小时，每位顾客的贡献毛益为20美元。假如对自行车班的需求每周限定为340小时，当两种训练班都举办时，健身房在两种训练项目上的贡献毛益是多少？

8. 把左边一列的决策与右边一列的所有相关成本或收入进行匹配。

拒绝优惠订单决策	有限资源的单位贡献毛益
产品约束决策	受其他产品生产的干扰
自制或外购部件决策	供应商的售价
出售、报废或重新组装决策	分离点处的销售收入
继续加工联产品决策	产品的贡献毛益

9. 杀鸡会产生鸡翅、鸡腿等联产品，成本为0.25美元/磅。在分离点处鸡翅能以0.35美元/磅的价格出售，或者可用烧烤酱再加工制成布法罗鸡翅，以0.46美元/磅的价格出售。再加工过程能一次性加工1 300磅鸡翅，酱汁、烹调时间以及人工成本为90美元。鸡翅应当进一步加工成布法罗鸡翅吗？

10. 当客户宣布破产并无法支付设备款时，维克里加工公司已差不多完成该批定制的机器设备了。维克里加工公司估计这批未完工设备的生产成本为1 800 000美元。由于这批机器设备是客户定制的，除非重新组装否则就无法适应其他顾客的要求。重新组装的成本是600 000美元，重新组装后这些产品能卖750 000美元，或者这批设备可按100 000美元报废。分别确认在这种情形下的沉没成本、付现成本或增量成本。维克里加工公司应该如何选择？

自测题答案：1. B；2. C（15+400 000/10 000）；3. D；4. A；5. D。

综合题5 吉尔斯特公司

吉尔斯特公司是一家机床厂。该公司拥有若干家工厂，其中一家工厂位于明尼苏达州的圣克劳德市。该工厂采用分批成本核算系统来管理批量生产过程。圣克劳德工厂有两个车间，大多批次的生产都由它们完成。工厂的制造费用包括工厂经理和会计人员的薪水、自助餐馆以及人事部的费用，预算为250 000美元。上年度工厂的实际制造费用为240 000美元。各车间的制造费用主要是折旧费用和其他与机器有关的费用。以下是圣克劳德市工厂上一年度的部分预算额与实际发生额的情况（单位：美元）。

	A车间	B车间
预算的车间制造费用（不包括全厂的制造费用）	150 000	600 000
实际车间制造费用	160 000	620 000
预期的作业总量：		
直接人工工时	35 000	15 000
机器工时	10 000	40 000
实际作业量：		
直接人工工时	51 000	9 000
机器工时	10 500	42 000

第二年，圣克劳德市工厂的会计师正忙于帮助销售人员为几个批次的竞标分析信息。与第110号批次有关的预计数据如下（单位：美元）。

直接材料	25 000
直接人工成本：	
A车间（2 200小时）	45 000
B车间（800小时）	10 000
预计机器工时：	
A车间	200
B车间	1 200
产量	10 000

要求：

（1）假设圣克劳德市工厂采用单一的工厂制造费用分配率来将所有的制造费用（工厂的和车间的）分配到各批次。使用预计的总直接人工工时来计算制造费用分配率。确定第110号批次的预计单位总生产成本。

（2）用以下三个独立的比率重新计算第110号批次的预计制造成本：工厂制造费用分配率与两个不同车间的制造费用分配率。所有分配率均以机器工时为基准。

（3）圣克劳德市工厂的销售政策规定，各批次产品的价格按总制造成本加成40%计算。那么，第110号批次产品的报价为多少？分别运用（1）中得出的制造费用分配率和（2）中得出的制造费用分配率来进行计算。请解释为什么报价会不同。你赞成使用哪种制造费用分配率？为什么？

（4）使用（2）中的分配率计算圣克劳德市工厂本年度制造费用分配不足或制造费用分配过度的情况。如果将分配不足或分配过度的制造费用分配到销货成本，而不是按一定比率在存货与销货成本之间进行分配，那么对净利润会产生怎样的影响？

（5）圣克劳德市的一家分包商提出要为第110号批次产品生产所需部件，单位价格为12美元。假设圣克劳德市工厂的销售人员依照（2）中的计算方法制定了价格，那么圣克劳德市工厂应从该分包商处以12美元的单价购买产品，还是自行生产第110号批次产品所需的部件？

（6）如果圣克劳德市工厂能够将生产第110号批次所需部件的生产设备用于另一批次的生产，从而能够取得20 000美元的

增量利润，那么关于（5）中的答案是否会有所变化？

（7）如果（5）中所提及的分包商位于墨西哥，那么除了价格以外，圣克劳德市工厂的管理层还需要对哪些国际经营环境方面的问题进行评估呢？

（8）如果吉尔斯特公司的管理层决定采用目标成本核算方法来确定批次产品的价值，那么公司必须进行何种变革才能有效应用这种方法？

练习题

关键术语

责任会计与转移定价

| 学习目标 |

- 区分成本中心、利润中心与投资中心。
- 解释对责任中心信息的需求并能描述责任会计制度。
- 编制利润表以报告贡献毛益与责任毛益。

- 区分可追溯固定成本与共同固定成本。
- 说明贡献毛益与责任毛益在制定短期与长期决策中的作用。
- 描述三种转移定价方法及其适用情形。

| 引导案例 |

哥伦比亚运动服装公司

就像你要对你的课堂表现负责一样，员工也要对公司的业绩负责。公司的经理则要借助本章所讨论的责任中心核算方法对经营成果负责。以位于俄勒冈州波特兰市的哥伦比亚运动服装公司为例，该公司创建于1938年，当时的名称叫哥伦比亚帽子公司。哥伦比亚运动服装公司就在其年度报告附注19的"细分市场信息"中描述了其责任中心的规定情况。附注19指出：

公司将其经营所在的市场分为四个地理细分市场：①美国；②拉丁美洲和亚太地区；③欧洲、中东和非洲；④加拿大。这些细分市场反映了公司的内部组织、管理以及监督结构。每个地理细分市场主要从事一个产业的经营，即户外运动服装、鞋子、配饰和装备的设计、开发、营销和分销。⊖

虽然哥伦比亚运动服装公司完全可以选择以诸如鞋子、配饰、装备和服装等产品线为责任中心，但公司实际上选择把地理细分市场作为责任中心的关注重点。任何公司都必须为其业务单元设计最有效的责任中心以及责任计量方法。本章解释了企业如何借助责任会计方法来管理其经营业务。

企业员工需要通过某种指南或方针来明确他们对组织资源的责任，这些指南通常表现为岗位说明、工作规程、工会协议、组织层级等形式。通过建立利润中心和业务单元，公司就可以设计出责任中心的组织层级，并由此来确定决策授权。利润中心经理负责那些创造短期利润的决策，而业务单元经理则对制定战略性经营决策拥有更重要的责任。

一旦决策授权分配妥当，企业就必须对决策的成果进行评估和奖励。在授予利润中心经

⊖ 访问 www.sec.gov 上哥伦比亚运动服装公司 2019 年年度报告。

理那些与利润相关决策权的同时，常常也需要对这些经理进行业绩评价并提供绩效报酬。公司必须建立绩效评估机制，以确保决策结果与公司的长期战略目标和任务相一致。

本章将介绍常见的组织责任框架及其在绩效评估和奖励方面的会计意义。本章也将说明关于组织资源的决策授权是如何通过责任会计系统而与绩效评估和奖励相联系的。对于那些正在或即将为组织工作的人而言，了解企业如何进行决策责任的组织将有助于他们明白自己在该组织所肩负的责任。

22.1 责任中心

大多数企业被组织成执行不同职能的众多不同的单元或下级部门。例如，生产企业通常都设有专门负责采购、生产、销售、运输、会计、财务与人力资源等工作的部门。生产部门与销售部门经常又被进一步划分成不同的产品线或地理区域。按这种方式来组织企业能够使管理者与员工专注于具体类型的经营活动。这种类型的组织还有助于建立清晰的经营责任框架。

许多公司会使用不同的名称来描述其内部业务单元，包括分部、部门、分支机构、产品线和销售区域。在本书的讨论中，我们一般使用**责任中心**（responsibility center）来描述一个企业组织内的子单元。每一个被授权的管理者都有责任指导该责任中心的作业。

在大多数企业组织中，许多庞大的责任中心又被进一步划分成较小的责任中心。例如，在塔吉特或沃尔玛这样的零售连锁店中，每一家零售店都是在店长控制下的一个责任中心。每家商店又被进一步划分成许多独立的销售部门，如家用电器、汽车产品以及体育用品等。每个销售部门也都是一个在部门经理控制下的责任中心。这些部门经理向店长汇报并向其负责。

22.1.1 对责任中心业绩信息的需求

利润表衡量的是企业实体的总体经营业绩。然而，管理者还需要利用会计信息来评估企业组织内各个责任中心的业绩情况。这些信息有助于管理者执行以下任务。

1. 计划与配置资源

为了制定未来的业绩目标以及将资源分配给有最大盈利潜力的责任中心，管理层需要充分了解不同业务部门的业绩情况。如果一条产品线较之另一条产品线更具盈利能力，那么就可以通过将更多的产能分配给更具盈利能力的产品而使公司的整体盈利能力有所提高。

2. 控制经营业务

责任中心数据的用途之一就是帮助识别出那些经营缺乏效率或达不到期望的业务。当收入拖后腿或成本变得超量时，责任中心的信息将有助于管理层关注那些业绩较差的责任部门。如果企业的某个部门不能赢利，那么该中心也许应该终止运作。

3. 评估责任中心经理的业绩

由于每个责任中心就是一个经营责任区，所以责任中心的业绩便成了评估其管理者能力情况的依据。

因此，评估企业组织内每个责任中心的业绩是每个会计系统的一项重要职能，其目的是满足管理层的需要。

22.1.2 成本中心、利润中心和投资中心

企业的责任中心通常被划分为成本中心、利润中心或投资中心。为了便于说明，假设新技术电子公司拥有并经营一家邮购企业，而且在整个大芝加哥地区拥有若干零售店。每家零售店都配备有自己的销售区与维修设施。

图 22-1 给出了新技术电子公司的责任层级以及公司内决策责任向下指派的路径（见实箭头）。虽然责任常常是从最高管理层向下指派的，但会计信息则是从最小的责任中心向最高管理层与董事会传递的（见虚箭头）。

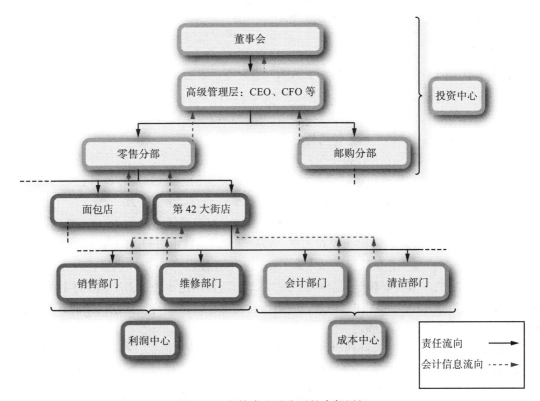

图 22-1　新技术电子公司的责任层级

1. 成本中心

成本中心（cost center）是指会发生成本或费用支出，但不会直接带来收入的业务部门。[⊖]
新技术电子公司将其行政管理部门如会计、财务、数据处理以及法律服务视为成本中心。此外，公司也将维修和清洁部门视为成本中心。每个成本中心都向新技术电子公司的其他中心提供服务。图 22-1 中最下面的内容表明，每个成本中心都为新技术电子公司的其他责任中心提供服务。然而，新技术电子公司的任何成本中心都不直接向公司的客户提供商品或服务。

分配给成本中心管理者的决策责任包括投入资源的决策。对于新技术电子公司清洁部门成本中心的管理者来说，与投入相关的决策包括聘用人员、配置人员、采购恰当的设备以及监督清洁资源的使用。不过，清洁部门成本中心的经理不会将本部门的服务销售给其他顾客。因此，诸如制定价格、出售服务以及选择目标市场等与产出相关的决策通常不在成本中心经

⊖ 有时，成本中心会产生一些金额不大的收入。不过，直接创造收入并不是成本中心的基本目的。

理的责任范围内。

对成本中心的评估主要依据：成本中心控制成本的能力；成本中心所提供服务的数量和质量。因为成本中心并不直接产生收入，所以不需要为它们编制利润表。但是，会计系统必须分别汇总各成本中心所发生的成本。

有时，成本也成为评估成本中心业绩的一个客观依据。例如，对新技术电子公司清洁部门服务的评估主要依据其"每天每平方英尺成本"。

对新技术电子公司会计部门业绩的评估甚至更为主观。评估时，管理层必须将会计部门的成本与其提供给企业组织的服务的价值进行对比。这些服务包括完成财务和所得税报告的编制以及为管理者提供业务运作所必需的信息。

2. 利润中心

利润中心（profit center）是既能带来收入又会发生成本的业务部门。[⊖]零售店是新技术电子公司的主要利润中心。零售店的销售与维修部门也都被视为利润中心。[⊜]图 22-1 也描述了新技术电子公司的利润中心。在其他类型的组织中，利润中心的形式还可能有产品线、销售区域、零售商店以及零售商店内的具体销售部门等。

在利润中心，管理人员拥有关于投入和产出资源的决策权。在一个持续经营的业务部门，管理人员有责任通过尽可能有效利用本利润中心的资源来创造最多的收入。例如，新技术电子公司维修部经理必须面对来自其他电子生产企业维修部的竞争。为此，该经理可能会选择花费资源做广告，向当地顾客推广维修部的服务，以此来获得更多的收入。不过，利润中心的管理人员在重大资本采购方面无权亦无责。如果维修部经理希望购入一台新的诊断用设备，那么这样一项巨额资本支出的决策责任则属于新技术电子公司的 CEO 或高层管理者。

对利润中心的评估主要基于其盈利能力。因此，新技术电子公司需要编制单独揭示各个利润中心收入与费用情况的责任利润表，并将责任利润表的结果与预算数、前期业绩以及其他利润中心的盈利能力进行比较。

例如，假设新技术电子公司的每家维修部都是有盈利的。但是，按每平方英尺来衡量，销售部的盈利能力更强。这样，管理层也许会考虑关闭一些维修部，腾出空间来增加销售设施。当然，前提是内部仍然能提供足够的维修服务和／或将其外包给独立的服务供应商。

3. 投资中心

有些利润中心有时也被视为投资中心。**投资中心**（investment center）是指获得管理层授权对与该中心经营活动相关的重大资本投资决策负责的利润中心。如图 22-1 所示，新技术电子公司的邮购分部与零售分部既是投资中心，也是利润中心，因为这些部门的经理既要对取得利润负责，又要对相关的资本性投资决策负责。因此，邮购分部与零售分部的经理就可以做出相关的重大的资本投资决策，如重新铺设停车场、购买运输车辆或采购新的计算机设备。然而，重大的战略性资本投资通常仍然由董事会来进行决策。开办新零售店、收购另一家公司等决策要由高级管理层与董事会协商决定。

为了评估投资中心的业绩，必须客观地计量在该中心经营过程中所用资产的成本。投资中心的业绩常采用投资报酬率类指标来衡量。投资报酬业绩的计量将在本书第 25 章中进行讨论。

⊖ 为方便起见，本章采用成本这一术语来描述未耗成本（如产成品存货）和已耗成本（如销货成本）。

⊜ 本例中，维修部门被视为一个利润中心，这是因为假设了维修部门对新技术公司的客户是独立收费的。

并非所有的利润中心都能作为投资中心来进行评估。例如，若某个利润中心与企业其他部门共享公共设施，那么要精确衡量利润中心的"资产投资额"就非常困难。因此，当共享共同设施的利润中心能够用各自的盈利能力进行评估时，通常不按投资报酬率进行评估。

如前所述，新技术电子公司的零售分部拥有若干个利润中心，如贝克街商店、第42大街店等。这些中心共用许多共同成本，如广告、计算机主机服务等。将这些共同资产分配到各利润中心往往会非常主观。因此，我们也就不能像对投资中心那样进行客观评估了。同样，虽然每家商店的销售部与维修部是相互独立的利润中心，但由于它们也共用了停车场、清洁服务等许多共同成本，因而也不能视为投资中心。

> ⊙ **新技术电子公司经理**
>
> 假设你是新技术电子公司邮购投资中心的经理，直接向CEO汇报工作。董事会的薪酬委员会要对你的业绩进行评估，并决定你的加薪与奖金。薪酬委员会汇总了各部门的业绩数据，其中包括资产报酬率。薪酬委员会计划按照资产报酬率业绩数据来分配部门经理的奖金。假定邮购分部开展业务才2年，而其他零售店平均开业至少有10年，你认为薪酬委员会的这一计划如何？董事会还应考虑其他什么信息？

22.2　责任会计制度

旨在衡量公司内各中心业绩的会计制度被称为**责任会计制度**（responsibility accounting system）。按照管理责任范围来进行行业绩衡量是责任会计制度的一项重要职能。责任会计制度要求管理人员对其所管辖的经营中心的业绩负责，此外还可以为高层管理者识别整个组织中各业务单元的优势与弱点提供许多有用的信息。

责任会计制度的有效实施涉及三个基本要求。第一，为各责任中心编制预算。预算也是组织中各基层单位的业绩目标。第二，会计系统还要评估各责任中心的业绩。第三，将各中心的实际业绩与预算额进行比较，及时编制业绩报告。经常性业绩报告有助于中心管理者保持其业绩不偏离目标，也有助于高级管理层评估各部门经理的业绩。

本章重点介绍实施责任会计制度的第二个要求——评估各责任中心的业绩（运用预算和业绩报告部分在本书接下来的三章中做进一步分析）。

22.2.1　责任会计：示例

责任会计制度的关键在于分别计量组织内各责任中心经营成果的能力，这些成果随后可通过一系列的责任利润表来进行汇总。

责任利润表（responsibility income statement）所揭示的不仅是企业中某一特定部门的经营成果，而且包括该部门各利润中心的收入与费用。这样的利润表使管理者能很快了解所管辖的各个利润中心的业绩情况。

例如，假设新技术电子公司有两个分部：零售分部与邮购分部。零售分部由两家零售商店组成，且每家零售商店有若干利润中心。为了便于说明，这里仅关注两个：销售部门和维

修部门。新技术电子公司的部分责任利润表如表 22-1 所示。[⊖]

表 22-1 月度责任利润表 （单位：美元）

		投资中心	
	公司整体	零售分部	邮购分部
销售收入	900 000	500 000	400 000
变动成本	400 000	240 000	160 000
贡献毛益	500 000	260 000	240 000
可追溯至分部的固定成本	360 000	170 000	190 000
分部的责任毛益	140 000	90 000	50 000
共同固定成本	40 000		
经营利润	100 000		
所得税费用	35 000		
净利润	65 000		

		利润中心	
	零售分部	第 42 大街店	贝克街商店
销售收入	500 000	200 000	300 000
变动成本	240 000	98 000	142 000
贡献毛益	260 000	102 000	158 000
可追溯至商店的固定成本	140 000	60 000	80 000
商店的责任毛益	120 000	42 000	78 000
共同固定成本	30 000		
部门的责任毛益	90 000		

		利润中心	
	第 42 大街店	销售部门	维修部门
销售收入	200 000	180 000	20 000
变动成本	98 000	90 000	8 000
贡献毛益	102 000	90 000	12 000
可追溯至各部门的固定成本	32 000	18 000	14 000
部门的责任毛益	70 000	72 000	（2 000）
共同固定成本	28 000		
商店的责任毛益	42 000		

如表 22-1 所示，从上往下阅读，就会发现新技术电子公司的组织划分越来越细。记录收入与成本必须从例子的底部开始，也就是说要从最小的管理责任区域开始。例如，若要编制第 42 大街店每个利润中心的利润表，那么新技术公司的会计账户必须足够详细，应分别计量和记录商店下辖各部门的成本与收入。编制较大责任中心的利润表可以通过汇总较小业务单元的利润表的金额得到。例如，第 42 大街店的月度总销售额（20 万美元）等于该商店两个利润中心报告的销售额之和（=180 000+20 000）。

22.2.2 将收入与成本分配至各责任中心

在责任利润表中，收入首先分配到负责取得该收入的利润中心。将收入恰当地分配至各

⊖ 新技术电子公司同时还编制责任利润表来反映邮购分部、贝克街商店以及其他商店的利润中心的情况。为节省篇幅，本例不对这些报表进行说明。

部门是相对比较容易的。例如,计算机销售终端就能按收入来源部门进行自动分类。

在将成本分配至企业的子单元时,通常要应用以下两个原则。

原则一:将成本划分为变动成本与固定成本两大类。⊖当成本以这种方式来进行划分时,在利润表中应列示各业务中心贡献毛益的小计数。这种编制利润表的方式被称为贡献毛益法,管理者广泛运用这种方法来编制报表。

原则二:各中心只担负可直接追溯至该中心的成本。如果某中心对所发生的成本须完全负责,那么这一成本就应直接追溯至该中心。因此,若某一中心已不复存在,那么可追溯成本也会相应消失。

人们并不总是很清楚一项成本是否可以追溯至某一特定中心。在将成本分配至各中心时,需要会计人员进行专业判断。

⊙ 部门经理

　　假定新技术电子公司的邮购分部由销售和包装两个部门组成,而你是销售部门的经理。为实现利润目标并符合邮购分部领导的期望,你已承诺客户会加快处理他们的订单。包装部门的经理为此十分生气,到办公室找你。她说,加快处理订单会造成她的预算超支,因为员工要因此加班,而且会出现特殊的包装要求。她还说,包装部门无法再保证加快订单的处理。她认为你这样做是不符合伦理的,是为了达成你自己的预算而使包装部门不能完成预算。你该怎样回答呢?

接下来将主要研究如表22-1所示的采用贡献毛益法所编制的新技术电子公司业绩报告的各项要素。

22.2.3　变动成本

在责任利润表中,变动成本是指与中心的销售量呈近似正比例变动的成本。对新技术电子公司而言,变动成本包括销货成本、按所卖出的系统数量支付给销售人员的佣金、各商店的维修部门所发生的零部件与人工成本,以及其他种种随销售量变动而变动的经营费用。

由于变动成本与具体的收入金额相关,因此它们常常被直接追溯至产生该收入的利润中心。例如,新技术电子公司第42大街店所销售的一套家庭影院的成本就可直接追溯至该店的销售部门。类似地,维修产生的零部件与人工成本可直接追溯至维修部门。若某个利润中心被撤销,那么它的所有变动成本也就不存在了。

22.2.4　贡献毛益

贡献毛益(销售收入－变动成本)是本－量－利分析的一个重要工具。例如,销售量的变动对经营利润的影响可以通过以下方式估算:销售数量的变化量乘以单位贡献毛益;或者是,销售金额的变化量乘以贡献毛益率(为了支持这类分析,责任利润表中通常既有金额,也有百

⊖ 在第20章中,我们讨论了如高－低点法等将半变动成本划分为变动和固定成本的方法。

分比。新技术电子公司含有百分比的月度责任利润表将在本章后面部分进行举例说明）。

贡献毛益描述了收入与变动成本之间的关系，但忽略了固定成本。因此，贡献毛益主要作为一种短期计划工具，多用于当发生价格变动、进行短期促销活动或发生不会对固定成本有重大影响的产出变化时的决策。正如第 21 章所讨论的，对于是否开办一家新工厂或是否关闭某一利润中心之类的长期决策，管理者必须考虑固定成本以及贡献毛益。

22.2.5 固定成本

对于赢利的企业而言，总贡献毛益必定会超过总固定成本。但许多固定成本往往不可能很方便地追溯至企业的具体业务单元。因此，在责任利润表中，对可追溯固定成本与共同固定成本需要进行清晰划分。

22.2.6 可追溯固定成本

可追溯固定成本（traceable fixed costs）是指可轻易追溯至具体业务中心的固定成本。简而言之，可追溯固定成本是因某中心的存在而产生的，并可因该中心的关闭而消失。可追溯固定成本包括该中心职员的工资以及为该中心独立使用的建筑物与设备的折旧。

在确定某中心业务单元盈利能力提高的具体程度时，可追溯固定成本往往从贡献毛益中减去。在责任利润表中，贡献毛益减去可追溯固定成本即为**责任毛益**（responsibility margin）。

22.2.7 共同固定成本

共同固定成本（common fixed costs）或间接固定成本是指让企业的若干个部门共同受益的成本。即使某一中心已不再从这些成本中受益，但这些固定成本的水平往往也不会发生重大变动。

例如，不妨考察一下梅西百货或诺德斯特龙这样的大型百货商店，这些商店内的各部门均从商店的建筑物中受益。然而，即使其中的一个或多个部门终止营业了，商店的折旧与财产税之类的成本仍旧会按现有水平继续发生。因而，从商店的各中心来看，建筑物的折旧便是一项共同固定成本。

除非按照主观的方式，如按照相应的销售量比例或所占用的营业场地的面积，否则共同固定成本是无法分配至具体基层单位的。为了衡量各个利润中心的"整体盈利能力"，一些企业会将共同固定成本和可追溯成本一起分配给各基层单位。不过，常用的办法就是将可直接追溯至企业某部门的成本由各利润中心来负担。本书所采用的就是后一种方法。

1. 共同固定成本中可追溯至服务部门的成本

在责任利润表中，可追溯固定成本项目通常仅包括可追溯至利润中心的成本。可追溯至诸如会计之类的服务部门的成本往往能使企业中的许多部门受益。因此，服务部门的经营成本可被视为共同固定成本而纳入责任利润表中。例如，在如表 22-2 所示的新技术电子公司第 42 大街店的利润表中，28 000 美元的共同固定成本就包括商店的会计、保安和维修部门的运营成本，还包括其他使整个商店受益的成本，如折旧、公用事业费和商店经理的工资。

表 22-2　在月度责任报告中强调固定成本　　　　　（单位：美元）

	零售分部	利润中心	
		第 42 大街店	贝克街商店
销售收入	500 000	200 000	300 000
变动成本	240 000	98 000	142 000
贡献毛益	260 000	102 000	158 000
可追溯至商店的固定成本	140 000	→ 60 000	80 000
商店的责任毛益	120 000	42 000	78 000
共同固定成本	30 000		
分部的责任毛益	90 000		

	第 42 大街店	利润中心	
		销售部门	维修部门
销售收入	200 000	180 000	20 000
变动成本	98 000	90 000	8 000
贡献毛益	102 000	90 000	12 000
可追溯至各部门的固定成本	32 000	18 000	14 000
部门的责任毛益	70 000	72 000	（2 000）
共同固定成本	28 000		
商店的责任毛益	42 000		

大多数服务部门是作为成本中心进行评估的。所以，责任会计制度应单独累积可追溯至各服务部门的成本。

2. 可追溯至较大责任中心的共同固定成本

所有的成本都可被追溯至组织中某个层级的部门。为了说明这一点，新技术电子公司3月责任会计制度的一部分在表 22-2 中进行了再次描述，但这里强调的是第 42 大街店的月度固定成本。

我们曾经指出，维修部门的经营费用以及商店经理的工资等让全店范围受益的某些成本支出，无法追溯至商店的具体利润中心。不过，这些成本可很容易地追溯到第 42 大街店。因此，这些成本是划分为"可追溯成本"还是"共同成本"，往往取决于是将该中心定义为商店还是商店里的部门。

在将责任报告制度上升到更大的责任领域时，属于较低层次管理者责任的共同成本就变成了更大责任中心管理者所要管理的可追溯成本。表 22-2 所强调的就是这样的事实，即共同成本到了更高层级责任中心就变成可追溯的了。

22.2.8　责任毛益

如前所述，贡献毛益是评估短期决策对盈利能力影响的一项有用工具。此类短期决策一般不会引起公司固定成本的变化。但与短期决策不同，长期决策往往会涉及固定成本因素。因此，与贡献毛益相比，责任毛益在衡量较长时期的盈利能力时更为有用，因为责任毛益考虑到了那些可追溯至某一特定业务中心的固定成本的变动。此类长期决策的例子包括是否扩大现有的生产能力、是否新增一个利润中心以及是否关闭一个业绩很差的利润中心等。

为了说明如何应用责任毛益来衡量某个利润中心的业绩，不妨以新技术电子公司的零售分部和邮购分部为例来进行分析。表 22-3 描述了这两个分部的月度利润表情况（该表在格式上与表 22-1 相仿，不同之处是增加了各金额的构成百分比）。

表 22-3　贡献毛益责任报告

| | 公司整体 | | 业务中心 | | | |
| | | | 零售分部 | | 邮购分部 | |
	美元	%	美元	%	美元	%
销售收入	900 000	100.0	500 000	100.0	400 000	100.0
变动成本	400 000	44.4	240 000	48.0	160 000	40.0
贡献毛益	500 000	55.6	260 000	52.0	240 000	60.0
可追溯至分部的固定成本	360 000	40.0	170 000	34.0	190 000	47.5
分部的责任毛益	140 000	15.6	90 000	18.0	50 000	12.5
共同固定成本	40 000	4.4				
经营利润	100 000	11.1[①]				
所得税费用	35 000	3.9				
净利润	65 000	7.2				

①因四舍五入原因，百分数加减时会出现一些小偏差。

在新技术电子公司的两个分部中，哪一个分部更具盈利性呢？答案取决于进行的是长期决策还是短期决策：短期决策下固定成本并不发生改变，长期决策下固定成本的变动就是一个重要的影响因素。

先来分析短期决策情况。假设新技术电子公司的管理层计划近期进行一次广播广告宣传活动，预算为 5 000 美元。但将这 5 000 美元用于零售分部还是邮购分部，公司尚未确定。

假设管理层认为，不论对哪个分部进行广告宣传，5 000 美元的广播广告都将使销售额增加约 20 000 美元。在这种情况下，管理层应该把这些广告开支投入邮购分部，因为该分部拥有较高的贡献毛益率。邮购分部多实现 20 000 美元收入将能带来 12 000（=20 000×60%）美元的贡献毛益，而零售分部多实现的 20 000 美元却只能带来 10 400（=20 000×52%）美元的贡献毛益。[⊖]

接着来分析比较长期决策。假定新技术电子公司决定缩减经营规模，计划继续经营其中的一个分部。假设现在的收入与成本之间的关系有望在很长时间内保持相对稳定，那么你会建议新技术电子公司保留哪个分部呢？答案是零售分部。

在考虑固定成本之后，由表 22-3 可知，零售分部为新技术电子公司的净利润贡献了 90 000 美元，而邮购分部仅贡献了 50 000 美元。换句话说，若终止邮购分部的经营，其所有的收入、变动成本及可追溯固定成本均不复存在。简言之，公司每月将失去来自该分部的 50 000 美元的责任毛益。但与终止零售分部的经营而每月损失 90 000 美元的责任毛益相比，显然要好得多。

总之，在制定不影响固定成本的短期决策时，管理者应尽量使新增成本产生最多的贡献毛益，而这又往往意味着须将重点放在贡献毛益率最高的中心上。相反，在制定长期决策时，管理者必须将固定成本考虑进来，而这就需要将重点转移到责任毛益和责任毛益率上。

⊖　注意，两个分部所带来的新增贡献毛益均会超过广告成本。这就意味着管理层应大胆地为新技术公司的两个分部都做广告。在确定最佳待选方案时，公司还应进行创造性决策。

22.2.9 责任中心的"无盈利能力"之时

在确定某特定利润中心是否"无盈利能力"时，须考虑到众多因素，而先考虑责任毛益是一个很好的选择。如前所述，责任毛益表明了利润中心所取得的贡献毛益超过可追溯固定成本的程度。

为便于说明，先来考察如表 22-4 所示的新技术电子公司第 42 大街店的月度责任利润表。

表 22-4　第 42 大街店的月度责任利润表 （单位：美元）

| | 第 42 大街店 | 利润中心 | |
		销售部门	维修部门
销售收入	200 000	180 000	20 000
变动成本	98 000	90 000	8 000
贡献毛益	102 000	90 000	12 000
可追溯至各部门的固定成本	32 000	18 000	14 000
部门的责任毛益	70 000	72 000	（2 000）
共同固定成本	28 000		
商店的责任毛益	42 000		

根据表 22-4 中的数据，终止维修部门的经营将减少 20 000 美元的收入和 22 000 美元的成本（8 000 美元的变动成本和 14 000 美元的可追溯固定成本）。因此，关闭该部门将使商店的盈利增加 2 000 美元，即维修部门的负毛益。

但正如第 21 章所讨论的，新技术电子公司的管理层还应考虑到许多其他的因素。例如，维修部门是从来不赢利，还是因为这个月出现了异常情况？维修部门的存在是否对商店的售货能力有所贡献？维修部门现在所占用的空间是否还有其他用途？因此，即使维修部门毫无盈利可言，也许在决定关闭该部门之前还应考虑其他因素。

22.2.10 对责任中心管理者的评估

管理者有时根本无法及时控制一些可追溯至该中心的固定成本。若一个中心发生了管理者所不能控制的高额成本，那么该中心所报告的业绩也许并不能体现该管理者的个人业绩。如果该管理者的报酬与奖金会因此受到影响，那么这个问题就会尤其敏感。

例如，假设新技术电子公司第 42 大街店自 1956 年开业一直营业至今，而贝克街商店仅营业了 3 年。结果，贝克街商店所发生的折旧与财产税大大超过第 42 大街店。倘若支付给贝克街商店经理的奖金只以该商店的责任毛益为依据，那么该经理就可能因服务于一家较新的商店而遭受不公正的待遇。

为了解决这类问题，一些公司将可追溯固定成本又划分为可控固定成本和约束性固定成本。**可控固定成本**（controllable fixed costs）是指那些能够为管理者及时控制的成本，如工资及广告支出。**约束性固定成本**（committed fixed costs）则是指那些管理者不能够随意改变的成本，如折旧费和财产税。在责任利润表中，贡献毛益减去可控固定成本所得到的金额被称为**业绩毛益**（performance margin）。然后，从业绩毛益中减去约束性固定成本即可得到责任毛益。

以这种方式来划分可追溯成本就可分清楚作为一名中心管理者的业绩与作为长期投资中心的盈利能力。业绩毛益仅仅包括管理者所能直接控制的收入与成本，其有用性体现在可评估管理者控制成本的能力。然而，责任毛益可用于衡量和评估作为一个整体的中心的长期盈利能力。

22.2.11 关于将共同固定成本分配到业务中心的争论

如前所述，有些公司会采取一定的政策将共同固定成本分配到从这些成本中获益的业务中心。分配共同成本时所用到的基础必然带有主观性，如相关的销售量或该中心所占用的营业面积。在责任利润表中，责任毛益减去共同固定成本就得到所谓的"经营利润"。

出于以下几个原因，这里并不推崇这样的做法。

首先，共同固定成本并不会经常变动，甚至在业务中心被关闭后也是如此。因此，这种成本分配方式会歪曲各中心对公司收益的贡献。

为了说明这个观点，假设将 10 000 美元的共同成本分配到一个责任毛益仅为 4 000 美元的中心。同时还假设，总共同成本并不会随着该中心的关闭而有所改变。分配了固定成本的结果是该中心出现了亏损，表现为 6 000 美元的经营损失（由 4 000 美元的责任毛益减去分配到的 10 000 美元的共同固定成本）。然而，关闭该中心实际上将会减少该公司 4 000 美元的利润，因为损失的是该中心 4 000 美元的责任毛益，而共同固定成本将不会有所改变。

其次，共同固定成本是不受该中心管理者直接控制的。因此，将这些成本分配到该中心并不有助于评估管理者的业绩。

最后，共同固定成本的分配可能造成盈利能力的变化，而且这一变化与该中心的业绩并不相关。为了说明这个观点，假设每月发生的共同固定成本是 50 000 美元，并将此等额地分配到 5 个利润中心，这样每个利润中心负担其中的 10 000 美元。现在假设其中的一个利润中心已终止经营，但每月的共同固定成本并不发生变化。这样，剩下的 4 个利润中心现在每个将负担 12 500（＝50 000÷4）美元的共同固定成本。结果，继续经营的 4 个利润中心由于一项与其经营活动并不相关的事件（关闭了第 5 家利润中心）而造成了利润的下降。

22.2.12 转移价格

新技术电子公司所有的利润中心都将产品或服务销售给企业外部的客户。不过，许多利润中心也会将产品提供给企业的其他部门。

当产品（商品或服务）从一个部门转移到另一个部门时，转移价格在评估部门的业绩方面发挥着重要的作用。**转移价格**（transfer price）指的是用于记录这种部门间转移的产品的金额。

图 22-2 给出了新技术电子公司零售分部与邮购分部间的货物转移情况。如果邮购分部没有客户所需要的产品的现货，那么就需要从零售商店转入该产品。作为利润中心，零售商店希望按零售客户支付的市场价格来向邮购分部转移该产品。因为零售的市场价格总会高于邮购价格，所以邮购分部经理就会砍价。对此，新技术电子公司的管理层可直接根据产品的成本与某个合理加价来规定一个转移价格。图 22-2 给出了本节所要讨论的 3 种转移定价。

1. 利润中心的转移价格

利润中心通常对外销售自己的产品，但一些利润中心也会将其一部分产品提供给企业组织内的其他业务单元。

若将成本作为转移价格，那么该利润中心使用了资源却不会带来利润。按成本价向企业内其他部门提供更多的产品，而不是为获取利润将产品提供给企业的外部客户，这样做就会降低部门的贡献毛益、责任毛益及部门业绩的其他评估指标。

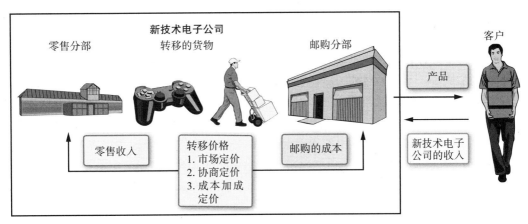

图 22-2　新技术电子公司的转移定价

相反，收到以成本计价的转让产品的部门则得到了好处。假设这种转移成本大大低于市场价格，那么就会使该部门的盈利能力显得非比寻常。简言之，以成本作为转移价格将会把生产产品的部门的毛益转移到最终将产品销售给外部客户的部门。

出于这个原因，现在许多公司用**市价**（market value）作为利润中心所生产产品的转移价格，通过这种方法，部门的利润在生产产品的利润中心已经实现，而不是在受让产品的中心来实现。

2．市场价格不存在时的转移价格

不幸的是，并不是所有被转移的产品都有现成的成熟市场。当被转移的产品或服务不存在市场价格时，公司就需要采用其他类型的转移价格。这里主要讨论两种类型的转移价格，即协商转移价格和成本加成转移价格。

许多公司要求其分部经理通过协商制定一个可接受的转移价格，即一般所谓的**协商转移价格**（negotiated transfer price）。在协商过程中，作为供应方的分部和作为购买方的分部议定一个转移价格。事实上，该协商转移价格起到在两个分部间分配所转让产品的相应利润的作用。

例如，假定分部 A 供应一种零件给分部 B，再由分部 B 装配为成品，且最终由分部 B 出售。分部 A 制造该零件的单位总成本是 42.00 美元。分部 B 再对分部 A 转来的零件进行加工，配上其他零件，最后装成产成品，并将其按 150.00 美元的单位价格出售。假定分部 B 增加的成本是每件 78.00 美元，那么产成品利润的计算就如表 22-5 所示。

表 22-5　公司的产成品利润

分部 B 装配并出售的产成品	
对企业外部的销售价格	150.00
减：	
分部 A 的成本	42.00
分部 B 的成本	78.00
产品利润	30.00

分部 A 和分部 B 将产成品的总利润 30 美元按商议好的转移价格进行分割。例如，如果议定的协商转移价格是 53 美元，则分部 A 的利润将是 11（=53-42）美元，而分部 B 的利润将是 19[=150-（53+78）] 美元。由表 22-6 中"按协商转移价格"栏中的数据可知，分部 A 每 1 美元的销售回报率为 20.75%（=11÷53），而分部 B 每 1 美元的销售回报率为 12.67%

（=19÷150）。表 22-6 中箭头所指的数字表明，这些数字对分部 A 意味着收入，对分部 B 则意味的是成本。

　　当市场价格不存在时，确定转移价格的第二条途径就是对被转让产品的总成本加上一个预先确定的加成率。第二种转移价格被称为**成本加成转移价格**（cost-plus transfer price）。例如，一些公司可能希望责任经理在公司内部转移产品，但可能又不想使用协商方法。通过加上 15% 或 20% 的成本加成，公司就自动地分配了一些利润给供应的分部。如表 22-6 所示，根据"按成本加成转移价格"栏中的加成率 20%，分部 A 可以将零件转让给分部 B，价格是每单位 50.40（=42+42×20%）美元。这样，分部 A 的利润为 8.40 美元，分部 B 的利润则为 21.60（=30-8.40）美元。按照这种分配方式，分部 A 的销售回报率是 16.67%（=8.40÷50.40），而分部 B 的销售回报率为 14.4%（=21.60÷150）。如表 22-6 中最后一列所示，对于计算企业的总体利润而言，就不需要考虑转移价格了。

表 22-6　转移价格对部门利润的影响

	不存在市场价格时的两种转移价格				
	部门 A		**部门 B**		
	按协商转移价格	按成本加成转移价格	按协商转移价格	按成本加成转移价格	企业总体
收入：					
分部 A	53.00	50.40	—	—	—
分部 B	—	—	150.00	150.00	150.00
零件成本	42.00	42.00	—	—	42.00
来自分部 A 的成本	—	—	53.00	50.40	—
其他成本	—	—	78.00	78.00	78.00
毛利	11.00	8.40	19.00	21.60	30.00
销售回报率	20.75%	16.67%	12.67%	14.4%	20%

　　如表 22-6 所示，分部 A 的经理可能偏好于协商转移价格，而分部 B 的经理则偏好于成本加成转移价格。因为转移价格牵涉两个分部的利润分配，而且对这些经理的绩效评价往往又要依据分部的利润，所以如何确定公平的转移价格往往会产生很大的争议。通常，高级管理层必须介入，并提供解决转移定价问题的指导原则。

3. 跨国公司的转移价格

　　若企业的各子单元分设在不同的国家或地区，那么要制定适当的转移价格就变得更复杂了。若货物要跨国运输，则转移价格也许还会受到税收、关税及国际贸易协定的影响。此外，商品的市价在生产产品的国家或地区和商品将要运抵的国家或地区会有很大的不同。

　　在编制公司整体的财务报表时，记录公司内部转移价格的分录要予以消除。对于公司整体而言，转移价格不是收入，也不会产生现金流量。但对设在两个不同国家或地区并有不同税率的子公司而言，它们之间的国际转移价格往往会对公司整体的现金流量产生影响。

　　举一简单的例子，假定埃佩克斯公司的分部 A 把零件转移到分部 B，分部 B 对此再加工，最后将产品以 10 美元的价格出售给公众。分部 A 的生产成本为 3 美元，分部 B 的生产成本为 4 美元。这样每件产品的利润是 3[=10-（3+4）] 美元。若分部 A 与分部 B 之间的转移价格为 4.50 美元，那么每件产品 3 美元的利润则可以平均地分配到两家分部（每家分部 1.50 美元）。若两家分部所处国家或地区的税制相同，那么该转移价格就不会影响现金流量。但是，如果分部 B 处于一个高税率（50%）的国家或地区，而分部 A 处于一个低税率（10%）的国家，那么埃佩克斯公司将受到由税收引起的现金流量的影响。转移价格是 4.50 美元,表明分部 B 应记录单位产品 1.50 美元的应税利润,并按 50% 的税率纳税,即每件产品含有 0.75 美元的税。分部 A 的利润将按 10% 的税率纳税,即每单位产品 0.15 美元。埃佩克斯公司可以通过将转移价格定为 6 美元,使利润集中于设在低税率国的分部 A,以此来节约纳税费用并增加现金流入。

这一简单的例子就说明了产品的国际转移会对潜在的现金流量产生影响。监管国际转移价格的法律和法规是非常复杂的,而且各国家或地区之间也会有所不同。

⊙ **小案例**

美国国税局特别关注跨国公司那些与转移收入有关的转移定价行为。例如,以下出现在微软公司最近年报中的补充说明就提到了这一点:

截至 2017 年 6 月 30 日以及截至 2016 年 6 月 30 日的税收或有事项及其他所得税负债分别为 135 亿美元和 118 亿美元。这些负债费用包含在其他长期负债中。这里的税收负债增加主要与当期公司间的转移定价和税收抵免相关。

虽然我们在 2011 财年的第 3 季度对 2004 至 2006 年各税务年度的国税局审计结果进行了部分结算,而且也在 2016 财年的第 1 季度对 2007 至 2009 年各税务年度的国税局审计结果进行了部分结算,但这些年度的业务仍然要接受审计。此外,2010 至 2016 年各税务年度的业务仍要继续接受国税局的审计。

---

4. 关于转移价格的一些总结性评述

转移价格通常不以现金形式支付;对公司来说,转移价格也不考虑作为增量收入和增量成本。转移价格只是一些用以记录商品和服务在企业内部门之间"流转"的会计分录。⊖

就本质而言,转移价格可视为提供产品的部门所取得的收入,对接受产品的部门则是发生的成本(或费用)。由于这些部门收入与部门成本金额相等,因此转移价格对公司整体的税前经营利润并无直接影响。

22.3 财务报表中的责任中心报告

本章从管理的角度对责任中心进行了重点阐述。从这个角度来看,所谓中心,可以依据管理的责任范围来进行定义,而最基础的中心当属众多最小的业务单元,如部门、每个销售员的"销售区域"等。

毫不夸张地讲,大公司可能会有成千上万个责任中心来提供信息。这些信息旨在帮助管理层对经营业务的各个方面做好计划和控制。

财务会计准则委员会要求大公司在财务报表附注中披露某些"细分信息",包括公司经营所处主要行业和地区的销售净额、经营利润和可辨认资产。

财务报表中的细分信息远不如为管理层编制的责任中心信息来得详细。当然,它们的服务目的可能差别很大。目前,年度报告的使用者都是将公司的总体盈利能力和未来前景作为一个整体来评估,而不会对每一个部门、商店和生产过程的效率进行评估。出于报告财务状况的目的,有些上市公司将业务经营简单划分成两"块",至于将所报告的经营业务分成十

⊖ 如果产品转移发生在两个分公司之间,那么事实上,转移价格可能采用现金形式支付。

"块"的公司即便有，也是凤毛麟角。

一般公认会计原则与国际财务报告准则都要求上市公司在财务报表中报告经营部门的信息。不过，国际财务报告准则要求的范围比一般公认会计原则更大，不仅要求披露部门的负债指标，而且要将该指标提供给主要经营决策者。一般公认会计原则要求公司披露部门损益指标、某些具体收入与费用项目以及部门的资产，但不需要报告部门的负债情况。

⊙ 伦理、欺诈与公司治理

转移定价已成为跨国公司为避税而将利润进行国际转移的一种手段。对此，美国国会已经有所注意。例如，美国国会参议院和众议院的委员会对避税问题举行了听证会；苹果公司的高层管理者出席并辩护了公司的离岸税收行为。对苹果公司的指控之一就是苹果公司通过复杂的转移定价计划将大量利润转移到其在爱尔兰的子公司，从而逃避了在美国的大量纳税义务。根据国会两院委员会的报告，苹果公司将40亿美元的研发费用转移到在美国的业务单位，而该业务单位的利润达387亿美元。相反，其爱尔兰子公司的研发费用为49亿美元，利润为740亿美元。

近年来，其他一些大型跨国公司也遭遇类似的指控，包括微软、谷歌、亚马逊和星巴克。事实上，美国国税局一直以来都在关注外国控股的美国公司有可能通过非公平定价手段将利润转移至美国境外的问题。因此，美国国税局一直把转移定价作为其国际遵循行动计划的核心关注点。

根据《美国国内税收法典》第482款的规定，关联方之间合理的转移定价是指该价格当等于非关联方之间通过自由市场交易所达成的价格。

⊙ 会计与决策

本章自始至终主要关注的是商业企业内与责任中心有关的财务问题。会计高等教育路径委员会模型也明确指出，除了财务因素，非财务标准也会对企业达成目标的能力产生影响。因此，责任会计制度的目的就是要收集有关各中心的财务与非财务信息。

下表给出了责任中心管理者进行评估时常用的各种非财务指标。当然，第25章会对这些指标的重要性以及其他评价标准进行更全面的讨论。按照这些指标，会计专业人员不仅要掌握财务管理知识，而且要了解其他学科的内容，包括质量控制、人力资源管理、市场营销和物流管理。

用于评估责任中心业绩的非财务业绩指标	
产品质量	**人力资源**
次品数量	病假天数
顾客退货数量	员工流失率
顾客投诉数量	有不满情绪的人数
市场营销	**效率及产能**
新顾客的数量	生产周期（制造企业）
首次销售访问的次数	入住率（酒店及旅馆）
市场份额	乘客英里数（航空业）
无存货产品的数量	患者－天数（医院）

22.4　小结

本章的目的之一是"整合"前面管理会计各章所介绍的许多概念。这里必须关注诸如变动成本和固定成本间的区别、本－量－利关系、期间成本和产品成本的本质、会计系统中制造成本的流转等概念对责任中心业绩评估的影响。第23章将介绍预算问题。不管怎样，预算提供了与当前业绩进行比较的主要标准。

学习目标小结

1. 区分成本中心、利润中心与投资中心

　　成本中心是指产生成本（或费用）但并不直接产生收入的责任中心。利润中心是指产生成本和收入的业务中心，有些利润中心也可以被看成投资中心。投资中心是指管理层能对中心经营过程中使用的资产进行客观计量的利润中心。

2. 解释对责任中心信息的需求并能描述责任会计制度

　　责任中心信息单独反映了组织内各业务中心的经营成果。责任会计制度则反映了每个管理者所管辖的中心的业绩。

3. 编制利润表以报告贡献毛益与责任毛益

　　在责任利润表中，收入被分配到与收入产生有直接关系的利润中心。在对费用进行分类和分配时，要应用两项原则。第一，每个中心只负担那些可以直接追溯到该中心的成本。第二，分配到该中心的成本应细分为变动成本和固定成本两大类。收入扣除变动成本就可得到中心的贡献毛益；收入扣除固定成本就可得到中心的责任毛益。

4. 区分可追溯固定成本与共同固定成本

　　若某中心对于一项成本的产生负全部的责任，那么该项成本应追溯至这家中心，可追溯成本随其中心的终止而消失。共同成本是指不能追溯到某个特定中心的成本，因此共同成本并不随着中心的终止而消失。

5. 说明贡献毛益与责任毛益在制定短期与长期决策中的作用

　　固定成本在短期内一般不会改变。因此，短期决策对经营利润产生的影响就相当于贡献毛益（收入减变动成本）的变动。然而，长期战略则可能会引起可追溯至业务中心的固定成本发生变动。因此，长期战略的盈利能力可根据责任毛益（收入减去变动成本和可追溯固定成本）的变化来进行评估。

6. 描述三种转移定价方法及其适用情形

　　转移价格是公司内的供应分部和购买分部用来记录双方进行商品或服务交换的金额。在存在商品或服务的外部市场时，大多数公司使用市价作为转移价格。在不存在外部市场时，公司使用协商转移价格或成本加成转移价格。协商转移价格是作为购买方的分部和作为供应方的分部协商后定的价格。在协商代价太高或不可行时，许多公司会选择采用按供应方的全部成本加上一个事先确定的加成数来作为转移价格。

习题/关键术语

示范题

　　利德制造公司经营有两家生产和销售地砖的工厂。下表给出了这两家工厂第一季度的经营成果（单位：美元）。

	圣路易斯工厂	斯布林维尔工厂
销售收入	2 000 000	2 000 000
变动成本	720 000	880 000
可追溯固定成本	750 000	550 000

本季度两家工厂的共同固定成本总额为500 000美元。

要求：

（1）为利德公司及其两家工厂编制一份部分责任利润表，并对该公司的经营利润进行汇总。

（2）假如两家工厂都可增加200 000美元的销售额，那么哪家工厂对利德公司经营利润的贡献更大？

（3）哪些类型的成本和费用可能在该公司 500 000 美元的共同固定成本中？

答案：

（1）责任利润表

（单位：美元）

	利润中心		
	利德制造公司	圣路易斯工厂	斯布林维尔工厂
销售收入	4 000 000	2 000 000	2 000 000
变动成本	1 600 000	720 000	880 000
贡献毛益	2 400 000	1 280 000	1 120 000
可追溯固定成本	1 300 000	750 000	550 000
责任毛益	1 100 000	530 000	570 000
共同固定成本	500 000		
经营利润	600 000		

（2）圣路易斯工厂的贡献毛益率为 64%（=1 280 000÷2 000 000）。因此，假如该厂的销售额增加 200 000 美元，整个公司的经营利润将增加 128 000（=200 000×64%）美元。斯布林维尔工厂的贡献毛益率为 56%（=1 120 000÷2 000 000）。假如该厂的销售额增加 200 000 美元，公司的经营利润将只增加 112 000（=200 000×56%）美元。

（3）这 500 000 美元包括不能直接追溯到任一工厂的固定成本。这些成本具体可包括与法律经费、公司会计和人事部门费用、中心计算机设备费用以及公司管理人员工资等有关的支出。

自测题

1. 下列哪一项是属于百货商店销售部门的共同固定成本？
   A. 商店保安人员的工资
   B. 销售部经理的工资
   C. 销货成本
   D. 某个销售部门内专用设备的折旧费用

2. 在编制利润表来计量责任中心的贡献毛益和责任毛益时，要运用两个概念来对成本分类。一是该成本是可变的还是固定的，另一个是该成本是否：
   A. 为产品成本或期间费用
   B. 可追溯至责任中心
   C. 在管理者的控制下
   D. 为转移价格

3. 可用于评估责任中心管理者的业绩，但不能用于评估该责任中心业绩的合计项为：
   A. 贡献毛益减去可追溯固定成本
   B. 销售收入减约束性成本
   C. 贡献毛益加上递延至存货的固定成本
   D. 贡献毛益减去可控固定成本

4. 转向节和支架分部将部件产品转移给装配分部。这两个分部既是汽车制造公司的分部，也是汽车制造公司的利润中心。按照汽车制造公司的政策，一般采用 10% 的成本加成转移价格。转向节和支架分部也在公开市场上销售部件产品给其他公司，单价为 75 美元。该部件的生产成本为 55 美元。如果该部件进行内部转让，那么转向节和支架分部可节约 5 美元的销售费用和运输成本。转向节和支架分部的经理希望转移价格是 75 美元，但装配分部的经理希望转移价格是 70 美元。那么，下列哪一判断是不正确的（选择所有正确答案）：
   A. 如果转移价格是 75 美元，那么两个分部使用的是基于市场的转移价格。
   B. 如果转移价格是 40 美元，那么两个分部使用的是成本加成转移价格。
   C. 如果转移价格是 70 美元，那么两个分部使用的是协商转移价格。
   D. 如果转移价格是 55 美元，那么转向节和支架分部保留了全部利润。

5. 假设美国的公司所得税率是 40%，墨西哥的公司所得税率是 30%。杰克斯国际服装公司在美国和墨西哥都有子公司。杰克斯国际服装公司正在为其著名的法式连衣裙产品由美国分部转移到墨西哥分部确定转移价格。杰克斯国际服装公司可以按 75 美元的市场价或者成本加成 20% 来确定转移价格。法式连衣裙的成本为 40 美元。以下哪个转移价格能使雅克公司的税收负担最小？
   A. 75 美元   B. 48 美元
   C. 90 美元   D. 35 美元

讨论题

1. 管理层会将公司独立责任中心的会计信息用在哪些方面？

2. 指出成本中心、利润中心、投资中心三者之间的区别并举例说明。

3. 说出三种类型的转移价格并解释何时使用何种转移价格。

4. 在责任会计制度中，收入和成本的记录应从最大的责任区域开始，还是从最小的开始？请说明理由。

5. 区分可追溯固定成本和共同固定成本。举例说明汽车分销公司的销售部门和服务部门的各种固定成本。

6. 在责任利润表中，经营性服务部门（作为成本中心）的成本应该如何反映？

7. 桌面公司设有一个全国性的销售组织。每个销售区域的利润表都是按照产品线来编制的。在这些利润表中，销售区域经理的工资都被视为共同固定成本。该工资在公司组织内的各个层次上都被视为共同固定成本吗？请解释。

8. 对于处在不同国家或地区的分部，为什么这些分部之间的转移定价决策会涉及税收和关税问题？

9. "我们公司可以通过关闭所有责任毛益率低于 15% 的部门来实现利润最大化。"请对此加以评论。

10. 责任毛益与贡献毛益有何关系？解释这些指标在经营决策中的作用。

11. 一个责任中心的责任毛益连续为负数意味着什么？如该中心关闭，将对整个公司的经营利润有什么影响？为什么？请指出在是否关闭该中心的决策中，还需要考虑哪些因素？

12. 请简要解释可控固定成本与约束性固定成本之间的区别并说明在责任利润表中业绩毛益的本质和意义。

13. 汽车之家公司是一家免下车连锁餐馆。公司的财务总监正在考虑修订公司的月度利润表。具体措施是将与公司总部运行相关的所有费用按照各家餐馆的总收入的比例分配到各餐馆。你认为这会使责任利润表对评估餐馆或餐馆管理者业绩更有用吗？请说明理由。

14. 在将生产产品的中心作为利润中心评估时，为什么把成本作为转移价格是不合适的？

15. 虽然转移价格对公司的整体净利润没有直接影响，但这些转移价格对责任中心的经理很重要。为什么？

测试题

1. 假设某商店服装部门的贡献毛益率比体育用品部门低，但前者的责任毛益率又高于后者。如果 15 000 美元的广告投入预计可使任何一个部门的销售额增加 45 000 美元。将广告投入哪个部门带给商店的利益最大？

2. 约达尔公司的食杂店有一家小型烘焙店，专门销售各种烘焙食品。虽然烘焙店的销售额在食杂店收入中占比低于 5%，但仍然按利润中心看待。作为吸引顾客的手段，烘焙店的经理决定按 2.00 美元的单价销售咖啡加甜甜圈的套餐。与套餐有关的单位增量材料成本为：每个甜甜圈 0.50 美元，每杯咖啡 0.60 美元（含一次性纸杯的费用）。每份套餐增量人工和管理费用成本为 0.80 美元。该套餐的贡献毛益是多少？在经理看来，该套餐会如何影响烘焙店的责任毛益？

3. 纳尔逊化学公司下设七个分部。分部一至分部五生产的产品在竞争市场销售。分部二和分部三负责自己的投资及转移定价决策。分部二有 25% 的产出要转移到分部三，作为分部三主产品的部分组件。分部六和分部七向其他分部提供服务。分部六有 80% 的产出是为分部一和分部二提供环境清理服务，剩下的 20% 销售给外部顾客。最后，分部七作为整个公司的技术支持而从事研发活动。按照你的建议，纳尔逊化学公司该设计何种类型的责任中心？

4. 向后滑动公司从事小型货物拖车的生产和销售。车轮分部生产的部件既对外销售又内部转移到装配分部以供装配。编号为 #102 的车轮产品的变动生产成本为 80 美元，对外售价为每单位 150 美元。如果编号为 #102 的车轮产品存在竞争性的外部市场，那么你会建议采用怎样的内部转移价格把车轮产品从车轮分部转移到装配分部？如果不存该车轮产品的外部市场，你会不会改变你的答案？为什么？如果高层管理者要求按成本加成 25% 来作为转移价格，那么此时的转移价格为多少？

5. 水牛谷修理公司零件部门的贡献毛益率为40%。零件部门的可追溯固定成本预计为每年平均80 000美元，且该部门下一年的销售收入预计为300 000美元。下一年度零件部门的预计责任毛益为多少？

6. 将如下事项中的转移价格按基于市场的转移价格、协商转移价格或基于成本的转移价格进行分类：

（1）小器具的市场价为25美元，成本为15美元，实际转移价格为22美元，即市场价格减去销售佣金成本。

（2）包装责任中心经理同意了一份按包装材料的成本价为运输部门提供包装服务的优惠订单。

（3）威尔顿球类分部以每个棒球5美元的价格销售给威尔顿组合分部。同时，威尔顿球类分部也以两球一组的形式向迪克体育用品商店进行销售，售价为10美元。

（4）在向独立会计师事务所进行咨询后，会计分部对公司的13个制造厂每家每月收取545美元的会计服务费。

7. 希尔根酒店及水疗中心位于景色秀丽的澳大利亚悉尼市。希尔根酒店经营有三个利润中心：酒店、餐厅和水疗中心。希尔根酒店及水疗中心总占地面积100 000英尺^2，拥有250名员工；总维修费用（如保险费、公用事业费等）为每月800 000美元，人力资源部门每月的成本为150 000美元。如果水疗中心占地2 000英尺^{2}并拥有8名员工，那么请指出如何把维修及人力成本分配至水疗中心？

8. 以下成本都与某自行车连锁店有关。判断这些成本是共同成本还是可追溯到以下单元的成本：商店下设部门（修理部门和销售部门）；各家商店；公司。

（1）店面租金25 000美元。

（2）商店经理的工资。

（3）自行车及部件的运输费。

（4）做全国性广告的支出。

（5）公司审计费。

（6）总部建筑物保险费。

9. 冷哞哞冰激凌公司是中西部地区的一家冰激凌连锁商店。公司董事长对财务总监近期报告的公司最近6个月的实际利润数据很不满意。董事长向财务总监要了一份各个商店最近6个月实际成果的明细报告。董事长收到这份报告后感到特别不安，便请财务总监到他的办公室。董事长说："这些报告显示每家店都是赢利的，而公司整体却是亏损的！这是怎么回事？"财务总监指出每家店都可以根据冰激凌的成本结构来定价。但是，这些店的成本不包括总部成本或者广告费用和产品运输费用。有效实施的责任会计系统有哪三个特点？冷哞哞冰激凌公司的会计系统是否包括这三个特点？怎样完善冷哞哞冰激凌公司的责任会计系统？

10. 贾尼斯·布兰克是斯班奇百货公司产品部门的经理，每月的责任毛益为4 000美元。斯班奇百货公司的经理决定把整个公司的共同成本分配到每个部门。按此分配后，贾尼斯·布兰克女士的责任毛益变为每月 −1 200美元。指出把共同成本分配给责任中心的缺点。

自测题答案： 1. A；2. B；3. D；4. BD；5. B。

练习题

关键术语

第２３章

经营预算

▌学习目标▐

- 解释公司何以发生"利润丰厚，但现金匮乏"的情形。
- 讨论正式预算过程带给公司的益处。
- 解释用于确定预算额度的两种方法。

- 说明总预算的构成要素。
- 编制总预算的预算表及附表。
- 编制弹性预算并能解释其用途。

▌引导案例▐

喜拉利裴士比公司

喜拉利裴士比公司为家族企业，生产著名的"路易斯维尔击打王"牌棒球球棒。公司始建于1856年，当时仅仅是一家木材加工厂，产品从扶手到床柱栏杆，可谓包罗万象。到1875年，这家小公司的员工人数达到了20人。就发展历史而言，喜拉利裴士比公司于1884年开始为路易斯维尔职业美式棒球协会伊柯丽斯队的球星皮特·勃朗宁生产球棒。勃朗宁的绰号之一就叫"路易斯维尔击打王"。

通过让业余棒球选手能购买到仿照其最喜爱的大联盟选手所用的球棒生产的球棒产品，喜拉利裴士比公司大大提升了"路易斯维尔击打王"品牌的声誉。1915年，"路易斯维尔击打王"牌青少年用球棒首度面市；1919年，公司首次进行了全国性的广告宣传。仅仅四年后，喜拉利裴士比公司每年的球棒产量就达到了100万根。

1954年，喜拉利裴士比公司收购了宾夕法尼亚州的一家木材公司，以确保有供应充足的球棒生产所需的优质白岑树。1970年，喜拉利裴士比公司开始生产铝质棒球球棒。1975年，公司开始销售棒球与垒球手套。2019年，喜拉利裴士比公司举行了"路易斯维尔击打王"品牌创立135周年庆典。此外，喜拉利裴士比公司还生产"仿生手套"和"闪电高尔夫"两大品牌的其他娱乐设备产品。

上述分析表明，在从小企业发展为大企业的过程中，公司需要面对种种挑战。投入品供应的保障、新产品的推广等都需要认真计划。本章重点讨论的预算问题往往是影响企业成功发展的重要因素。对公司的长期发展而言，经营预算总是十分重要的。

像喜拉利裴士比这样的公司运用预算的目的在于：①分派关于公司资源的决策权限；

②协调并实施公司的计划；③促使员工对自己决策的结果负责。

本章将主要介绍如何建立预算以及如何运用预算来分派决策权限并促使员工对自己的决策负责，在详细描述总预算及其组成之后，接着讨论的是如何运用总预算来实施计划过程，以及如何运用弹性预算来实施控制。通过本章学习，大家就能明白预算对经营成功的基础性作用。

23.1　利润丰厚但现金匮乏

2020 年 1 月，南希·康拉德建立了网络技术公司。网络技术公司专业生产一种筛选装置，可用来保护个人计算机不受那些通过网络传播的病毒的侵害。与将病毒从受感染的硬盘中杀除的杀毒程序不同，网络技术公司的产品事实上是对通过网络传输进来的信息进行甄别。一旦检测到病毒，那么在病毒感染硬盘和破坏文件之前，该产品就能清除病毒。

网络技术公司最初仅仅是巴尔的摩市的一家小企业。在创建之初的头 9 个月里，公司的经营可谓十分艰难。然而该公司在第四季度却有强劲的发展，全年销售额达 90 万美元，并实现净利润 14.4 万美元。

以下盈利能力指标数据取自网络技术公司截至 2020 年 12 月 31 日的年度财务报告。

选取的盈利能力指标	网络技术公司	行业平均水平
毛利率（毛利润 ÷ 销售额）	60%	45%
净利率（净利润 ÷ 销售额）	16%	12%
股权报酬率（净利润 ÷ 平均股东权益）	29%	18%
资产收益率（净利润 ÷ 平均总资产）	15%	14%

虽然网络技术公司相对于行业平均水平显示出较好的盈利能力，但仍面临严峻的现金流量问题。事实上，在截至 2020 年 12 月 31 日的会计年度，网络技术公司报告的经营活动发生了 25 万美元的负现金流量。由于不能从银行得到额外贷款，2021 年 1 月 1 日南希·康拉德个人借给公司 36 000 美元才结清了工资支出。

以下流动性指标数据也取自网络技术公司截至 2020 年 12 月 31 日的年度财务报告。与盈利能力指标不同，这些指标数据全部低于行业平均水平。

选取的流动性指标	网络技术公司	行业平均水平
流动比率（流动资产 ÷ 流动负债）	1.4	2.4
速动比率（速动资产 ÷ 流动负债）	0.6	1.5
存货周转率（销货成本 ÷ 平均存货）	2.2	7.3
应收账款周转率（销售净额 ÷ 平均应收账款）	4.5	8.0

事实上，发生在网络技术公司的情况也是许多企业面临的一种两难困境。简而言之，公司"利润丰厚，但现金匮乏"。那么，一家赢利的企业怎么会遭遇现金流难题呢？令人吃惊的是，出现这种情况的根源常常在于公司的快速增长。

的确，经营现金流量就是公司生存的命脉。

为了应付 2020 年第四季度激增的需求，网络技术公司将大量的现金投资于制造可供销售的产品。在生产这些产品期间，网络技术公司的现金几乎都被套牢在直接材料、在产品和产成品存货上。而且，当这些产品出售后，公司的现金仍然套牢在应收账款上。图 23-1 展示了网络技术公司的**经营周期**（operating cycle），同时也说明了公司现金流量问题的严重性和产生原因。[⊖]

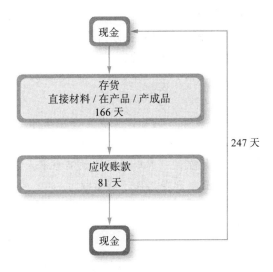

图 23-1 网络技术公司的经营周期

如图 23-1 所示，网络技术公司 2020 年度的经营周期平均为 247 天[⊖]。换言之，在现金再次转回公司前，被套牢在存货和应收账款上的时间长达 247 天。然而，在整个经营周期里，工资支付、材料采购、债务清偿和制造费用等都需要支付现金，而且需要按时支付（例如 30 天）。这就难怪网络技术公司 2020 年度现金流量表所报告的经营活动现金流量为负的 25 万美元了。

当然，如果网络技术公司制订了用于控制公司经营活动的综合性计划，那么就可以很幸运地解决这些现金问题了。这样的计划就是所谓的"总预算"。本章接下来的部分将介绍和讨论编制预算的详细过程。之后，我们将重新回到网络技术公司的例子，并为公司 2021 年度的经营编制一个总预算。

23.2 编制预算：计划和控制的基础

预算（budget）是一种综合性的财务计划，旨在为组织实现财务和经营目标设置规定的路径。编制预算是制订有效财务计划的基本步骤。通过对未来的经营活动，如预期的销售、费用、净利润、现金收入和现金支出等，编制一个正式的书面计划，那么即便是小企业也可从中得益。

预算的使用属于财务计划的关键要素，可帮助管理人员控制成本。通过对比实际成本与预算金额，管理人员就可采取必要的纠正措施。这样，控制成本就意味着使实际发生的成本不超出财务计划的限额。

⊖ 制造企业的经营周期指从直接材料采购到这些材料经加工再以现金转回所经历的平均时间。

⊖ 网络技术公司的经营周期 247 天，等于存货周转所需天数 166（＝ 365 / 2.2）天，再加上应收账款周转所需天数 81（＝ 365 / 4.5）天。

几乎所有的经济主体（企业、政府机构、大学和个人）都在做某种形式的预算。例如，一名财务资源有限的大学生可以编制一张月度预期现金支付清单，以便自己了解支出是否超过当月的现金收入。这张清单就是简单形式的现金预算。

所有企业都或多或少要制订计划。但是，这些计划是否采用正式的书面预算往往因企业而异。管理有方的大型企业通常会针对公司的各方面业务认真编制预算。预算编制不审慎或宽余度大常常被看作公司管理无方或缺乏经验的表现。

> ⊙ **小案例**
>
> 　跨国公司的经营预算往往很复杂。例如，雅虎至少在全球 25 个地区开展全球经营，而且以 30 多种语言提供其产品和服务。因为雅虎以外币取得收入和支付费用，所以就面临着汇率波动的风险。雅虎管理层在做预算时会设法预测汇率，以便采取措施来降低涉外经营中汇率变化对收入、资产、负债和费用的不利影响。

23.2.1　编制预算的益处

预算是对未来事件的预测。事实上，编制预算的过程经常被称为"财务预测"。谨慎计划并编制正式的预算往往能使公司多方面得益，主要体现在以下方面。

1. 强化管理层的责任

每天，大多数经理关注的是企业的日常运行问题。不过，在编制预算时，他们就不得不全面考虑公司内部活动的各个方面，并且要对未来的经济环境进行估计，如成本、利率、对公司产品的需求、竞争水平等。因此，编制预算有助于强化管理层对公司外部经济环境的关注。

2. 分派决策责任

因为预算表明了未来经营的预期成果，所以管理层就可预先警觉到财务问题，并对此承担责任。例如，如果预算表明公司将在夏季几个月中面临现金短缺，那么责任经理就要提前警觉，采取降低费用或进行额外融资的措施。

3. 协调各方活动

编制预算为管理层提供了协调企业内各部门活动的机会。例如，生产部门预算的生产数量应该与销售部门预算的销售数量大致相匹配。书面预算以定量指标的形式向管理层表明了各部门下一期间要完成的预期成果。

4. 开展绩效评估

预算表明了每个部门预计的成本和费用，以及预计的产出，如将要赚得的收入或将要完成的产出数。这样，预算就提供了一种衡量各部门实际业绩的标准。

23.2.2　确定预算金额

在评价部门和部门经理的业绩时，通常将预算金额和实际业绩进行对比。当前，在确定预算金额水平方面有两种很有影响力的管理思想或方法：一是行为方法；二是全面质量管理方法。这里先讨论行为方法，目前在预算编制方面应用最为广泛。

1. 行为方法

行为方法隐含的一个基本假设是，如果管理人员相信预算是评价每个责任中心业绩的公平基准，那么他们就会受到高度的激励。所以，预算额度的设置要合理而且要具有可达到性。换言之，通过合理而有效率的经营，预算应该是可以达到的。经营效率高的部门当能取得超过预算的业绩水平。相反，如果达不到预算水平，则表示业绩水平得不到认可。

> ⊙ **生产与销售副总裁**
>
> 假定你是网络技术公司负责生产和销售的副总裁。你所在的部门是一个利润中心，故按利润数进行业绩评价。每年，利润目标按季度设置。如果成了利润目标，那么你、你的销售经理鲍勃·普尔和你的生产经理乔·雷科就可分享 1 500 美元的季度奖金。当 2021 年第二季度过去一半时，你们清楚知道已不可能完成第二季度的利润目标了。鲍勃建议说，他可以将预订的部分销售从第二季度"转移"到第三季度，这样就可以提高第三季度获得奖金的可能性。乔也建议说，第二季度多耗费一些资源，从而为实现第三季度的利润目标提前做些准备。乔说："如果第二季度让工人加班，增加产成品存货，那么第三季度的成本就会降低。这样，完成第三季度利润目标和得到奖金的可能性就更大了。"你该对乔和鲍勃说些什么呢？

2. 全面质量管理方法

全面质量管理方法的一个基本前提就是，个人和组织的各个部门都应该不断寻求最好。整个组织都应服从于一个目标，即完全消除低效率和非增值作业。简言之，组织要促使其整个价值链都达到完美无瑕。

作为实现该目标的措施之一，预算金额应设置为绝对高效率水平下的额度。通常，许多部门将或多或少达不到这个业绩水平。这样，即便是那些导致完不成预算业绩的微小差错也能引起管理层对那些可以改进之处的关注。

3. 预算方法的选择和应用

确立预算金额的方法反映了高级管理层的经营理念和目标。然而，无论选择哪一种方法，管理人员都应积极参与预算的制定过程。部门经理一般是了解其部门所能达到业绩水平的最好信息来源。所以，必须让这些经理清楚预算的意图以及设置预算金额的基本思想。

在比较实际业绩和预算金额时，高级管理层应该考虑到设置预算金额时所应用的思想或方法。如果使用了行为方法，那么效率很高的业务单元的业绩可能会超过其业绩预算水平。如果使用了全面质量管理方法，那么该效率很高的业务单元的业绩会稍低于预算标准。

在本章的其余部分及章末练习中，我们假定预算标准是按合理且可达到的标准来设置的（即采用行为方法）。应用这种方法，我们就可通过举例来分析实际业绩水平高于和低于预算水平的情况。

23.2.3　预算期

通常，预算所覆盖的期间应该有足够的长度以显示经营政策的效果。不过，预算期也不能太长，否则预测就会缺乏准确性。这些情况表明，预算的时间跨度应随预算类型不同而定。

资本支出预算汇总的是有关工厂和设备方面的主要投资计划，因此其覆盖的年份可能长达 5 ～ 10 年。例如，建设一家新工厂或炼油设施之类的项目就需要进行多年的计划和支出，到时新的厂房或设施方可投入使用。

大多数经营预算与财务预算的预算期为一个财务年度。公司还常将这些年度预算分解为4 个季度，列出每季度的预计数字。之后，还会将第一季度的预算目标细分到每个月，而余下3 个季度仍按季度数表示。在每个季度将近终了时，对下一季度的预算进行审阅，并按经济环境的变动情况进行修改，然后再将预算目标细分到各个月。这一过程可确保每年至少对预算进行若干次审阅，并使各月的预算数字都能依据最近的条件和估计来制定。此外，相对较短期限的预算数字也方便了管理人员将它们与实际业绩进行比较，而不必等待到年终。

与宜家公司一样，越来越多的公司开始实施**滚动预算**（rolling budgeting）。在当前季度或月度结束时，将一个新季度或月度加到原预算的末尾。因此，这种预算总是包含了未来的 12个月。滚动预算的主要优点是，编制的计划稳定地保持一个年度。在财务年度方法下，随着时间的推移，预算期限变得越来越短。如果编制滚动预算，那么管理人员就可持续地审视和再评价预算估计数以及公司目前的进展情况。

23.2.4　总预算：相关预算组成的预算包

"预算"并不是只有一个文件，总预算由一系列相互关联的预算组成，这些相互关联的预算共同汇总了企业全部计划的活动。总预算的构成要素随企业的规模和性质的不同而不同。制造企业典型的总预算包括以下内容。

经营预算	财务预算
（1）销售预测	（1）预计利润表
（2）生产预算	（2）预计资产负债表
·产出数	（3）预计现金流量表[①]
·直接材料	（4）资本支出预算
·直接人工	
·制造费用	
（3）产品生产成本和销货成本预算	
（4）销售和管理费用预算	
·营销费用	
·管理费用	
·研发费用	
（5）现金预算	

① 本章不介绍预计现金流量表和预计资本支出预算。本章的重点是经营预算及其与预计利润表和预计资产负债表之间的关系。本书第 26 章将介绍资本支出，而预计现金流量表将在高级会计学课程中介绍。

总预算的一些要素是按责任中心来组织的。例如，预计利润表反映的是每个利润中心预计的收入和费用。现金预算显示的是每个成本中心以及每个收入中心的现金流量，生产计划和制造成本预算则显示的是每个制造过程的预计生产单位数和制造成本。预算中关系到各个责任中心的部分被称为**责任预算**（responsibility budget）。正如第 22 章所介绍的，责任预算是责任会计系统的重要组成内容。

组成总预算的各种预算和计划都是紧密相连的。图 23-2 介绍了其中一些关系。这里的讨论仅仅涉及两类预算：经营预算和财务预算。经营预算是关于内部营运的预算，为公司员工所用。财务预算信息更注重外部导向，往往与债权人、投资者、客户、工会等共享。如图 23-2 所示，经营预算和财务预算往往联系紧密。在讨论网络技术公司 2021 年度的预算时，我们会具体说明经营预算和财务预算是怎样联系在一起的。

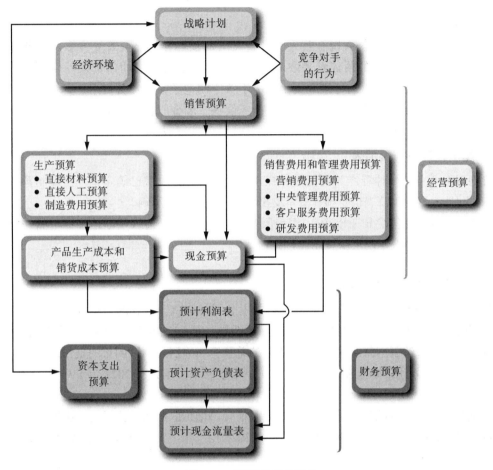

图 23-2　预算的组织结构

23.2.5　总预算的编制过程

总预算的一些部分必须等到其他部分编制完成后才能进行编制。例如，只有当销售、生产和经营费用预算编制完成后，才能编制预计财务报表。从逻辑上讲，年度总预算各组成部分的编制应遵循以下过程。

1. 编制销售预测

销售预测是编制总预算的起点。企业必须根据其战略规划、历史资料、对总体经营与经济环境的估计以及竞争水平分析来进行销售预测。对未来销售水平进行预测是企业制订生产计划、预计收入与变动成本的前提。图 23-2 中的一些箭头就表示信息从销售预测流向其他几个预算的情况。

2. 编制生产预算、制造成本预算和经营费用预算

一旦完成销售水平预测，接着就可据此来安排产量，并估计本年度的预计制造成本和经营费用。总预算中这些要素的预算往往取决于销售水平和"本－量"关系。

3. 编制预计利润表

预计利润表的编制依据的是销售预测、构成销货成本的制造成本以及预计经营费用。

4. 编制现金预算

现金预算是指对预算期内现金收入和现金支出的预测。现金预算受许多其他预算估计的影响。例如，现金收入的预计水平取决于销售预测、公司提供的信贷条件以及公司从客户处收回应收账款的经验。预计现金支出取决于关于制造成本、经营费用、资本支出以及供应商提供的信贷条款的预测。估计的借款、债务偿还、现金股利、股本发行等也会影响现金预算。

5. 编制预计资产负债表

待到现金业务对各种资产、负债和所有者权益账户的影响都已确定，才能编制预计资产负债表。此外，资产负债表也受预计资本支出和预计净利润的影响。

因为资本支出预算会覆盖多个年度，所以资本支出预算须连续不断地加以审阅和修订更新。不过，一般不再按年度重新编制。

23.2.6　编制总预算：示例

下面，再回到本章开始时介绍过的网络技术公司的案例。尽管网络技术公司第1年的经营是赢利的，但遭遇了严重的现金流量问题，原因是公司2020年第四季度销售的快速增长。

现在，我们来编制网络技术公司2021年的总预算，编制总预算的目的是帮助网络技术公司避免2020年所发生的现金流问题。表23-1给出了网络技术公司2021年1月1日的资产负债表。

在整个2021年，预期网络技术公司的产品销售将增加。然而，公司会大幅削减第一季度的产量以便出售手头上一些产成品存货。截至2021年1月1日，公司无在产品存货，而且在2021年也不计划进行资本支出。

表 23-1　网络技术公司 2021 年年初的资产负债表　　　　　　　　（单位：美元）

资产		
流动资产：		
现金		10 000
应收款		225 000
存货（先进先出法）：		
直接材料（8 000 单位）	60 000	
产成品（8 000 单位）	240 000	300 000
预付账款		5 000
流动资产总额		540 000
厂房和设备：		
房屋和设备	420 000	
减：累计折旧（直线法）	20 000	
厂房和设备总额		400 000
资产总额		940 000

（续）

负债及所有者权益		
流动负债：		
对公司高管的应付票据（12个月，12%）		36 000
对银行的应付票据（3个月，14%）		246 000
其他流动应付款		50 000
应交税费		64 000
流动负债总额		396 000
所有者权益：		
股本（发行在外10 000股）	400 000	
留存收益	144 000	544 000
负债及所有者权益总额		940 000

23.2.7 经营预算估计

编制网络技术公司总预算的第一步就是制定2021年的各项经营预算，这些预算所提供的信息将用于编制预计季度利润表。在估计经营活动产生的利润时，所需的全部信息来自经营预算的估计。

1. 制造成本估计

在编制预算的准备阶段，网络技术公司的成本会计师丽莎·斯科特对公司的变动制造成本和固定制造成本进行了彻底的分析。丽莎发现，直接材料包括两种特殊涂层的盘片，其成本为每张盘片7.50美元。变动制造费用的主要成本包括向盘片刻录程序的成本、盘片包装成本和未完工产品的保险费。直接人工为每张盘片0.125小时，或者每张产成品0.25小时。丽莎确信，单位变动制造成本在2021年内将不会增加。她也分析了固定制造费用，发现主要为厂房的租金外加每季度的设备折旧费用3 500美元。她还认为固定制造费用将保持稳定，每季度大约是15 000美元。根据以上分析，丽莎编制了以下制造成本估计表（单位：美元）。

单位产品变动制造成本	
直接材料（2张盘片，7.50美元/张）	15
直接人工（每张产成品0.25小时，20美元/小时）	5
变动制造费用（每完工单位）	7
固定制造费用（每季度）	15 000

2. 销售预算

鲍勃·普尔是网络技术公司的营销部主管，他对2021年市场对公司产品需求持续增长的前景持乐观态度。他预计，第一季度的销售将达到8 000单位，第二季度将达到10 000单位，第三季度和第四季度的销售预测分别是30 000单位和40 000单位。为使广大用户买得起产品，网络技术公司承诺每单位产品的销售价格全年维持在75美元的水平。根据这些信息，这里编制了如表23-2所示的销售预算。

3. 生产预算

通过分析2020年的业绩报告，网络技术公司的生产经理乔·雷科发现，他对第四季度公司发生的销售增长有些反应过度。其结果是，公司在2021年初持有了过多的产成品存货。为此，针对2021年他立即采取了新的措施，目的是加快存货的周转并改善经营活动的现金流量。这样，产成品存货的数量将减少，但减少的数量取决于下一季度的预计销售量。期末直接材料存货中空盘的数量每个季度都保持在 8 000 单位的水平。

按照乔·雷科的判断，如果第二季度的销售预测为 10 000 单位，那么第一季度理想的期末产成品存货将为 1 000 单位。类似地，如果第三季度的预计销售量为 30 000 单位，那么第二季度理想的期末产成品存货就为 3 000 单位。在第三季度初，乔·雷科谈妥了一些销售协议。这样，第三季度和第四季度的期末存货量可稳定为 5 000 单位。根据这些预测情况，我们就可编制如表 23-3 中 A1 部分所示的生产预算表。

4. 制造成本预算

将表 23-3 中 A1 部分的产量估计数与丽莎编制的制造成本估计数结合在一起，就可编制出表 23-3 中 A2 ～ A4 部分所表示的制造成本预算。

表 23-2　网络技术公司 2021 年度销售预算

	第一季度	第二季度	第三季度	第四季度
预计销售单位数	8 000	10 000	30 000	40 000
单位销售价格（美元）	75	75	75	75
预计收入（美元）	600 000	750 000	2 250 000	3 000 000

表 23-3　网络技术公司 2021 年度生产预算

计划表 A1：单位产品

	第一季度	第二季度	第三季度	第四季度
预计销售单位数	8 000	10 000	30 000	40 000
加：期望期末存货	1 000	3 000	5 000	5 000
可供销售的单位数	9 000	13 000	35 000	45 000
减：期初存货	8 000	1 000	3 000	5 000
预计生产单位数	1 000	12 000	32 000	40 000

计划表 A2：直接材料预算

	第一季度	第二季度	第三季度	第四季度
生产所需盘片数	2 000	24 000	64 000	80 000
加：期望期末盘片存货	8 000	8 000	8 000	8 000
可供销售的盘片	10 000	32 000	72 000	88 000
减：期初存货	8 000	8 000	8 000	8 000
预计采购的直接材料盘片数	2 000	24 000	64 000	80 000
单位采购价格（美元）	× 7.50	× 7.50	× 7.50	× 7.50
预计材料采购成本（美元）	15 000	180 000	480 000	600 000

计划表 A3：直接人工预算

	第一季度	第二季度	第三季度	第四季度
生产预算	1 000	12 000	32 000	40 000
单位产品工时	×0.25	× 0.25	× 0.25	× 0.25
总工时数	250	3 000	8 000	10 000
乘：每工时成本（美元）	× 20	× 20	× 20	× 20
直接人工预算（美元）	5 000	60 000	160 000	200 000

计划表 A4：制造费用预算

	第一季度	第二季度	第三季度	第四季度
生产预算	1 000	12 000	32 000	40 000
变动制造费用（美元）	×7	× 7	× 7	× 7
变动制造费用预算（美元）	7 000	84 000	224 000	280 000
加：预计固定制造费用（美元）	15 000	15 000	15 000	15 000
总制造费用预算（美元）	22 000	99 000	239 000	295 000

要注意的是，销售预算和生产预算间的箭头表明了预算间的相互联系。预计销售单位数是编制A1部分的关键因素，它表明了预计生产的产品单位数。而预计生产的产品单位数所提供的关键信息，又成为编制直接材料、直接人工和制造费用等制造成本预算（参见表23-3中A2～A4部分）的关键信息。请注意表中那些表示各生产预算间信息流动的箭头。例如，第二季度的期末存货余额就是第三季度的期初存货余额。

5. 产品生产成本和销货成本预算

制造公司的销货成本等于期初产成品存货，加上本期制造完成的产品成本，减去期末产成品存货。

因此，表23-4中销货成本预算的估计需要运用表23-1中的期初产成品存货和表23-3中的生产预算信息来加以计算。值得注意的是，表23-4的商品制造成本必须与表23-3中有关生产预算的计算相匹配。

表23-4 网络技术公司2021年度生产成本和销货成本的预算（金额单位：美元）

	第一季度		第二季度		第三季度		第四季度	
产成品的期初存货		240 000		42 000		84 750		137 344
加：产品生产成本（参见表23-3）								
直接材料耗用	15 000		180 000		480 000		600 000	
直接人工耗用	5 000		60 000		160 000		200 000	
变动制造费用	7 000		84 000		224 000		280 000	
固定制造费用	15 000	42 000	15 000	339 000	15 000	879 000	15 000	1 095 000
可销售产品总成本		282 000		381 000		963 750		1 232 344
减：期末产成品库存（见底部附表）		42 000		84 750		137 344		136 875
销货成本		240 000		296 250		826 406		1 095 469
产成品存货附表								
	第一季度		第二季度		第三季度		第四季度	
产品生产成本		42 000		339 000		879 000		1 095 000
除：产品总单位数（见表23-3 A1）		÷1 000		÷12 000		÷32 000		÷40 000
单位产品生产成本		42.00		28.25		27.468 8		27.375
乘：期末存货（见表23-3 A1）		×1 000		×3 000		×5 000		×5 000
期末产成品成本		42 000		84 750		137 344		136 875

6. 产成品存货预算

如前所述，网络技术公司最近采用的方针是：根据下一季度的预计销售量，减少每季度期末的产成品存货数。

这样，根据这一做法并结合表23-3中A2～A4部分的生产成本资料，就可确定期末存货的预计数（参见表23-4中的产成品存货附表）。

请注意，第一季度总的预算制造成本为每单位42.00美元，第二季度则是每单位为28.25美元，其中原因在于第二季度预计的单位固定制造成本下降了。在第一季度，固定制造成本15 000美元被生产的1 000单位产品分配（即每单位15.00美元）。在第二季度，15 000美元被生产的 12 000 单位分配（即每单位 1.25 美元）。

7. 销售和管理费用预算

网络技术公司的变动经营费用为每单位 7.50 美元，这些成本中大部分为销售佣金。公司每季度的固定经营费用是 175 000 美元，其中主要是管理人员的工资。表 23-5 给出了根据这些信息所编制的经营费用预算。

表 23-5　网络技术公司 2021 年度的销售和管理费用预算　　（单位：美元）

	第一季度	第二季度	第三季度	第四季度
变动经营费用（每售出单位 7.5 美元）	60 000	75 000	225 000	300 000
固定经营费用（每季度）	175 000	175 000	175 000	175 000
管理和销售费用总额	235 000	250 000	400 000	475 000

23.2.8　预计利润表

网络技术公司的预计利润表是根据表 23-2、表 23-4 和表 23-5 的估计数编制的。此外，它们包括了预计的利息费用和所得税费用。利息费用和所得税费用报告在表 23-9 和表 23-10 中，将在本章后面讨论。下面的讨论解释了这些数字是如何确定的。

2021 年 1 月 1 日资产负债表（见表 23-1）报告的应付票据为 36 000 美元，为南希·康拉德对公司的贷款。该票据按 4 个季度分期偿付，即每季应付 9 000 美元，加上按每季末所欠余额应计的利息。票据的利率是 12%（即每季 3%）。这样，在第一季度末，到期的利息是 1 080 美元（=36 000 美元 ×3%），而在第二季度末时，到期的利息仅为 810 美元（=27 000 美元 ×3%）。

应付票据 246 000 美元是 2020 年 12 月底所借票据到现在未偿还的本金。该票据的利率是 14%（即每季度 3.5%）。246 000 美元加上应计利息 8 610 美元（= 246 000 美元 ×3.5%）都在 2021 年第一季度到期。这样，第一季度应付票据总的利息费用预计为 9 690（= 1 080+8 610）美元。

所得税费用预计按税前利润的 40% 计算。

根据这些信息，编制了如表 23-6 所示的预计利润表。

表 23-6　网络技术公司 2021 年度预计利润表　　（单位：美元）

	第一季度		第二季度		第三季度		第四季度
销售额（见表 23-2）		600 000		750 000		2 250 000		3 000 000
销货成本（见表 23-4）		240 000		296 250		826 406		1 095 469
毛利		360 000		453 750		1 423 594		1 904 531
减：经营费用							
销售和管理费用（见表 23-5）	235 000		250 000		400 000		475 000
利息（见表 23-9）	9 690	244 690	810	250 810	540	400 540	270	475 270
税前经营利润		115 310		202 940		1 023 054		1 429 261
所得税（40%）（见表 23-10）		46 124		81 176		409 222		571 704
净利润		69 186		121 764		613 832		857 557

预计利润表反映了预算业务对网络技术公司的收入、费用和净利润所产生的影响。不过，预计利润表并没有反映公司在 2021 年的预计现金流量。如前所述，2020 年网络技术公司虽然利润丰厚，但现金匮乏。

因此，现在必须编制现金预算估计，以构建网络技术公司预计季度现金流量。这种估计也有助于编制公司每个季度的预计资产负债表。

23.2.9　现金预算估计

编制现金预算和预计资产负债表所需要的估计资料称为"现金预算估计"，包括应付款、预付款项、偿债和税金等项目的预计支付。此外，网络技术公司必须对应收款项回收的现金收入编制预算。为了避免这些数字和编制预计利润表时所用的"经营预算估计"相混淆，在表 23-7 ～表 23-11 中，对用于编制网络技术公司现金预算的数据采用斜体表示。

1. 流动应付款预算

编制现金预算的第一步是估计最近需要用现金支付的预计成本和费用。有些费用并不需要耗用现金，如预付项目（如保险）到期所致的费用、固定资产的折旧费用。所以，只有那些用流动应付款筹资的成本和费用（其中包括立即用现金支付的，也包括应付账款和应计费用）才需要用现金支付。

表 23-7 将网络技术公司用流动应付款融资的成本和费用与那些到期的预付项目及折旧费用进行了区分。表 23-7 中最下面一行"需用现金偿付的流动应付款"表示在不久的未来需要用现金支付的流动成本和费用部分。这种业务包括采购直接材料（不管是现金采购还是赊购）、工厂的薪酬以及各种制造费用成本。"预付保险费"和"折旧费用"行显示的金额被报告为公司预计利润表中的"费用"。然而，这些金额并不要求用未来的现金支付。这里假定到期的预付项目估计数是根据公司保险单的估价而定的。

表 23-7　网络技术公司 2021 年度流动负债预算和负债偿付　（单位：美元）

	第一季度		第二季度		第三季度		第四季度	
应付项目期初余额		50 000		75 000		100 000		225 000
加（见表 23-3 和表 23-5）：								
直接材料采购	15 000		180 000		480 000		600 000	
直接人工耗用	5 000		60 000		160 000		200 000	
制造费用	22 000		99 000		239 000		295 000	
销售和管理费用	235 000	277 000	250 000	589 000	400 000	1 279 000	475 000	1 570 000
减：								
预付保险费（见表 23-8）	4 000		5 500		10 500		12 000	
折旧费用	5 000	（9 000）	5 000	（10 500）	5 000	（15 500）	5 000	（17 000）
流动应付款合计		318 000		653 500		1 363 500		1 778 000
减：预计应付账户期末余额		75 000		100 000		225 000		350 000
需用现金偿付的流动应付款		*243 000*		*553 500*		*1 138 500*		*1 428 000*

如表 23-7 所示，第一季度应付项目的期初余额为 50 000 美元，该数字来自网络技术公司 2021 年 1 月 1 日的资产负债表（参见表 23-1）。然后，再加上表 23-3 和表 23-5 中预计应付项目的合计数。网络技术公司财务主管保罗·福斯在对供应商的信贷条款做了全面分析后，估

计出了第一季度末流动应付项目的余额。注意，按照箭头所指，流动应付项目在第二季度的期初余额等于第一季度的期末余额。

2. 预付项目预算

表 23-8 预计了本年度预付项目预期要耗用的现金。对网络技术公司来说，这些支付包括公司的保险单。因此，在编制预付项目预算时，需要对 2021 年 1 月 1 日资产负债表中报告的全部保险单以及预付项目的预期到期情况进行分析。依据这些分析，我们就可以编制出如表 23-8 所示的预付项目预算。

表 23-8　网络技术公司 2021 年度预付项目预算　　　　　　　　（单位：美元）

	第一季度	第二季度	第三季度	第四季度
季度初余额	5 000	7 000	8 000	9 500
该季度预计的现金支出	*6 000*	*6 500*	*12 000*	*15 000*
预付项目合计	11 000	13 500	20 000	24 500
减：到期预付项目	4 000	5 500	10 500	12 000
季度末余额	7 000	8 000	9 500	12 500

3. 债务清偿预算

该预算的目的是汇总网络技术公司每季度用于清偿债务方面的现金支出（包括本金和利息）。2021 年 1 月 1 日网络技术公司有两笔未清应付票据。

利率 12%、本金为 36 000 美元的应付票据是从网络技术公司总裁南希·康拉德处所借的。借款协议要求每季度支付本金 9 000 美元，外加未清偿票据余额的应计利息，其季度利率为 3%。这样，该票据在第一季度须偿付本金 9 000 美元，加上利息 1 080（=36 000×3%）美元，即现金支出 10 080 美元。在第二季度，该票据要清偿 9 000 美元本金，加上利息 810（=27 000×3%）美元，即现金支出 9 810 美元。

利率 14%、本金为 246 000 美元的应付票据是网络技术公司从银行借入的。借款协议要求在 2021 年第一季度末支付全部本金 246 000 美元，外加按季度利率 3.5% 计算的应计利息。因此，该票据在第一季度的债务清偿就等于 246 000 美元，加上利息 8 610（=246 000×3.5%）美元，即现金支出 254 610 美元。第二季度，该票据就没有了相关的债务清偿费用。

如表 23-9 所示，债务清偿总的预计现金支出在第一季度为 264 690 美元，在第二季度为 9 810 美元，至 2021 年年末，应付票据余额降为 0。

表 23-9　网络技术公司 2021 年度债务清偿预算　　　　　　　　（单位：美元）

	第一季度	第二季度	第三季度	第四季度
应付票据季度初余额	282 000	27 000	18 000	9 000
本季度利息费用	9 690	810	540	270
本金与应计利息合计	291 690	27 810	18 540	9 270
减：*现金支付（本金加利息）*	*264 690*	*9 810*	*9 540*	*9 270*
应付票据季度末余额	27 000	18 000	9 000	0

4. 预计所得税

表 23-10 汇总了所得税费用的预计现金支出。每个季度，网络技术公司支付的所得税额等于它在该季度初的所得税负债额。在第一季度初，网络技术公司的所得税负债额为 64 000

美元，这在 2021 年 1 月 1 日的资产负债表中可见。第二季度初的所得税负债额就简单地等于第一季度末的数字，即 46 124 美元。预计的税收负债可见表 23-6 所示的预计利润表。

表 23-10　网络技术公司 2021 年度的所得税预算　　　　　（单位：美元）

	第一季度	第二季度	第三季度	第四季度
所得税负债季度初余额	64 000	46 124	81 176	409 222
本季度预计所得税（见预计利润表）	46 124	81 176	409 222	571 704
所得税负债合计	110 124	127 300	490 398	980 926
季度初对所欠金额的支付	64 000	46 124	81 176	409 222
所得税负债季度末余额	46 124	81 176	409 222	571 704

5. 预计来自客户的现金收入

网络技术公司的所有销售都采用赊销。由此，收回应收账款就是唯一的现金收入来源。如图 23-1 所示，网络技术公司在 2020 年的应收账款周转率为 4.5 次，因此，应收账款的平均收账期是 81 天（=365÷4.5）。

为改善 2021 年的现金流量业绩，网络技术公司信贷部经理理查德·贝克确立了下列目标：至第一季度末，收回 2021 年 1 月 1 日资产负债表所列示的全部应收账款，合计 225 000 美元；收回当季度销售额的 75%，余下的 25% 在下一季度收回。如果成功，那么理查德·贝克估计网络技术公司的应收账款平均收账期将从 81 天缩短为 30 天。

表 23-11 反映了新的收账方针下的预计现金收入。不过，本例不考虑坏账损失。如表 23-11 所示，应收账款期初余额加上赊销额，再减去应收账款的回收数，等于预计的应收账款期末余额。如表中箭头所指，应收账款的本季度期末余额等于下一季度的期初余额。

表 23-11　网络技术公司 2021 年度应收账款及其回收的预算　　（单位：美元）

	第一季度	第二季度	第三季度	第四季度
应收账款期初余额	225 000	150 000	187 500	562 500
加：来自预计销售的赊销额（见表 23-2）	600 000	750 000	2 250 000	3 000 000
本月应收账款总额	825 000	900 000	2 437 500	3 562 500
减：来自客户现金总收入				
上季度	225 000	150 000	187 500	562 500
本季度	450 000　675 000	562 500　712 500	1 687 500　1 875 000	2 250 000　2 812 500
预计应收账款期末余额	150 000	187 500	562 500	750 000

> ⊙ **信贷部的经理**
>
> 　　假定你是网络技术公司信贷部的经理。网络技术公司的创始人南希·康拉德要你采用"提前与延迟"方法来管理应收项目和应付项目。应收项目"提前"是指从客户处收回现金比以前更快速。应付项目"延迟"是指对债权人付款设法延迟。南希·康拉德的建议是否合乎伦理？你该怎样做呢？

23.2.10　现金预算

运用表 23-7 ～表 23-11 中的现金流量预计资料，就可以编制出如表 23-12 所示的网络技术公司 2021 年度的现金预算。该现金预算表明网络技术公司希望有足够的现金来清偿债务，尤其是在第一季度。

表 23-12　网络技术公司 2021 年度现金预算　　　　　（单位：美元）

	第一季度		第二季度		第三季度		第四季度	
季度初现金余额		10 000		107 310		203 876		837 660
加：现金收入（见表 23-11）		675 000		712 500		1 875 000		2 812 500
现金总额		685 000		819 810		2 078 876		3 650 160
减：现金支付								
流动应付款（见表 23-7）	243 000		553 500		1 138 500		1 428 000	
预付款项（见表 23-8）	6 000		6 500		12 000		15 000	
债务清偿（见表 23-9）	264 690		9 810		9 540		9 270	
所得税（见表 23-10）	64 000	577 690	46 124	615 934	81 176	1 241 216	409 222	1 861 492
季度末现金余额		107 310		203 876		837 660		1 788 668

　　网络技术公司 2021 年年末的预计现金状况较 2020 年年末的实际现金状况有很大改善。之前已讨论了产生这种改善的两个主要原因。第一，制定了改善存货管理和加强生产计划的新方针；第二，确立了紧缩信贷的宏大目标。需要记住的是，这些现金数字完全是根据预算估计而来的。因此，只有管理部门的估计或预期成为现实，公司的现金流量问题才能得到解决。

23.2.11　预计资产负债表

　　现在，我们已拥有预测网络技术公司 2021 年度每个季度末财务状况的信息。该公司的预计季度资产负债表如表 23-13 所示。各项预算数字的来源都用括号做了注明。

表 23-13　网络技术公司 2021 年度预计资产负债表　　　　（单位：美元）

	第一季度	第二季度	第三季度	第四季度
流动资产：				
现金（见表 23-12）	107 310	203 876	837 660	1 788 668
应收款项（见表 23-11）	150 000	187 500	562 500	750 000
存货：				
直接材料（见表 23-3 A2 部分，8 000 单位，单价 7.50 美元）	60 000	60 000	60 000	60 000
产成品（见表 23-4）	42 000	84 750	137 344	136 875
预付项目（见表 23-8）	7 000	8 000	9 500	12 500
流动资产总额	366 310	544 126	1 607 004	2 748 043
工厂与设备：				
建筑物与设备	420 000	420 000	420 000	420 000
累计折旧	（25 000）	（30 000）	（35 000）	（40 000）
工厂与设备总额	395 000	390 000	385 000	380 000
资产总额	761 310	934 126	1 992 004	3 128 043
流动负债：				
对高管的应付票据（见表 23-9）	27 000	18 000	9 000	0
其他流动应付款（见表 23-7）	75 000	100 000	225 000	350 000
应交税费（见表 23-10）	46 124	81 176	409 222	571 704

(续)

	第一季度	第二季度	第三季度	第四季度
流动负债总额	148 124	199 176	643 222	921 704
股东权益:				
股本 (10 000 股)	400 000	400 000	400 000	400 000
季度初留存收益	144 000	213 186	334 950	948 782
季度利润 (见表 23-6)	69 186	121 764	613 832	857 557
股东权益总额	613 186	734 950	1 348 782	2 206 339
负债和股东权益合计	761 310	934 126	1 992 004	3 128 043

23.2.12 预算的有效运用

在编制预算时，管理人员必须仔细考虑公司活动的各个方面。就这种研究和分析的本身而言，应能促进管理人员更好地开展管理工作。

不过，编制预算的主要利益源自预算信息是被如何运用的。编制预算产生的利益包括：

- 当出现需要采取纠正行动的情况时，起到预警和分派责任的作用。例如，网络技术公司现在清楚从第一季度到第四季度，预计销量从 8 000 单位增加到 40 000 单位的一个结果就是需要增加大量的人工工时，即从第一季度的 400 工时，增加到第四季度的 10 000 工时。雇用更多熟练工人并培训他们的任务将分派给人力资源部门。
- 协调组织内各部门间的业务活动。如上所述，对于直接人工需求的增加，需要行政管理（特别是人事部门等）与制造部门间进行大量的协调。网络技术公司也可能需要增加几个工作轮班，而这可能就需要有更多的生产场地来安顿新增的工人。
- 创建业绩评价的标准。因为网络技术公司成本会计师丽莎·斯科特分析了生产每单位产成品所需要的直接人工，所以公司现在就有一个生产每单位产成品的预期或标准工时量。该标准可用来计划需要雇用的员工数，还能以此来评价当前员工的业绩。

下面来详细分析网络技术公司是如何通过其总预算来实现这些利益的。

1. 预警并分派决策责任

本章前面就提到网络技术公司的财务状况是"利润丰厚，但现金匮乏"。我们将此归因于该公司 2020 年第四季度销售的快速增长。简言之，市场对网络技术公司产品的需求突然高涨，造成了过多现金被"套牢"在存货和应收款项上。因此，该公司管理层在 2021 年年初的主要责任之一就是从公司经营中取得足够的现金流量，以满足即将到期的债务支付要求。如果公司在 2020 年就编制了总预算，那么公司管理层就可提前了解这种情况，从而就能减轻公司目前的严峻形势给公司持续经营带来的威胁。

2. 协调各部门的业务活动

预算提供了一个综合性计划，使公司各部门可按某种协调有序的方式共同工作。例如，生产部门清楚需要生产多少数量的产品，才能满足销售部门预期的市场需要。同样，采购部门也会清楚必须采购多少数量的直接材料，才能满足生产部门的需求。预算编制的过程要求各部门和企业各层次的管理人员相互沟通。

3. 评价管理层业绩的标准

将实际结果与预算金额进行对比，是企业进行行业绩评价的一种常用手段。正如第 22 章所讨论的，业绩评价只能依据能为被评价的个人所控制的收入和成本。所以，出于评价的需要，预计的固定成本应该细分成可控成本和约束性成本。

23.2.13 弹性预算

如果实际作业水平（无论是销售或生产）与原来预计的水平相差很大，那么业绩就可能难以评价了。**弹性预算**（flexible budget）是一种能够方便地调整以显示不同作业水平的预计收入、成本和现金流量的预算。这样，虽然产量变动减少了原来预算的有用性，但我们可以很快地编制一个新预算，来反映该期间的实际作业水平。

为说明弹性预算的有用性，假定 2021 年 3 月 31 日，网络技术公司生产经理乔·雷科拿到了如表 23-14 所示的**业绩报告**（performance report）。该报告比较了该季度原来的预算（见表 23-3）与该部门当期的实际业绩。

表 23-14　网络技术公司 2021 年第一季度生产部门的业绩报告　（单位：美元）

	预算额	实际发生额	高（低）于预算额
生产成本：			
直接材料耗用	15 000	21 000	6 000
直接人工	5 000	7 000	2 000
可变制造费用	7 000	9 500	2 500
固定制造费用	15 000	15 750	750
制造成本总额：第一季度	42 000	53 250	11 250

初看起来，乔（生产部门）的业绩显得很差，因为所有实际生产成本都超过了预计的金额。不过，我们其实有意识地从该业绩报告中删去了一些信息。为了满足远远超过预计的客户对网络技术公司产品的需求，生产部门在第一季度生产了 1 500 单位，而不是原先预计的 1 000 单位产品。

考虑到这些情况，我们应该重新评价乔控制制造成本能力的结论。当产出水平较高时，变动制造成本自然应该超过原来的预算金额。为评价乔的业绩，必须对预算加以调整，以反映产出为 1 500 单位时应该发生的成本水平。

弹性预算可以被看成是预算编制概念和本 – 量 – 利分析的综合。运用丽莎·斯科特在本章前面对变动和固定成本的预计，可对网络技术公司的制造成本预算进行修订，以反映各种产出水平。例如，表 23-15 所描述的就是运用这些关系来预测三种产量水平下的季度制造成本。

表 23-15　网络技术公司不同产量水平下的预计生产成本　（单位：美元）

	生产水平（单位）		
	500	1 000	1 500
预计生产成本：			
变动成本：			
直接材料（每单位 15 美元）	7 500	15 000	22 500

（续）

	生产水平（单位）		
	500	1 000	1 500
直接人工（每单位 5 美元）	2 500	5 000	7 500
可变制造费用（每单位 7 美元）	3 500	7 000	10 500
固定成本：			
制造费用（每季度 15 000 美元）	15 000	15 000	15 000
制造成本总额：第一季度	28 500	42 000	55 500

需要注意的是，预计变动制造成本随生产水平变动而变动，而预计固定成本则保持不变。

现在，可以对网络技术公司生产部门的业绩报告进行调整，以反映 2021 年第一季度实际生产水平达到 1 500 单位的情况。表 23-16 给出了调整后的业绩报告。

表 23-16　网络技术公司基于弹性预算的业绩报告　　　　（单位：美元）

	初始预算 1 000	弹性预算 1 500	实际成本 1 500	实际成本高（低）于弹性预算
生产成本：				
直接材料耗用	15 000	22 500	21 000	（1 500）
直接人工	5 000	7 500	7 000	（500）
可变制造费用	7 000	10 500	9 500	（1 000）
固定制造费用	15 000	15 000	15 750	750
制造成本总计	42 000	55 500	53 250	（2 250）

上述比较所描绘的情景与表 23-14 所报告的情景差别很大。考虑到实际的生产水平，除了固定制造费用（其中大多数可能是约束性成本）之外，生产经理已将所有其他制造成本控制在预算金额内。

只要将本 – 量 – 利关系调整到实际所达到的销售水平，那么弹性预算方法也可以应用于对利润中心的评价。

计算机对弹性预算的应用作用很大。对手工操作来说，为反映不同销售或生产水平而调整全部预算的确是一项繁重的任务。不过，有了计算机系统，这项工作就可以很快并很容易地完成。只要将本 – 量 – 利关系输入到某个预算程序中，计算机几乎可立即执行必要的计算，并迅速生成能反映任何一种经营活动水平的完整的总预算。目前，市场上有许多现成的预算编制软件。然而，许多经理会选择应用电子工作表软件来开发自己的预算编制程序。

管理人员经常运用预算编制软件来生成适应许多不同假设条件的完整预算。他们通过标准成本系统来得到资源消耗的成本。第 24 章将主要讨论标准成本系统。对于采用标准成本的管理人员而言，软件就是一种很有价值的计划工具，可以借此来评价销售、生产及其他重要经营指标的变动对公司经营的各种预期影响。

⊙ **伦理、欺诈与公司治理**

尽管这里讨论的预算针对的是营利性企业，但预算过程对于政府和非营利性实体同样很重要。例如，鉴于美国很多州都面临财政资源的短缺，所以获选的官员负有受托责任以确保政府以谨慎明智并符合伦理的方式来分配预算资金，从而在最大限度上满足选民的需要。

对于很多州的州长和立法部门否决司法部门的预算申请以便把资源拨给政治上更受欢迎的优先发展项目，如公路建设基金，人们的担忧越来越深。在许多人看来，与预算过程相关的政治手段可能会威胁司法的独立性，会阻碍州法院获得合理履行宪法职能所必需的资金。如果财政资源被用于其他目的，那么因此而引起的资金投入不足就会损害州政府保护穷人、雇用缓刑犯监视官以及扩大非常需要的法院场地的能力。

事实上，预算公正、政治中立以及谨慎监管资源配置，对公共部门的重要性不在私人部门之下。为了雇用到那些有道德并懂得财务的专业人才，公共部门和私人部门仍可能开展激烈的竞争。

⊙ 会计与决策

会计高等教育路径委员会模型告诉我们，会计信息如果能得到合理的阐释，就能为制定明智的决策、创造有利的经济结果提供坚实的基础。会计信息的阐释要求决策者审慎思考并全面把握所分析信息的来龙去脉。

为了说明这一点，我们假设麦克纳默实业公司的成本会计师林特赛·潘恩正在编制下一年度的月度经营预算。林特赛·潘恩注意到公司的原材料供应商的信用条件为"1/10，Net 30"，即：若在 10 天内付款，所有原材料采购可享受 1% 的折扣；如果延期付款，那么须在 30 天内全额结清。

公司的创建者马丁·麦克纳默告诉林特赛·潘恩，1% 的折扣意义不大，做月度预算计划时不用费心去考虑这一折扣因素。不过，林特赛·潘恩并不这样认为。在她看来，1% 的折扣的实际意义远大于表面现象。

林特赛·潘恩向她的老板解释说，如果原材料采购按 30 天到期付款，而不是按 10 天到期付款，那么供应商实质上相当于按 1% 的利率提供了 20 天延期付款的融资。鉴于 1 年中有 18.25 个（＝ 365 天 ÷ 20 天）20 天期，所以放弃 1% 的折扣实际上相当于每年放弃 18.25% 的折扣。林特赛·潘恩还指出，考虑到麦克纳默实业公司享有利率仅为 6% 的银行信用额度，即便公司为了在折扣期内付款而必须借款，在整个年度内融资成本的节省仍然是十分可观的。

马丁·麦克纳默对林特赛·潘恩的深刻分析很是赞许。对此，林特赛·潘恩笑着回复说："这是会计师该做的工作……也是我们要求高薪的原因！"

23.3　小结

从某种角度讲，第 23 章是联结之前各章与之后各章的纽带。编制总预算与第 24 章要讨论的标准成本的应用是紧密相联的。事实上，标准成本的应用就十分依赖成本流转、产品成本核算、本－量－利分析以及责任会计等概念。后面几章将介绍管理人员如何选择并运用预算信息来控制经营业务以及何时进行与长期投资有关的决策。

学习目标小结

1. 解释公司何以发生"利润丰厚，但现金匮乏"的情形

公司时常需要在直接材料、在产品和产成品存货上投入大量现金。即使在产成品出售后，现金仍然可能套牢于应收账款。这样一来，公司的业绩报告可能为赢利，但现金流量方面会面临困难。

2. 讨论正式预算过程带给公司的益处

编制预算的益处主要就是能做到谋事在前。编制预算有助于协调各部门的业务活动，为评价部门业绩奠定基础，同时能明确管理人员对未来决策所要承担的责任。此外，编制预算可以促使管理层去关心未来经济形势，包括材料成本、市场对公司产品的需求、利率等。

3. 解释用于确定预算额度的两种方法

应用最广的方法就是按正常经营条件下合理且可达到的标准来确定预算金额，其目的是使预算成为评价业绩公平而合理的基础。

另一种方法就是预计理想的业绩水平。按照这种方法，部门业绩总会落后于预计的业绩水平，但其偏差则可用来识别哪些地方存在可改进的空间。

4. 说明总预算的构成要素

总预算是指一组相互关联的预算和预测，这些预算和预测汇总了所计划的全部经营活动。总预算通常包括销售预测、生产计划、制造成本预算、经营费用预算、现金预算、资本支出预算和预计财务报表。就组成总预算的各个预算或计划而言，其数量和类型取决于企业的规模和性质。

5. 编制总预算的预算表及附表

编制总预算时必须遵循一定的逻辑次序。其中，第一步就是进行销售预计。经营预算估计主要用于编制预计利润表，而现金流量估计则用于编制现金预算和预计资产负债表。

6. 编制弹性预算并能解释其用途

弹性预算所要反映的是不同经营活动水平下所预计的收入、成本和利润。因此，弹性预算可用于评价企业内任何部门的效率情况，即便实际经营活动水平与管理层原来的预计相差很大。弹性预算中不同经营水平下的金额都是根据本－量－利关系确定的。

习题 / 关键术语

示范题

格尔茨公司正在编制公司本年度前两个季度的总预算。以下是已编制完成的财务预算估计（E1～E5）（单位：美元）。

流动应付款偿付（E1）

	第一季度	第二季度
季度初余额	244 000	80 000
预计本季度应付款增加	300 000	320 000
本季度应付款总额	544 000	400 000
减：预计季度末余额	80 000	90 000
本季度流动应付款偿付	464 000	310 000

预付款项预算（E2）

	第一季度	第二季度
季度初余额	5 000	7 000
预计本季度现金支出	8 000	9 000

（续）

	第一季度	第二季度
预付款项总额	13 000	16 000
减：预付款项到期	6 000	8 000
季度末预付款项	7 000	8 000

负债清偿预算（E3）

	第一季度	第二季度
季度初应付票据	50 000	49 000
本季度利息费用	1 500	1 470
本金加应计利息总额	51 500	50 470
减：现金支付（本金加利息）	2 500	2 500
季度末应付票据	49 000	47 970

所得税预算（E4）

	第一季度	第二季度
季度初所得税负债	25 000	30 000

（续）

	第一季度	第二季度
本季度预计所得税（按预计利润表）	30 000	40 000
应计所得税负债总额	55 000	70 000
季度初现金支付欠付的余额	25 000	30 000
季度末所得税负债	30 000	40 000

预计收到客户款项（E5）

	第一季度	第二季度
季度初应收款项余额	150 000	
第一季度 50 万美元销售款收回情况：第一季度 60%；第二季度 40%	300 000	200 000
第二季度 60 万美元销售款收回情况：第二季度 60%；第三季度 40%	_____	360 000
收到客户的现金	450 000	560 000

要求：

（1）编制公司本年度前两个季度的现金预算。假定公司第一季度的期初现金余额为 50 000 美元。

（2）讨论你的预算中所反映的现金流量问题。

答案：

（1）利用所提供的财务预算估计数据可编制如下该公司的现金预算。

格尔茨公司本年度前两个季度的现金预算

	第一季度	第二季度
季度初现金余额：	50 000	500
现金收入：		
收到客户的现金（E5）	450 000	560 000
可获得现金总额	500 000	560 500
现金支出：		
流动应付款偿付（E1）	464 000	310 000
预付款项（E2）	8 000	9 000
包括利息在内的债务清偿（E3）	2 500	2 500
支付所得税（E4）	25 000	30 000
现金支出总额	499 500	351 500
季度末现金余额	500	209 000

（2）现金预算表明，公司预期第一季度支付的现金多于所能收到的现金。其结果是，第一季度末的预计现金余额只有 500 美元。因为这些数字是预计的，有可能发生实际现金余额小于预计数的情况。所以，公司现在就应进行贷款额度安排，以备必要时需要短期贷款。第二季度似乎不会出现现金流量问题。

自测题

1. 下列哪些表述正确描述了总预算中的关系（可能会有多个正确表述）？

A. 生产预算大部分基于销售预算

B. 在下季度到来之前，总预算中许多组成要素的预计金额要重新审查，并细分到月度预算数

C. 经营预算会影响到预计利润表、现金预算和预计资产负债表

D. 资本支出预算对直接材料预算会产生影响

2. 莫里斯制造公司预计第一个经营季度的销售为 50 000 单位，期末存货为 20 000 单位。公司的变动制造成本预计为每单位 10 美元，固定制造成本为每季度 10 万美元。公司财务主管预计 80% 的变动制造成本将需要在本季度支付现金，而余下的 20% 需要通过应付账款或应计负债融资。固定制造成本中只有 50% 需要在本季度支付现金。在现金预算中，在本季度支付制造成本的现金总额为：

A. 80 万美元　　　　B. 61 万美元

C. 60 万美元　　　　D. 45 万美元

3. 罗杰斯制造公司编制了弹性预算。原预算预测销售量为 10 万单位，单价是 20 美元，经营费用包括 30 万美元的固定费用和每单位 2 美元的变动费用。预计产量为 10 万单位。当期实际销售量和产量都是 11 万单位。在调整预算以反映这些新的作业水平时，下列哪些预计金额将增加，但增加幅度小于 10%？

A. 销售收入　　　　B. 变动制造成本

C. 固定制造成本　　D. 经营费用总额

4. 兰勃顿制造公司已经完成了公司总预算的编制。预算表明，公司的经营周期需要缩短。为此，公司应该：

A. 储存更多的存货

B. 降低提前付款的现金折扣

C. 收紧信贷政策

D. 上述都不对

5. 下列哪项不是总预算的组成要素？

    A. 资本支出预算

    B. 生产计划

    C. 经营费用预算

    D. 以上都是总预算的组成要素

6. 下列哪一项不是使用预算的潜在利益？

    A. 加强了企业活动的协调

    B. 更能激励管理人员

    C. 对外财务报表更精确

    D. 改善部门间的交流

讨论题

1. 解释管理职能中计划和控制成本间的关系。

2. 至少用三种方式来简要说明编制正式预算带给企业的益处。

3. 对下列陈述进行评论："在我们公司，预算收入定得太高，而预算费用又太低，以至于没有哪个部门可以完成。因此，不管已经干得怎样，部门经理永远都不会放松，而会更努力地干活。"

4. 为什么编制销售预测是编制总预算的第一个步骤？

5. 什么是责任预算？对于大型零售商店，如塔吉特或诺德斯特龙，哪些责任中心是编制责任销售预算的基础？

6. 什么是弹性预算？解释弹性预算是怎样增加预算在业绩评价中的有用性的。

7. 《彭博商业周刊》的一篇文章曾指出，大约有1/3的联邦预算总支出被认为是"可控的"。可控预计支出意指什么？给出两个被认为是"非可控的"政府支出的例子。

8. 解释为什么处于高速增长期的公司通常会遭遇现金流量问题。

9. 解释怎样计算平均回收期以及为什么它对收回应收账款的预算至关重要（参见表23-11）。

10. 列出并简单解释本章所讲述的两种预算编制方法。

11. 出现在利润表中的一些费用不需要在当期直接用现金支付。至少列出两种这样的费用。

12. 解释为什么有必要将预计现金预算和预计经营预算区分开来。

13. 在评价管理人员业绩时，为什么要将固定成本划分为可控成本和约束性成本？

14. 什么是滚动预算？为什么有些企业会选择应用滚动预算？

测试题

1. 雷纳尔多精品服装公司在美国中西部地区拥有14家商店。公司总裁雷纳尔多为公司各家商店制定了预算，即每家商店都不准出现商品丢失、被盗或者商品错配（库存减少）的现象。调查发现，商品消失涉及以下各种内外部因素：顾客偷窃占35%；雇员偷窃占40%；管理失误占18%；供应商失信占7%。本章讨论了两种预算编制方法。你认为雷纳尔多采用了哪种方法？运用所给信息说明你的观点。

2. 健身者公司在明尼阿波利斯地区开办了5家连锁的健身俱乐部。公司营销经理建议制订一个营销计划来发展新会员。该计划允许新顾客将前3个月的会员费延期到第一个季度末缴纳。因此，有3个月不会产生来自新会员的现金流入。讨论实施这一营销方法对健身者公司现金流量的影响。

3. 罗德肉类产品公司预计今后2年腌制火腿的季度销售量分别是1 200、2 000、1 400和1 000单位。本年度初，腌制火腿产成品存货为120单位。罗德肉类产品公司希望理想的期末存货数量为下个季度销售数量的15%。编制罗德肉类产品公司本年度四个季度生产腌制火腿数量的生产预算。

4. 1月1日，霍华德公司计划将公司的直接材料存货在3月31日维持在4 000磅的水平。为了达成这一目标，霍华德公司在下个季度每购入1磅直接材料就要消耗3磅的直接材料。根据霍华德公司的预计销售量，管理层预测公司到3月31日需要购入8 000磅直接材料。计算霍华德公司在1月1日的存货中有多少磅直接材料。

5. 哈默纳科斯国际公司的总会计师切丽·斯坦迪什碰巧听到公司两个产品线分部的经理之间的对话。两位经理分别是钢琴与键盘分部经理鲍勃和喇叭与弦乐器分部经理弗兰。

弗兰："预算编制消耗了太多的时间和精力。每次编制好预算，送到总会计师办公室，但总是要拿回来重新修改。这是我第三次不得不修改预算的分配了。"

鲍勃："我明白你的意思。因为人家是根据我们完成预算的情况来评价我们的能力的，所以必须要留有余地。不然，万一经济形势不好，乐器销售量达不到预算，我们就会措手不及。"

针对两位分部经理关于预算编制利益和重要性的谈话，总会计师该怎样评价呢？

6. 在编制左边所列各项预算时，右边所列哪一项预算的金额会被直接转移进来？

①预计利润表	a. 直接材料预算
②预计资产负债表	b. 销货成本预算
③现金流预算	c. 生产预算
④销货成本预算	d. 应付款预算
⑤生产预算	e. 销售预算
	f. 预计利润表

7. 佛兰格斯坦格斯啤酒厂估计下个季度生产 4 000 加仑、4 500 加仑和 5 000 加仑啤酒的弹性预算分别为 74 000 美元、77 000 美元和 80 000 美元。在佛兰格斯坦格斯啤酒厂的弹性预算中，变动制造成本和固定制造成本各是什么？

8. 上个月，希尔德布兰德公司实现了 800 000 美元的销售额，所发生的销售费用与管理费用为 320 000 美元，其中一半费用是变动的。本月，希尔德布兰德公司预计可实现 900 000 美元的销售收入。管理层预期单位变动成本不会有变化，但预计固定销售费用和管理费用将会增加 4 000 美元。计算公司下个月预计的销售费用与管理费用总额？

9. 许多管理人员对预算编制过程抱怨甚多。预算不仅让管理人员花费了太多的时间和精力，而且因为预算的不确定性，他们还得"虚报预算"，从而造成不必要的紧张。面对这些关于预算的抱怨，很多经理和企业领导呼吁放弃传统的预算编制。不过，尽管预算编制存在各种缺点，但仍然为各种商业企业和非营利机构所广泛采用。预算编制得到持续运用的一个原因就是，人们始终认为有能力的管理团队在很大程度上能够对那些影响企业经营的相关变量进行计划、管理和控制。无论是否进行预算，管理人员总要应对一些不确定因素。你认为管理人员对预算编制过程的抱怨有现实意义吗？这些抱怨是否会给企业带来成本？如果是这样，为什么企业还要进行预算呢？

10. 古德赖特杂货店干货部经理哈利·布莱克门对本年度经营所做的成本预算是每个月 6 000 美元。该预算成本包括每个月计入干货部的按平方英尺占地所分配的 500 美元共同成本。最近，干货部扩大了店面总面积并增加了一些以前不经营的家用商品。在本月度，哈利·布莱克门先生的支出超过预算 700 美元。古德赖特杂货店经理对此表示不满，并要求哈利·布莱克门做出解释。是什么导致了预算超支的？古德赖特杂货店该采用怎样的预算工具以便更好地评价干货部经理的业绩？

自测题答案： 1. ABC；2. B（70 000×10×80%）+（100 000×50%）= 610 000（美元）；3. D；4. C；5. D；6. C。

练习题

关键术语

第24章

标准成本系统

┊学习目标┊

- 定义标准成本并解释标准成本如何帮助管理人员控制成本。
- 解释设置理想标准与设置合理可达标准的区别。

- 计算直接材料差异与直接人工差异并解释每一差异的意义。
- 计算制造费用差异并解释每一差异的意义。
- 讨论具体成本差异的起因。

┊引导案例┊

美国陆军

美国陆军的历史源头可以追溯到1775年，当时组建了10个连的步兵，使用的武器是燧石手枪和步枪。今天，美国陆军的军需装备包括2 400多辆坦克，2 500多架直升机，目前正在采购数十亿美元的最新武器装备。每年，美国陆军采购的材料和物品数量是美国国防预算的重要组成部分。为帮助美国陆军和其他军种采购坦克、飞机、导弹、通信卫星和其他支持设备及耗品，美国行政管理和预算局建立了成本会计标准委员会。

成本会计标准委员会由5名成员组成。

作为独立的立法委员会，成本会计标准委员会拥有专属权力，负责制定、推行和修订成本会计标准及相应的解释，其目的是保证与美国政府所签合同的有关成本计量、确认和分配等成本会计行为具有统一性和一贯性。对于各军种、合同商和分包商，只要与美国政府商谈的主要采购合同和分包合同金额超过50万美元，都要强制性地采用这些标准进行估计、累计和报告相关的成本及定价。成本会计标准委员会建议所有的政府合同商都要采用标准成本会计系统。

如今，成百上千的企业已深知成本控制的重要性，成本控制成为这些企业在竞争激烈的市场中生存的手段。通过在全公司范围内实行系统的成本控制，企业就能够扭转盈利下降的趋势，重新取得市场地位。公司用于控制持续发生的运行成本的一种重要工具就是标准成本系统。

拥有公司资源决策权的管理人员所要做的就是将实际成果与预算中所蕴含的标准成本进行比较。如果实际成本与标准成本相比存在重大差异，那么管理人员就要采取纠正行动以控制那些偏离了标准的成本。

24.1　标准成本系统介绍

如果成本会计系统包含预计或预期的成本金额，并且以此作为与实际发生的成本进行比较的标准，那么成本会计系统就会更有价值。这里的预计金额就是所谓的"标准成本"或"成本标准"。使用标准的投入价格和数量来汇总成本的会计系统被称为**标准成本系统**（standard cost system）。标准成本既可用于分批成本核算与分步成本核算，也可用于作业成本核算。

标准成本（standard cost）是指在正常（但必须是有效率的）运营条件下预期会发生的单位成本。标准成本按与公司制造的各类产品有关的材料、直接人工和制造费用分别预计。通过比较实际成本与标准成本，管理层就会迅速发现并关注实际成本偏离预期水平的情形。

实际投入价格或数量与标准投入价格或数量之间的差别被称为**差异**（variances）。当实际投入成本或数量少于标准水平时，发生的差异就是"有利的"。反之，当实际投入成本或数量大于标准水平时，发生的差异就是"不利的"。

图 24-1 描述的就是一个标准成本系统。如图 24-1 所示，标准成本系统同时使用实际成本和标准成本。实际成本按前面各章所述方式记录在直接材料、直接人工和制造费用账户。但是，记录于在产品账户的金额是按生产单位数的标准成本计算的。在产品账户的实际成本和标准成本之间的任何差异都要记录于专门的成本差异账户中。

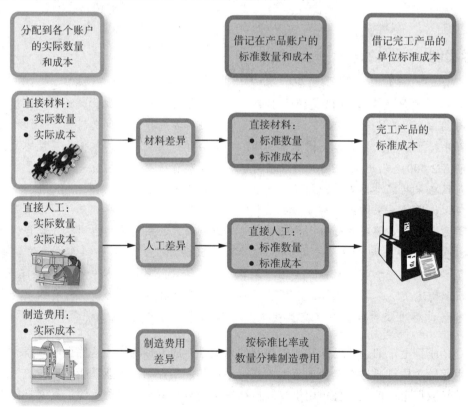

图 24-1　标准成本系统：实际与标准的数量和成本

每一类成本差异都需要单独设置成本差异账户。这样，成本会计系统就可提供详细资料，以供管理人员了解实际成本和预期（标准）制造成本之间所发生差异的本质和金额。

因为能迅速引起管理层对实际成本与预期成本之间差额的关注，所以标准成本和差异账户可协助管理层做好成本控制。相反，如果没有标准成本和差异账户，那么这些成本差异就不会引起注意，而且会在不经意间流转到"产成品存货"和"销货成本"账户中。

24.1.1　标准成本的建立与修改

预算编制过程的每个阶段都涉及标准成本的建立和修改。如果生产方式或材料、人工和制造费用的支付价格发生了重大变化，那么标准成本都应进行持续审核和定期修改。

在建立标准成本目标时，管理层该持怎样的期望呢？这个问题的确很重要。在理想的状况下，管理层不会让生产过程出现无效率的现象，如浪费、毁损、疲劳、停工、成本超支等。然而，理想的预期是不现实的，只会导致成本标准不可能达到。因此，管理层的期望水平从某种程度上讲必须低于理想水平。

在确定成本标准时，生产的产出水平起着重要的作用。例如，在生产设施总体未被充分利用时，经常会发生不同程度的成本利用效率低下的问题。相反，如果市场需求大，生产时间紧，那么生产设施就得满负荷运行，从而会发生成本超支的情况。因此，正如前面所述，成本标准应该参考特定公司特定时期正常运行条件下的成本。不过，因产能闲置而发生的成本应当不计算在标准产品成本中。

> ⊙ **生产经理**
>
> 　　假定你负责管理"温迪茨"产品的生产。在过去几年里，该产品的平均需求大约为公司产能的80%。但本年度市场需求很大，该产品的产能已100%满负荷。
>
> 　　你所在的生产线被指定为责任成本中心，而且你有权做出相关投入决策，如订购原材料、雇用生产线工人、保养该产品的生产设备等。本年度，工厂经理开始对你的管理能力产生怀疑，因为生产"温迪茨"的实际成本大大高于预期的标准成本。那么，对于最近公司生产"温迪茨"产品的实际成本与标准成本存在重大差异一事，你有何解释呢？你应当向工厂经理提出哪些相关的伦理问题？

24.1.2　直接材料标准

建立直接材料标准成本的第一步是确认生产每种产品所需要的具体材料。设置直接材料标准涉及所耗用的各种材料的成本和数量两个方面。例如，生产冰冻比萨饼要使用马苏里拉奶酪，其标准成本是每磅2.40美元。如果每个比萨饼所用奶酪的标准数量是1/4磅，那么每个比萨饼的奶酪标准成本是0.60（=2.40×1/4）美元。

建立直接材料标准也涉及评价成本、质量和销售价格之间的关系。与低质量材料相比，高质量材料通常成本较高；不过，使用高质量材料常常可以减少浪费、避免毁损和降低次品率。正如第19章所提出的，生产过程所用材料的成本和质量是确定销售价格的关键因素，而销售价格又会在很大程度上影响顾客的需求。

在制定标准时，也应该考虑与存储、可获得性、废料处理、运输等相关的问题。

24.1.3 直接人工标准

建立直接人工标准成本的过程类似于建立直接材料标准。首先要做的是确认生产每一个产品所需要的具体直接人工。之后，直接人工标准的设置就涉及两个方面：工资率以及生产每一产品所允许的工时数。例如，假定某家具制造公司生产工人的标准工资率为每小时 15 美元。如果生产一张特定桌子所允许的标准直接人工工时为 3 小时，那么这张桌子的直接人工标准成本就为 45 美元。

建立合理的直接人工标准经常需要人力资源经理、工程师、工会代表、成本会计师和工厂雇员的参与。要使所建立的直接人工标准具有实际意义，往往需要多方的投入，通常包括来自组织外部的人员。

⊙ **小案例**

包括通用汽车、丰田与福特在内的一些汽车公司都会让制造工人参加标准的制定。原因何在？如果标准由经理或工业工程师设定，那么工人往往被忽视，结果企业的效率与激励就会受到影响。这些公司发现，如果容许每个工作小组制定自己的目标标准，而且鼓励他们将自己的实际业绩与来自其他班组的业绩相比较，那么企业的效率与激励就会大幅提高。

24.1.4 制造费用标准

每单位的标准制造费用是以在正常生产水平下全部制造费用估计数为基础计算的。各种成本动因以及作业成本核算方法常常用于建立每单位的标准制造费用成本。这个标准一旦建立，制造费用就可按每单位的标准成本分配至生产中。

24.1.5 标准成本与差异分析：示例

为了说明标准成本的应用和差异的计算，这里以艾奥瓦州布鲁斯建材公司的经营为例。该公司的主要产品包括用于建筑业的层压板木梁，其制造步骤有二。第一步是从太平洋西北沿岸批发商购得白松原木，将其切割成 2 英寸[⊖]厚、12 英寸宽、长度不等的木板。第二步是将这些木板胶合在一起，构成如同三明治一样的层压板木梁。2 英寸厚、12 英寸宽的木板使用的层数越多，木梁的强度就越高。布鲁斯建材公司制造的最常用的一种木梁的规格是 20 英尺[⊜]长，将 6 层松板层压而成。在正常生产能力下，公司每月生产 700 根这种木梁。

产品完工后，每根木梁含 240 板尺[⊜]（board-feet）的木材。然而，因为木材的节疤、弯曲、开裂和切割等发生的浪费，公司允许每制造一根 20 英尺长的木梁所耗用的木材标准数量为 264 板尺。公司所用白松原木的标准成本是 0.25 美元 / 板尺。所以，每根木梁的直接材料标准成本是 66（= 264 × 0.25）美元。

将原木转换成适合于成品木梁用的木板需要投入各种直接人工来完成。例如，木板必须经切割和刨平、胶合成一体、加压，再在外层涂上保护性的封胶。布鲁斯建材公司已建立的

⊖　1 英寸 = 2.54 厘米。——译者注

⊜　1 英尺 = 0.304 8 米。——译者注

⊜　1 板尺 = 1 英寸（长）× 1 英寸（宽）× 1 英尺（厚）。——译者注

直接人工标准是每根木梁 1.5 直接人工工时，标准工资率是每小时 12 美元。因此，每根木梁的直接人工标准成本为 18 美元。

再来分析每根木梁的标准制造费用。制造费用包括固定制造成本和变动制造成本。**固定制造成本**（fixed manufacturing costs）是那些不受生产水平变动影响的成本，如监工的工资、机器的折旧以及工厂财产税等。**变动制造成本**（variable manufacturing costs）则相反，随生产数量的变动而近似同比例地变动。变动生产成本的最好例子是直接材料和直接人工。然而，某些制造费用也是变动的，如机器的修理、电力费用和用于生产的间接材料，如胶水、密封剂等。

在布鲁斯建材公司预计的固定制造费用总额中，与生产 20 英尺长的木梁相关的是每月 5 600 美元。在正常生产水平为每月 700 根木梁时，每根木梁负担 8(=5 600/700) 美元。此外，布鲁斯建材公司以直接人工工时为作业基础来分配每根木梁的变动制造费用。每根木梁每直接人工工时的变动制造费用为 4 美元。因为每根 20 英尺长的木梁的直接人工工时为 1.5 小时，所以每根木梁的变动制造费用为 6 美元。因此，公司的制造费用标准成本预计为每单位 14 美元。

下表汇总了布鲁斯建材公司在制造 20 英尺长的木梁时预计发生的标准成本（单位：美元）。

直接材料（264 板尺，每板尺 0.25 美元）		66
直接人工（1.5DLH，每 DLH12 美元）		18
制造费用：		
固定（每月 5 600 美元 /700 单位）	8	
变动（每 DLH4 美元 × 每单位 1.5DLH）	6	14
单位标准成本		98

3 月，布鲁斯建材公司发生了数次生产延误。结果，公司只生产了 600 根木梁（或者说，比每月"正常"产出少了 100 根木梁）。3 月初和 3 月末都没有在产品。3 月，生产 600 根木梁实际发生的制造费用总额如下（单位：美元）。

直接材料（180 000 板尺，每板尺 0.20 美元）		36 000
直接人工（1 080DLH，每 DLH13 美元）		14 040
制造费用：		
固定	5 000	
变动	3 680	8 680
制造产成品的实际总成本		58 720

比较 3 月发生的实际成本和生产 600 根木梁所允许的标准成本，可以得出当月总的成本差异。具体计算如下（单位：美元）。

3 月发生的实际总成本（见上表）	58 720
生产 600 单位时允许的标准成本（600 单位 ×98 美元）	58 800
有利成本差异总额（实际成本少于标准成本）	80

如上表及图 24-2 所示，当月公司制造了 600 单位 20 英尺长的木梁，实际成本比所允许的标准成本少 80 美元。因此，与标准相比的总差异就是有利差异。鉴于该差异是有利的，所以有人可能会立即得出结论：公司经营效率稍稍好于预期，所以不必采取纠正行动。不过我们会发现，80 美元低于标准成本的差异并没有给出充分而详细的信息来评估生产效率。只有通过将直接材料、直接人工和制造费用的实际成本与其相关的标准成本进行比较，我们才能

初步理解如图 24-2 所示的众多相互联系的影响因素。下面，我们先来分析并确定，公司总差异中可归属于 3 月所耗用直接材料的价格和数量的那部分差异。

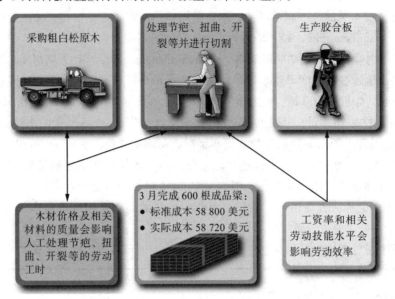

图 24-2　布鲁斯建材公司材料和人工差异的关系

24.1.6　材料价格与数量差异

在为每单位产品确定标准材料成本时，必须考虑两个因素：所需材料的数量、为得到这些材料应该支付的价格。因此，材料的总成本差异可能起因于所用材料的数量差异、对供应商支付的价格差异，或者两者的组合。

下面计算布鲁斯建材公司 3 月生产 600 根 20 英尺长的层压板木梁的总材料差异。如前所述，成本差异是所生产单位的实际成本与标准成本间的差额。布鲁斯建材公司 3 月生产了 600 根木梁，发生了 3 600 美元的有利材料差异（单位：美元）。

按标准价格计的标准数量：	
158 400 板尺 × 0.25 美元 / 板尺	39 600
按实际价格计的实际数量：	
180 000 板尺 × 0.20 美元 / 板尺	36 000
材料成本差异总额（有利）	3 600

这里，材料成本差异是有利的，因为实际成本少于标准成本。

不过，我们发现 3 600 美元的有利差异由两项完全不同的内容构成：一是 9 000 美元的有利材料价格差异；二是 5 400 美元的不利材料数量差异。

有利材料价格差异起因于：采购代理所采购的木材每板尺成本比标准成本 0.25 美元低 5 美分。计算**材料价格差异**（materials price variance）的公式如下：

$$材料价格差异 = 实际所用数量 × （标准价格 - 实际价格）$$
$$= 180\,000 × （0.25 - 0.20）$$
$$= 9\,000 \text{ 美元（有利）}$$

（注：本章讨论的所有计算成本差异的公式汇总在表 24-3 中。）

由于生产部门使用了比成本标准所允许的更多的木材，从而造成了不利的材料数量差异。生产部门实际使用了 180 000 板尺的松木，仅生产了 600 根木梁。但是，每根木梁的标准数量仅为 264 板尺，或者说生产 600 根木梁允许使用 158 400 板尺的木材。所以，生产部门使用木材的板尺数量较标准材料成本允许的要多 21 600 板尺。**材料数量差异**（materials quantity variance）的计算如下：

$$材料数量差异 = 标准价格 \times （标准数量 - 实际所用数量）$$
$$= 0.25 \times （158\ 400 - 180\ 000）$$
$$= -5\ 400\ 美元（即\ 5\ 400\ 美元不利差异）$$

（注：所有的差异计算公式中，不利差异表示为负数，有利差异表示为正数。）

图 24-3 说明了这两种材料成本差异是如何导致布鲁斯建材公司生产 600 根木梁所发生的实际成本与标准成本间出现差异的。

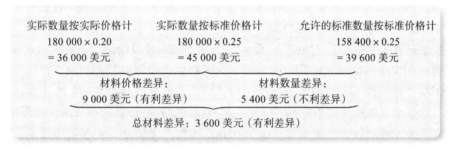

图 24-3　布鲁斯建材公司 3 月的材料差异

以下日记账分录记录了 3 月所用材料的成本及相关的成本差异。

借：在产品存货（按标准成本计）	39 600	
材料数量差异（不利）	5 400	
贷：材料价格差异（有利）		9 000
直接材料存货（按实际成本计）		36 000

记录 3 月的直接材料耗用。

请注意，所用材料的标准成本借记在产品存货账户，而所用材料的实际成本则贷记直接材料存货账户。标准成本和实际成本的差额分别记录在两个成本差异账户中。[⊖]不利差异记录在借方分录中，因为它们代表超过预计标准的成本数；有利差异记录在贷方分录中，因为它们代表相对于标准数额的节约数。

24.1.7　工资率与效率差异

布鲁斯建材公司 3 月发生的实际直接人工成本为 14 040 美元。制造 600 根 20 英尺长的木梁的标准人工成本允许的只有 10 800（＝ 600×1.50×12）美元。这样，布鲁斯建材公司面临着不利人工差异 3 240（＝ 10 800−14 040）美元。通过将总差异金额分解为工资率差异和人工效率差异，我们可以对发生超支的原因做进一步分析。

⊖　还有一种方法是在采购材料时就记录材料价格差异。这些方法在成本会计课程中都有介绍。

实际人工成本是下列要素的函数：①对直接人工工人支付的工资率；②工作所耗费的直接人工工时。**工资率差异**（labor rate variance）表明了小时工资率导致的偏离标准成本的程度。**人工效率差异**（labor efficiency variance）表明了本期工作所耗人工小时导致的偏离标准成本的程度。

工资率差异等于工作所耗小时数乘以标准工资率和实际工资率的差额。工时卡显示，3 月使用了 1 080 个直接人工工时。当月的平均工资率是每小时 13 美元。因此，布鲁斯建材公司的工资率差异可计算如下：

$$工资率差异 = 直接人工工时 \times （标准工资率 - 实际工资率）$$
$$= 1\ 080 \times （12 - 13）$$
$$= -1\ 080\ 美元（即\ 1\ 080\ 美元不利差异）$$

不利工资率差异可能起因于对报酬较高的员工的大材小用，时间安排不当，或发生了大量加班费用。[⊖] 因为生产经理经常负责将生产作业分配给各员工，所以他们往往也要对工资率差异负责（但是，本例情况并非如此）。

人工效率差异（也称人工利用差异）是对工人生产率的计量指标。如果工人完成计划生产量而且所费时间少于标准所允许的时间，那么此时产生的差异就是有利的。相反，如因浪费时间或低下生产率而使实际工时超过标准工时，那么该差异就是不利的。人工效率差异可用标准小时工资率乘以标准允许小时与实际使用小时间的差额来计算。布鲁斯建材公司生产 600 根木梁允许耗用 900 直接人工工时（= 600 × 1.50）。假定 1 080 小时是实际需要的，那么公司的不利人工效率差异就可由下式计算而得：

$$人工效率差异 = 标准小时工资率 \times （标准工时 - 实际工时）$$
$$= 12 \times （900 - 1\ 080）$$
$$= -2\ 160\ 美元（即\ 2\ 160\ 美元不利差异）$$

不利人工效率差异表明，这些直接人工无法按标准允许的时间制造出 600 根 20 英尺长的木梁。同样地，因生产经理须对员工生产率负责，所以他们通常也须对该人工差异负责。

人工效率差异与工资率差异紧密关联。例如，如果发生工时过量而又必须向员工支付加班工资，那么超量的直接人工工时就可能同时引起人工效率差异和不利的工资率差异。

图 24-4 汇总了这两种人工成本差异。

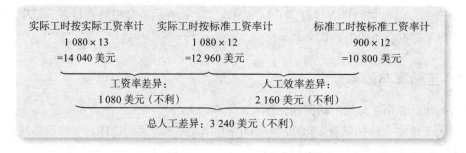

图 24-4　布鲁斯建材公司 3 月的人工差异

⊖　如果标准产量水平需要额外工时（即使生产计划很有效率），那么标准成本应反映额外工时的工资率。

以下日记账分录记录了 3 月生产所用的直接人工成本。

借：在产品存货（按标准成本计）	10 800	
工资率差异（不利）	1 080	
人工效率差异（不利）	2 160	
贷：直接人工（按实际成本计）		14 040

记录 3 月生产所用的直接人工成本。

与记录生产所耗直接材料成本的情况相似，标准人工成本允许数要借记在产品账户，实际发生的人工成本则贷记直接人工账户。不利工资率和人工效率差异都在借方分录记录，因为这二者都代表了成本超过预算标准的情况。

⊙ **小案例**

建立较低的直接人工标准成本，有时需要在工资率和允许的装配次数之间进行权衡。例如，许多国际高技术公司，如思科公司和惠普公司十分依赖离岸装配工厂，目的就是利用国外低廉的人工成本。然而，离岸劳动力的人工效率要低于美国的熟练人工。即便这样，诸如匈牙利、捷克等国较低的人工成本仍足以补偿劳动力效率方面的损失，从而使得这些国际公司能参与全球市场的竞争。

24.1.8 制造费用差异

实际制造费用发生数与分配到生产的标准制造费用间的差额被称为**制造费用差异**（overhead variance）。直接材料和直接人工是变动成本，但制造费用则是综合的，既包括变动因素，也包括固定因素。因此，对制造费用差异的分析稍稍不同于材料和人工差异的分析。我们现在将考察制造费用差异的两个组成成分——耗费差异和产量差异。[○]

1. 制造费用耗费差异

耗费差异（spending variance）是构成制造费用差异的最重要成分。该差异是给定产出水平下标准制造费用允许额与该期实际制造费用发生额之间的差额。布鲁斯建材公司 3 月的制造费用耗费差异可计算如下（单位：美元）。

生产 600 单位时容许的标准制造费用		
固定制造费用	5 600	
变动制造费用（6 × 600）	3 600	9 200
3 月实际制造费用发生数		
固定制造费用	5 000	
变动制造费用	3 680	8 680
制造费用耗费差异（有利）		520

耗费差异一般由生产经理负责。在许多情况下，大部分耗费差异涉及可控制造费用。因此，这些差异有时被称为可控制造费用差异。在本例中，布鲁斯建材公司的生产经理已经将变动制造费用控制得接近于标准数，将固定制造费用控制得比预期的 5 600 美元低。

○ 高级成本会计课程会从三维及四维角度分析制造成本差异。

2. 制造费用产量差异

产量差异（volume variance）表示（按标准成本）分配于在产品的制造费用和实际生产水平下所预期的制造费用间的差额。可见，制造费用产量差异是正常产出数量（每月 700 单位）和实际产出数量（3 月的 600 单位）不同所引起的。

在标准成本系统下，制造费用是按标准单位成本分配到在产品中的。在本章前面部分，我们确定布鲁斯建材公司的制造费用是每单位 14 美元。因此，对于当月的每一单位产出，14 美元的单位制造费用就借记在产品账户。该月生产的单位数越多，分配到生产中的制造费用也越多。

从本质上讲，标准成本系统将所有的制造费用都作为变动成本处理。但实际上制造费用包括许多固定成本。因此，只要生产水平不同于正常水平，那么将制造费用作为变动成本处理就会引起产量差异。

如表 24-1 所示，这里给出了布鲁斯建材公司在生产 20 英尺长木梁的不同产出水平下分配制造费用方面产生的产量差异（单位：美元）。

表 24-1　分配给不同产量的制造费用

	实际生产量		
	600 单位	700 单位	800 单位
按 14 美元标准分配率将制造费用分配到在产品	8 400	9 800	11 200
预计制造费用：			
固定	5 600	5 600	5 600
变动（每单位 6 美元）	3 600	4 200	4 800
合计	9 200	9 800	10 400
产量差异：有利（不利）	（800）	0	800

请注意，实际生产水平若是每月 700 根木梁，即正常生产水平，那么就没有产量差异。这是因为预计的 14 美元标准成本就是建立在每月实际生产 700 单位的基础上的。正如本章之前所述，14 美元的单位成本包括每单位 8 美元的固定成本（5 600÷700）。当实际生产水平低于 700 单位时，分配给生产的固定制造费用就少于 5 600 美元。

3 月，公司只生产了 600 根木梁。这样，使用包括 8 美元固定成本的标准成本，就只有 4 800 美元的固定制造费用分配给产品。余下的 800 美元固定制造费用被记录为"不利"产量差异。这是因为实际生产量比预计的产量少了 100 单位，结果产生了 800 美元的固定制造费用分配不足。当固定制造费用分配不足时，就必须把额外的成本加计到在产品存货上。

在实际生产水平超过正常水平时，情况恰好相反。如果布鲁斯建材公司实际生产了 800 单位，那么分配到生产中的固定制造费用就会多于 5 600 美元（8×800＝6 400）。所以，这 800 美元的产量差异被看成是有利的，因为固定制造费用被多分配了 800 美元。当制造费用分配过多时，就必须把超过的部分从在产品存货中减去。

此处的要点是，当实际产出水平不同于计算每单位标准制造费用所假设的水平时，就会自动产生产量差异。从长远来看，平均生产水平应该等于计算标准成本时所用的正常水平。这样，有利或不利的产量差异会趋向于相互抵消。

最后，产量差异并不表示有效率或无效率。产量差异只不过是各月间生产水平波动的自然结果。这些波动经常起因于季节性销售需求变化、增加或减少存货水平的努力、节假日等。因此，除非生产部门未能按计划产量生产，否则不应该由经理对产量差异负责。

3. 制造费用差异汇总

图 24-5 汇总了布鲁斯建材公司 3 月所发生的制造费用的耗费差异和产量差异（金额单位：美元）。

实际制造费用		600 单位生产水平下的 预计制造费用		按标准成本分配的 制造费用
固定	5 000	固定	5 600	600 单位 × 14 美元 / 单位
变动	3 680	变动	3 600	
合计	8 680	合计	9 200	8 400

耗费差异：520 美元（有利）　　　产量差异：800 美元（不利）

总制造费用差异：280 美元（不利）

图 24-5　布鲁斯建材公司 3 月的制造费用差异和产量差异

如图 24-5 所示，布鲁斯建材公司实际发生制造费用 8 680 美元，比 600 单位生产水平下的预计制造费用低 520 美元。因此，布鲁斯建材公司的制造费用耗费差异是有利的，其 800 美元的产量差异直接产生于实际产量比正常产量低 100 单位。

下面是布鲁斯建材公司 3 月将制造费用分配给生产的日记账分录：

借：在产品存货（按标准成本计）	8 400	
制造费用产量差异（不利）	800	
贷：制造费用耗费差异（有利）		520
制造费用（按实际成本计）		8 680

将 3 月的制造费用分配给生产。

24.1.9　产成品的计价

在标准成本制下，分配到在产品存货的成本是按标准预计金额计算的。同样，当这些完工产品成本从"在产品存货"账户结转到"产成品存货"账户和"销货成本"账户时，产成品也必须按标准成本计算。这样，记录 3 月完工的 600 根木梁的分录如下：

借：产成品存货——20 英尺长的木梁	58 800	
贷：在产品存货——20 英尺长的木梁		58 800

记录按标准成本计价的 3 月完工的 600 根 20 英尺长的木梁（600×98 = 58 800）。

在木梁出售时，其 98 美元的单位标准成本将从资产负债表的"产成品存货"转入利润表的"销货成本"；计算毛利时要从销售收入中扣除这一成本。

成本差异账户反映的是什么呢？差异账户的余额表示实际制造成本与用以计量产成品存货或销货成本的标准成本之间的差额。这些余额一般允许在差异账户中逐月累积。

通常，有利差异和不利差异会在年度内互相冲抵平衡，年末每一差异账户仅有一个较小余额。在这种情况下，差异账户可直接结转到"销货成本"账户中。然而，若差异账户在年末仍有较大余额，那么该余额应该按比例分配到"在产品存货"账户、"产成品存货"账户和"销货成本"账户。

24.1.10 基于不同视角的成本差异评价

4月初，布鲁斯建材公司的成本会计师编制了每个产品线的成本差异汇总报告，并在月度职工大会上进行发放。参加该会议的人员中有采购主管、生产经理、质量控制主管、员工代表以及销售部经理。如表24-2所示，该报告汇总了生产20英尺长的木梁的有关情况（单位：美元）。

表24-2　布鲁斯公司关于20英尺长的层压板木梁的成本差异汇总

（截至3月31日）

总差异情况		
标准制造成本允许金额（600×98）		58 800
3月发生的实际制造成本		58 720
总制造费用差异：有利		80
单个差异的分解		
材料价格差异：有利	9 000	
材料数量差异：不利	（5 400）	
总材料差异：有利		3 600
工资率差异：不利	（1 080）	
人工效率差异：不利	（2 160）	
总人工差异：不利		（3 240）
制造费用耗费差异：有利	520	
制造费用产量差异：不利	（800）	
总制造费用差异：不利		（280）
总制造成本差异：有利		80

下面，我们从各部门经理的视角来分析这些成本差异。

1. 成本会计师

成本会计师在会议一开始时就声明，她既有"好消息"，也有"坏消息"。好消息是公司生产20英尺长的木梁多月，总制造成本第一次有了有利差异；尽管有利差异只有80美元，但她仍深受鼓励。她尤其感到欣慰的是，对该产品控制制造费用的努力取得了成功，主要表现为制造费用耗费差异取得了520美元的有利差异。不过，她紧接着就谈了她对几项不利差异的担心，而且这些不利差异涉及月度内所有木梁产品。为说明她的观点，她还播放了如图24-6所示的PPT图表。她对工资率、人工效率和材料数量方面的差异一直处于不利状态特别关注，并在最后强调了这些不利差异的严重性。

2. 采购主管

最先回应成本会计师讲话的是采购主管。他以一种防范性的姿态强调，该月份他的责任范围内没有发生任何不利差异。事实上，他还自夸称20英尺长的木梁取得了9 000美元的有利价格差异，而且这个有利的差异使公司"在3月免遭财务困境"。他指着图24-6中展示的关于直接材料的图表说，正是采购部门发生的有利价格差异弥补了生产部门在耗用材料方面发生的不利数量差异。他拍着桌子大声说，他为了得到一个好的价钱跑遍了三个州，买回了最物美价廉的白松原木。

3. 生产经理

针对采购主管的讲话，生产经理站起来，以激烈的言辞回击采购部门，指责他们买的材料"全是低劣货"。他告诉与会人员，他和他的同事们所要处理的原木不仅不干燥，而且弯曲不堪，满是节疤、开裂等。按他的说法，正是这些瑕疵使得 3 月 20 英尺长的木梁的生产在材料耗用方面发生了不利的差异。他还认为众多生产瓶颈问题的根源就在于材料质量的低劣，致使 3 月的产出严重低于正常水平。

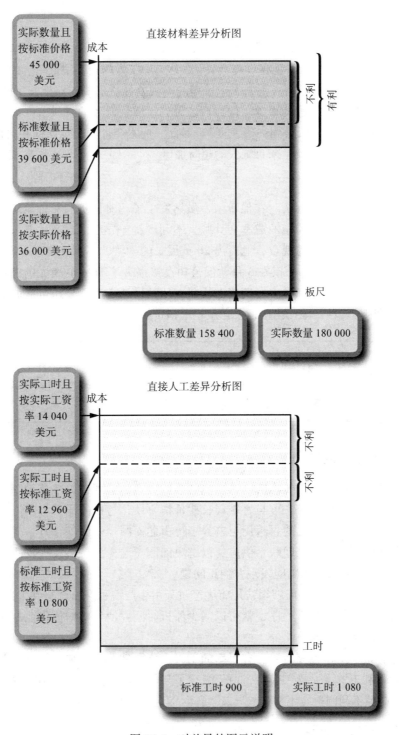

图 24-6　对差异的图示说明

4. 质量控制主管

质量控制主管同意生产经理的意见。她还提到，公司的许多产品线，特别是20英尺长的木梁，要么检查不合格，要么虽合格但合格数量很少。这种状况不是才发生的，仅在本月，她就挑出了许多不合格的木梁。

5. 工厂工人

这位工人申诉代表是从生产一线推选出来的，代表工人向管理层反映不满。针对会议气氛变得激烈，他的视角很独特。他告诉与会者，3月工厂工人的士气很低落。他承认，每个生产工人都清楚，生产率正在下降（正如人工效率的不利差异所反映的那样），而且每个工人都认为材料质量低劣是许多问题的根源。他最后还说到，质量低劣的材料所带来的唯一优点就是"我们可以加班加点，从而得到加班工资"。对此，成本会计师表示认同并告诉大家，3月1 080美元的不利工资率差异就是来自工人的超时加班。

6. 销售经理

销售经理也说了自己的看法。在他看来，虽然发生了超时加班和额外轮班，但3月的需求仍然超过了产出。他告诉公司的成本会计师，不利产量差异已多次产生严重影响，这次只是其中之一而已。为说明他的观点，他指出20英尺长的木梁的不利产量差异（只生产了600单位，而不是正常的700单位）仅在3月就使公司直接损失了16 000美元的销售额。他还担心这些售出的木梁可能达不到顾客所期望的质量。他的讲话点出了公司可能面临的法律责任问题：万一木梁因结构性缺陷而出事，公司就得承担责任

> ⊙ **工厂经理**
>
> 假设你是布鲁斯建材公司的工厂经理。你最近对员工实行某个奖励计划：对取得有利差异的员工发10%的奖励。这一奖励计划的潜在利弊分别是什么？

24.1.11　准时制与差异分析

根据本书第19章的介绍，运用准时制外加全面质量管理就可以减少或消除许多不利成本差异。例如，挑选一组供应商，再与之签订长期价格协议，这样做几乎可以消除材料价格差异。当然，因材料质次所导致的材料用量差异也可由此而减少。此外，万一碰到一批质次材料，生产过程应停下来，并立即联系供应商以解决问题。这样，与事后查找质量管理问题不同，准时制和全面质量管理可随时发现并纠正问题。

准时制系统下的工人必须能够很快地将生产过程由生产一种产品调整到生产另一种产品，通过严格执行精心计划的生产程序，就可以减少停机时间并消除非增值作业。因此，准时制通常可以改善人工效率差异。

拥有训练有素、工作更灵活并更有效率的工人，公司就可减少加班加点。因此，准时制可减少或消除不利工资率差异。最后，由于减少了与非增值作业有关的制造费用，准时制也可帮助管理层避免不利制造费用耗费差异。

⊙ 伦理、欺诈与公司治理

对于使用标准成本核算系统的公司而言，财务报表所报告的存货和销货成本数据的精确性就取决于这些标准成本数字的可靠性。假如标准成本数字不能准确反映实际发生的生产成本金额，那么公司的财务报表有可能发生重大误述。

美国证券交易委员会对 NCI 建筑系统公司实质性夸大报告利润的行为采取强制行动。NCI 建筑系统公司报告利润不实的主要原因在于公司分配给存货的标准成本金额存在错误。NCI 建筑系统公司从事金属建筑构件和工程建筑系统的制造和经销，公司股票在纽约证券交易所上市。

NCI 建筑系统公司的高级管理层注意到其建筑构件分部出现了异常之高的存货余额。虽然公司高层指示该分部停止采购钢材，但公司的存货余额并没有出现预期的下降。为此，NCI 建筑系统公司采用实地盘存制对实际存货与每个会计期间的账面存货余额进行了对比。结果发现，各个会计期间的账面存货余额比实际存货多，多出的金额在 1 500 万美元到 1 800 万美元不等。账面存货的夸大会引起销货成本的低估，转而导致净利润被高估。

存货被夸大很大程度上是因为 NCI 建筑系统公司的标准成本系统出了问题。NCI 建筑系统公司的生产过程产生大量废料，但公司的标准成本系统对所产生的废料没有进行适当的会计处理。结果，废料按可用存货被归入存货，致使存货余额被夸大。

作为该案子一个有趣的题外话题，NCI 建筑系统公司管理层又是如何处理这些会计问题的呢？第一，NCI 建筑系统公司继续请原来的外部会计师事务所来调查账面与实际盘存间的巨大差异。第二，NCI 建筑系统公司对先前公布的财务报表迅速进行了重述。第三，NCI 建筑系统公司及时采取了许多补救措施以防今后再发生类似错误。第四，NCI 建筑系统公司解雇了公司会计部的不少雇员。第五，NCI 建筑系统公司全面配合美国证券交易委员会的调查。考虑到这些因素，美国证券交易委员会在其签发的书面强制执行令中特别提到了 NCI 建筑系统公司的这些做法。当然，美国证券交易委员会对于 NCI 建筑系统公司违反证券法的制裁也是相对较轻的。

⊙ 会计与决策

本章全篇介绍了标准成本系统的设计和应用。我们讨论了如何制定标准，说明了如何计算差异，分析了如何解释偏离标准的离差。

除了分析不利的差异之外，会计师也需要调查有利的差异。这样，会计师就能确定并奖励那些取得有效经营业绩的责任人。当然，实际成果几乎总是与预期不一致的，而正是这一点使得会计师要对所发生的差异及时做出响应根本不现实，或者说根本不可能。

那么，对于管理人员来说，什么时候主动进行标准成本差异调查方是明智的呢？会计高等教育路径委员会模型强调，会计师在面临这些问题时应当运用职业判断。例如，在一些公司，只有当差异值超过某个阈值时，如超过或低于某个给定标准 5 000 美元或 5%，这些差异才被认为足够重大而需要采取行动。除了运用基准之外，许多会计师也会运用统计分析来判断标准成本差异的重大性。

图 24-7 描述了德纳托制造公司所采用的一个统计控制图。德纳托制造公司用这个图来监控公司每周的人工工资率差异。如图所示，图中深色区域的水平粗线表示偏离标准的差异为零。位于该粗线上方的点表示不利的差异指标，而位于该粗线下方的点表示有利的差异指标。在任何给定的一周内，德纳托制造公司仅对出现在浅色区域中水平虚线之外的有利的和不利的差异指标进行调查。只要每周的差异指标位于深色区域，那么该差异指标就被认为并不重大。这样，在过去 14 周里，仅有 4 个差异指标提示德纳托制造公司进行调查。

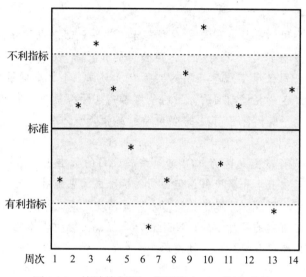

图 24-7　统计控制图：每周的人工工资率差异

需要会计师进行判断的是，区分重大性阈值的水平虚线该放置在离标准多远之处。在统计控制图中，这一间距通常用标准差来表示。如果把虚线放置在离标准 1 个标准差处，那么德纳托制造公司就得对多达 32% 的每周人工工资率差异进行调查，显然调查范围很广。如果把虚线放置在离标准 1.5 个标准差处，那么德纳托制造公司需要调查的每周人工工资率差异就降低到了大约 13%；如果把虚线放置在离标准 2 个标准差处，那么需要调查的差异就只有 5% 了。鉴于事关重大，所以如何设定重大性阈值就很关键了。总之，会计师不仅要能计算和解释标准成本差异，而且必须了解如何区分重大与不重大。

24.2　小结

正如我们至此所介绍的，成本信息并不只对成本会计师有价值。事实上，成本信息几乎会影响企业经营的各个方面。在布鲁斯建材公司，采购便宜材料所获得的节约对采购部门似乎很有利，但带给整个公司的是诸如成本超支等众多问题。

虽然成本会计系统不能解决这些问题，但运用成本会计系统对问题进行分析往往能引来管理层迅速加以关注。

为了方便起见，表 24-3 对本章所讨论的 6 种成本差异进行了汇总。

表 24-3　差异计算与经理责任汇总

差异	计算	责任经理
材料		
价格差异	实际数量 ×（标准价格 − 实际价格）	采购代理
数量差异	标准价格 ×（标准数量 − 实际数量）	生产经理
人工		
工资率差异	实际工时 ×（标准工资率 − 实际工资率）	生产经理 人力资源经理
效率差异	标准工资率 ×（标准工时 − 实际工时）	生产经理
制造费用		
耗费差异	预计制造费用（按实际生产水平）− 实际发生的制造费用	生产经理（该差异在一定程度上与可控成本相关）
产量差异	分配的制造费用（按标准分配率）− 预计制造费用（按实际生产水平）	无责任人（该差异因生产计划不同于原定的"正常"水平而产生）

学习目标小结

1. 定义标准成本并解释标准成本如何帮助管理人员控制成本

　　标准成本是预期（或预计）的单位成本。如果将标准成本应用于成本系统，那么借助于所谓的差异表，管理层就会关注实际成本与标准成本之间的差额。

2. 解释设置理想标准与设置合理可达标准的区别

　　设置预计数额的最常用方法就是按正常经营条件下合理而可以达到的水平来确定。这种方法的目标是使成本标准公平而合理，从而就能以此来评价业绩。

　　另一种方法是按理想的业绩水平来设置标准。按照这样的方法，各个部门一般都达不到预计标准，但这种偏离指出了可以改进的地方。

3. 计算直接材料差异与直接人工差异并解释每一差异的意义

　　成本差异计算可通过比较标准成本与实际成本并对它们间的差异进行解释而完成。耗用的材料成本差异可能起因于采购材料价格与标准价格的不同，也可能起因于材料耗用数量差异。直接人工成本差异可能起因于工资率的变化或工时数量有异。

4. 计算制造费用差异并解释每一差异的意义

　　为了计算制造费用差异，需要将实际制造费用与预计制造费用进行对比，再将预计制造费用与分配的制造费用进行对比。成本差异可能起因于耗费超出预计，或起因于用来确定制造费用分配率的预计产量和用于分配制造费用的实际产量间存在差异。

5. 讨论具体成本差异的起因

　　材料成本差异可能起因于采购材料的质量和价格，或起因于这些材料的使用效率。人工成本差异常与工人的生产率、对该工作岗位工人所支付的工资水平以及所要加工的材料的质量有关。制造费用差异既可能起因于实际消耗量，也可能起因于与正常生产水平、实际生产量之间的差异。

习题 / 关键术语

示范题

　　克鲁格公司最近实施了标准成本系统。公司的成本会计师收集了下列信息，以供月度末进行差异分析。

标准成本信息	
直接材料	每磅 5 美元
每单位允许数量	每单位 100 磅
直接工资率	每工时 20.00 美元

（续）

每单位允许工时	每单位 2 工时
预计固定制造费用	每月 12 000 美元
正常生产水平	1 200 单位
变动制造费用分配率	每单位 2.00 美元
固定制造费用分配率（12 000 美元÷1 200 单位）	每单位 10.00 美元
总制造费用分配率	每单位 12.00 美元
实际成本信息	
材料采购与耗用成本	468 000 美元
材料采购与耗用数量	104 000 磅
直接人工成本	46 480 美元
直接人工工时	2 240 工时
变动制造费用成本	2 352 美元
固定制造费用成本	12 850 美元
生产量	1 000 单位

要求：

（1）计算直接材料价格差异。假定每磅材料的实际价格为 4.50 美元（= 468 000 美元÷104 000 磅）。

（2）计算直接材料数量差异。假定生产 1 000 单位允许的标准数量为 100 000 磅（= 1 000 单位 × 每单位 100 磅）。

（3）编制日记账分录以汇总分配到生产中的直接材料成本。

（4）计算工资率差异。假定每工时的实际工资率为 20.75 美元（= 46 480 美元÷2 240 工时）。

（5）计算人工效率差异。

（6）编制日记账分录以汇总分配到生产的直接人工成本。

（7）计算制造费用耗费差异。

（8）计算制造费用产量差异。

（9）编制日记账分录以汇总分配到生产的制造费用成本。

答案：

（1）直接材料价格差异 = 实际使用数量 ×

（标准价格 - 实际价格）

= 104 000 ×（5.00 - 4.50）

= 52 000 美元（有利）

（2）直接材料数量差异 = 标准价格 ×

（标准数量 - 实际数量）

= 5.00 ×（100 000 - 104 000）

= -20 000 美元（不利差异）

（3）

借：在产品存货（按标准成本计）

500 000[①]

直接材料数量差异（不利）

20 000

贷：直接材料价格差异（有利） 52 000

直接材料存货（按实际成本计）

468 000

记录分配到生产的直接材料成本。

① 1 000 实际单位 × 每单位允许 100 磅 × 每磅 5 美元 = 500 000 美元

（4）直接工资率差异 = 实际人工工时 ×

（标准工资率 - 实际工资率）

= 2 240 ×（20.00 - 20.75）

= -1 680 美元（不利差异）

（5）直接人工效率差异 = 标准工资率 ×

（标准工时 - 实际工时）

= 20 ×（2 000[①] - 2 240）

= -4 800 美元（不利差异）

① 1 000 单位 × 每单位 2 工时。

（6）

借：在产品存货（按标准成本计）

40 000[①]

工资率差异（不利） 1 680

人工效率差异（不利） 4 800

贷：直接人工（按实际成本计）

46 480

记录分配到生产的直接人工成本。

① 1 000 实际单位 × 每单位允许 2 工时 × 每工时 20.00 美元 = 40 000 美元。

（7）

（单位：美元）

生产 1 000 单位允许的标准制造费用：		
固定制造费用	12 000	
变动制造费用（每单位 2 美元 × 1 000 单位）	2 000	14 000
3 月发生的实际制造费用：		
固定制造费用	12 850	
变动制造费用	2 352	15 202
制造费用耗费差异（不利）		（1 202）

（8）

	（单位：美元）
分配到在产品的制造费用（1 000 单位 ×12 美元）	12 000
允许的标准制造费用（按 1 000 单位）	
固定制造费用	12 000
变动制造费用（每单位 2 美元）	2 000
按标准允许的总制造费用	14 000
制造费用耗费差异（不利）	（2 000）

（9）

借：在产品存货（按标准成本）
　　　　　　　　　　　　12 000
　　制造费用耗费差异（不利）
　　　　　　　　　　　　1 202
　　制造费用产量差异（不利）
　　　　　　　　　　　　2 000
　贷：制造费用（按实际成本）　15 202
分配到生产的制造费用。

自测题

1. 工资率差异等于实际工资率和标准工资率的差额乘以：
   A. 一定生产水平所允许的标准人工工时
   B. 标准工资率
   C. 本期实际发生的工时
   D. 实际工资率

2. 下列哪一个原因可能不是导致直接人工效率差异的原因？
   A. 缺少激励
   B. 质量低劣的材料
   C. 不理想的监管
   D. 上述 3 种都可能是产生不利人工效率差异的原因

3. 不利制造费用产量差异表明：
   A. 固定制造费用总额超过了预计的标准数额
   B. 单位变动制造费用超过预计的标准数额
   C. 实际产量少于正常的产出水平
   D. 实际产量多于正常的产出水平

4. 有利制造费用耗费差异表明：
   A. 制造费用分配过度
   B. 制造费用分配不足
   C. 实际生产量少于正常的产出水平
   D. 上述都不是

5. 现代艺术公司生产手工描制的泡沫鼠标垫。公司最近月份的实际生产量等于预计生产量，此时的预计和实际数额如下。

	预计金额	实际成果
直接材料：		
泡沫		
用量	每只 1.5 英尺 ^{2}	每只 1.3 英尺 ^{2}
价格	每平方英尺 0.15 美元	每平方英尺 0.18 美元
直接人工：		
用量	每只 0.25 工时	每只 0.30 工时
工资率	每工时 15 美元	每工时 13 美元

下列哪些项是正确的？
   A. 材料价格差异有利
   B. 直接工资率差异有利
   C. 材料数量差异不利
   D. 直接人工效率差异不利

讨论题

1. 定义标准成本并简要说明管理层是如何将它们运用于计划和控制的。

2. "基本的成本会计系统有三种：分批、分步和标准。"这句话有什么不妥之处？

3. 如在标准成本建立后需要修订标准，需要什么条件？

4. 列出与用来计算直接材料、直接人工和制造费用的标准成本有关的差异。

5. 生产经理是否对不利材料价格差异和不利材料数量差异有同等的责任？请解释。

6. 有利人工效率差异意味着什么？人工效率差异是如何计算的？

7. 为什么不利制造费用产量差异通常不被用于评价生产部门经理的业绩？

8. 为什么加班工时会导致不利的直接成本差异？

9. 直接材料差异和直接人工差异与制造费用成本差异有何不同？

10. 年末结账时，小额标准差异账户余额该如何处理？当该余额很大时，又该怎样处理？

11. 为什么满负荷经营会产生不利的差异？

12. 在建立直接材料的标准时，为什么考虑成本、质量和零售价格之间的关系很重要？

13. 在建立直接人工数量和工资率时，工厂会计人员应当向谁进行咨询？

14. 记录会计分录时，为什么不利差异是借记账户而有利差异是贷记账户？

15. 为什么直接人工的效率与价格或工资率差异如此密切相关？

测试题

1. 布拉姆福德实业公司的生产经理正在调查公司前几个月出现不利的材料和人工差异的原因。有关标准是按公司每月正常或预计产出 400 单位来制定的。经理发现，上个月根据总部需要应生产 500 单位。但上个月发生了 100 单位的毁损，因此公司的实际产出为 600 单位。

    请判断上个月该公司发生差异的原因。

2. 1 月，霍姆科国际公司的直接人工工资率的不利差异达 16 000 美元，直接人工效率的有利差异达 11 000 美元，而 1 月的实际人工直接成本是 500 000 美元。那么 1 月公司的直接人工标准成本是怎样分配到在产品存货的？

3. 运用表 24-1 中的信息来计算当产量为 780 单位时的预计产量差异。

4. 杰西是名为法律和法律服务公司的大型律师事务所的办公室主管。该公司的管理费用主要是按照收费服务客户的时间来分配给客户部。杰西发现有关上个月的管理费用信息如下：
   - 耗费差异 25 000 美元（不利）
   - 产量差异 10 000 美元（有利）
   - 实际成本 70 000 美元
   - 实际收费时间 6 000 小时

    每个月的正常和预计收费时间是高于还是低于上月的实际收费时间？办公用品、设备、间接人工等实际支出是低于还是高于预计支出？

5. 计算每单位完工产品的正常标准成本和理想标准成本。公司管理者会怎样运用正常标准成本和理想标准成本？

	正常或预计标准	理想标准
每单位直接材料数量	每单位 4 磅	每单位 3 磅
每磅直接材料价格	每磅 12 美元	每磅 10 美元
每单位直接人工工时	每单位 5 工时	每单位 6 工时
每小时直接人工工资率	每工时 18 美元	每工时 15 美元

6. 派对开始公司生产的最受欢迎的产品是带有喜庆装饰的宾治碗。按照公司的标准成本系统，每只宾治碗的直接人工为 0.10 工时，其标准工资率为 16 美元。9 月，派对开始公司生产了 1 200 只宾治碗，实际直接人工成本为 2 160 美元，直接人工工时为 180 工时。该公司的实际工时工资率是多少？计算该月份的工资率差异和人工效率差异。假设派对开始公司的直接人工标准是合理的，那么 9 月支付给工人的实际工资率（相对于标准工资率）是有利的策略吗？

7. 根据上题内容，给出 9 月派对开始公司直接人工使用量的日记账。

8. 爱心加鲜花公司的产品之一就是 1 磅装的巧克力糖果礼盒。礼盒的包装上可以加顾客标记（最低订购量为 100 盒）。礼盒中巧克力糖果的标准成本是每磅 2 美元。11 月，公司生产了 20 000 盒这种一磅装产品，需要 20 800 磅巧克力糖果，总直接材料成本为 42 640 美元。就生产该礼盒产品所耗用的直接材料巧克力糖果，计算 11 月的直接材料价格差异和数量差异。

9. 根据上题内容，给出爱心加鲜花公司 11 月直接材料使用量的日记账分录。

10. 斯波蒂公司本月度将 12 000 美元的制造费用分配到生产中。本月度的实际制造费用为 14 700 美元。该公司成本会计师报告的公司这个月的不利耗费差异为 2 800 美元。斯波蒂公司本月度的实际产出是高于还是低于正常产出水平？给出理由。

自测题答案： 1. C；2. D；3. C；4. D；5. BD。

练习题

关键术语

经营业绩的激励

学习目标

- 解释激励制度对业绩激励的重要性。
- 运用杜邦系统来评估经营业绩。
- 指出并解释关于把投资报酬率作为唯一业绩计量指标的各种批评。
- 计算并解释剩余收益和经济增加值。
- 运用平衡计分卡确认、评估和奖励经营业绩。
- 明确并解释管理层薪酬的组成以及薪酬设计者所面临的取舍。

引导案例

谷歌公司

两名计算机专业的毕业生拉里·佩奇和谢尔盖·布林于 1995 年相遇，随后创建了根据相关性对互联网搜索结果进行随机排序的公式。这两名毕业生使用"Google"来命名他们的发明。4 年内，他们筹集到了近 3 000 万美元的资金来开办 Google 网站。为了增加收入和盈利，谷歌公司在 2001 年和 2002 年先后推出了基于广告搜寻服务的发布商和赞助商的链接 AdWords（关键词广告）和 AdSense（相关性广告）。两年后，佩奇和布林认识到公司的经营业绩已经完全达到向公众募集资金的要求。结果，过去不为人知的小公司成了上市公司，造就了股票史上最令人期盼的首次公开募股（IPO）。公司在纽约证券交易所上市并募集到了 16 亿美元的资金。如今，谷歌公司发行在外股票的总市值已经超过了 5 000 亿美元。

对于谷歌公司的创业者、现有的投资者以及潜在的投资者而言，他们所面对的挑战之一就是如何评估公司及其管理层的经营业绩。本章所关注的就是如何评估和奖励经营业绩。

25.1 激励与实现目标一致

学习本课程时，你的目标可能是得到一个高分，并掌握将来能派上用场的重要的会计工具。或者，你或其他同学只是认为这是众多毕业要求课程中的一门而已，而且有可能对会计学一点兴趣也没有。在这种情况下，你的目标可能就是用最少的付出通过课程。你的老师对这门课也有目标。老师对你和其他同学的目标是，希望你们能掌握本课程的内容，理解它对经营的重要性。这样看来，教师的目标有时并不一定与每个学生的目标相一致。

即便你的目标与老师的目标是一致的，你要确定如何达到该目标可能还有许多困难。例如，学生在同一时间会有许多不同的需求，如打工、阅读一本好小说、玩游戏、做其他课程的作业。为了达到你的目标，你和你的学生伙伴必须在这些时间冲突的活动之间确定怎样分配资源（时间和精力）。

25.1.1 目标的沟通

教师的目标是通过使用课程大纲以及通过每周的作业、课堂讨论和定期考核等方法实现与学生的沟通。课程大纲指导学生关注教师认为重要的专题，而定期反馈提供了一种机制来帮助学生的目标和教师的目标达成一致。为了衡量学生向教师目标靠拢的进程，学生将以作业、课堂参与情况和考试等方式接受定期打分。这种反馈不仅引导学生走向课程的目标，而且也能反映学生达成这些目标的进展程度。

定期反馈是吸引注意力所必需的，可以帮助学生分配他们宝贵的时间和精力资源。如果反馈表明学生没有安排足够的时间和精力用于课程的学习，并且／或者没有取得作为课程目标的相应成绩，那么该学生以后可能要花费更多的时间和精力来学习课程了。

25.1.2 会计信息与有关目标实现的反馈

就像你想通过学习会计课程来实现目标一样，大多数组织也有其所要达到的经营目标。正如你在所能控制的资源条件下要做出选择，组织的员工必须选择怎样使用他们所负责的资源。会计信息可以帮助员工的目标与组织的目标达成一致，并能提供反馈和激励，从而指导员工使用所控制的资源来达到组织的目标。

课程大纲类似于企业的年度预算（参见第 23 章），因为它们都提供了有关重要目标的指导。课程大纲明确了选修课程的学生所要学习的章节材料；企业的预算则明确了组织中员工的生产定额数。就像成绩打分的反馈可帮助指导学生该注意什么以及如何利用资源，预算反馈可以帮助员工了解组织资源分配的效果并指导员工将来如何调整资源的分配。

25.1.3 对目标实现的奖励

本章重点讨论如何通过激励企业的员工、客户、供应商以及其他人来实现企业的目标。如图 25-1 所示，会计信息在协调员工目标和组织目标以及在鼓励员工实现目标方面起着重要作用。会计系统通过三种独特的方式来促进激励的形成。第一，会计系统通过诸如预算等计划活动来帮助企业设定目标。第二，会计系统可以衡量员工实现目标的进展，并就进展提供反馈。第三，会计系统

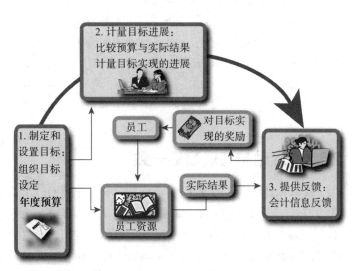

图 25-1 会计系统在实现组织目标中的作用

可以作为根据目标进展而向员工分配奖励的工具。图 25-1 反映了会计系统在激励员工实现组织目标方面的作用。会计系统是形成和关注员工激励的重要的管理工具。

25.2 杜邦系统

作为最早强调企业绩效计量的系统之一，杜邦系统建立于 20 世纪初，由杜邦公司的经营者所创。杜邦公司的经营者希望有一种方法能帮助他们设定目标并计量目标实现的进展。为此，这些经营者开始尝试了一种绩效评价系统，而该系统至今在世界各地仍有许多拥护者。因为杜邦的所有者为其经营接受了数额巨大的银行贷款，所以他们需要一种系统来控制和评估企业经营，从而确保贷款的偿还。

25.2.1 投资报酬率

在追踪了关于产品的成本和收入之后，杜邦公司的经营者很快发现，产品线利润并非完备的业绩计量指标。利润的计算并没有考虑投资到每条产品线的资本金额。两条产品线可能会得到相同的利润数，如都获得 25 万美元的利润，其中一条生产线需要 200 万美元的资本投入，而另一条产品线可能需要两倍的资本投入，即 400 万美元的投入。因此，杜邦公司的经营者创立了**投资报酬率**（return on investment，ROI）的理念。本书第 14 章对投资报酬率做了介绍，它是反映企业运用可获得资源效率的一个指标。当时主要讨论了衡量投资报酬率的两种方法：其一，按资本投资于资产所取得的报酬进行衡量，即资产报酬率（ROA）；其二，按普通股东权益所取得的报酬进行衡量，即权益报酬率（ROE）。本章中，我们衡量的投资报酬率特指投资于资产的资本所取得的报酬，其计算公式如下。

$$投资报酬率 = 经营利润 \div 平均总资产$$

投资报酬率通常表述为百分比，反映的是单位投资额可取得的利润。就上面的例子而言，两条产品线的投资报酬率分别为：

$$产品线 1 的 ROI = 6.25\% = 250\ 000 \div 4\ 000\ 000$$
$$产品线 2 的 ROI = 12.5\% = 250\ 000 \div 2\ 000\ 000$$

因此，对第一条产品线来说，投资的每一美元赚得了 0.062 5 美元。对第二条产品线来说，投资的每一美元赚得了 0.125 美元。如果一家公司的资本是从银行贷款而来的，且该贷款的利率是 8%，那么第一条产品线就不能提供足够多的报酬来补偿这笔贷款的利息。

杜邦公司的经营者希望像评估不同的产品线一样，用投资报酬率来评估企业的不同业务部门。投资报酬率的广泛使用，需要精确计量针对每个部门和每条产品线的已投入资本数。投资于业务部门和产品线的资本支出用于购买厂房设备、开发新的产品、收购子公司、支付大额的培训费用等。公司之所以将资源投资于项目、产品、厂房、设备等，是因为期望能够在一个较长的时期内从公司产生的利润中获益。公司往往通过扩大销售额或者降低成本来获得更多的资本回报。因此，公司会在投入资本之前以及在投入资本之后，分别预测和计量投资回报。请注意，投资报酬率可用于计划和控制双重目的。追踪对每个业务部门和产品线的具体投资额往往是一项富有挑战性的工作。

杜邦公司的经营者对仅仅了解投资报酬率并不满意，所以开发了一个系统来帮助他们理解投资报酬率的组成，以便能够确定是哪些因素导致了投资报酬率的变动。图25-2描述了投资报酬率的两项组成要素，即资本周转率（CT = 销售收入 ÷ 对资产的资本投资）和销售利润率（ROS = 利润 ÷ 销售收入）：

$$ROI = CT \times ROS$$

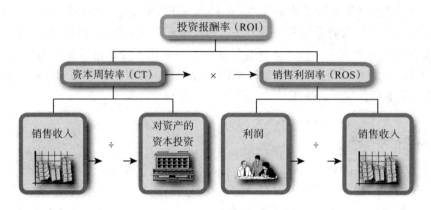

图25-2　计量业绩的杜邦系统

25.2.2　投资报酬率的组成

投资报酬率的组成项包括资本周转率和销售利润率，借此，经营者可以比较产品线的投资报酬率以及评估投资报酬率随时间变迁而改变的情况。**资本周转率**（capital turnover，CT）反映了投入资产的资本产生（或称"转化为"）销售收入的水平。换言之，资本周转率衡量的是每一美元资本投入所产生的销售收入水平。**销售利润率**（return on sales，ROS）表明每一美元的销售收入预期能够产生的经营利润或盈利能力。用经营利润而不是用净利润来计算销售利润率，是因为经营利润能更好地反映经营者控制资源的能力。这样，**杜邦业绩计量系统**（DuPont system of performance measurement）对经营业绩的分析既考虑了来自每一美元销售收入的利润金额，又考虑了用于产生这些销售金额的投资额。

为了更好地弄清楚投资报酬率的组成因素是如何帮助评估和衡量企业经营的，这里以生产法式高档餐厅用品的制造商巴斯帝尔公司的两条产品线为例加以说明（参见表25-1）。

表 25-1　巴斯帝尔公司第一年度和第二年度的会计信息 （金额单位：美元）

	第一年度	
	精制瓷器部	烹调用具部
销售收入	1 500 000	400 000
销货成本	750 000	100 000
经营费用	300 000	90 000
经营利润	450 000	210 000
平均投资额	6 000 000	1 400 000
投资报酬率	450 000 ÷ 6 000 000= 7.5%	210 000 ÷ 1 400 000= 15%
销售利润率	450 000 ÷ 1 500 000= 30%	210 000 ÷ 400 000= 52.5%
资本周转率	1 500 000 ÷ 6 000 000= 25%	400 000 ÷ 1 400 000= 28.57%

（续）

	第二年度	
	精制瓷器部	烹调用具部
销售收入	1 700 000	400 000
销货成本	840 000	102 500
经营费用	330 000	91 500
经营利润	530 000	206 000
平均投资额	6 200 000	1 300 000
投资报酬率	530 000 ÷ 6 200 000= 8.55%	206 000 ÷ 1 300 000= 15.85%
销售利润率	530 000 ÷ 1 700 000= 31.18%	206 000 ÷ 400 000= 51.5%
资本周转率	1 700 000 ÷ 6 200 000= 27.42%	400 000 ÷ 1 300 000= 30.77%

虽然烹调用具部的投资报酬率要高得多，但通过其他分析可说明投资报酬率组成要素的作用。为此，这里计算并分析了巴斯帝尔公司投资报酬率组成项目的信息。

25.2.3　销售利润率

如表25-1所示，精制瓷器部第一年度的数据显示销售利润率为30%，即每一美元销售额产生了0.30美元的利润。然而，对于烹调用具部而言，每一美元销售额产生了0.525美元的利润。为了影响第二年度的销售利润率，部门经理可能需要在不影响销售收入的情况下降低销货成本或经营费用，或者在费用没有同比例增加的情况下提高销售收入。

在第二年，精制瓷器部的经理能够在没有同比增加销货成本的情况下，将销售收入从150万美元增加到170万美元。尽管销货成本确实也有所增加，但增加的百分比要比收入增加的百分比小。具体计算如下。

$$收入增加：（1\ 700\ 000-1\ 500\ 000）÷ 1\ 500\ 000 =13.3\%$$
$$销售成本：（840\ 000-750\ 000）÷ 750\ 000 =12\%$$

此外，精制瓷器部经理还使其他经营费用的增加百分比 [（330 000-300 000）÷ 300 000 美元 =10%] 低于收入增加的百分比13.3%。第二年的销售利润率相对于第一年增加的1%多表明：销售收入增加，但成本增加得较少些，其综合效果就是每一美元销售收入所带来的利润数增加了1美分多。

与精制瓷器部经理的情况相反，烹调用具部经理没有使第二年的销售利润率相对于第一年有所提高。比较表25-1中烹调用具部第一年和第二年的销售利润率，不难发现烹调用具部第二年度每一美元销售额所带来的利润降低了1（52.5%-51.5% = 1%）美分。按照杜邦系统对烹调用具部的分析，该部在销货成本和经营费用增加的情况下，销售收入却保持不变。

$$销售收入不变：400\ 000-400\ 000 = 0$$
$$销货成本增加：（102\ 500-100\ 000）÷ 100\ 000 =2.5\%$$
$$经营费用增加：（91\ 500-90\ 000）÷ 90\ 000 =1.7\%$$

⊙ **烹调用具部经理**

假设你是巴斯帝尔公司烹调用具部经理。上司对你们部门第二年度的业绩表现，特别是目标销售利润率进行了批评。在编制你部第三年度的经营预算时，你会考虑采用什么策略来提高部门的销售利润率？

25.2.4　资本周转率

表 25-1 中烹调用具部第一年度的资本周转率表明，每一美元已投入资本产生了 0.286 美元的销售收入。烹调用具部的资本周转率在第二年度增加到每一美元的资本产生 0.308 美元的销售收入。在这两年中，烹调用具部经理是怎样在保持每年的销售收入基本不变的情况下，使第二年度的资本周转率增加的呢？这位经理使已投入资本数额减少了 10 万（=140 万 -130 万）美元。管理者可以通过出售设备、减少仓储空间等方式来减少已投入资本，从而以更小的投资总额维持不变的销售收入。这就是管理人员可以用来提高资本周转率的方法。

精制瓷器部第一年度的资本周转率表明，该部门每一美元已投入资本产生了 0.25 美元的销售收入。资本周转率在第二年度大幅提高，达到了每一美元投入资本产生 0.274 美元的销售收入。精制瓷器部经理是怎样实现这一增加的呢？其方法就是在没有同比增加平均已投入资本的情况下，增加了销售收入。显然，精制瓷器部经理通过追加资本支出，从而显著提高了销售收入。有关计算如下。

$$销售收入增加：（1\ 700\ 000-1\ 500\ 000）÷1\ 500\ 000 = 13.3\%$$
$$投入投资增加：（6\ 200\ 000-6\ 000\ 000）÷6\ 000\ 000 = 3.3\%$$

⊙ **小案例**

有关调查比较了澳大利亚和日本公司使用投资报酬率法计量分公司业绩的情况，结果发现日本公司应用得较少，而澳大利亚公司和美国公司应用得较多。相反，许多日本公司选择应用销售利润率指标，而澳大利亚和美国公司则较少应用销售利润率指标。日本公司之所以强调销售利润率是因为它们十分注重市场份额的增长，而澳大利亚公司与美国公司强调投资报酬率则与其注重股东的利益是一致的。

25.3　对投资报酬率的批评

企业运用投资报酬率之类的业绩计量指标的主要原因是激励员工做出与组织目标保持一致的决策。投资报酬率指标鼓励管理者以尽可能少的平均投入资本来赚取尽可能高的利润。不过，如果只是根据部门投资报酬率指标来评估和奖励管理者，那么部门经理可能做出的增加利润并减少资本投资的部门决策就会与整个公司的最大利益不相一致。对于把投资报酬率指标和杜邦系统作为仅有的经营业绩计量指标，主要存在三方面的批评。这里，我们逐一进行分析。

25.3.1　决策缺乏长期视野

由于管理者经常会发生工作调动，所以决策缺乏长期视野就成了第一种批评。鉴于此，许多人认为投资报酬率指标会鼓励采取短期行为，从而损害长期计划。例如，本例中之前讨论的烹调用具部经理可能清楚自己很快会被调到其他部门工作，这样，通过出售资产来减少平均已投入资本，他就可以提高目前他负责的部门的投资报酬率。虽然这些资产对部门的长期成功可能很关键，但他不会关心这些长期性事宜，毕竟那时他不再管理这个部门了。

当然，该经理也可能会选择以较低的价格从供应商处购买质次商品，从而降低销货成本。虽然销货成本的降低会增加本期的经营利润，但投入质次商品带来的长期影响会损害企业的整体声誉。质次的烹调用具可能会间接损害整个巴斯帝尔公司的声誉，当然也会损害精制瓷器部门的声誉。

25.3.2　坐视可盈利投资机会

以投资报酬率指标作为唯一的经营业绩考核指标遭遇的第二种批评是：在某些特定情况下，以投资报酬率为考核指标会导致管理者拒绝某个好项目，而该项目本可以提高公司作为整体的投资报酬率。这个项目遭到部门经理否定的原因在于其会降低部门的投资报酬率。再来考察巴斯帝尔公司第一年度的相关信息，不难发现巴斯帝尔公司的平均投资报酬率为8.9%，具体计算如下。

（金额单位：美元）

部门：第一年度	经营利润	平均资本	投资报酬率
精制瓷器部	450 000	6 000 000	7.5%
烹调用具部	210 000	1 400 000	15.0%
公司整体	660 000	7 400 000	8.9%

假设第二年度烹调用具部有一个投资机会，需要投资 50 万美元，预期的年度经营利润为 55 000 美元（该项目的投资报酬率为11%）。不过，该部门经理可能不会选择这项投资。根据下面的计算可知，该投资会使烹调用具部的投资报酬率降低到13.95%，但它却能改善巴斯帝尔公司的整体投资报酬率并使之达到9.05%。

烹调用具部 ROI：（210 000 + 55 000）÷（1 400 000 + 500 000）= 13.95%

巴斯帝尔公司整体 ROI：（660 000 + 55 000）÷（500 000 + 7 400 000）= 9.05%

虽然该项目能提高公司整体的投资报酬率，但由于会降低部门的投资报酬率，且因对部门经理的业绩评价是按部门投资报酬率来考核的，所以该部门经理会弃用这个项目。

25.3.3　面临计量困难

投资报酬率受到的第三种批评是，无论在计量平均投资额还是在计量与投资相关的实际经营利润时，都面临内在的困难。企业内的诸多业务部门共享已投入资本，但如何在这些业务单元间分配已投入资本却通常显得很武断。例如，烹调用具部和精制瓷器部共享研发设施和总部的行政服务，这些服务相应的已投入资本又该如何在这两个部门间进行分配呢？管理人员经常抱怨这类分配的任意性，认为不应该包括在对他们业务部门的评估中。不管怎样，如果这些业务部门是独立经营的，那么它们总需要进行行政管理和研发投资。企业在评估各业务部门的经营业绩时，对怎样分配这些已投入资本往往伤透脑筋。

> ⊙ 小案例
>
> 当管理者不遵循会计准则时，同样会产生计量问题。例如，在众所周知的美国证券交易委员会对朗讯科技公司的强制诉讼执行案中，朗讯科技公司的九名前高管、经理与雇员

参与了公司的收入确认造假。美国证券交易委员会在起诉中称："出于通过虚增收入来达到内部销售目标并取得销售奖金的目的"，这些被告"违反并绕开朗讯科技公司的内部会计控制制度，伪造有关文件与凭证，对顾客隐瞒补充协议。"

通过不当收入确认来虚增收入，显然会增加投资报酬率，转而就会误导那些根据这些指标来评价公司业绩的投资者。朗讯科技公司一案的教训就在于，必须谨慎设计员工激励制度，要避免造成员工采用过度激进的会计方法。

25.4 剩余收益和经济增加值

针对投资报酬率指标的不足，人们开发了其他财务类经营业绩计量指标。这里介绍其中的两个指标：剩余收益和经济增加值。这类计量指标不仅能帮助管理人员评估盈利能力和经营业绩，而且可以避免之前所述的投资报酬率指标面临的批评，如决策缺乏长期视野、企业坐视可盈利投资机会等。

25.4.1 剩余收益

剩余收益（residual income，RI）是指经营利润超过按平均已投入资本计算的最低可接受报酬的数额。剩余收益的计算公式为：

$$剩余收益 = 经营利润 - （最低可接受的投资报酬率 \times 已投入资本）$$

为了弄清楚剩余收益是如何避免投资报酬率指标所面临的那些批评的，这里以之前讨论的烹调用具部经理面临的新项目投资机会为例来加以分析。该项目预期的经营利润为 55 000 美元，已投入资本为 500 000 美元，项目的投资报酬率为 11%。如果烹调用具部的最低可接受报酬率是 10%，且采用剩余收益这一业绩评价指标，那么该部门经理就会有投资该项目的动机。烹调部门剩余收益的具体计算如下。

不投资该项目时的剩余收益（RI）：210 000 - （10% × 1 400 000）= <u>70 000</u>

投资该项目时的剩余收益（RI）：（210 000+55 000）-10% × （1 400 000 + 500 000）= <u>75 000</u>

虽然剩余收益概念早在 20 世纪 20 年代就由通用汽车公司所建立，并在 20 世纪 50 年代由通用电气公司加以发展，但从历史上看，它一直没有被广泛用于计量业绩的计划。不过近年来，咨询人员已将剩余收益这个概念重新组合到了经济增加值指标中。

25.4.2 经济增加值

按照大众媒体的说法，**经济增加值**（economic value added，EVA）是对剩余收益指标的改进。⊖经济增加值作为薪酬计划的组成内容，已经获得很高的认知度。诸如桂格燕麦、赫曼米勒、礼来、可口可乐等公司都使用经济增加值来计量经营业绩。经济增加值的计算公式为：

⊖ 思腾思特公司是一家咨询公司，拥有经济增加值商标。

经济增加值＝税后经营利润－（分部总资产－分部流动负债）×加权平均资本成本

这一计算公式可应用于公司的某个分部或公司整体。加权平均资本成本是对前面所讨论的可接受最低报酬率的更为精确的计量，内含平均税后长期借款成本和权益成本，一般由企业的财务部门计量。根据具体部门和公司的情况来修正经济增加值的计算可以说是一门艺术。某咨询公司在使用经济增加值指标时，往往需要对会计计量指标进行多达150处的调整才能计算出经济增加值。将经济增加值和剩余收益概念应用于激励计划，可以鼓励管理者拒绝投资那些要求报酬率低于最低可接受报酬率的资产，转而投资于报酬率超过最低要求报酬率的项目。

25.5　平衡计分卡

对于将投资报酬率、剩余收益、经济增加值等作为绩效评估指标的批评主要是这些指标只注重公司的财务成果，而财务成果毕竟只是公司的一个侧面。在巴斯帝尔公司这个例子中，只注重财务数字而不关注供应商的质量，可能会鼓励烹调用具部经理改选质量较差的供应商。正如本书第19章所讨论的，全面质量管理包括审慎地考虑全部**价值链**（value chain）的质量。图25-3描述了烹调用具部产品线的价值链情况。

图 25-3　巴斯帝尔公司烹调用具部的价值链

为了巴斯帝尔公司烹调用具产品线经营的成功，该产品线价值链的所有部分都必须取得增值。因此，如果业绩计量系统忽略了价值链间的联系，就会产生价值链的某些部分遭受失败的风险。这种失败可能导致烹调用具产品的失败。目前，人们已经开发出一种新的方法，可以对全部价值链设置战略目标并计量目标的实现程度。这一方法就是所谓的**平衡计分卡**（balanced scorecard）。

平衡计分卡是哈佛商学院的两位教授于20世纪90年代建立的。作为业绩计量系统，平衡计分卡将公司的战略与特定目标联系起来，提供对完成这些目标程度的计量指标，并指明了达到目标的具体奖励措施。平衡计分卡试图建立系统的经营业绩计量过程，将价值链各部分的目标进行整合。平衡计分卡的主要目的是实现企业的战略目标。

与杜邦系统只注重投资报酬率的财务计量指标不同，平衡计分卡从四个视角来评估企业的业绩，而财务业绩只是其中之一。如图25-4所示，平衡计分卡的四个视角分别是：①本章前面部分所讨论的传统财务视角；②客户视角；③经营流程视角；④学习与成长视角。图25-4还描述了这些视角与企业战略之间的联系。这里将依次讨论这些分析视角及其相关的业绩计量指标。表25-2描述了与这些分析视角相关的业绩计量指标。

平衡计分卡的业绩评价视角

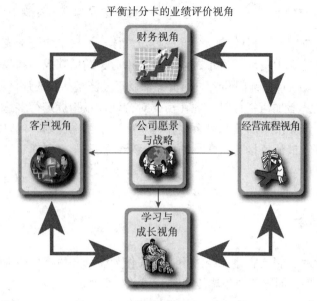

图 25-4 平衡计分卡评价视角之间的联系

表 25-2 平衡计分卡战略与相应的业绩评价指标

平衡计分卡视角	战略	指标
财务视角	（1）提高股东的认可度	· 净利润 · 投资报酬率（ROI） · 资本周转率（CT） · 销售利润率（ROS） · 经济增加值（EVA） · 剩余收益（RI）
	（2）改善信用等级：降低风险	· 债券信用级别
客户视角	（1）改善客户关系：批发商和零售商	· 客户保持率：批发商、零售商 · 退货次数 · 客户满意度
	（2）增加来自盈利性客户的订单	· 市场份额 · 客户盈利能力
经营流程视角	（1）改善与供应商的关系	· 质量认证数 · 供应商数量
	（2）提升生产过程的质量	· 准时供货百分比 · 机器停工时间百分比 · 生产速度／生产周期 · 完成订单百分比 · 废料占原材料百分比 · 标准成本差异
	（3）提高交付能力	· 准时交货次数
学习与成长视角	（1）提升员工忠诚度	· 员工流动率 · 员工满意度
	（2）提高员工生产率	· 工序改进次数及成本节约 · 员工培训时间
	（3）加强新产品开发	· 新获专利数 · 新产品销售额在销售中的占比

25.5.1 财务视角

管理人员从债权人和股东的立场出发，使用平衡计分卡的**财务视角**（financial perspective）来评价公司。透过这一视角，员工就能考虑战略决策对传统财务指标的影响，而债权人和股东常使用后者来评估公司的业绩。资产负债表、利润表和现金流量表是基于财务视角的财务指标的基础。如表25-2所示，投资报酬率、销售利润率、资本周转率、剩余收益以及经济增加值都是本章前面所叙述的业绩指标，它们也被用于评估基于财务视角目标的实现程度。

25.5.2 客户视角

平衡计分卡的客户视角提供了一种让员工考虑其客户的需要以及产品销售市场的工具。透过**客户视角**（customer perspective），管理人员就可以思考如何使公司的策略、产品和服务能为客户增加价值。如表25-2所示，客户保持率、客户满意度、客户的质量观点、市场份额的增长以及客户的盈利能力都是基于客户视角的经营业绩评价指标。

25.5.3 经营流程视角

标准成本差异分析、准时制存货以及全面质量管理等思想都体现在**经营流程视角**（business process perspective）中。平衡计分卡强调内部经营流程以及与供应商和分销商的外部关系。质量指标，如废料数量、停工时间、次品数量、返工成本以及保修申诉次数等，可以用于评估内部流程的质量。如表25-2所示，监督其他内部流程还可采用标准成本差异、生产周期时间、准时交付比率和完成订单百分比等指标。最后，与供应商和分销商的关系还可以采用质量指标（如及时供货率、供应商的每百万单位产品次品率）和盈利能力指标（如各分销计划的盈利能力）等加以计量。

25.5.4 学习与成长视角

平衡计分卡还注意到无形资产对企业战略目标的重要性，并通过学习和成长视角来加以体现。**学习与成长视角**（learning and growth perspective）强调通过人员、信息系统、组织程序等来了解组织学习和成长的作用。员工满意度、忠诚度、技能、发展、用于员工培训的时间等都是注重人员的指标。学习与成长视角还计量组织信息系统所提供信息的可靠性、准确性和一致性。没有可靠性和准确性，要计量企业目标的实现程度无疑就会成为空话。如表25-2所示，专利授权数、新产品销售额、工序改进所节约的金额等都反映了企业强化学习和成长行动的结果。

25.5.5 运用平衡计分卡的难点

应用平衡计价卡的公司在使用上述四种视角进行评价时也遇到了一些困难。第一，企业很难评判平衡计分卡中几个组成视角的重要性和权重。第二，要对平衡计分卡的一些质量构成进行计量、量化和评估面临重要的技术障碍。第三，因为四种视角评价方法所应用的业绩指标数量太多，致使平衡计分卡缺少清晰度和方向感。第四，平衡计分卡的使用者要花费相当多的费用和时间，以便维护和运营一个设计充分和功能完备的平衡计分卡系统。

组织可以通过限定每个视角所包含的评价指标数并强调关键经营活动来减少一些困难。

特别地，在选择用于平衡计分卡的指标时，管理层应选择最能体现组织绩效因果关系和对实现组织战略具有重要影响的指标。不管什么时候，都需要就平衡计分卡的各个战略目标选择进行取舍。

⊙ **采购经理**

假定你是 BCD 公司的采购经理，被要求参与平衡计分卡系统的设计。你还被特别被要求对评估采购作业方面的指标提出建议。在阅读完咨询专家的报告后，你了解到你的建议将与你每年可获得的奖金数挂钩。你所在部门已经收集了一些为同类公司的采购部门所使用的关于供应商的标杆信息。你清楚，你所在部门一直选择价格较高的供应商，因为相信这些供应商所提供的材料质量上乘。你会建议采用什么指标呢？

25.6 管理层薪酬

通用汽车公司早在 1918 年就开始实施公司的激励计划，这也是最早关于激励制度对员工鼓励重要性的认识。该激励计划的具体目的是实现经理的目标与公司的目标相一致。因为通用汽车公司实施分权化经营决策，所以公司必须创建一种能使经营管理层了解其决策是否与整个公司的目标相一致的方法。自那时起，如何设计激励性薪酬计划俨然成了一门艺术。如今，许多咨询公司可向董事会和管理层提供如何建立并实施激励性薪酬计划的咨询服务。下面，重点讨论薪酬设计的主要特点。

25.6.1 管理层薪酬的构成

1. 固定工资

几乎所有的员工薪酬计划都包含一定数量的固定工资。在绝大多数管理人员的薪酬中，有一部分就是固定工资。保证一个固定水平的薪酬，可使员工免遭不可抗力的影响，从而降低他们面临的不确定性和风险。有时工会的合同既规定了最低固定工资，也规定了通过超时工作赚取更多钱的机会。此外，许多员工可根据固定数量的周或月工作时间，按固定的小时工资率获得工资。

2. 奖金

与固定工资相反，奖金一般是在完成或达到特定目标时发放的。公司常常运用奖金制度来考评公司各部门的经理，而非只是公司的最高层。对于在公司较低层级所实施的奖金计划，其目的是让所有员工能在好年景分享公司的利润。例如，许多汽车厂商就是按利润分享方式给员工发放奖金的。

利润中心管理人员所获得的奖金一般是其基本工资的 25% ~ 50%。这些奖金计划会采用多种形式，而且带有不同的特点，如有些主要以公司股票支付，而另一些则用现金支付。有些薪酬制度所提供的奖金会在当期发放，而另一些公司则提供未来才能获得的奖金。例如，许多公司使用股票期权作为奖金发放形式之一。**股票期权**（stock options）是指给员工一种权利，可在未来某个期间，按事先确定的股数和事先确定的价格购买公司股票。股票期权给了管理人员一个激励：努力增强企业实力，从而实现股票价格上涨。这样，当管理人员行权时，常常就能实现巨大利得。

3. 其他类型的激励措施

除了固定工资、现金奖励与股票期权外，采用其他类型的激励措施也已成为一种时尚。例如，有些公司为重要员工购买人寿保险、汽车或公寓。有些公司为其高层经理提供财务计划服务和包机商务旅行安排。

上述类型的激励被称为特殊待遇，但因多少存在一些被员工滥用的可能，所以一直招致人们的争议。不管怎样，公司一般有足够的理由来设立并采用这些特殊待遇。公司的理由中就包括为了雇用和保留具有特殊才能的员工。绝大多数大型公司都在为招聘稀缺的高层管理精英而竞争。为了吸引到这些最为优秀的管理精英，公司有时会在薪酬中包含这些特殊待遇。

与员工签订奖励合约往往离不开会计信息。例如，家得宝公司最近提交给美国证券交易委员会的文件中就包括如下收益类会计业绩指标：权益收益率、资本收益率、资产收益率、投资收益率、每股收益、总收益和收益增长率。本章的目的是帮助你理解会计信息对绩效评估和员工激励的作用。为了能够了解这些作用，你必须十分清楚在制定激励措施、建立业绩评价体系时所面临的设计选择。

25.6.2　管理层薪酬体系的设计

在设计管理人员薪酬激励体系时，必须做出几个重要的选择。管理岗位涉及许多重要任务以及不同程度的风险。公司董事会所设计的薪酬计划，既要能奖励各个层面所取得的业绩，也要能减少经理所面临的各种风险对薪酬的影响。在制订针对经理的个人薪酬计划时，薪酬设计者应从多种设计标准中做出选择。这里介绍的是设计时常常要做出的选择。

1. 基于当前与基于未来业绩的薪酬计划选择

时间因素的选择意味着管理部门应该注重的是当前业绩，还是未来业绩。这里必须要考虑的是如何在激励管理人员做好当前工作的同时也鼓励他们考虑未来业绩。例如，当期支付现金奖金还是当期支付限制性股票期权就属于这种类型的选择。虽然这两种奖励制度都可以依据当前的业绩，但现金奖金不带有鼓励未来的倾向。相反，就限制性股票期权而言，通常只有当员工在公司工作满一定年数且公司股票价格有了上涨时，他们才能从该期权中获益。

2. 固定制与浮动制奖金计划的选择

薪酬设计者需要考虑的另一个重要选择是采用固定的还是浮动的奖金计算方法。在选择如何计算一笔奖金时，许多公司不是选择固定的形式，就是选择浮动的或更为主观的形式。一些公司对高于最低限额的投资报酬率部分，每个百分点给予固定金额的奖金。这样，管理人员就知道如果他们的投资报酬率超过最低限额后，那么每超过一个百分点就可赚得固定金额的奖金。然而，固定奖金计划的缺点是一旦发生不可预料或不可控事件，就显得缺乏弹性。此外，固定奖金计划通常不适合采用像平衡计分卡这样的复杂系统。

3. 基于股票信息还是基于会计信息的绩效评估选择

薪酬设计者也要对绩效评估是基于会计信息还是基于股票市场信息进行选择。如果选择采用股票价格信息，那么对管理人员的激励是与对股东的激励相一致的。不过，有人反驳说，过分强调基于股票的薪酬计划对管理人员会带来太多的风险。因为管理人员的工作与公司的股票联系在一起，所以他们在决策时可能更倾向于规避风险，而不是按股东的要求去做。

4. 局部业绩与整体业绩奖励的选择

关于局部业绩奖励与整体业绩奖励的侧重选择也是相当有争议的。有些公司希望其分部按独立公司运作，而有些公司希望其分部通过合作来实现公司总体盈利能力的最大化。在一些薪酬激励计划中，虽然对员工的激励可鼓励他们做出能改善其部门业绩的决策，但可能无法帮助公司实现整体目标。因此，如何平衡员工对于局部目标和公司总体目标的关注是一项很有挑战性的工作。许多公司通过将固定工资与局部业绩挂钩、将奖金与公司整体业绩挂钩，来实现两者之间的平衡。

5. 合作性与竞争性激励计划的选择

激励计划的设计目的，可以是让员工团队平等分享工作成果，也可以是按个人业绩进行奖励。合作性奖励计划可以激励员工协同完成工作，从而取得团队的最好成果。这种类型的奖励计划旨在奖励团队整体取得的成绩，每位团队成员都可获得奖励，而不管具体成员对该成绩的实际贡献情况。家具制造商赫曼米勒公司就提供这样一种合作性奖励计划。在赫曼米勒公司，所有员工都给予股票，作为薪酬的一部分。当公司作为一个整体业绩良好时，员工手中的股票价格就上涨，这样就可从团体的努力中得到益处。

相反，竞争性奖励计划鼓励员工做得比他们的合作者更好些。你可能熟悉竞争性奖励计划，如奖学金通常就是通过竞争来获得的。竞争性激励计划的其他例子还包括晋升，尽管许多员工可能都希望能被提升到更好的位置上去，但在只有一个位置时，就只能有一个人得到这种奖励。同样，会计咨询公司只能向固定数量的会计人员提供工作机会。

25.6.3 国际财务报告准则与管理层薪酬

如果采用国际财务报告准则，那么公司必须重新制定针对管理层的激励合同，因为有研究表明，基于国际财务报告准则的会计数据与基于美国一般公认会计原则的会计数据并不相同。例如，基于国际财务报告准则的盈利数据平均高于基于美国一般公认会计原则的盈利数据，而且前者更具可变性。因此，基于国际财务报告准则盈利数据的管理层薪酬计划较基于美国一般公认会计原则盈利数据的管理层薪酬计划具有更高的风险 – 报酬水平。这样，或是管理层不愿意承担更高的风险，或是公司不愿意为更高的风险支付更多的报酬。另一复杂性在于管理层薪酬计划的重大变更常常需要获得股东的批准。因此，采用国际财务报告准则的成本更大，毕竟要求重新考虑管理层薪酬协议。

25.6.4 生活中的目标和奖励

不难发现，设定目标、计量目标实现的进展以及设计奖励计划来确认目标的实现，这些都是管理人员所面临的最困难的任务。我们所有人都在努力确定我们当前和未来的目标。在确定目标时，我们要牢记在实现目标的过程中可能获得的奖励。有些奖励采取的是货币形式而且当前可得，而有些奖励则可能发生在将来。对目标实现程度的计量和奖励往往有助于激励我们所有的人每天去努力追求。

⊙ 伦理、欺诈与公司治理

正如本章所讨论的，公司有时会为高级管理者提供特殊待遇，如使用公司提供的飞机、公寓、体育馆豪华包厢等。高级管理者所享受的特殊待遇必须：①获得董事会的批准，尤其是薪酬委员会的批准；②适时披露在由公司向美国证券交易委员会提交的代理声明中；③应纳入高级管理者的应纳税薪酬中。

美国证券交易委员会曾对泰森食品公司前主席和首席执行官唐·泰森采取强制执行措施。泰森食品公司从事鸡肉、牛肉、猪肉的加工和销售，公司股票在纽约证券交易所上市。

美国证券交易委员会控告泰森食品公司所提交的代理声明中关于提供给唐·泰森的特殊待遇和个人福利的报告存在误导性内容。美国证券交易委员会称泰森食品公司向唐·泰森个人、泰森的妻子、泰森的女儿以及与泰森有密切私人关系的三名个人一共提供了超过300万美元的特殊待遇和个人福利。在这300多万美元中，有将近一半的金额未经公司薪酬委员会批准。此外，公司薪酬委员会甚至没有被告知这些薪酬的性质和具体金额。

唐·泰森个人、家庭成员及其朋友所获得的300多万美元特殊待遇中包括：

特殊待遇的性质	金额
个人费用，包括购买东方地毯、古董、一匹马、服装、珠宝、艺术品、戏票以及度假等	689 106 美元
个人使用公司所有的位于英国乡间和位于墨西哥卡波圣卢卡斯寓所的费用	464 132 美元
个人使用公司飞机的费用	426 086 美元
五处寓所的家政服务费用	203 675 美元
五处寓所的草坪维护服务费用	84 000 美元
九辆不同型号汽车的保养费用	46 110 美元
电话服务费	36 554 美元
购买圣诞礼品券的费用	15 000 美元
对以上特殊待遇，公司替泰森先生支付的个人所得税费用	1 072 699 美元

⊙ 会计与决策

本章通篇介绍了用于经营业绩奖励的会计指标。我们讨论了激励制度对于提升经营业绩的重要性，介绍了如何计算业绩指标，并考察了进行管理层薪酬计划设计时需要权衡的各种内在性因素。

那些衡量业绩的公式很容易让人陷入困境，从而搞不清各种指标之间实际存在的联系。会计高等教育路径委员会模型鼓励我们不仅要审慎思考，而且有时需要用跨学科的视角来打破思维边框。

例如，攻读数学专业的哈莉决定选修一门导论性会计课程。在主题为经营业绩奖励的课堂上，教授给出了如下有关阿克梅实业这一假想公司的信息：本年度的经营利润（OI）为 10 000 美元；本年度经营资产的平均投资（AI）为 100 000 美元；最低可接受资产回报率（MR）为 8%。

随后，教授在黑板上写下了如下用于计算阿克梅实业公司本年度投资回报率（ROI）和剩余收益（RI）的公式。

$$ROI = OI \div AI = 10\ 000 \div 100\ 000 = 10\%$$
$$RI = OI - (AI \times MR) = 10\ 000 - (100\ 000 \times 8\%) = 2\ 000$$

哈莉瞪大了双眼，脱口而出说："哇！ROI 和 RI 在代数上竟然有如此紧密的联系！"此时，全班安静了下来，大家都看着哈莉。

"哈莉，你能把你讲的演示给大家看吗？"教授问道。

哈莉走到教室前面，在黑板上写下了这些：

如果：$ROI = OI \div AI$
那么：$OI = AI \times ROI$
如果：$RI = OI - (AI \times MR)$
那么：$RI = (AI \times ROI) - (AI \times MR)$
因此：$RI = AI \times (ROI - MR)$

根据教授给出的有关阿克梅实业公司的信息，哈莉向全班证明了 ROI 和 RI 之间的确存在关系。

$$ROI = AI \times (ROI - MR)$$
$$= 100\ 000 \times (10\% - 8\%) = 2\ 000$$

自然，教授和班上的同学被哈莉的真知灼见折服。教授甚至表扬她说："能这样思考问题，就像一名会计师了！"

25.7 小结

本章重点介绍的是通过薪酬激励体系来奖励经营业绩，从而实现决策者自己的目标与企业的目标相一致。本章先后讨论了杜邦公司的投资报酬率系统是如何计量财务业绩的以及为什么投资报酬率会遭到批评。此外，还讨论了怎样通过剩余收益和经济增加值方法来纠正投资报酬率方法的缺点。平衡计分卡是一种用途广泛的工具，可用于指导、计量和奖励经营业绩。本章最后部分描述了管理层薪酬的组成以及设计时的若干抉择。本书最后一章将重点讨论资本预算的编制方法，这些方法都是管理人员用于决定投资项目的财务工具。

学习目标小结

1. 解释激励制度对业绩激励的重要性

员工的目标可能不同于组织的目标。激励制度提供了一种通过强调组织目标、选择计量具体的业绩内容并在员工的实际结果达到所衡量的业绩指标时实施员工奖励来实现组织目标与员工目标的一致。

2. 运用杜邦系统来评估经营业绩

杜邦系统用于计量投资报酬率，其计算方法是将产品线或分部的经营利润除以针对该产品线或分部的平均已投入资本。投资报酬率可以分解为两个组成因素：销售利润率和资本周转率。销售利润率的计算方法是将经营利润除以特定经营分部或产品线的全部销售收入。销售利润率向管理人员反映的是每一美元销售收入所产生的利润额。资本周转率的计算方法是将销售收入除以为实现这些收入而投资的平均资本。资本周转率向管理人员反映的是每一美元投资所产生的销售金额。

3. 指出并解释关于把投资报酬率作为唯一业绩计量指标的各种批评

投资报酬率提供了一种系统考核某条产品线或经营分部业绩的方法，采用百分比形式来比较各种产品或经营分部的财务业绩。投资报酬率可以进行分解以便进一步分析经营业绩。对投资报酬率方法的批评包括：鼓励短期决策；使管理人员坐视那些从企业整体来看具有可接受投资报酬率的投资机会；难以将已投入资本与相关销售额和经营利润进行配比；投资报酬率只注重财务指标而忽视了价值链构成中的其他重要成分。

4. 计算并解释剩余收益和经济增加值

剩余收益是经营利润超过平均已投入资本的最低可接受报酬率的金额。经济增加值是对剩余收益指标的改进，它针对税金、利息和摊销等项目做了许多调整。与剩余收益指标一样，经济增加值指标并不鼓励管理人员放弃预期利润低于当前投资报酬率但高于企业最低可接受报酬率的项目。

5. 运用平衡计分卡来确认、评估和奖励经营业绩

平衡计分卡从四个视角来评价经营业绩，分别是财务视角、经营流程视角、客户视角、学习和成长视角。每一视角都有助于确认组织的目标、制定实现目标的策略并计量目标实现的程度。

6. 明确并解释管理层薪酬的组成以及薪酬设计者所面临的取舍

在制订管理层薪酬计划时，设计者应考虑薪酬计划的多种特性，如采用固定工资还是奖金、选择哪种奖金类型（现金、股票或股票期权）等。此外，薪酬计划设计时还应权衡各种因素，如薪酬适用的时间范围、强调局部还是整体业绩、选择竞争性还是合作性薪酬计划等。

习题 / 关键术语

示范题

伯格利汽车销售公司是一家从事全方位服务的汽车经销商。公司有3个分部：新车分部、旧车分部和服务分部。本年度3个分部的预算信息如下所示。对每个分部经理的年度评估和奖金分配是根据分部的投资报酬率来进行的（单位：美元）。

伯格利汽车销售公司

	新车分部	旧车分部	服务分部
对资产的平均投资	5 000 000	1 000 000	500 000
销售收入	10 000 000	5 000 000	600 000
销货成本	8 750 000	4 000 000	300 000
经营费用	750 000	800 000	175 000
经营利润	500 000	200 000	125 000

新车分部经理抱怨说，新车分部的销售额及相应的收益并不太高，是因为服务分部的声誉太差所致。由于服务分部没有最先进的设备（如新的液压提升机），客户就会到位于所在镇另一边的竞争对手公司那里购买新车。竞争对手的服务分部拥有新的设备，包括新的提升机，从而可以提供更快更好的服务。新车分部经理已经要求采用其他的业绩评价方法，如剩余收益或平衡计分卡等，他认为这样或许能解决这些问题。

要求：

（1）计算每个分部和公司总体的投资报酬率。使用杜邦系统分析其销售利润率和资本周转率，并对计算结果加以评价。

（2）假定服务分部正在考虑安装一台新的液压提升机。该分部经理通过调查发现，购买一台提升机，分部的平均已投入资

本要增加 100 000 美元，而服务分部的经营利润可能每年增加约 20 000 美元，那么：

① 新的液压提升机的投资报酬率是多少？

② 该液压提升机对服务分部的投资报酬率有什么影响？

③ 对公司总体的投资报酬率会有什么影响？（假定汽车销售收入不变）

④ 服务分部经理会进行这样的投资吗？

（3）计算每个分部的剩余收益。假定公司要求的最低报酬率是 15%。如果绩效评估是根据分部的剩余收益来决定的，而且剩余收益的 10% 用于奖励，服务分部应该购买该液压提升机吗？列出计算过程。

（4）如果应用平衡计分卡来评估和奖励分部经理，那么对于公司的各个分部而言，采用什么评估指标可能最为恰当？

答案：

（1）

伯格利汽车销售公司			
分部	投资报酬率	销售利润率	资本周转率
新车分部	500 000 ÷ 5 000 000 = 10%	500 000 ÷ 10 000 000 = 5%	10 000 000 ÷ 5 000 000 = 200%
旧车分部	200 000 ÷ 1 000 000 = 20%	200 000 ÷ 5 000 000 = 4%	5 000 000 ÷ 1 000 000 = 500%
服务分部	125 000 ÷ 500 000 = 25%	125 000 ÷ 600 000 = 20.8%	600 000 ÷ 500 000 = 120%
公司整体	825 000 ÷ 6 500 000 = 12.7%	825 000 ÷ 15 600 000 = 5.3%	15 600 000 ÷ 6 500 000 = 240%

销售利润率方面，新车分部和旧车分部都大大低于服务分部，这反映了新车和旧车销售中的加成率一般很小。为了抵消较低的销售利润率，新车分部和旧车分部的资本周转率就较高了。服务分部资本周转率较低，但利润率较高。尽管设备陈旧，但服务分部的投资基础始终高于新车分部和旧车分部的资产。

（2）

① 液压提升机的投资报酬率 = 20 000 ÷ 100 000 = 20%。

② 液压提升机对服务分部投资报酬率的影响：

（125 000 + 20 000）÷（500 000 + 100 000）= 24%。

③ 对公司投资报酬率的影响：

（500 000 + 200 000 + 125 000 + 20 000）÷（5 000 000 + 1 000 000 + 500 000 + 100 000）= 12.8%。

④ 因为增加新的液压提升机将降低服务分部的投资报酬率，服务分部经理获得的奖金也可能会减少。所以，服务分部经理可能不会购买新的液压升降机，即便能增加公司整体的投资报酬率。

（3）

分部	未新增液压提升机下的剩余收益	奖金
新车分部	500 000 −（0.15 × 5 000 000）=（250 000）	0
旧车分部	200 000 −（0.15 × 1 000 000）= 50 000	5 000
服务分部	125 000 −（0.15 × 500 000）= 50 000	5 000

购买液压提升机后服务分部的剩余收益为：

145 000 −（0.15 × 600 000）= 55 000（美元）。

服务分部经理的奖金可能增加 5 500 美元，所以该经理会购买提升机。

（4）可能有许多答案，例如：

分部	财务	企业流程	客户	学习和成长
新车分部	• 分部和公司的剩余收益	• 接待的客户数量	• 客户满意度 • 保持的顾客数量	• 参加的销售讨论会 • 了解和获得新式汽车知识的情况
旧车分部	• 分部和公司的剩余收益	• 购买的旧车数量 • 接待的客户数量	• 客户满意度 • 保持的顾客数量	• 参加的销售讨论会 • 从旧车市场上获得的信息
服务分部	• 分部和公司的剩余收益	• 提供服务的效率 • 需要服务的车辆数量 • 返修数量	• 客户投诉数 • 客户满意度 • 失去的客户	• 服务培训时间

自测题

1. 下列哪一项不是用于计量和评估经营业绩的杜邦系统的构成成分？
   - A. 销售利润率
   - B. 剩余收益
   - C. 投资报酬率
   - D. 资本周转率
   - E. 专利的数量

2. 普利莫制笔工厂是因卡尼公司的一个分部，每年产生的收入为 162 000 美元，经营利润为 55 000 美元，平均资产为 400 000 美元。因卡尼公司期望其分部赚取的最低要求报酬率为 12%。下列哪些项目不是普利莫制笔工厂的销售利润率、剩余收益或投资报酬率？
   - A. 13.75%
   - B. 7 000 美元
   - C. 33.95%
   - D. 40.5%
   - E. 9 000 美元

3. 对将投资报酬率作为唯一业绩评价指标的批评有：
   - A. 投资报酬率强调短期决策
   - B. 投资报酬率只强调价值链的一个构成部分
   - C. 如果只用投资报酬率来评估经理，有时可能会导致经理放弃符合公司总体利益的项目
   - D. 上述各项都是

4. 下列哪一项不属于平衡计分卡的特点？
   - A. 学习和成长视角
   - B. 内部经营流程视角
   - C. 政府部门视角
   - D. 客户视角
   - E. 财务视角

5. 下列哪一项不太可能包括在一般管理层薪酬的组成中？
   - A. 公司股票期权
   - B. 现金奖金
   - C. 免费理发
   - D. 固定工资
   - E. 公司股票

讨论题

1. 列举会计系统帮助实现员工目标和组织目标一致的三种方法。

2. 假定你有意在你所在的区域开一家餐厅。那么，该如何确定餐厅的目标？

3. 对一家大型的会计师事务所而言，平衡计分卡的学习和成长视角将如何组成？

4. 区分平衡计分卡的四个视角。以某一家庭拥有的杂货店为例，说明每个视角的计量指标。

5. 假定你是某计算机制造商的产成品仓库经理，哪些与仓库有关的经营指标可以帮助公司实现平衡计分卡的目标？

6. 公司在使用平衡计分卡时遇到过什么问题？

7. 为什么说剩余收益是对用于业绩计量的投资报酬率方法的一种改进？

8. 在为罗尔实业公司国际业务部的经理设计薪酬计划时，公司董事会该做哪些权衡？

9. 你认为网上零售商的投资报酬率的组成与传统实体店的组成会有何不同？以亚马逊与巴诺为例进行比较。

10. 在什么情况下，固定工资会比纯粹的奖金薪酬计划有利？

11. 本章表 25-2 描述了平衡计分卡的组成。回顾该表并从客户视角指出两个在短期可能会与财务视角所列示的指标发生冲突的计量指标。解释为什么会发生冲突。

12. 对于平衡计分卡的哪个视角而言，标准成本法下的产出（如差异）提供了有利的业绩计量信息？

13. 假设销售收入从第 1 年到第 2 年保持不变，销售利润率从第 1 年到第 2 年发生增长。给出销售利润率会增长的两个理由。

14. 就团队成员平均分享因实现了预定目标而获得奖金的合作性激励计划而言，指出该种合作性激励计划的成本和效益。

15. 就团队中个人因取得超乎别人的成就而获得奖金的竞争性激励计划而言，指出该种竞争性激励计划的成本和效益。

测试题

1. 玛莎宠物店雇用了 6 名员工。他们的职责是出售宠物，补充存货，清洁宠物笼，喂饲宠物，做好营业记录。玛莎按固定小时工资率外加宠物销售的佣金支付报酬。最近，玛莎发现员工没有做营业记录，存货

也未能补充。然而，宠物销售情况良好，宠物的笼子也很干净。玛莎该怎样运用目前的薪酬结构来促使员工更加注意宠物而不是其他的任务呢？

2. 普罗克托公司在全美有很多家工厂。公司管理层采用杜邦系统的资本周转率指标来评估每家工厂的业绩。以下是宾夕法尼亚州的一家工厂去年的有关信息（单位：美元）。

销售收入	6 300 000
经营费用	2 940 000
总资产（含累计折旧）	10 500 000
累计折旧	656 250

分别使用资产总额和扣除折旧后的净资产来计算资本周转率。该家位于宾夕法尼亚州的工厂会更倾向于以哪一种方法作为投资基础？为什么？

3. 利用上题中的信息，分别按资产总额和扣除折旧后的净资产计算资本周转率。如果公司期望的总资产回报率是30%，那么剩余收益是多少？宾夕法尼亚州的工厂是否实现了管理层的期望？将计算结果近似到整数。

4. 日科公司是一家从事办公自动化设备与电子品经营的大公司。该公司实施了平衡计分卡工具。指出以下业绩指标在平衡计分卡中属于哪个视角（财务视角、客户视角、内部经营流程视角与学习和成长视角）？
   （1）所管理的客户数量
   （2）员工培训时数
   （3）客户服务质量评级
   （4）收入增长率
   （5）客户的所有权总成本
   （6）资产使用率
   （7）员工对竞争对手的了解情况
   （8）废物回收的数量

5. 赛克斯韦尔公司有许多分部并采用投资报酬率来评估分部的业绩，公司对每个分部

期望的投资报酬率是10%或以上（单位：美元）。

	分部一	分部二
收益	720 000	2 400 000
投资基础	6 000 000	15 000 000

计算分部一和分部二的投资报酬率。是否达到了期望的投资报酬率？在比较分部一和分部二的业绩之前，关于投资基础你还需要其他什么信息？

6. 根据上题中的信息，假设分部一的经理有机会购买价值300万美元的新设备，那么就能使每年收益增加30万美元，分析此购买决策对分部一投资报酬率的影响。分部一的经理会采取此投资决策吗？请分析原因。

7. 豪斯实业公司为其分部设定了10%的投资报酬率目标。以下数据来自爱奥尼亚分部去年的经营业绩报告：收入为3 000万美元，费用为2 800万美元，投入资本为1 120万美元。爱奥尼亚分部实现了设定的投资报酬率吗？其剩余收益是多少？

8. 福斯通公司的加权平均资本成本是8%。去年，福斯通公司的一个分部产生了320万美元的经济增加值，当时该分部资产减流动负债的差额为3 000万美元。该分部产生了多少税后经营利润？

9. 随着时间的推移，对于高级管理者（如首席执行官和首席财务官）的薪酬计划已变得更具可变性了。例如，最近有资料显示，大型公司中只有20%的首席财务官的薪酬采用固定形式，80%采用了基于公司整体业绩的变动形式。解释为什么大公司会对首席财务官选择这样的薪酬计划。

10. 鲍里斯是汽车零部件供应商的一家分部的经理。该分部制造阻尼器和油泵。指出鲍里斯在来年为了增加分部投资报酬率所能采取的三种办法。

自测题答案： 1. BE；2. DE；3. D；4. C；5. C。

综合题 6　尤替埃斯公司

尤替埃斯公司在全国各地设有一些工厂。其中，公司在杜布克市新开设的工厂只生产和销售一种产品。基于责任会计要求，对该工厂按利润中心对待。单位产出的标准

成本以及制造费用按直接人工工时进行分配，具体资料如下：

制造费用（单位产出按预期的 24 000 单位作业量或 36 000 直接人工工时计算）：	
直接材料（2 磅，每磅 20 美元）	40.00 美元
直接人工（1.5 小时，每小时 90 美元）	135.00 美元
可变制造费用（1.5 小时，每小时 20 美元）	30.00 美元
固定制造费用（1.5 小时，每小时 30 美元）	45.00 美元
单位产出标准成本	250.00 美元
预计的销售与管理费用	
可变	每单位 5 美元
固定	1 800 000 美元
预期的销售数量：20 000 单位，每单位 425.00 美元	
期望的期末存货：销售数量的 10%	

假设本年度为这家杜布克工厂的首个经营年度，工厂的作业情况如下。

产出数量	23 000
销售数量	21 500
销售单价	420 美元
直接人工工时	34 000
直接人工成本	3 094 000 美元
直接材料采购	50 000 磅
直接材料成本	1 000 000 美元
直接材料耗费	50 000 磅
实际固定的制造费用	1 080 000 美元
实际可变的制造费用	620 000 美元
实际销售与管理费用	2 000 000 美元

此外，所有分配过度或分配不足的制造费用以及所有的生产成本差异都结转到销货成本账户。

要求：

（1）根据已知的标准、预期销售和期望的期末存货等信息编制下一年度的生产预算。

（2）编制杜布克工厂来年的预计责任利润表。

（3）计算直接人工差异，指明这些差异是有利的还是不利的，并说明原因。

（4）计算直接材料差异（材料价格差异和数量差异）。

（5）计算总的分配过度或分配不足的制造费用（包括固定的和变动的）。在对分配过度或分配不足的制造费用进行调整后，销货成本是较大还是较小的支出项目？

（6）计算本年度杜布克工厂的实际经营利润。

（7）利用弹性预算来解释杜布克工厂在首个经营年度的预计经营利润与实际经营利润间的差异。该差异中哪一部分属于工厂经理的责任？

（8）假设尤替埃斯公司计划改变对工厂经营的评估方法，将所有的工厂由按利润中心评估变为按投资中心评估。如果杜布克工厂的平均已投入资本为 8 050 000 美元，计算首个经营年度的投资报酬率。利用杜邦评估方法来计算杜布克工厂的销售利润率（ROS）和资本周转率（CT）。

（9）假定在按投资中心进行评估的情况下工厂经理的奖金按投资报酬率来计算。如果杜布克工厂的经理有机会在来年投资 600 000 美元的新设备，每年新增的收益为 108 000 美元。那么，该经理会接受此项目吗？为什么？尤替埃斯公司还可采用其他哪些更好的评估工具来对其工厂进行评估？

（10）尤替埃斯公司的财务总监希望将公司层面的管理费用分配到每个投资中心的利润表中。在扣除公司层面的管理费用后，杜布克工厂经理的年度奖金还应该根据工厂的投资报酬率来计算吗？为什么？

练习题

关键术语

第26章

资 本 预 算

学习目标

- 解释资本投资决策的本质。
- 识别影响资本投资决策的非财务因素。
- 运用回收期法、投资报酬率法和现金流量贴现法评估资本投资计划。
- 讨论净现值与投资者的要求报酬率之间的关系。
- 解释有关资本预算的行为问题并指出公司是如何控制资本预算过程的。

引导案例

辉 瑞 制 药

辉瑞制药是一家总部在纽约市的跨国制药企业。辉瑞制药的主要研究机构位于康涅狄格州的格罗顿市。公司生产一系列需要由初级保健医生以及心脏病医生、肿瘤医生、神经科医生等专家开立处方的畅销药品。

根据辉瑞制药发布的近期财务报表，公司的总资产超过了1 720亿美元，总收入接近530亿美元，研发支出达76亿美元。根

据财务报表附注的披露，辉瑞制药承诺要在未来12个月内进行23亿美元以上的财产、厂房和设备投资，同时要增加对研发管线的投入支持。

本章主要考察诸如辉瑞制药等公司通常用来决定哪个固定资产购买项目或研究项目可以获得资金投入的流程，即所谓的资本预算过程。

26.1 资本投资决策

管理人员面临的最大挑战之一就是做出资本投资决策。**资本投资**（capital investment）这一术语多指购买厂房资产、开发新的产品线或购买子公司等大额支出。资本投资决策需要长时期的财务资源投入，而且一旦资金投入后，几乎很难再改变。因此，公司不是因一个好的资本投资而长期获益，就是因一个不好的资本投资而受损。

对资本投资机会进行评估和优劣排序的过程被称为**资本预算**（capital budgeting）。资本预算在很大程度上依赖于对未来经营结果的估计。这些估计常常具有很大的不确定性，所以应进行适当的评估。此外，许多非财务因素也应该加以考虑。

26.1.1 财务与非财务因素

在资本预算中，最重要的财务因素也许就是未来现金流量和未来盈利能力的预期影响。但在某些情况下，非财务因素也会成为决定性因素。

表 26-1 给出了关于资本投资方案的一些例子，而其中的非财务因素可能就是主要考虑的因素。

现在我们通过举例来介绍三种使用最为广泛的评估方法：回收期法、平均投资报酬率法和未来现金流量贴现法。

表 26-1　影响资本支出的非财务因素

投资方案	非财务因素
污染控制系统	注重环境 公司形象
新工厂照明	较好的工作环境 产品质量
员工健康俱乐部	员工士气 员工健康
员工托儿设施	为上班父母提供方便 增加工作安排的弹性

26.1.2 资本投资方案的评估：示例

为了介绍资本预算方法的应用，我们对缅因州波特兰市的乙级棒球队缅因龙虾之星队（经常被称为星队）正在考虑的两个投资项目进行评估。第一个项目是为球队的波特兰体育场购买10台自动售货机。第二个项目是购买一辆新的大客车以替代当前在用的那辆。

星队体育场目前还没有可在比赛期间生产和销售食品的售货亭。球队老板史蒂夫·威尔逊已经收到几项标书，希望在体育场看台下建造售货亭。标书的最低报价为15万美元，包括一个面积为1 000 英尺² 用水泥块砌的建筑物，装备有收银机、油炸器、烧烤机、汽水机以及一台大冰箱和冷藏箱。不过，目前经营艰难的球队在这方面最多只愿意投入75 000 美元。

威尔逊最近收到来自售货机大王国际公司的一个可供选择的方案。售货机大王国际公司销售能供应热的和冷的三明治及饮料的售货机。该公司报价可向星队出售10台售货机，总价格为75 000 美元（每台7 500 美元）。在这些售货机投入使用期间，售货机大王国际公司负责对售货机提供充足的三明治和饮料存货。到5年预计寿命期末，售货机大王国际公司将以总价格5 000 美元（每台500 美元）购回这些机器。此外，售货机大王国际公司针对星队还提供一项保险和维修协议，每年的成本为3 000 美元。

根据售货机大王国际公司的估计，每场棒球比赛这10台机器可创造收入1 875 美元。星队在每个赛季有45场主场比赛。因此，这些售货机每年可创造84 375（=1 875×45）美元的收入。在这些金额中，售货机大王国际公司要收回销货成本50 625 美元（占销售收入的60%）。星队只需在商品销售后向售货机大王国际公司支付上述成本。如表26-2所示，这些机器预期每年可增加星队净利润10 000 美元。

表 26-2　因投资自动售货机而带来的星队净利润的增加　（单位：美元）

售货机项目预期每年可增加的收入和费用		
每年因投资而增加的收入		84 375
减：销货成本（按销售额的60%付给售货机大王公司）		50 625
每年因投资而增加的毛利润（销售额的40%）		33 750
减：保险合约和维修成本	3 000	
折旧［（75 000−5 000）/5 年］	14 000	
增加的水电费和各种费用	350	17 350
每年因投资而增加的税前利润		16 400
减：增加的所得税（约为39%）		6 400
每年因投资而增加的净利润		10 000

大多数资本预算方法需要分析投资项目的年度净现金流量。所谓年度净现金流量是指，在某个给定年度中现金流入超过现金流出的那部分。在上述示例中，假定所有售货机所收到的都是现金，同时所有费用（除折旧外）也是立即用现金支付的。换言之，净利润和净现金流量间的差额仅仅与折旧费用相关。

因投资售货机而产生的每年预期净现金流量为 24 000 美元，其计算过程如下（单位：美元）。

每年因投资而增加的净利润	10 000
每年的折旧费用	14 000
每年因投资而发生的净现金流量	24 000

上述计算中，折旧是一项非现金支出。因此，折旧费用减少了投资项目的年度净利润，但在计算年度净现金流量时必须加回到年度净利润中。

在本示例中，自动售货机项目预期既能增加净利润，又能增加净现金流量。不过，真正要关注的问题是这些增加额是否足以证明该投资是值得的。这里，我们将采用三种不同的资本预算方法来回答这个问题。

26.1.3 回收期

回收期（payback period）是指用投资带来的年度净现金流量来完全抵偿该投资的全部成本所必需的时间。本示例的回收期可计算如下：

$$投资额 \div 估计的年度净现金流量 = 75\ 000 \div 24\ 000 = 3.125（年）$$

在对几个投资机会进行选择时，较短的回收期被认为更为理想，因为投资成本回收得越快，资金就越有可能被更快地用于其他地方。当然，较短的回收期也减少了因经济环境变化而使投资不能完全回收的风险。

然而，在进行重要的资本预算决策时，只考虑回收期因素是不够的，因为它忽略了两个重要问题：一是忽略了一项投资在其全部寿命期（示例中为 5 年）内预计的总体盈利能力和全部现金流量；二是忽略了未来现金流量的时间性问题。本章后面将对此进行深入讨论。

26.1.4 平均投资报酬率

平均投资报酬率（return on average investment，ROI）是指一项投资的平均年度净利润占平均投资额的百分比[⊖]。星队购买 10 台新的售货机的最初投资为 75 000 美元。然而，每年的折旧费用将使这些机器的账面价值减少共 14 000 美元。因为每年的净现金流量也将比每年的净利润高 14 000 美元，所以我们可以把折旧费用当作原始投资的回收。因此在任何特定时点上，星队在设备上已经投资的数额就可表示为这些机器的账面价值（即成本减去累计折旧）。

在使用直线折旧法时，一项资产的账面价值在其寿命期内均匀地减少。所以，一项资产在其寿命期内的平均账面价值就是其原始成本和其残值之和的一半。如果残值是 0，那么资产

⊖ 在第 25 章中，投资报酬率的定义是经营利润除以平均投资。在评估历史业绩时，常常采用经营利润而不是净利润来计算投资报酬率。因为投资的利息和税收并不是管理者所能控制的，所以也就不包括在投资回报率的计算中。但是，在评估未来的投资业绩时，所有相关的现金流（包括非经营性利息和税收）都必须予以考虑。

的平均账面价值（或平均投资）就简单地是其原始价值的一半。

从数学角度来说，一项资产在其寿命期内的平均投资额可以确定如下：

$$平均投资额 = （原始成本 + 残值）\div 2$$

因此在 10 台新售货机的寿命期内，星队的平均投资额为 [（75 000 + 5 000）÷ 2]，即 40 000。我们就可以计算出预计的平均投资预期报酬率：

$$估计的平均净利润 \div 平均投资额 = 10\,000 \div 40\,000 = 25\%$$

在确定是否对这 25% 的报酬率满意时，威尔逊应该考虑如下因素：售货机大王国际公司提供的利润和现金流量预测是否可靠、其他投资机会的报酬率情况，以及星队的资本成本[⊖]。在比较各种投资机会时，管理人员倾向于风险最低、报酬率最高且回收期最短的投资项目。

投资报酬率概念与回收期法有一个共同的缺陷，即都没有考虑到一项投资的**现值**（present value）取决于未来现金流量的时间性。例如，对现在的投资者而言，在投资项目寿命期后期所取得的现金流量的价值要小于同样数量但在投资项目寿命期早期所取得的现金流量的价值。显然，投资报酬率计算方法直接忽略了在投资寿命期内现金流量取得的时间先后问题。此外，投资报酬率计算方法也没有考虑到投资成本该提早付清还是在整个寿命期内分期偿付。未来现金流量贴现法则考虑了现金流量的时间性问题。

26.1.5 未来现金流量的贴现

正如本章前面所述，未来现金流量的现值是理性投资者为得到将来一定金额的权利而愿意在今天支付的金额。现值大小取决于三方面因素：①未来现金流量的金额；②投资者收到现金流量必须等待的时间长短；③投资者所要求的报酬率。所谓贴现是指确定现金流量现值或**贴现现金流量**（discounted cash flows）的过程。

本书后面的附录 B 介绍了如何使用现值表来对未来现金流量进行贴现。如果不了解现值概念或现值表，那么在学习下面内容前请先阅读本书附录 B 的内容。

为了方便起见，这里给出了附录 B 中的两张现值表。表 26-3 给出的是未来 n 期（年）后一次性收到总计 1 美元的现值。表 26-4 给出的是 1 美元年金的现值，即在未来 n 个连续年度每年收到 1 美元的现值。为了便于说明问题，这里对两张表格进行了简化，仅包括选定的贴现率和有限数量的期数。不过，这些对本章的所有练习材料来说已够用了。

表 26-3　在 n 期后支付 1 美元年金的现值^①

期数（n）	贴现率								
	1%	1.5%	5%	6%	8%	10%	12%	15%	20%
1	0.990	0.985	0.952	0.943	0.926	0.909	0.893	0.870	0.833
2	0.980	0.971	0.907	0.890	0.857	0.826	0.797	0.756	0.694
3	0.971	0.956	0.864	0.840	0.794	0.751	0.712	0.658	0.579
4	0.961	0.942	0.823	0.792	0.735	0.683	0.636	0.572	0.482

⊖ 公司的资本成本是指投资的融资成本。当投资完全采用债务融资时，资本成本就是公司所支付的借贷资金的利率。对于全部或部分依靠权益融资的投资，计算则较为复杂。关于确定公司资本成本的方法会在企业融资类课程中讨论。

（续）

期数（n）	贴现率								
	1%	1.5%	5%	6%	8%	10%	12%	15%	20%
5	0.951	0.928	0.784	0.747	0.681	0.621	0.567	0.497	0.402
6	0.942	0.915	0.746	0.705	0.630	0.564	0.507	0.432	0.335
7	0.933	0.901	0.711	0.665	0.583	0.513	0.452	0.376	0.279
8	0.923	0.888	0.677	0.627	0.540	0.467	0.404	0.327	0.233
9	0.914	0.875	0.645	0.592	0.500	0.424	0.361	0.284	0.194
10	0.905	0.862	0.614	0.558	0.463	0.386	0.322	0.247	0.162
20	0.820	0.742	0.377	0.312	0.215	0.149	0.104	0.061	0.026
24	0.788	0.700	0.310	0.247	0.158	0.102	0.066	0.035	0.013
36	0.699	0.585	0.173	0.123	0.063	0.032	0.017	0.007	0.001

① 在 n 期后支付 1 美元的现值可用以下公式计算：$p = 1/(1+i)^n$。其中，p 为 1 美元的现值，i 为贴现率，n 为未来现金流量发生的期数。表中金额保留小数点后三位，期数和贴现率也只列了一部分。许多计算器有相应的内置程序，可以在输入未来金额、期数 n 和贴现率 i 后用这些公式计算现值。

表 26-4　在 n 期内每期收入 1 美元的现值

期数（n）	贴现率								
	1%	1.5%	5%	6%	8%	10%	12%	15%	20%
1	0.990	0.985	0.952	0.943	0.926	0.909	0.893	0.870	0.833
2	1.970	1.956	1.859	1.833	1.783	1.736	1.690	1.626	1.528
3	2.941	2.912	2.723	2.673	2.577	2.487	2.402	2.283	2.106
4	3.902	3.854	3.546	3.465	3.312	3.170	3.037	2.855	2.589
5	4.853	4.783	4.329	4.212	3.993	3.791	3.605	3.352	2.991
6	5.795	5.697	5.076	4.917	4.623	4.355	4.111	3.784	3.326
7	6.728	6.598	5.786	5.582	5.206	4.868	4.564	4.160	3.605
8	7.652	7.486	6.463	6.210	5.747	5.335	4.968	4.487	3.837
9	8.566	8.361	7.108	6.802	6.247	5.759	5.328	4.772	4.031
10	9.471	9.222	7.722	7.360	6.710	6.145	5.650	5.019	4.192
20	18.046	17.169	12.462	11.470	9.818	8.514	7.469	6.259	4.870
24	21.243	20.030	13.799	12.550	10.529	8.985	7.784	6.434	4.937
36	30.108	27.661	16.547	14.621	11.717	9.677	8.192	6.623	4.993

贴现率（discount rate）可以看成投资者所要求的报酬率。因此，一项投资的未来现金流量就是为取得要求报酬率，投资者应当愿意对该投资支付的最大金额。所以，当一项投资的成本小于未来现金流量的现值时，该项投资就被认为是理想的。在这种情况下，预期的报酬率超过了投资者的要求报酬率。相反，当投资成本超过了未来现金流量的现值时，其预期报酬率就小于投资者的要求报酬率。

所用的贴现率越高，得出的现值就越低。因此，对某项投资的要求报酬率越高，投资者愿意为投资支付的数额就越少。确定某项投资现值所需的恰当贴现率（或要求报酬率）取决于投资的性质、可供选择的其他投资机会以及投资者的资本成本。

出于各种战略原因需要，许多公司会调整要求报酬率。例如，如果出于战略需要而进入某个新市场或购买某项新技术，那么管理部门可能会允许使用一个较低的报酬率。当然，对新技术之类的特定资本支出，要估计它的现金流量及发生时间可能是极其困难的。管理者知道，如果设置一个高的要求报酬率，那么这些现金流量较多地集中在后期的项目就会处于不利的状态。使用一个高的贴现率来评估那些要在若干年后才有较大现金流量的项目，就会得出一个低的净现值。

现在，我们将贴现现金流量概念应用到前面分析的示例中。假定星队对所有投资项目都要求有 15% 的投资报酬率。如图 26-1 所示，10 台售货机预期在未来 5 年内每年产生的净现金流量为 24 000 美元。表 26-4 给出了在 5 年内每年都收到 1 美元的现值：贴现率为 15% 时的现值为 3.352。因此，5 年内每年年末收到 24 000 美元的现值就是 24 000×3.352，即 80 448 美元。请注意在图 26-1 中，即便总的年金现金流量是 120 000 美元，其现值也只有 80 448 美元。

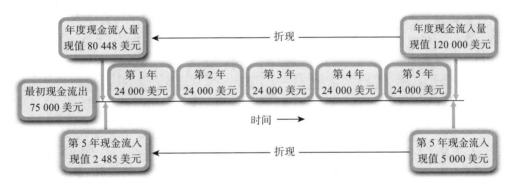

图 26-1 售货机大王国际公司现金流量的现值

除这些年度现金流量外，威尔逊预期售货机大王国际公司将会在第 5 年年末按总价 5 000 美元（机器的残值）从星队回购这些机器。如表 26-3 所示，如果按 15% 的贴现率计算，5 年后收到 1 美元的现值为 0.497 美元。因此，在第 5 年年末收到的 5 000 美元的现值就是 5 000×0.497，即 2 485 美元。运用图 26-1 中的信息，可以对投资 10 台售货机的方案做如下分析（单位：美元）。

预期年度现金流量的现值（24 000×3.352）	80 448
期末残值处理的现值（5 000×0.497）	2 485
投资的未来现金流量现值的合计	82 933
投资成本（预付项）	75 000
投资方案的净现值	7 933

上述分析表明，售货机未来现金流量的现值在贴现率为 15% 时是 82 933 美元。这也是星队在该机器项目上预期能取得每年 15% 的报酬时，对该项目所能做的最大投资金额。因为实际投资成本为 75 000 美元，所以投资这些机器有可能取得超过 15% 的报酬率。

售货机大王国际公司方案的**净现值**（net present value）是净现金流量的总现值与投资成本的差额。如果净现值等于 0，那么报酬率等于贴现率。如果净现值是正值，就意味着该投资可提供超过贴现率的报酬；如果净现值为负值，就意味着投资可能产生小于贴现率的报酬。按财务术语讲，净现值为正值的方案是可接受的，净现值为负值的方案是不可接受的。表 26-5 对这种关系进行了归纳。

表 26-5　净现值、贴现率和项目可接受性的关系汇总

净现值（NPV）	说明	项目的可接受性
NPV > 0	报酬率超过贴现率	接受
NPV = 0	报酬率等于贴现率	接受
NPV < 0	报酬率低于贴现率	拒绝

根据所做的现金流量分析，购买这批自动售货机应当是一个可接受的方案。不过，在单纯依靠数字就做出决策之前，还应考虑一些非财务因素。

例如，确定这些财务指标值时所用到的收入和费用估计数都是由售货机大王公司提供的，这些估计完全有可能是过度乐观的。而且，威尔逊对售货机大王公司的商业声誉一无所知。虽然售货机大王公司保证这些机器在每次比赛时都备有新鲜货物，在机器出现故障时会及时维修，并许诺在第 5 年年末按 5 000 美元回购这些机器，但这些保证的可靠性到底怎样呢？威尔逊有没有得到其他售货机供应商的报价呢？或者他是否已经考虑过与其他食品供应商签约，由后者在星队主场棒球比赛时提供有关服务呢？最后，也许还有许多不相关的投资机会可考虑，诸如，购买一台新的投球机、新的队服或新的赛场座椅。

> ⊙ **首席财务官**
>
> 你第一次参加关于缅因州星队事宜的管理层会议。你的工作是讨论拟议的资本预算项目，以得到管理层的批准。管理层人员包括老板（威尔逊），他习惯采用回收期和平均资产报酬率作为评价标准。不过，你还准备了净现值资料供管理层审查。威尔逊先生抱怨说，净现值资料完全是多余的，毫无必要。对此，你将如何回答呢？

26.1.6　资产重置

许多资本投资决定涉及对现存资产可能的重置。这类决定往往需要一些决策方法，包括相关信息确认、增量分析和未来现金流量贴现。此外，还应周密考虑所得税对决策的影响以及非财务因素。

1. 示例中的有关数据

为了说明问题，假设缅因州星队拥有一辆旧大客车，用于在比赛期间运送队员。这辆旧客车耗油量大，经常需要修理，没有空调，拥挤且不舒服。现有一个机会购买另一辆大客车，尽管也是旧车，但要大些，条件也好些，有空调也更省油。

表 26-6 给出了与该资本投资方案有关的财务数据。

表 26-6　缅因州星队大客车重置的分析数据　　　　　　　　　（单位：美元）

新客车的成本	65 000
旧客车的账面价值（初始成本减去累计折旧）	25 000
旧客车的现行销售价格	10 000
预计每年的运行成本（燃料、修理和保险）：	
新客车	18 000
旧客车	30 000

为简单起见，假设两辆客车都有 5 年的剩余使用期限且都没有残值。

请注意，旧客车的账面价值为 25 000 美元，但其现行销售价格仅为 10 000 美元。乍看起来，重置旧车的损失为 15 000 美元，从而似乎成为反对重置旧车的一个论据。但是旧车的成本是**沉没成本**（sunk cost），所以与决策不相关。

旧车目前的账面价值只是这辆车的沉没成本。如果旧车出售，其账面价值将冲抵销售收入。但若保留旧车，那么该账面价值将在接下来的 5 年内被陆续确认为折旧费用。因此，不管做出哪种决策，缅因州星队都要将这些成本确认为费用（或损失）。从现值观点来看，在当期确认这些沉没成本为损失也许还有一些好处，因为这样做现在就可抵扣所得税，而不是在旧客车的剩余使用期限内进行抵扣。

在决定是否重置旧客车时，缅因州星队应当确定该方案带来的增量净现金流量的现值。通过比较该现值与新客车的成本，就可以判定此方案是否能满足所要求的报酬率。

2. 确定增量现金流量的现值

为了计算购买新客车发生的年度增量现金流，必须考虑每年两种客车运行成本的节约，以及每年所得税的差额。缅因州星队每年的所得税费用会受到购买新客车的影响，原因在于每年运行费用和每年折旧费用扣减的差异（为简化计算，假设税法要求缅因州星队采用直线折旧法）。

表 26-6 中的数据显示，新客车预期每年节约 12 000 美元运行成本。然而，新客车每年的折旧费用将是 13 000（=65 000÷5）美元，而旧客车每年的折旧费用仅是 5 000（=25 000÷5）美元。折旧费用每年增加 8 000 美元意味着购买新客车后每年将增加应税收入 4 000 美元（即每年成本节约 12 000 美元减去增加的折旧费用 8 000 美元）。假定税率是 40%，那么购买新客车后每年将增加税收费用 1 600（=4 000×40%）美元。因此，购买新客车每年的增量净现金流量是 10 400 美元（节约的 12 000 美元运行费用减去增加的所得税 1 600 美元）。如图 26-2 所示，购买新客车后，经营成本中年度净现金节约的现值逐年下降。

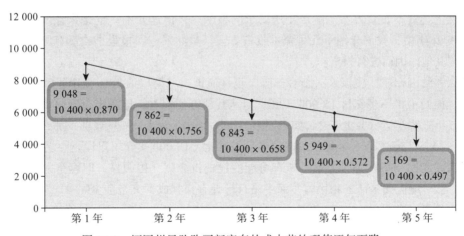

图 26-2　缅因州星队购买新客车的成本节约现值逐年下降

缅因州星队要求的资本投资报酬率是 15%。根据表 26-4 中的年金数据，不难发现每年收到 1 美元的 5 年期年金的现值是 3.352。因此，5 年中每年收到的 10 400 美元按 15% 贴现后的现值就为 34 861（=10 400×3.352）美元。除了年度现金流的现值外，还应该考虑两个其他因素：旧客车出售的收入 10 000 美元以及处置损失带来的税收节约。

因 10 000 美元出售收入可立即收到，所以其现值为 10 000 美元。15 000 美元的处置损失可产生第 1 年年末 6 000 美元的税收节约（=15 000×40%）。按照表 26-3 中的贴现乘数，6 000 美元按 15% 贴现的现值为 5 220（=6 000×0.870）美元。

3. 财务影响因素汇总

现在，我们可以确定该方案的现值了，具体内容如下（单位：美元）。

年度现金流量增量的现值	34 861
出售旧客车收入的现值	10 000
处置损失带来税收节约的现值	5 220
现值合计	50 081
减：新客车成本	65 000
净现值	（14 919）

由此可见，该方案并不能为缅因州星队带来其要求的 15% 的最小资本投资报酬率（问题：缅因州星队若想从该新客车方案中赚取 15% 的报酬率，所能支付的最高金额是多少？答案：按 15% 贴现后的现金流量现值 50 081 美元）。

> ⊙ **运输部经理**
>
> 假定你负责缅因州星队的运输工作，你刚了解到有关购买新客车的方案及所附的财务数据。你知道新客车的运行成本不是每年 18 000 美元，第 1～5 年的运行成本很有可能分别是 8 000 美元、12 000 美元、20 000 美元、24 000 美元和 26 000 美元。虽然 5 年的平均数仍为 18 000 美元，但你是否有责任指出这一事实？

4. 非财务影响因素

虽然上述资本投资方案不能产生所要求的报酬率，但这并不一定意味着被拒绝。在本章开始的表 26-1 中，我们介绍了几种资本投资方案，虽然财务回报很小或没有回报，但管理层可能会因其他原因而进行投资。

那么，缅因州星队应该购买新客车吗？也许应该。与期望的 15% 要求报酬率下支付的价格相比，他们不得不多支付 15 000 美元。但从其他方面来看，球队出行舒服多了，并且在接下来的 5 年里客车运行会更安全（如果因旧客车发生故障而错过一场球赛，那么机会成本就很大）。实际上，与新客车所能提供的非财务利益相比，15 000 美元可以说是一笔小开支了。

最后，缅因州星队是否考虑了所有可能的投资机会呢？很明显，旧客车并不只有出售一种处置办法。缅因州星队若租用客车而不是自己拥有，其成本又是多少呢？

> ⊙ **小案例**
>
> 在资本预算中，国际因素可能也是很重要的影响因素。例如，当麦当劳公司在巴西和俄罗斯进行投资时，为使餐厅经营取得成功，公司不得不战略性地进行基础设施投资。公司管理层解释道，这些必不可少的投资有着不可思议的影响，即便新兴市场的投资报酬率要低于成熟市场。在发展中国家，大量的基础设施投资是支持餐厅增长所必需的。

26.1.7 资本预算中的行为因素

资本预算的准确性与现金流量和项目寿命期的估计息息相关。然而，对于由参与资本预算的员工所做的估计，必须加以认真考虑。原因有二：一是资本预算的结果会对员工产生重大影响，所以他们的预计可能会过分乐观或过分悲观；二是资本预算需要运用来源于企业内外部的众多估计数据，所以预算过程中很容易发生错误。

之所以产生乐观或悲观的估计，常常是因为作为员工评估对象的业绩一般与公司所选择的资本投资金额和类型相关。例如，利润中心经理的分红很可能按该中心每季度利润额计算。假定该利润中心的盈利能力取决于当前运行设备的效率。对于购买新设备的资本投资项目而言，利润中心经理所提供的有关数据就可能会过分高估新设备的效率和过分低估现在设备的效率，以说服管理层购买新设备。

因为资本预算方案的选择影响到企业未来的发展方向，所以认真细致地评估和搜集数据就十分关键。大多数资本预算方案需要众多个体的参与和投入。例如，在缅因州星队的客车决策示例中，新车和旧车的购买或出售价格、新车和旧车的运行成本以及新车和旧车使用的寿命期等信息可能来自公司内外部各种渠道。经营成本信息可能来自会计师，旧车和新车的销售价格可能来自企业外部，而它们的使用寿命信息可能由机械师估计。这些估计的可靠性可能成为关键因素，会影响到许多资本预算方案的最终选择。

许多公司针对资本预算过程建立了内部控制制度，以帮助消除过分乐观或悲观的估计，并防止错误的积累。许多公司使用程序性表格工具，大额资本预算项目要求由较高层次经理的签名认可。还有许多公司要求财务部门的专家来评估并全面分析项目预计的准确性。金额最大、最重要的战略性资本投资通常需要董事会的批准。

此外，许多公司在资本预算实施过程中还会进行跟踪调查。管理人员会比较预计的开支和实际发生的安装及运行成本，以便找出计划过程中的不足。因为知道要接受**资本预算审计**（capital budget audit），所以资本预算的计划者做出过分乐观或悲观估计的可能性就会减少。正如你知道银行会审计你的存款账户余额，你也会谨慎地编制自己的开支计划。同样，如果知道资本预算计划要接受审计，那么资本预算计划者也会谨慎从事。

26.2 小结

至此，本章讨论了三种从财务方面评估资本投资机会的方法。即使企业对资本支出别无选择，研究资本投资的财务结果仍然是有意义的。

在讨论资产重置决策时，你可能注意到了所得税问题常常使分析变得复杂。所得税在很多情况下确实使经营决策复杂化，但正是税收因素决定了决策的正确性。所以，我们强调所有的财务决策者都要考虑到税收对决策的影响。

此外，我们也不可忘记非财务因素对许多经营决策的影响。企业经营必须对社会负责，因此企业需要牺牲一些盈利，特别是从短期来看。当然也请记住机会成本的概念。只有那些具有前瞻性视野、富有创新思想、具有持之以恒精神的人才经常会有更好的发现。

⊙ 伦理、欺诈与公司治理

本书每章都强调伦理、欺诈与公司治理对会计实践和企业界的日益重要性。最后一章的评论将讨论上述三个方面的最新进展。

现在，大多数公司都制定要求所有员工遵守的商业行为与伦理准则。事实上，对于在纽约证券交易所或纳斯达克上市的公众公司而言，它们都被要求必须制定其商业行为与伦理准则。不仅如此，许多公司还对员工展开与其商业行为与伦理准则有关的培训并要求员工每年书面签署遵守准则的承诺书。除此之外，正如本书先前所讨论的，上市公司被要求必须建立"举报热线"，以便员工向审计委员会匿名报告他们关注到的可疑的会计或审计事项。其实，对伦理问题的日益关注也已影响到了学术界。例如，全美各地正在讨论并实施关于要求会计专业学生修习大量伦理培训课程的建议。

最后，企业方面近年来最受关注的非公司治理莫属。第一，鉴于近年来高管薪酬方面的不良风气，美国证券交易委员会完善了关于高层薪酬情况披露的范围和透明度要求。另外，常常受机构投资者或对冲基金指责的董事会，在为高级管理人员提供高额薪酬方案时将更加谨慎，尤其是当这些补偿与业绩并不挂钩时。

第二，股东权益活动人士将继续在选择谁作为公众公司董事方面发挥更大的作用。许多股东提议，要当选为董事应获得多数股东的赞成票。一些建议已经通过。有些公司已经修改了公司章程细则或公司治理原则，要求董事候选人须获得50%以上的选票才能担任董事。

第三，公司董事会被要求实现更高标准的业绩，承担更高标准的责任。如果外部董事个人被起诉，那么就要用个人资产来解决诉讼。迪士尼公司的董事就发生了其个人被起诉的案子，他们被指控违反了监督薪酬补偿的责任，其中就包括支付给迪士尼某位前任高管的解约金。最后，越来越多的学术研究表明，任何个人若在担任公司董事期间出现财务报告方面的问题（如舞弊、再声明等），那么今后就不太可能被任命为其他公司的董事。结果，这些人赚取收入的能力就会下降。同时，这也表明市场机制可以作为法律和监管的补充，共同提高公司董事监督管理层方面的绩效。

⊙ 会计与决策

本书向你介绍了财务会计和管理会计方面的基本概念。我们深信本书将使你终身受益。不过，我们也建议你继续学习其他会计课程。

第1章介绍了会计高等教育路径委员会模型，而且在第16章进行了再次展示。按照该模型的观点，在对具有广泛社会影响的复杂经济活动进行决策的过程中，会计信息起着重要的帮助作用。由于经济活动并非总是黑白分明的，不时充斥着复杂的灰度梯度现象，所以会计专业人员必须做出基于批判性思维方法的审慎判断。本书中，我们努力按照这一模型的思想观点来建立并说明会计概念和程序。对此，图26-3进行了又一次描述。

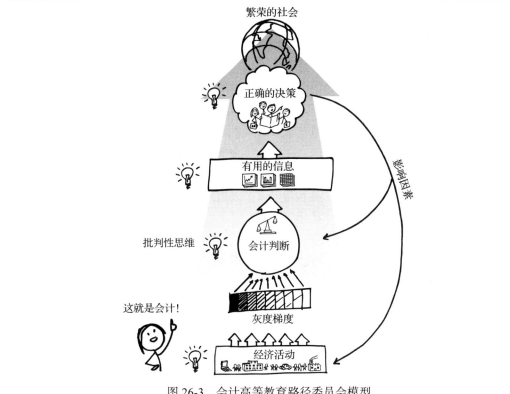

图 26-3　会计高等教育路径委员会模型

资料来源：the American Accounting Association.

　　按照会计高等教育路径委员会模型的要求，我们必须对我们原以为十分了解的会计职业做进一步研究、核实和再思考。希望本课程的学习过程也带给你回报，无论是对如今的学生，还是对我们几个曾经是学生的本书作者。现在，那就是会计！

学习目标小结

1. 解释资本投资决策的本质

　　资本投资决策一般指需要购买厂房和设备资产的项目或方案。这些决策对于企业形成长期而健康的财务状况十分关键。资本投资决策不仅需要获得企业长期经营所需的资源，而且一旦资金投入或投资项目启动，往往就很难被扭转。

2. 识别影响资本投资决策的非财务因素

　　非财务因素也许直接决定了最为合适的行动方针。非财务因素可能包括法律遵从、公司形象、员工士气以及各方面的社会责任。公司管理层必须时刻保持对这类因素的警觉。

3. 运用回收期法、投资报酬率法和现金流量贴现法评估资本投资计划

　　回收期是指一项投资的成本被它所产生的净现金流量全部抵偿所需要的时间。不过，这种投资分析没有考虑到全部寿命期和投资的总体盈利能力。

　　平均投资报酬率是指由投资产生的预计净利润占平均投资的百分比，该百分比代表了投资所赚得的报酬率。但平均投资报酬率方法的缺点是，平均预计净利润忽略了未来现金流量的时间性，所以也就没

有考虑货币的时间价值。

未来现金流量贴现可用以确定一项投资方案的净现值。具有正净现值的投资方案通常被认为是可接受的，而具有负净现值的投资方案则被认为是不可接受的。这种方法既考虑了投资的寿命期，也考虑了未来现金流量的时间性。

4. 讨论净现值与投资者的要求报酬率之间的关系

贴现率用于确定一项投资的净现值，所以也可以被看成投资者对该项目要求的最低报酬率。因此，当一项投资的净现值为正值时，其预期报酬率就超过投资者要求的最低报酬率。相反，如果净现值为负值，那么就表示该投资项目的报酬潜力要小于投资者所要求的最低报酬率。

5. 解释有关资本预算的行为问题并指出公司是如何控制资本预算过程的

在进行资本预算中的现金流量预测时，员工的行为可能表现为乐观或悲观，因为资本预算方案的选择会影响他们的未来。企业审计资本预算项目的目的是控制过度乐观或过度悲观的估计。

习题 / 关键术语

示范题

格鲁夫承包公司正在考虑购买一台新的混凝土卡车，成本为 15 万美元。公司打算使用该卡车 5 年，然后再换购一辆新车。估计该卡车在第 5 年年末的残值约为 2.5 万美元。购买卡车预计会增加的年度利润和现金流量如下（单位：美元）。

年份	增加的利润	增加的现金流量
1	10 000	37 500
2	12 000	37 500
3	14 000	37 500
4	16 000	37 500
5	18 000	37 500
	70 000	187 500

要求：

（1）计算该投资的回收期。

（2）计算该投资方案的平均投资报酬率。

（3）假定公司要求的最低报酬率是 12%，计算该投资方案的净现值。

（4）对上述结果进行评论。

答案：

（1）投资的回收期计算如下：

投资额 / 预计的年度净现金流 =
150 000/37 500 = 4（年）

（2）平均投资报酬率的计算分三步：

第一步：计算平均投资额。

（原始成本 + 残值）/2 =
（150 000 + 25 000）/2 = 87 500（美元）

第二步：计算平均预计净利润。

总利润 / 预计使用寿命 =70 000/5 =
14 000（美元）

第三步：计算平均投资报酬率。

平均预计净利润 / 平均投资 =
14 000/87 500 = 16%

（3）该投资项目净现值的计算如下（单位：美元）。

参考表 26-3	
残值按 12%、5 年贴现的现值（25 000 × 0.567）	14 175

参考表 26-4	
现金流量按 12%、5 年贴现的现值（37 500 × 3.605）	135 188
未来现金流量的现值合计	149 363
将投资的金额（预付项）	150 000
投资方案的净现值	（637）

（4）涉及投资混凝土卡车的三个指标中有两个是鼓舞人心的。第一，4 年的回收期少于卡车 5 年的预计寿命期。第二，平均投资报酬率为 16%，大于公司 12% 的最低要求报酬率。然而，净现值是 −637 美元，表明卡车的报酬率按现值方式计算，实际小于 12%。假定公司要求的最低报酬率为 10% 而不是 12%，

那么投资项目的净现值将为 7 688 美元。具体计算如下（单位：美元）。

参考表 26-3

残值按 10%、5 年贴现的现值（25 000×0.621）	15 525

参考表 26-4

现金流量按 10%、5 年贴现的现值 （37 500×3.791）	142 163
未来现金流量的现值合计	157 688
将投资的金额（预付项）	150 000
投资方案的净现值	7 688

因为卡车的净现值在贴现率为 12% 时为负值，而在贴现率为 10% 时是正值，所以卡车项目的预期报酬率介于 10% 和 12% 之间。

自测题

说明：为了尽可能多地复习各章节的知识，一些自测题不止一个正确选项，那么，你应该选出所有正确的答案。

1. 下列哪种资本预算计量方法需要对投资的未来现金流量进行贴现？
   A. 回收期法
   B. 净现值法
   C. 平均投资报酬率
   D. 上述所有的方法都需要对投资的未来现金流量进行贴现

2. 在确定是否重置旧设备时，下列方法中哪种最不重要？
   A. 与新设备有关的增量成本和收入
   B. 新设备的预计成本
   C. 旧设备的历史成本
   D. 新设备的预计残值

3. 如果一项投资方案的净现值是正值，可以得出什么结论？（给出所有正确的答案。）
   A. 所用的贴现率小于预计的投资报酬率
   B. 预计的投资报酬率超过投资者要求的最低报酬率
   C. 所用的贴现率等于投资者要求的最低报酬率
   D. 投资产生的现金流量现值超过其成本

4. 西部制造公司正在考虑两个资本预算方案，两者都有 10 年的寿命期和首期支出

50 000 美元现金。A 方案显示出比 B 方案更高的平均投资报酬率，但 B 方案显示了较高的净现值。那么：
   A. B 方案的预期现金流量趋于较早发生
   B. B 方案的总预期现金流入量较大
   C. A 方案的回收期较短
   D. 未来现金流量贴现法不要求对初始投资 50 000 美元进行回收

5. 复印中心正在考虑以一台新复印机替换旧机器，旧复印机的账面价值是 3 200 美元。购买新机器方案的贴现现金流量分析表明，预计的净现值是 2 800 美元。如果购买新机器，旧机器将无残值而只能丢弃。处置旧机器的损失将：
   A. 成为购买新机器的机会成本
   B. 大于新机器的净现值，表明不应该购买新机器
   C. 在计算出新机器的净现值 2 800 美元时，已经减去了此损失
   D. 这是一项沉没成本，与现在的决策不相关，但会影响所得税支付的时间性

讨论题

1. 什么是资本预算？为什么资本预算决策对企业拥有良好的长期财务状况至关重要？

2. 指出高层管理人员可能允许一些部门有较低要求报酬率的情况。

3. 在资本投资决策中，仅采用回收期这一种方法进行评估的主要缺点是什么？

4. 按 15% 对未来现金流量进行贴现时，得出的现值低于对同样的现金流量用 10% 贴现的现值。解释其原因。

5. 现金流量贴现时考虑了收益流的一个特点，而这在计算平均投资报酬率时是被忽略的。这个特点是什么？为什么？

6. 如果计划为一个产成品仓库安装防火喷水装置，那么该方案应该考虑哪些非财务因素？

7. 一项投资的现值取决于其未来现金流量的时间性。通过两个具体的有重大时差的投资例子来解释这一说法，并讨论这些时间性差异的影响。

8. 一家公司在设定投资方案要求的最低报酬率时，应该考虑什么因素？

9. 如果某个投资项目的回收期超过该投资的预计寿命期，而且无残值，那么该投资的净现值是正值还是负值？解释你的答案。

10. 计算平均投资报酬率所采用的预计平均净利润与计算净现值时所用的增量年度现金流量是一回事吗？解释你的答案。

11. 如果一个投资项目的净现值是0，那么这意味着什么？

12. 折旧费用不需要支付现金。然而在贴现投资的未来现金流量时，它又是一个重要的因素。请解释原因。

13. 公司可以采取什么步骤来保证员工在分析投资项目方案时，不对其成本、收入和现金流量做出过高或过低的估计？

14. 对哪些资本投资项目而言，非财务因素可能比财务因素更重要？

15. 为什么税收因素在决定是否重置一项资产时非常重要？

测试题

1. 里科－佩特里切利实业公司投资96万美元于固定资产，估计其使用寿命为10年，无残值。该资产按直线折旧法每年可增加6.4万美元的净利润。请计算其回收期并解释你的计算。

2. 布拉布利特录音室正在考虑两个投资方案（方案1和方案2）。两个方案的具体数据如下。

（单位：美元）

	方案1	方案2
投资成本	80 000	86 000
预计残值	16 000	24 000
预计平均净利润	17 280	13 750

计算两个方案的平均投资报酬率。

3. 荣美尔织物正在考虑的投资方案在使用9%的贴现率时有负的净现值50美元，而同一方案在使用8%的贴现率时，其净现值就变成正400美元。从该方案的预计报酬率可得出什么结论？

4. 霍金斯家禽养殖场正在考虑购买一台139 000美元的机器，它将在未来5年每年产生大约36 000美元的现金流量。该机器在第5年末将以40 000美元出售。霍金斯家禽养殖场要求的全部资本投资报酬率是15%。该投资方案的净现值是多少？

5. 皮特·纳恩正在考虑是否要继续一项成本为60 000美元的投资。预计增量现金流入是32 000美元，而预期增加的现金流出是17 000美元。该项目的回收期是多少？

6. 有些投资项目涉及很难估计的现金流量，而有些项目的现金流量则很容易估计。给出两个资本投资项目，其中之一的现金流量容易估计，另外一个很难估计。解释对这两种类型投资项目的评估有什么不同？为什么有些现金流量较容易估计，有些则较难评估？

7. 假定克诺尔食品公司要求的资本投资项目的报酬率是12%。生产部门提议投资一个新的制冷设备，该设备有10年寿命期，预计未来年度现金流量的现值为84 000美元。设备的初始成本为90 000美元，残值为8 000美元。该投资能达到克诺尔食品公司要求的投资报酬率吗？

8. 罗恩·贾斯帕负责管理巴特公司的一家工厂。一位设备销售员已说服罗恩，她所在公司提供的新设备对工人危险小，而且噪声水平大幅度下降。罗恩相信降低危险性和噪声水平会使员工对他们的工作更满意。罗恩一直认为，满意的员工更有生产效率。因此，在估计该新设备投资的现金流量时，罗恩考虑了提高生产率增加的现金流量因素。事实上，生产率的预计提高只能使投资净现值的估计变得乐观。至少用两个理由说明为什么对净现值的估计会乐观。

9. 库克县管理局打算购买一架小飞机来运送政府官员，希望飞机能为政府员工节省旅行费用。假定该县要求8%的回报率。如果购买成本为306 840美元并且可以在6

年后以 100 000 美元的价格出售，那么当每年节省的最低运输成本为多少时，该飞机购买方案才是可接受的？

10. 萨姆园艺中心在美国东北地区拥有多家商店。萨姆园艺中心打算投资一家网上商店。除了可以确定的现金流量，如增加的销售额、软件以及人员的初始投资成本等，还可能存在非财务因素。萨姆园艺中心应该考虑哪些非财务因素呢？

自测题答案：1. B；2. C；3. ABD；4. A；5. D。

练习题

关键术语

附录 A

家得宝公司 2018 年度财务报表

独立注册会计师事务所的报告

家得宝公司董事会及全体股东：

1. 关于合并财务报表的审计意见

我们审计了家得宝公司与其子公司截至 2019 年 2 月 3 日和截至 2018 年 1 月 28 日财务报告的合并资产负债表，截至 2019 年 2 月 3 日的三个会计年度每个年度的合并收益表、合并综合利润表、合并股东权益表和合并现金流量表以及相应的附注（这些项目合称为"合并财务报表"）。根据我们的审计，我们认为公司的合并财务报表在所有重大方面都公允反映了家得宝公司及其子公司截至 2019 年 2 月 3 日和截至 2018 年 1 月 28 日的财务状况，以及它们在截至 2019 年 2 月 3 日的三年期间各个财务年度的经营成果和现金流量，并且符合美国一般公认会计原则的规定。

按照美国公众公司会计监管委员会（PACOB）的标准，我们也审计了家得宝公司对截至 2019 年 2 月 3 日的公司财务报告的内部控制的有效性，依据的是反对虚假财务报告委员会发起人组织委员会（Committee of Sponsoring Organizations of the Treadway Commission）所发布的内部控制综合框架（2013 年）中确立的标准。据此，我们在 2019 年 3 月 28 日就家得宝公司关于财务报告内部控制的有效性出具无保留意见审计报告。

2. 出具无保留意见审计报告的理由

家得宝公司的管理层对这些合并财务报表负有责任。我们的责任是根据我们对家得宝公司的审计，就这些合并财务报表出具审计意见。作为在美国公众公司会计监管委员会备案登记的公共会计师事务所，按照美国证券法以及美国证券交易委员会和公众公司会计监管委员会的适用规则和条例，我们对家得宝公司的审计必须保持独立和公正。

我们按照美国公众公司会计监管委员会的标准来执行审计。这些标准要求我们必须通过计划和实施审计来合理判断家得宝公司的合并财务报表是否存在因错误或欺诈而发生的误述。本审计既包括评估合并财务报表是否存在因错误或欺诈而发生的误述风险的执行程序，也包括就这些风险做出应对措施的执行程序。这些程序包括对有关合并财务报表所报告的数据和披露的信息的证据进行测试和审查。此外，本审计也包括对管理层采用的会计原则和重大估计进行评估，以及对合并财务报表的整体报告情况进行评估。我们相信我们的审计工作为我们出具的意见提供了合理依据。

　　毕马威会计师事务所

　　自 1979 年以来一直负责家得宝公司的审计事务。

佐治亚州亚特兰大市

2019 年 3 月 28 日

合并资产负债表

家得宝公司 合并资产负债表		
单位：百万美元（除每股数据外）	2019 年 2 月 3 日	2018 年 1 月 28 日
资产		
流动资产：		
现金及现金等价物	1 778	3 595
应收账款净额	1 936	1 952
商品存货	13 925	12 748
其他流动资产	890	638
流动资产合计	18 529	18 933
财产和设备净值	22 375	22 075
商誉	2 252	2 275
其他资产	847	1 246
总资产	44 003	44 529
负债与所有者权益		
流动负债：		
短期债务	1 339	1 559
应付账款	7 755	7 244
应付工资及相关支出	1 506	1 640
应付销售税	656	520
递延收入	1 782	1 805
应付所得税	11	54
长期债务的本期分期付款	1 056	1 202
其他应计费用	2 611	2 170
流动负债合计	16 716	16 194
除本期分期付款外的长期债务	26 807	24 267
递延所得税	491	440
其他长期负债	1 867	2 174
负债合计	45 881	43 075
股东权益		
普通股，每股面值 0.05 美元；核准发行：100 亿股；2019 年 2 月 3 日 发行 17.82 亿股，2018 年 1 月 28 日发行 17.80 亿股；2019 年 2 月 3 日已 发行在外 11.05 亿股；2018 年 1 月 28 日发行在外 11.58 亿股。	89	89

（续）

家得宝公司 合并资产负债表		
单位：百万美元（除每股数据外）	2019 年 2 月 3 日	2018 年 1 月 28 日
实缴资本	10 578	10 192
留存收益	46 423	39 935
其他综合利润累计	（772）	（566）
库存股（以原价计）：2019 年 2 月 3 日 6.77 亿股；2018 年 1 月 28 日 6.22 亿股	（58 196）	（48 196）
股东权益合计	（1 878）	1 454
负债和所有者权益总额	44 003	44 529

注：参见合并财务报表附注。

合并收益表

家得宝公司 合并收益表			
单位：百万美元（除每股数据外）	2018 会计年度	2017 会计年度	2016 会计年度
销售净额	108 203	100 904	94 595
销售成本	71 043	66 548	62 282
毛利润	37 160	34 356	32 313
营业支出：			
销售及一般管理费用	19 513	17 864	17 132
折旧及摊销	1 870	1 811	1 754
减值损失	247	—	—
总营业费用	21 630	19 675	18 886
营业收入	15 530	14 681	13 427
利息及其他费用（收入）：			
利息及投资收入	（93）	（74）	（36）
利息费用	1 051	1 057	972
其他	16	—	—
利息及其他收入净值	974	983	936
备付所得税前收益	14 556	13 698	12 491
备付所得税	3 435	5 068	4 534
净利润	11 121	8 630	7 957
基本加权平均普通股股数	1 137	1 178	1 229
基本每股收益	9.78	7.33	6.47
稀释后加权平均普通股股数	1 143	1 184	1 234
稀释后每股收益	9.73	7.29	6.45

注：2018 会计年度包含 53 周，2017 会计年度和 2016 会计年度均包含 52 周。参见合并财务报表附注。

合并综合利润表

	家得宝公司 合并综合利润表		
单位：百万美元	2018 会计年度	2017 会计年度	2016 会计年度
净利润	11 121	8 630	7 957
其他综合收入（支出）：			
外币折算调整	（267）	311	（3）
现金流套期，税后净额	53	（1）	34
其他	8	（9）	——
其他综合收入（支出）合计	（206）	301	31
综合利润	10 915	8 931	7 988

注：2018 会计年度包含 53 周，2017 会计年度和 2016 会计年度均包含 52 周。参见合并财务报表附注。

合并股东权益表

	家得宝公司 合并股东权益表		
单位：百万美元	2018 会计年度	2017 会计年度	2016 会计年度
普通股：			
年初余额	89	88	88
员工股票计划下发行的股份数	——	1	——
年末余额	89	89	88
缴入资本：			
年初余额	10 192	9 787	9 347
员工股票计划下发行的股份数	104	132	76
股票薪酬的税收效应	——	——	97
股票薪酬支出	282	273	267
年末余额	10 578	10 192	9 787
留存收益：			
年初余额	39 935	35 519	30 973
会计变化的累计效应	75	——	——
净利润	11 121	8 630	7 957
现金红利	（4 704）	（4 212）	（3 404）
其他	（4）	（2）	（7）
年末余额	46 423	39 935	35 519
累计其他综合收入（支出）：			
年初余额	（566）	（867）	（898）
外币折算调整额	（267）	311	（3）
税后现金流套期，净额	53	（1）	34
其他	8	（9）	——

（续）

家得宝公司 合并股东权益表			
单位：百万美元	2018 会计年度	2017 会计年度	2016 会计年度
年末余额	（772）	（566）	（867）
库存股：			
年初余额	（48 196）	（40 194）	（33 194）
普通股回购	（10 000）	（8 002）	（7 000）
年末余额	（58 196）	（48 196）	（40 194）
股东权益总计	（1 878）	1 454	4 333

注：2018 会计年度包含 53 周，2017 会计年度和 2016 会计年度均包含 52 周。参见合并财务报表附注。

合并现金流量表

家得宝公司 合并现金流量表			
单位：百万美元	2018 会计年度	2017 会计年度	2016 会计年度
经营活动现金流量：			
净收益	11 121	8 630	7 957
净收益调整为经营活动净现金流：			
折旧及摊销	2 152	2 062	1 973
股票薪酬支出	282	273	267
减值损失	247	—	—
应收账款变化，净额	33	139	（138）
商品存货变化	（1 244）	（84）	（769）
其他流动资产变化	（257）	（10）	（48）
应付账款和应计费用变化	743	352	446
递延收入变化	80	128	99
应付所得税变化	（42）	29	109
递延所得税变化	26	92	（117）
其他经营活动	（103）	420	4
经营活动提供的现金净值	13 038	12 031	9 783
投资活动现金流量：			
资本支出（扣除非现金资本支出后）	（2 442）	（1 897）	（1 621）
企业收购净支出	（21）	（374）	—
销售财产设备收益	33	47	38
其他投资活动	14	（4）	—
投资活动所使用的现金净值	（2 416）	（2 228）	（1 583）
筹资活动现金流量：			
短期债务净收入（净偿还）	（220）	850	360
长期借款净收入（扣除折扣）	3 466	2 991	4 959

（续）

家得宝公司 合并现金流量表 单位：百万美元	2018 会计年度	2017 会计年度	2016 会计年度
长期债务偿还额	（1 209）	（543）	（3 045）
普通股回购额	（9 963）	（8 000）	（6 880）
销售普通股收入	236	255	218
现金股利	（4 704）	（4 212）	（3 404）
其他融资活动	（26）	（211）	（78）
融资活动所用现金净值	（12 420）	（8 870）	（7 870）
现金及现金等价物变化	（1 798）	933	330
汇率变动对现金及现金等价物的影响	（19）	124	（8）
年初现金及现金等价物	3 595	2 538	2 216
年末现金及现金等价物	1 778	3 595	2 538
补充披露：			
以现金支付所得税	3 774	4 732	4 623
扣除资本化利息后的净利息支出	1 035	991	924
非现金资本支出	248	150	179

注：2018 会计年度包含 53 周，2017 会计年度和 2016 会计年度均包含 52 周。参见合并财务报表附注。

家得宝公司合并财务报表附注

附注 1：重大会计政策汇总

1. 经营业务

作为家装零售商，家得宝及其子公司（以下简称本公司、家得宝、我们、我公司等）经销种类繁多的建筑材料、家具装饰用品、草坪及花圃用品、装潢产品等，并通过实体商店和在线提供许多服务。家得宝在美国（包括波多黎各自治邦和美属维尔京群岛与关岛）、加拿大和墨西哥从事经营业务。

2. 合并与报告

本合并财务报表包括家得宝公司及其全资子公司的经营业务。本次合并排除了所有重大的公司间交易业务。为了与当前会计年度采用的报告相一致，我们对之前会计年度的某些数据进行了重新归类。本公司的会计年度为 52 周或 53 周，截止日期为离 1 月 31 日最近的星期日。2018 会计年度包含 53 周，2017 会计年度和 2016 会计年度均包含 52 周。

3. 估计数的使用

按照美国一般公认会计原则，公司在编制财务报表时就资产与负债的报告、或有资产与负债的披露以及所报告的收入与费用金额做了许多估计与假设。实际结果可能不同于这些估计数字。

4. 现金等价物

公司把所购买的 3 个月内到期的高流动性投资都视为现金等价物。公司以公允市场价值持有现金等价物，且主要为美国货币市场基金。

5. 应收账款

本公司应收账款净额情况如下：

单位：百万美元	2019年2月3日	2018年1月28日
信用卡应收款	696	734
应收回扣	660	609
应收客户款项	284	261
其他应收款	296	348
应收账款净额	1 936	1 952

信用卡应收款包括金融机构结算信用卡和借记卡交易的付款。应收回扣为卖主的销售数量和合作广告导致的付款。应收客户款项是指在日常交易中直接对某些客户延长信用期而形成的收款。就2017会计年度和2018会计年度末的合并财务报表而言，与应收账款有关的估价准备金并不存在重大会计影响。

6. 商品存货

公司的大部分存货按照成本（先进先出法）与市价（零售定价法）孰低法计价。因为存货零售价格可经常性调整以反映市场情况，所以使用零售定价法就相当于使用市价与成本孰低法。依据成本计价法，一些子公司（包括在加拿大和墨西哥的子公司）和配送中心以成本与可变现净值孰低法对存货进行计价。这类商品存货大约占公司整体商品存货余额的29%。在每个季度末，公司都会用成本法对存货进行估价以确保按成本与可变现净值孰低法计价。2018会计年度或2017会计年度末，公司在成本法下的存货估价备抵就合并财务报告而言并不存在重大会计影响。

公司的各家分店和配送中心都会定期进行独立实物盘存或周期盘点，以确保合并报表中存货数量的准确性。存货缩水（在实存大于账存时，被称为存货膨胀）是指实存与账存记录不符。公司根据每个会计年度的实物盘存所发现的实际存货损失来计算存货缩水。在两次实物盘存之间，公司则根据估计存货损失来计算存货缩水。对盘存之间发生的存货缩水的估计按近期损失和目前经营趋势基于每家分店的跌价情况来计算。

7. 财产与设备（包括资本化的租赁资产）

对于建筑、家具、装置以及设备，公司按成本记录，并按直线法和资产的预计使用寿命计提折旧准备。租赁资产改良投资按照租赁的原始期限与改良后的使用寿命两者较低者并采用直线法进行摊销。公司的财产和设备按下列估计使用年限进行折旧。

	使用寿命
建筑	5～45年
家具、装置以及设备	2～20年
租赁资产改良	5～45年

公司对有关购买和开发软件的某些成本进行资本化。这些软件的估计使用年限为3～6年。公司采用直线法对这些成本进行摊销。不符合资本化标准的某些开发成本则被确认为费用支出。

公司每季度对可能的长期资产减值信号进行评估。长期资产减值信号包括出现存在亏损历史的当期亏损，管理层在原先估计的使用寿命期内决定搬迁或者关闭一间店面，有迹象表明资产的账面价值出现不可恢复态势等。公司对其长期资产的评估多在公司可确定的现金流量处于最低水平时进行，通常为单一店面的水平。在评估出现减值信号的店面的长期资产时，通常是将其未经贴现的现金流与账面价值进行比较。如果账面价值大于未贴现现金流，那么就按账面价值与市场公允价值估计之间的差额确认减值损失，并记录在销售、经营与管理费用（SG&A）项下。如果关闭某家租赁的店面，公司就在销售、经营与管理费用项下记录扣除预计转租收入的未来租赁负债的净现值。对2018会计年度、2017会计年度与2016会计年度的合并财务报表而言，关闭和重新开业的减值和租赁成本并不存在重大会计影响。

8. 租赁

公司在租赁发生时将租赁分为经营租赁和资本租赁。租赁协议包括某些零售商店、办公场地、仓库和分销中心、设备以及车辆。这些租赁中的绝大部分属于经营租赁。不过，某些零售商店和设备的租赁采用的是资本租赁。针对资本租赁的短期和长期债务按照到期时间长短被包括在相应的长期债务类别下。有关经营租赁的租赁费用，自对财产拥有控制权起，公司按租赁期和直线法进行费用化处理。按直线法确认的累计费用，一旦超过了累计支付款项，超过部分的费用包含在其他应计费用和其他长期负债下。2016会计年度、2017会计年度和2018会计年度的租赁费用总额中不包括那些并不重大的转租收入。

9. 商誉

商誉反映的是所购净资产的购买价格超过净资产公允价值的部分。公司虽然没有对商誉进行分摊，但的确在每个会计年度的第三季度评估商誉的可恢复性，而且如果指标允许，会经常通过确定每期报告中的公允价值与账面价值是否相符来评估。每个会计年度，我们通过评估定性因素来确定每个报告单位的公允价值是否很有可能小于其账面价值，以此作为确定是否必须完成定量减值评估的依据。公司每三年至少进行一次定量评估，而且公司最近一次定量评估是在2016会计年度进行的。

在2018会计年度，公司对美国、加拿大和墨西哥等报告单位进行了商誉可恢复性评估。公司采用定性因素分析来确定每个报告单位的公允价值是否大幅度超过该报告单位包含商誉的账面价值。因此，公司在2018会计年度、2017会计年度与2016会计年度对商誉没有计提减值费用。

单位：百万美元	2018会计年度	2017会计年度	2016会计年度
商誉的年初余额	2 275	2 093	2 102
收购[1]	4	164	—
处置	（15）	—	—
其他[2]	（12）	18	（9）
商誉的年末余额	2 252	2 275	2 093

①包括收购价格分配调整。
②主要反映的是外汇换算的影响。

10. 其他无形资产

公司对其他不确定年限的无形资产按预计使用年限进行分摊，而这些无形资产的预计使用年限最多为12年。只要指标允许，不确定年限的无形资产经常在每个会计年度的第三个季度进行损失测试。除商誉以外的无形资产包含在其他资产中。

2019年1月，因为公司维护、维修和运行（MRO）业务政策的调整，公司对一些商号确认了2.47亿美元的减值损失。2019年2月3日，公司剩余的具有确定年限和不确定年限的无形资产在会计上并不具有重大性。

11. 债务

对于发行长期债务所发生的溢价或折价，公司直接记录为对相关高级票据账面价值的增加或减少。此外，对于发行长期债务所发生的发行成本，公司也直接记录为对相关高级票据账面价值的减少。公司对溢价、折价和债券发行成本按实际利率法在对应票据的期限内进行摊销。

12. 衍生产品

公司运用衍生金融工具是为了控制长期负债的利率风险敞口及其汇率波动风险。对于被指定为套期保值工具的衍生工具，在套期保值项被确认为收益之前，根据套期保值的性质，其实际公允价值的变化或按收益处理，或按其他综合收益或损失处理。衍生品公允价值变化的任何非实际发生部分立即确认为收益。对于不符合套期保值会计的金融工具，公司按公允价值确认为未实现损益，并报告为收益。所有合格的衍生金融工具按公允价值在资产负债表中确认为资产或负债并按总额进行报告。本公司衍生金融工具的公允价值在附注4和附注7中进行讨论。

13. 保险

公司对与一般责任（包括产品责任）、工人补偿、员工团体医疗和汽车责任有关的损失实行自我保险。公司对资产负债表日发生的预计最终索赔费用（未贴现）按负债确认。公司按历史数据分析和精算估计对预计最终索赔费用进行估计。此外，公司办理了网络安全和隐私责任保险以控制因违反重要数据安全所引起的风险。与保险有关的费用包含在销售、经营与管理费用项下。

14. 库存股

库存股按成本从股东权益中扣除。公司采用加权平均购买成本来确定任何重新发行的库存股的成本。

15. 销售净额

2018年1月29日，公司按照《会计准则更新第2014-09号》（ASU No.2014-09）采用修订的追溯换算法。这样，公司的收入确认在实施此方法前后有一定的差别。更多信息请参考后面的"最近采用的会计公告"部分。

（1）2018会计年度与之后期间。

公司在顾客取得商品或接受服务之时就确认收入、预计净回报和销售税。公司根据历史回报水平来估计销售回报的负债情况，包括对毛利润的影响，而且按交易价格进行确认。此外，公司也对资产退回和相应的销售成本调整进行确认，因为公司有权恢复客户的退货，并按货物之前的账面价值减去恢复成本进行计量。在各个财务报告日，公司会对预期收益、退款责任和资产退回进行估计。

净销售额包括通过提供各种安装、家居维护与专业服务取得的服务收入。在这些项目中，顾客挑选和购买该工程的原材料，公司设计并提供专业的安装服务。这些项目通过公司店面和入户销售来提供和实施。在这些项目中，当公司提供并安排了工程的安装工作，并且分包商提供的原材料也是安装费用的一部分时，材料和人工都包含在服务收入之中。在对该客户的服务完成后，公司就确认该收入。这样做与在服务期间确认收入无实质性差异，毕竟绝大部分的服务都是在一周内完成的。

对于在商店或在线售卖的商品，收入通常在销售之时确认。对于服务产品，全部收入仅当在服务提供完成之后确认。对于公司在客户取得商品或服务提供之前所收到的款项，这些款项在销售或服务提供完成之前记录为递延收入。偿付此类债务属于履约义务，预计的最初持续时间为不超过三个月。公司也将礼品卡的销售额记为递延收入。当这些礼品卡被赎回从而实现销售净额时，公司再确认为收入。公司会估计未赎回礼品卡的余额，并按此确认为礼品卡破损收入。在2018会计年度，礼品卡破损收入并不具有会计意义上的重大性。

公司与作为第三方的服务提供商签订了协议，由对方直接向顾客提供信用并负责管理公司的PLCC计划。提供给这些客户的递延融资计划的应计递延利息费用，因这些客户使用礼品卡而由公司支付的交换费以及任何与第三方服务提供商共享的利润均包含在销售净额内。

（2）2017会计年度与2016会计年度。

公司在顾客取得商品或当服务提供之时进行扣除估计退回和销售税之后的收入确认。对于销售退回负债，包括对毛利润的影响，公司按历史退回水平进行估计。

销售净额包括通过提供各种安装、家居维护与专业服务取得的服务收入。在这些项目中，顾客挑选和购买该工程的原材料，公司设计并提供专业的安装服务。这些项目通过公司店面和入户销售来提供和实施。在这些项目中，当公司提供并安排了工程的安装工作，并且分包商提供的原材料也是安装费用的一部分时，材料和人工都包含在服务收入之中。在该客户服务完成后，公司就确认该收入。

对于公司在客户取得商品或服务提供之前收到的款项，这些款项在销售或服务提供完成之前记录为递延收入。公司也将礼品卡的销售额记为递延收入。当这些礼品卡被赎回从而实现销售净额时，公司再确认为收入。公司会估计未赎回礼品卡的余额，并按此确认为礼品卡破损收入。在2017会计年度和2016会计年度，礼品卡破损收入并不具有会计意义上的重大性。

16. 销售成本

销售成本包括：实际销货成本和提供服务的成本；从供应商处运送商品到公司配送网点、商店或客户处的成本；从公司商店或配送网点到客户处的过程中发生的包装处理和运输成本；采购和分销网络以及在线物流营运中心的经营成本和折旧。在2017会计年度和2016会计年度，销售成本也包括PLCC计划下递延利息项目的成本。

17. 信贷费用

公司与第三方服务提供商签订了合约，由对方直接向顾客提供信贷、负责管理公司的PLCC计划并拥有相关应收账款。公司对拥有该计划下应收账款的第三方企业进行了评估，认为其业务不应并入公司。公司与主要第三方服务提供商间关于PLCC计划的协议将于2028年到期。不过，公司有权（而非义务）选择在协议期满后购买这些应收账款。在2018会计年度及之后的会计年度，因公司向顾客提供递延利息项目而发生的递延利息费用包含在销售净额中；在2017会计年度和2016会计年度，这些递延利息费用包含在销售、经营与管理费用（SG&A）中。递延利息费用、交换费用和任何分享的利润被称为公司PLCC计划的信贷费用。

18. 供货商补贴

公司目前收到两种类型的供应商补贴：数量折扣和供货商产品促销的广告合作补贴。数量折扣是指达到一定的销售量后的返利，而供货商产品促销的广告合作补贴则以最低保证销量加额外销量为基础来计算。所有的供应商补贴计为收益。因完成某个采购数量水平而收到的补贴则按估计购买量在奖励期内入账。数量折扣和广告合作补贴在取得时先记为存货的减少，待相关产品出售后，再记为销售成本的减少。

因为某些广告合作补贴是对因销售供货商产品而发生的可确认的具体成本增加的支付，所以公司赚得的广告合作补贴被记作销售、经营与管理费用下广告费用的抵消项。2016 会计年度、2017 会计年度和 2018 会计年度，公司的广告合作补贴情况如下。

单位：百万美元	2018 会计年度	2017 会计年度	2016 会计年度
可确认的具体成本增加	235	198	166

19. 广告费用

当广告首播时，公司就在支出电视和广播广告的制作费用以及媒体投放成本。某些广告合作补贴记为广告费用抵消项。全部广告费用记在销售、经营与管理费用下，具体如下。

单位：百万美元	2018 会计年度	2017 会计年度	2016 会计年度
广告费用总额	1 156	995	955

20. 股票薪酬

目前，公司获准发行激励性非法定期权、股票升值分红权、限制性股票、限制性股票单位、业绩股票、业绩股票单位和递延股份，且发放对象为某些股票激励计划下的一些员工、管理人员和董事。对于授予员工和董事的所有股票薪酬的费用，公司按估计公允价值进行计量和确认。最终要授予的股票薪酬的部分价值，在要求的服务期内或在限制解除日确认为股票薪酬费用。附注 8 中给出了关于公司股票薪酬的更多信息。

21. 所得税

所得税采用资产负债法进行核算。针对联邦、州和国外的当期应付所得税，以及因财务报表报告收入时间与财务报表税收支出发生时间之间存在差异而引起的递延费用，公司都拨付了准备金。递延所得税资产和负债被确认为是未来税收的结果，而这归因于财务报表上现有资产负债的账面价值与各自税基之间存在的暂时性差异。递延所得税资产和负债使用规定的所得税税率计算，该税率适用于那些临时差异在未来几年会得到弥补或解决的应税收入。所得税税率改变的影响被确认为包括通过日在内的未来一段时间的收入或费用。

只有当所得税头寸持续存在时，公司才确认所得税头寸的纳税影响。对于需要确认纳税影响的所得税头寸的计量，按大于其可能实现金额 50% 的最大金额计量。对纳税变化的确认或计量反映在变化得以确认发生的当期。

公司提交了一份合并联邦所得税申报表，其中包括一些符合资格的子公司。出于财务报告目的而合并的非美国子公司及某些美国子公司则不包括在公司的合并联邦所得税申报表中。公司为这些经济实体单独确定所得税准备金。对于非美国子公司的未汇回收益，出于税收目的，公司必须明确是用于再投资还是汇回国内。对于并未明确决定进行永久性再投资的任何收益，公司对递延税收进行准备金确定。对于明确决定进行永久性再投资的任何收益，公司不进行准备金确定。更多讨论参见附注 5。

22. 综合利润

综合利润是对某些利得和损失按美国一般公认会计原则进行扣除后的净收益，主要涉及的是外币换算调整情况。

23. 外币换算

以外币计价的资产和负债按照报告期最后一天的市场汇率换算为美元。收入和支出一般按照该期间的平均汇率进行换算，股权交易则按照交易当日的实际汇率进行换算。

24. 重新分类

对之前会计年度的某些数字进行了重新分类以便与当前会计年度采用的报表表述相一致。有关所采用的最新会计标准的讨论，参见下面的"最近采用的会计公告"部分。

25. 最近采用的会计公告

（1）《会计准则更新第 2016-16 号》（ASU No.2016-16）。

2016 年 10 月，财务会计准则委员会颁布了《会计准则更新第 2016-16 号》，即"所得税（740 号主题）：会计实体内存货以外资产的调拨"。该准则要求会计实体对于实体内公司之间发生的存货以外资产的调拨的所得税影响进行确认。当存货出售给第三方时，会计实体仍要对实体内公司之间发生的存货调拨的所得税影响进行确认。

2018 年 1 月 29 日，公司开始实施《会计准则更新第 2016-16 号》，并采用修正的追溯过渡法，因此对公司合并财务报表不产生影响。基于持续经营的假设，公司预计实施该准则对公司的财务状况、经营成果和现金流不会产生重大影响。

（2）《会计准则更新第 2014-09 号》（ASU No.2014-09）。

2014 年 5 月，财务会计准则委员会颁布了有关收入确认的《会计准则更新第 2014-09 号》，即"客户合同收入（606 号主题）"。根据该准则，当客户取得承诺的货物或服务时，如果会计实体取得了通过交换获得的预期金额，那么就应当确定为收入。此外，该准则要求披露客户合同项下的收入和现金流的性质、数量、取得时间和不确定性。2018 年 1 月 29 日，公司开始实施《会计准则更新第 2014-09 号》，并采用修正的追溯过渡法。

为了准备实施该准则，公司在完成重要会计评估之后施行内部控制，并对合理确认和报告相关财务信息的流程进行了更新。基于这些工作，公司认为实施《会计准则更新第 2014-09 号》将使以下事项的报告发生变化：①与 PLCC 计划（现按销售净额确认）有关的某些费用和成本支付；②与向顾客出售礼品卡（现按经营费用确认）有关的某些费用；③礼品卡破损收入（现按销售净额确认）。我们同时公司对礼品卡破损收入的确认变为按赎回发生时的一定比例进行确认，而不再按历史赎回模型处理。

此外，《会计准则更新第 2014-09 号》的实施要求公司对销售退回补贴按总额而不是按净负债进行确认。这样，公司目前按以下方式进行确认：①把客户收回退回货物的权利确认为退回资产，按货物之前的账面价值减去预期恢复费用进行计量（记录为其他流动资产的增加）；②把预期退回确认为退回负债（记录为其他应计费用的增加和净应收账款的减少）。

公司只对在 2018 会计年度之前未完成履行的合同实施《会计准则更新第 2014-09 号》。最初应用《会计准则更新第 2014-09 号》的累计影响包括递延收入减少 0.99 亿美元、递延所得税增加 0.24 亿美元（包含在长期负债中），以及截至 2018 年 1 月 29 日的留存收益期初余额增加 0.75 亿美元。之前可比会计年度的信息仍然按这些期间的实际会计标准进行报告。基于持续经营的假设，公司预计实施该准则对公司的财务状况、经营成果和现金流不会产生重大影响。

除了上述资产负债表调整对期初余额的影响外，实施《会计准则更新第 2014-09 号》对公司截至 2018 年 1 月 29 日的合并资产负债表的影响如下。

单位：百万美元	报告的数据	实施《会计准则更新第 2014-09 号》的影响	排除实施《会计准则更新第 2014-09 号》的影响
应收账款净值	1 936	（40）	1 976
其他流动资产	890	256	634
其他应计费用	2 611	216	2 395

实施《会计准则更新第 2014-09 号》对公司 2018 会计年度合并收益表的影响如下：

单位：百万美元	报告的数据	实施《会计准则更新第 2014-09 号》的影响	排除实施《会计准则更新第 2014-09 号》的影响
销售净额	108 203	216	107 987
销售成本	71 043	（382）	71 425
毛利润	37 160	598	36 562
销售、经营与管理费用	19 513	598	18 915

26. 最近颁布的会计公告

（1）《会计准则更新第 2018-15 号》（ASU No.2018-15）。

2018 年 8 月，财务会计准则委员会颁布了《会计准则更新第 2018-15 号》，即"无形资产－商誉及其他－内部使用软件（350-40 号子主题）：客户关于服务合同类云计算协议中所发生的实施成本的会计处理"。按照该准则，对托管安排下发生的实施成本资本化处理要求与对开发或购买内部使用的软件所发生的实施成本资本化处理要求实现了统一。公司计划在 2020 会计年度第一季度开始实施《会计准则更新第 2018-15 号》。目前，公司正在评估实施该准则对公司合并财务报表和相关信息披露产生的影响。

（2）《会计准则更新第 2018-02 号》（ASU No.2018-02）。

2018 年 2 月，财务会计准则委员会颁布了《会计准则更新第 2018-02 号》，即"利润表－综合利润的报告（220 号主题）：累计其他综合所得某些税收效应的重新分类"。该准则容许将累计其他综合所得重新分类为留存收益，从而享有《税收法案》下的标准税收影响。公司计划在 2019 会计年度第一季度开始实施《会计准则更新第 2018-02 号》，但也可以选择提前实施。公司可以采用两种过渡办法：在实施期初进行确认，或者回溯到按《税收法案》下的税收影响被确认为累计其他综合所得项目的各期进行调整。公司将在 2019 会计年度第一季度实施这一标准，并在实施期初进行调整。目前，公司已就实施《会计准则更新第 2018-02 号》对公司合并财务报表和相关信息披露与附注的影响进行了评估。

（3）《会计准则更新第 2017-12 号》（ASU No.2017-12）。

2017 年 8 月，财务会计准则委员会颁布了《会计准则更新第 2017-12 号》，即"衍生品和套期保值（815 号主题）：关于套期保值业务会计处理的针对性改进"。该准则对套期保值的会计确认和报告要求进行了修正。《会计准则更新第 2017-12 号》取消了关于确认现金流和投资性对冲净额等经常性套期保值无效性的概念，并且容许会计实体对利率风险的部分项公允价值套期保值采用简捷法。公司将在 2019 会计年度第一季度实施这一标准，而且容许在更新准则颁布后的任何会计期内提前实施。目前，公司已就实施《会计准则更新第 2017-12 号》对公司合并财务报表和相关信息披露与附注的影响进行了评估，认为在会计上无重大影响。

（4）《会计准则更新第 2017-04 号》（ASU No.2017-04）。

2017 年 1 月，财务会计准则委员会颁布了有关收入确认的《会计准则更新第 2017-04 号》，即"无形资产－商誉及其他（350 号主题）：简化对商誉折损的测试"。该准则对会计实体如何开展商誉折损测试的要求做了简化。根据《会计准则更新第 2017-04 号》修订后的要求，对商誉折损的计量可以采用报告单位账面价值和公允价值之间的差额，而且规定所确认的损失不得超过分配到该报告单位的商誉总额。《会计准则更新第 2017-04 号》的应用应该以前瞻性为基础。为此，公司将在 2020 会计年度第一季度开始的对年度商誉折损的测试中实施这一准则。不过，也容许选择提前实施。目前，公司已就实施《会计准则更新第 2017-04 号》对公司合并财务报表和相关信息披露与附注的影响进行了评估，认为在会计上无重大影响。

（5）《会计准则更新第 2016-02 号》（ASU No.2016-02）。

2016 年 2 月，财务会计准则委员会颁布了有关收入确认的《会计准则更新第 2016-02 号》，即 "租赁（842 号主题）"。《会计准则更新第 2016-02 号》确立了使用权模型并要求作为承租人的会计实体对资产负债表中的租赁项目确认使用权资产和负债。《会计准则更新第 2016-02 号》还要求针对来自租赁的现金流披露其发生的金额、时间以及不确定性等信息。租赁的分类包括融资租赁和经营租赁，且会影响利润表中费用类型的确认。公司将自 2019 年 2 月 4 日（生效日期）起施行这一新准则。

随后不久，《会计准则更新第 2016-02 号》先后在以下准则中进行修正：《会计准则更新第 2018-01 号》（ASU No.2018-01），即 "为过渡到 842 号主题的土地地役权实务变通方法"；《会计准则更新第 2018-10 号》（ASU No.2018-10），即 "针对 842 号主题的编目改进"；《会计准则更新第 2018-11 号》（ASU No.2018-11），即 "针对性改进"。根据《会计准则更新第 2016-02 号》以及相关更新准则的要求，会计实体应该实施修正式回溯过渡并考虑过渡的累积效应，包括对截至实施日或所报告的最早可比期初的现有经营租赁的租赁资产和负债进行确认。这些更新准则为会计实体在过渡期和实施期提供了众多可挑选的实务变通方法。

公司在实施该准则时采用修正式回溯过渡法，对截至实施日留存收益期初余额的累积效应进行调整。公司计划挑选过渡期一揽子实务变通方法，从而不用对之前关于租赁识别、租赁分类和实施新准则前开始发生的租赁的初始直接费用的结论进行重新评估。公司不准备挑选那些事后诸葛亮式或土地地役权式的实务变通方法。此外，公司准备挑选现行的实务变通方法，包括选择不对有着 12 个月或更短的原始期限的租赁事项进行使用权资产和租赁负债的确认。

公司认为《会计准则更新第 2016-02 号》的实施会对公司的合并资产负债表产生重大影响，原因在于准则要求在准则施行后对使用权资产和租赁负债进行确认。按照公司的估计，准则施行后，公司的总资产和总负债会增加大约 60 亿美元。这一估计在准则正式施行后可能会发生变化，原因在于租赁组合在准则施行前会有所改变。因此，公司认为《会计准则更新第 2016-02 号》的施行不会对公司的经营成果、股东权益或现金流产生重大影响。

公司经评估选择了新的租赁会计制度，而且目前正在将租赁数据汇总并输入处理系统。公司将继续对内部控制框架进行评估，包括对相关流程、控制和系统的调整，以便明确《会计准则更新第 2016-02 号》施行后需要进行的必要调整。

这里不讨论那些尚未明确要实施的最新会计公告。原因在于公司不适用这些公告，或是这些公告对公司不构成重大影响。

附注 2：销售净额和分部报告

目前，公司主要在美国、加拿大和墨西哥开展零售经营，且每个地区构成了公司的一个经营分部。公司经营分部的决策和资源分配均要运用内部报告的财务信息。为了便于了解这些披露的信息，这里将三个经营分部汇总到一个可报告的分部，毕竟它们在经营和财务特征以及企业管理方式上具有相似性。

每个经营分部的资产主要是财产与设备净值以及商品存货。公司按地理分类的长期资产情况如下。

单位：百万美元	2019 年 2 月 3 日	2018 年 1 月 28 日	2017 年 1 月 29 日
长期资产——美国	19 930	19 526	19 515
长期资产——美国以外	2 445	2 549	2 395
长期资产总计	22 375	22 075	21 914

在过去三个会计年度中的任何一个年度，公司出售给单个客户所得的销售额均不超过公司收入的 10%。公司按地理分类的销售净额情况如下。

单位：百万美元	2018 会计年度	2017 会计年度	2016 会计年度
销售净额——美国	99 386	92 413	86 615
销售净额——美国以外	8 817	8 491	7 980
净销售额	108 203	100 904	94 595

家得宝公司若干会计年度的财务数据					
单位：百万美元（每股数据或另有说明的除外）	2018	2017	2016	2015	2014
收益表数据					
销售净额	108 203	100 904	94 595	88 519	83 176
销售净额增加（%）	7.2	6.7	6.9	6.4	5.5
备付所得税前利润	14 556	13 698	12 491	11 021	9 976
净利润	11 121	8 630	7 957	7 009	6 345
净利润增加	28.9	8.5	13.5	10.5	17.8
稀释后每股收益	9.73	7.29	6.45	5.46	4.71
稀释后每股收益增加（%）	33.5	13.0	18.1	15.9	25.3
稀释后普通股加权平均数	1 143	1 184	1 234	1 283	1 346
毛利率：占销售额百分比（%）	34.3	34.0	34.2	34.2	34.1
经营费用总额：占销售额百分比（%）	20.0	19.5	20.0	20.9	21.5
净利润：占销售额百分比（%）	10.3	8.6	8.4	7.9	7.6
资产负债表数据及财务比率					
总资产	44 003	44 529	42 966	41 973	39 449
营运资本	1 813	2 739	3 591	3 960	3 589
商品存货	13 925	12 748	12 549	11 809	11 079
财产与设备净值[①]	22 375	22 075	21 914	22 191	22 720
长期负债（不包括本期分期付款）	26 807	24 267	22 349	20 789	16 786
股东（亏损）权益	（1 878）	1 454	4 333	6 316	9 322
总债务权益比率（%）	（1 550.0）	1 858.9	544.7	335.9	183.6
存货周转率	5.1x	5.1x	4.9x	4.9x	4.7x
现金流量表数据					
折旧及摊销	2 152	2 062	1 973	1 863	1 786
资本支出	2 442	1 897	1 621	1 503	1 442
其他关键指标					
投入资本报酬率（%）	44.8	34.2	31.4	28.1	25.0
每股现金股利	4.12	3.56	2.76	2.36	1.88
门店总数	2 287	2 284	2 278	2 274	2 269
会计年度末卖场面积	238	237	237	237	236
可比商店销售额增加（%）[②]	5.2	6.8	5.6	5.6	5.3

（续）

家得宝公司若干会计年度的财务数据					
单位：百万美元（每股数据或另有说明的除外）	2018	2017	2016	2015	2014
每平方英尺销售额[3]	446.86	417.02	390.78	370.55	352.22
客户交易数量[4]	1 621	1 579	1 554	1 501	1 442
平均客单价[5]	65.74	63.06	60.35	58.77	57.87
会计年度末联营公司数目（单位：千家）	413	413	406	385	371

注：2018会计年度包含53周。其余会计年度包含52周。阅读本信息时应当结合"管理层讨论与分析"部分以及公司的合并财务报表和相关附注。

[1]包括资本租赁。

[2] 2017、2016、2015和2014各会计年度的计算不包括2015会计年度收购的Interline企业的经营成果。

[3][4][5]不包括2015会计年度收购的Interline企业的经营成果。

附 录 B

货币的时间价值：现值和终值

- 解释货币的时间价值。
- 描述现值与终值之间的关系。
- 解释决策者运用货币时间价值的三种基本方法。

- 计算终值以及积累一定终值所需要的投入。
- 计算未来现金流量的现值。
- 讨论现值概念在会计中的应用。

B1　概念介绍

货币的时间价值（time value of money）是最为基本也是最为重要的投资概念之一。货币的时间价值是基于这样的理念：今天可用的一定数额货币通过投资可在未来积累起更大数额的货币。因此，今天可用的一笔钱在价值上可以被看作相当于未来某个日期一笔数量更大的钱。

这里，今天可用的一笔钱被称为现值（present value），在未来某个日期可收到或应支付的金额就被称为终值（future amount）。

例如，假定你存500美元于投资账户，可赚得年利率为8%的利息。因此，未来4年的每年年末，你的投资账户的余额就会如图B-1所示。

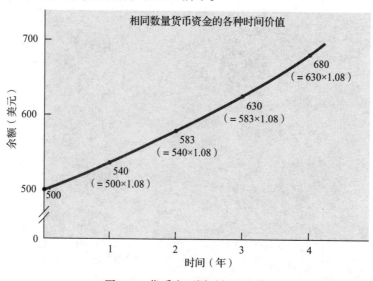

图 B-1　货币在不同时间的价值

这些余额代表了 500 美元投资的各种时间价值。在第一次开设此账户时，你的投资现值仅有 500 美元，但随着时间的推移，投资的价值逐渐增加到图 B-1 中的各个终值中。

B1.1 现值与终值的关系

现值和终值之间的差额就是"利息"，它包括在终值之中。如前所述，我们已经观察了利息随时间推移而逐渐增加的过程。所以，现值与终值间的差额取决于两个因素：①利率——现值按此数额增加；②时间的长短——利息在此期间进行积累（注意，在图 B-1 中，未来日期越久远，终值数额就越大）。

1. 现值随时间推移而不断变化

投资的现值逐渐增加，直到等于终值。事实上，一旦到了未来某个日期，那么过去的终值就成了投资的现值。例如在第 1 年年末，540 美元就不再是终值，而是你投资账户的现值。

2. 基本概念（可用不同方式表述）

值得注意的是，这里投资账户的现值总是小于其终值。货币的时间价值就是建立在这一思想之上的。不过，这一思想经常可用不同方式来加以表述，例如：

- 现值总是小于相应的终值。
- 终值总是大于相应的现值。
- 今天可用的 1 美元总比未来日期可用的 1 美元更值钱。
- 未来日期可用的 1 美元没有今天可用的 1 美元值钱。

请仔细阅读这些表述。这四种表述其实反映的是同一思想，即现值"等价"于未来日期一个更大的数额。这也就是货币时间价值的意思所在。

B1.2 复利

现值和终值之间关系的一个假设前提就是投资所赚得的利息不是被取出，而是被用于再投资。这个假设概念就是所谓的复利（compounding the interest）。复利计算有一个有趣的效应。利息的再投资致使每期的"投资金额"增加，继而在每一后续期间赚得更多的利息。在较长的时间里，如果一项投资按复利计算，那么该投资的数额就会持续增加，直至达到一个惊人巨大的金额。

> ⊙ 小案例
>
> 1626 年，据说彼得·米纽特从一群印第安人那里用价值 24 美元的"玻璃球、布匹和小装饰品"买到曼哈顿岛。该事件经常被形容为一桩不可思议的交易，甚至可以说是一次欺骗。不过，如果印第安人将这 24 美元用于投资以赚取按每年 8% 的复利计算的利息，那么他们今天就会有足够多的钱买回整座曼哈顿岛并连同岛上的一切。

B1.3 货币的时间价值概念的应用

投资者、会计师及其他决策者会按 3 种基本方式来应用货币的时间价值概念。下面对这些应用进行了汇总并给出了一些典型的事例。

- 应用一：确定一项投资随着时间的推移所能积累的金额。例如，如果每年投资 5 000 美元，且每年的回报率为 10%，那么 10 年后可积累到多少钱？
- 应用二：确定每期须投资多少才能积累到所要求的某个未来金额。例如，如果计划要在接下来的 20 年内积累起 2 亿美元的债券偿债基金（bond sinking fund），那么每年必须向该基金存入多少钱（假定基金资产每年可获得 8% 的回报）？
- 应用三：确定未来将产生的预计现金流量的现值。例如，假定对投资的要求回报率为 15%，如果计划购买一台未来 10 年里每年可节省 20 000 美元生产成本的新机器，那么现在可承受的最高价格是多少？

这里先介绍用于解决上述问题的分析框架。

B2 终值

简言之，终值就是现值积累一段时间后的金额。如前所述，现值与相关终值间的差额取决于两个因素：①利率；②现值积累所经历的时间。

如图 B-1 中的曲线所示，我们可从现值着手用一系列乘法来计算出终值。不过，这里有更快捷而简便的方法。例如，许多财务计算器都设置了可计算终值的程序，只要输入现值、利率和期间数即可。另一种方法就是使用如表 B-1 所示的"终值表"。

表 B-1　1 美元的终值

	终值表 1								
	n 期后 1 美元的终值								
期间数 (n)	利率								
	1%	1.5%	5%	6%	8%	10%	12%	15%	20%
1	1.010	1.015	1.050	1.060	1.080	1.100	1.120	1.150	1.200
2	1.020	1.030	1.103	1.124	1.166	1.210	1.254	1.323	1.440
3	1.030	1.046	1.158	1.191	1.260	1.331	1.405	1.521	1.728
4	1.041	1.061	1.216	1.262	1.360	1.464	1.574	1.749	2.074
5	1.051	1.077	1.276	1.338	1.469	1.611	1.762	2.011	2.488
6	1.062	1.093	1.340	1.419	1.587	1.772	1.974	2.313	2.986
7	1.072	1.110	1.407	1.504	1.714	1.949	2.211	2.660	3.583
8	1.083	1.126	1.477	1.594	1.851	2.144	2.476	3.059	4.300
9	1.094	1.143	1.551	1.689	1.999	2.358	2.773	3.518	5.160
10	1.105	1.161	1.629	1.791	2.159	2.594	3.106	4.046	6.192
20	1.220	1.347	2.653	3.207	4.661	6.727	9.646	16.367	38.338
24	1.270	1.430	3.225	4.049	6.341	9.850	15.179	28.625	79.497
36	1.431	1.709	5.792	8.147	15.968	30.913	59.136	153.152	708.802

B2.1 图表法

终值表说明了在假定投资能赚得表中任意水平利率的情况下 1 美元在一段时间后所能累积到的金额数。这里，终值表主体中列示的金额被称为"因子"（factor），而不是"金额数"。

为了计算出大于 1 美元的现值的终值，只要简单地将此现值乘以终值表中对应的"因子"。这里的计算公式为：

终值＝现值 × 因子（来自终值表1）

下面采用如图 B-1 所示的投资账户数据来说明这种方法。该账户开始时的现值为 500 美元，投资的年利率为 8%。因此，该账户在以后 4 年中每年的终值数额按复利可计算如下（计算结果保留到整数）。

年份	终值（美元）	计算（利用表 B-1 的终值表）
1	540	$500 \times 1.080 = 540$
2	583	$500 \times 1.166 = 583$
3	630	$500 \times 1.260 = 630$
4	680	$500 \times 1.360 = 680$

终值计算相对来说较为容易，但更有意义的一个问题是：如果要积累到所需的某个终值，那么今天必须投资多少呢？

这里，通过举例来说明所需投资的计算。假设在第 1 年年初，都市回收公司同意到第 5 年年末为其雇员建立一个公司全额出资的养老金计划。经估计，该养老金计划需要 500 万美元。那么，都市回收公司今天（第 1 年年初）必须投资多少钱于该计划，才能在第 5 年年末积累起所需要的 500 万美元？这里假定投入该基金的款项能赚得 8% 的年报酬率。

现在，我们再次采用前面所介绍的计算公式：

终值＝现值 × 因子（来自终值表1）

在本例中，终值是 500 万美元。要求的是计算当投资利率为 8% 时，为在 5 年中积累起 500 万美元，现在需要的现值。为确定该现值，对上面的公式进行如下变形：

现值＝终值 ÷ 因子（来自终值表1）

根据终值表1，查找"期间数 5 年"和"利率 8%"的交叉处可得到因子为 1.469。因此，公司在第 1 年年初所需要的投资金额为 3 403 676（＝5 000 000 ÷ 1.469）美元。按 8% 的报酬率计算，该投资金额在第 5 年年末可积累到所需的 500 万美元（参见图 B-2）。

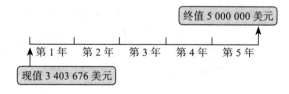

图 B-2 一次性投资的终值

B2.2 年金终值

在很多情况下，投资者会进行多次投资付款，而不只是付款一次。例如，假定在未来 5 年内，你计划每年年末存 500 美元到投资账户。若每年年利率均为 8%，那么你的投资账户在第 5 年年末有多少余额呢？如表 B-2 所示的年金终值表可帮助解决这一问题。该年金终值表给出了 1 美元普通年金的终值。这里的 1 美元普通年金是指在每个期间末各支付 1 美元。

表 B-2　普通年金的终值

终值表 2
每期支付 1 美元经 *n* 期后的终值

期间数（*n*）	利率								
	1%	1.5%	5%	6%	8%	10%	12%	15%	20%
1	1.000	1.000	1.000	1.000	1.000	1.000	1.000	1.000	1.000
2	2.010	2.015	2.050	2.060	2.080	2.100	2.120	2.150	2.200
3	3.030	3.045	3.153	3.184	3.246	3.310	3.374	3.473	3.640
4	4.060	4.091	4.310	4.375	4.506	4.641	4.779	4.993	5.368
5	5.010	5.152	5.526	5.637	5.867	6.105	6.353	6.742	7.442
6	6.152	6.230	6.802	6.975	7.336	7.716	8.115	8.754	9.930
7	7.214	7.323	8.142	8.394	8.923	9.487	10.089	11.067	12.916
8	8.286	8.433	9.549	9.897	10.637	11.436	12.300	13.727	16.499
9	9.369	9.559	11.027	11.491	12.488	13.579	14.776	16.786	20.799
10	10.462	10.703	12.578	13.181	14.487	15.937	17.549	20.304	25.959
20	22.019	23.124	33.066	36.786	45.762	57.275	72.052	102.444	186.688
24	26.974	28.634	44.502	50.816	66.765	88.497	118.155	184.168	392.484
36	43.077	47.276	95.836	119.121	187.102	299.127	484.463	1 014.346	3 539.009

为了得出大于 1 美元的普通年金的终值，只要简单地将表中显示的因子乘以定期支付的数额即可。其计算公式如下：

年金终值 = 定期支付金额 × 因子（来自终值表 2）

在本例中，查找表 B-2 中"期间数 5 年"和"利率 8%"的交叉处可得到因子为 5.867。再将这个因子乘以定期支付金额 500 美元，就可得到投资账户在第 5 年年末的累积余额为 2 934（=500×5.867）美元。因此在接下来的 5 年里，如果每年年末投资 500 美元于投资账户，你就可在第 5 年年末积累到 2 934 美元。

计算一项投资的终值有时虽然十分必要，但许多经营和会计问题需要我们确定的是：为积累起一笔所需要的未来数额，每期应该支付多少钱？

这里，通过举例来说明每期所需投资的计算。假定超级技术公司需要积累 1 000 万美元的债券偿债基金，以偿还今后 5 年的应付债券。该债券契约要求该公司在今后 5 年每年年末向基金支付等额款项。假定该基金每年可赚得 10% 的利息，则需要定期支付多少钱？为了解答这个问题，我们简单地将下列计算年金终值的公式进行变形：

年金终值 = 定期支付金额 × 因子（来自终值表 2）

在本例中，超级技术公司需要积累起 1 000 万美元的终值。现在我们需要知道的是当投资的年利率为 10% 时，要积累起这样一笔未来金额所需定期支付数的金额。计算时，对前述公式做如下调整：

定期支付金额 = 年金终值 ÷ 因子（来自终值表 2）

由此可得，每期所需支付数为 1 638 000（=10 000 000÷6.105）美元。如果在以后 5 年的每年年末支付 1 638 000 美元，并按年利率 10% 计算利息，那么该债券偿债基金就可积累到 1 000 万美元（参见图 B-3）。

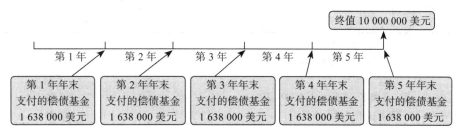

图 B-3 分期投资的终值

B2.3 小于 1 年的利息期

在计算终值时，我们都假定利息是付讫的（按复利），或是每年计算利息。因此，在利用终值表时我们所用的都是按年计的期间和利率。投资或利息可能会以更频繁的方式进行支付，如按月、按季度或按半年期计。前面的终值表也可应用于这类付款期的计算，只是利率必须是相应期间的利率。

例如，假定每月 1 次、分 24 次向某基金进行投资，投资的年利率是 12%。要确定该投资的终值，我们将该投资的月度支付额乘以从年金终值表中得到的因子。这里，要查找期间数为 "24"、利率为月利率 "1%" 的交叉处的因子。其中，1% 是将年利率 12% 除以 12 个月后得到的月利率。

B3 现值

如前所述，现值是将来要收到的资金在 "现在" 的价值。虽然现值在经营和会计上有许多应用，但若从投资机会评估的视角来考虑，就相当容易理解了。从这个视角来说，现值是一个理性投资者为获得在未来收到预期现金的权利而在今天所付出的金额。现值总是小于终值，因为投资者预期能赚得投资报酬。未来收到的现金超过其现值的部分，代表了投资者的利润。

特定投资项目所能获得的利润大小取决于以下两个因素：①投资者所要求的报酬率（也称贴现率）；②直到收到未来金额为止的时间长短。确定未来现金收入现值的过程被称为对终值的 "贴现"。

为举例说明对现值的计算，假定投资者预期在一年年末可收到现金 1 000 美元，而要求的投资报酬率为 10%。从我们对现值和终值的讨论中可知，现值与终值间的差额就是投资的回报（利息）。在本例中，终值将等于原来投资的 110%，因为投资者希望能完全收回投资，并获得 10% 的投资回报。因此，投资者将愿意对其投资支付 909（=1 000÷1.10）美元。该计算过程可用以下方法进行验证（计算结果保留整数）。

（单位：美元）

拟投资的金额（现值）	909
要求的投资回报（909×10%）	91
1 年后收到的金额（终值）	1 000

如图 B-4 所示，如果该 1 000 美元在 2 年后收回，那么该投资者今天将仅愿意支付 826 美元 [=（1 000÷1.10）÷1.10]。计算过程可用以下方法进行验证（计算结果保留整数）。

（单位：美元）

拟投资的金额（现值）	826
第 1 年要求的投资回报（826×10%）	<u>83</u>
1 年后投资总额	909
第 2 年要求的投资回报（909×10%）	<u>91</u>
2 年后收到的金额（终值）	<u>1 000</u>

图 B-4　2 年后一次性收到 1 000 美元的现值

　　投资者现在愿意支付的 826 美元是按年利率 10% 对投资者将要在 2 年后收到的 1 000 美元进行贴现所得的现值。826 美元现值和 1 000 美元终值间的差额 174 美元代表了投资者在 2 年期间将要赚得的回报金额（利息收入）。

B3.1　现值表的运用

　　虽然我们可以通过一系列除法来计算终值的现值，但也可以利用现成的现值表来简化计算。我们可以用现值表找出 1 美元在特定贴现率下的现值，再将该值乘以终值即可。计算所使用的公式如下：

$$现值 = 终值 \times 因子（来自现值表 1）$$

　　根据表 B-3 所示的现值表 1，我们可以找到因子 0.826，它位于"期间数 2"和"10% 利率"的交叉处。如果将此数乘以预期的未来现金收入 1 000 美元，就可以得到与上面计算出的数额相同的现值 826（=1 000×0.826）美元。

表 B-3　1 美元的现值

现值表 1
在 n 期后到期的 1 美元的现值

期间数 (n)	贴现率								
	1%	1.5%	5%	6%	8%	10%	12%	15%	20%
1	0.990	0.985	0.952	0.943	0.926	0.909	0.893	0.870	0.833
2	0.980	0.971	0.907	0.890	0.857	0.826	0.797	0.756	0.694
3	0.971	0.956	0.864	0.840	0.794	0.751	0.712	0.685	0.579
4	0.961	0.942	0.823	0.792	0.735	0.683	0.636	0.572	0.482
5	0.951	0.928	0.784	0.747	0.681	0.621	0.567	0.497	0.402
6	0.942	0.915	0.746	0.705	0.630	0.564	0.507	0.432	0.335
7	0.933	0.901	0.711	0.665	0.583	0.513	0.452	0.376	0.279
8	0.923	0.888	0.677	0.627	0.540	0.467	0.404	0.327	0.233
9	0.914	0.875	0.645	0.592	0.500	0.424	0.361	0.284	0.194
10	0.905	0.862	0.614	0.558	0.463	0.386	0.322	0.247	0.162
20	0.820	0.742	0.377	0.312	0.215	0.149	0.104	0.061	0.026
24	0.788	0.700	0.310	0.247	0.158	0.102	0.066	0.035	0.013
36	0.699	0.585	0.173	0.123	0.063	0.032	0.017	0.007	0.001

B3.2 适当的贴现率

如前所述，贴现率可以被视为投资者要求的回报率。所有的投资都有一定程度的风险，即实际未来现金流量会少于预期的数额。因此，投资者会要求一个考虑了风险的回报率。在当今市场条件下，投资者对低风险投资要求的年回报率为 1%～3%，如政府债券和定期存款。对风险相对较高的投资，如引入一条新的产品线，投资者就会要求每年赚得的报酬为 15% 或更多。在使用较高的贴现率时，投资的现值就会较低。换句话说，当投资的风险增加时，对投资者的价值就会降低。

B3.3 年金现值

投资者都期望投资项目能在以后许多年份里每年都产生现金流量，而不只是单独一次未来现金流量。例如，假定卡米诺公司正在评价一项投资，该项目在接下来 3 年内每年产生净现金流量 10 000 美元。[一]如果卡米诺公司期望这类投资能产生 12% 的投资回报，那么对这些现金流量的现值可计算如下：

（单位：美元）

年份	预期新现金流量	×	1 美元按 12% 贴现的现值	=	净现金流量的现值
1	10 000		0.893		8 930
2	10 000		0.797		7 970
3	10 000		0.712		7 120
投资的总现值					24 020

上述分析表明，投资产生的预期净现金流量按年利率 12% 贴现的净现值是 24 020 美元。这也是卡米诺公司所能承受的对投资的最大支付额，并期望从这项投资获得 12% 的报酬率。图 B-5 给出了相应的图示说明。

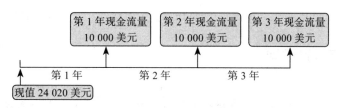

图 B-5　3 次 10 000 美元现金流量按 12% 贴现率贴现的现值

在上面的分析中，我们先在表 B-3 现值表 1 中查到对应的因子，然后对每期现金流量分别贴现以计算投资的现值。只有当各期现金流量不同时，才必须对每期现金流量进行分别贴现。因为本例中的每期现金流量相同，所以就有较为简便的方法来计算总现值。

许多财务计算器都内置了计算投资现值的程序，只要将利率、未来现金流量和期数输入即可。另一方法就是使用"年金现值表"。如表 B-4 所示，现值表 2 给出了在未来一定期间内每期收到 1 美元年金的现值。[二]

　⊖　"每年净现金流量"通常是整个年度内发生的一系列现金流入和流出的净结果。为方便起见，我们采用普通的做法，假设每年全部净现金流量发生在年末。按照这一假设，不仅发生的失真情况相对较少，而且极大地简化了计算过程。

　⊜　本表针对的是假定定期现金流量发生在每期期末的普通年金。

表 B-4　普通年金的现值

现值表 2
每期收到 1 美元的 n 期年金的现值

期间数 (n)	贴现率								
	1%	1.5%	5%	6%	8%	10%	12%	15%	20%
1	0.990	0.985	0.952	0.943	0.926	0.909	0.893	0.870	0.833
2	1.970	1.956	1.859	1.833	1.783	1.736	1.690	1.626	1.528
3	2.941	2.912	2.723	2.673	2.577	2.487	2.402	2.283	2.106
4	3.902	3.854	3.546	3.465	3.312	3.170	3.037	2.855	2.589
5	4.853	4.783	4.329	4.212	3.993	3.791	3.605	3.352	2.991
6	5.795	5.697	5.076	4.917	4.623	4.355	4.111	3.784	3.326
7	6.728	6.598	5.786	5.582	5.206	4.868	4.564	4.160	3.605
8	7.652	7.486	6.463	6.210	5.747	5.335	4.968	4.487	3.837
9	8.566	8.361	7.108	6.802	6.247	5.759	5.328	4.772	4.031
10	9.471	9.222	7.722	7.360	6.710	6.145	5.650	5.019	4.192
20	18.046	17.169	12.462	11.470	9.818	8.514	7.469	6.259	4.870
24	21.243	20.030	13.799	12.550	10.529	8.985	7.784	6.434	4.937
36	30.108	27.661	16.547	14.621	11.717	9.677	8.192	6.623	4.993

　　这里通过举例来说明现值表 2 的使用。以卡米诺公司的投资项目为例，该投资预期在今后 3 年内每年可回收 10 000 美元，且公司要求的报酬率为 12%。运用现值表 2 及下面的公式就可计算出投资的现值：

$$年金现值 = 每期现金流量 × 因子（来自现值表 2）$$

　　由现值表 2 可知，今后 3 年每年年末收到的 1 美元的现值是 2.402。如果将 2.402 乘以预期未来每年现金收入 10 000 美元，就可得到 24 020 美元的现值。这与前面的计算结果相一致。

B3.4　小于 1 年的贴现期

　　连续两期现金流量间的间隔时间被称为"贴现期"（discount period）。在前面的例子中，我们假设现金流量每年发生一次，但现金流量通常发生得更为频繁，如月度、季度和半年度。现值表也可以用于任意时长的贴现计算，但贴现率必须与各期间相对应。例如，如果要用现值表 2 计算一系列季度现金流量的现值，那么贴现率必须使用"季度率"（quarterly rate）。

　　会计中经常用到许多现值概念，接下来主要讨论其中一些最重要的应用。

B4　财务工具的评估

　　会计师用"财务工具"（financial instruments）这个词语来称呼现金、对其他公司的权益投资以及任何要求现金收付的合同（注意，该词适用于所有财务资产以及大多数负债）。事实上，只有那些未赚得收入和递延所得税的普通负债才不属于财务工具。

　　只有当财务工具的现值与预期未来现金流量的总和有很大差异时，该财务工具才在会计上按其现值记录，而不是按其未来现金收入或支付额进行记录。

　　这里用一些普通例子来说明。在资产负债表中，现金按其面值显示。该面值是一项现值，即现金在今天的价值。

资产负债表中的有价证券按其现行市场价值显示。这也是一种现值，代表该证券在今天可以转换成的现金数额。

资产负债表中的应收账款和应付账款通常按其预期在不久的将来收回或支付的金额表示。从技术上讲，这些都是终值，而不是现值。不过，它们通常是在 30 或 60 天内收到或支付的。考虑到所涉期限很短，所以终值与现值间的差异并不大。

B4.1　带息的应收和应付项目

如果某项财务工具涉及利息收付，那么现值与终值间的差额可能变得很大。因此，带息的应收和应付项目在会计上最初按未来现金流量的现值记录，即所谓的合约“本金”。该现值通常远小于其预期终值之和。

以按面值发行的 30 年期、利率为 9% 的 1 亿美元应付债券为例，该债券在发行日的现值为 1 亿美元，即现金收入的数额，不过，对债券持有者的未来支付预期为 3.7 亿美元，其计算过程如下。

未来的利息支付（1 亿美元 ×9%×30）	270 000 000
债券的到期价值（30 年后到期）	100 000 000
未来现金支付总和	370 000 000

1 亿美元的发行价就表示未来 30 年里所要发生的 3.7 亿美元现金支付的现值。

从本质上讲，带息财务工具“自动”地按面值记录，因为对应收项目或负债所做的原始计价并未包括未来的利息费用。

B4.2　“不带息”票据

有时，公司可能发行或接受不提及利息或所设定的利率非常低的票据。如果这种票据的现值与面值间的差额很大，那么该票据开始时就要以其现值记录。

例如，假定爱尔龙公司于 2021 年 1 月 1 日向美国开发公司购买土地。为全额支付该笔款项，爱尔龙公司发行了 30 万美元的分期应付票据，从 2021 年 12 月 31 日起，3 年内分期每年支付 10 万美元。该票据并未提及利息费用。

很显然，分 3 年每年支付 10 万美元并不等价于今天可用的 30 万美元。爱尔龙公司应该利用该票据的现值（而不是面值）来确定土地的成本和报告其债务。

假定当前为土地进行 3 年期融资的实际利率为每年 10%。如果按 10% 的年利率贴现，那么爱尔龙公司分期付款票据的现值为 248 700（=100 000×2.487，参见表 B-4 中的现值表 2）美元。爱尔龙公司应当将这 248 700 美元看作分期付款票据的“本金”，而余下的 51 300（=300 000−248 700）美元则表示进行分期付款时支付的利息费用。

爱尔龙公司购买该土地和发行票据业务可记录如下。[⊖]

借：土地　　　　　　　　　　　　　　　　　　　　　　　248 700

　贷：应付票据　　　　　　　　　　　　　　　　　　　　　　　　　248 700

购买土地并发行 3 年期分期付款的应付票据，其现值为 248 700 美元。

⊖ “应付票据贴现”账户有一种替代性的记录方法可以使用，而且产生的结果相同。具体内容将在以后的会计课程中进行介绍。

(为确定该土地的销售价格并对应收票据进行估价, 美国开发公司应进行类似的计算。)

此外, 爱尔龙公司应该编制"摊销表", 以便分配利息费用与该债务本金减少额之间的分期支付金额。如表 B-5 所示的分摊表是根据以下信息编制的: 原始的"未付"余额 248 700 美元; 分 3 年每年支付 100 000 美元; 10% 的年利率。

表 B-5　贴现后应付票据的摊销　　　　　　　(单位: 美元)

			摊销表 (按年利息率 10% 折现的 3 年期分期付款的 30 万美元应付票据)		
利息期	支付日期	年支付额	利息费用 (按上期未付余额的 10% 计)	未付余额的减少量	未付余额
发行日	2021 年 1 月 1 日				248 700
1	2021 年 12 月 31 日	100 000	24 870	75 130	173 570
2	2022 年 12 月 31 日	100 000	17 357	82 643	90 927
3	2023 年 12 月 31 日	100 000	9 073 [①]	90 927	0

① 最后一期的利息费用等于最后一次支付数减剩余未付余额, 这样可以避免因所使用的现值表因子只有三位小数而发生的误差。

2021 年 12 月 31 日, 记录第一期分期支付的分录如下。

借: 利息费用　　　　　　　　　　　　　　　　24 870
　　应付票据　　　　　　　　　　　　　　　　75 130
　　贷: 现金　　　　　　　　　　　　　　　　　　　　　　　100 000
按年度支付的针对美国开发公司的分期应付票据。

B4.3　债券的市场价格

债券的市场价格可以被视为对未来支付给债券持有者的本金和利息按债券发行时的市场利率进行贴现后的现值。例如, 假定特拉斯柯尔公司发行了面值 100 万美元、10 年期、利率为 10% 的债券, 且发行时的市场利率为 12%。因为债券的利息每半年支付一次, 所以在现值计算中必须将债券的寿命期限看成"20 个半年期"并采用 6% 的半年期利率。因此, 对该债券的未来现金流分 20 个半年期、按 6% 的贴现率进行贴现后的现值为 885 500 美元, 具体计算如下。

未来本金支付的现值:	
100 万美元在 20 个半年期后到期, 按 6% 贴现: 1 000 000 × 0.312 (见表 B-3)	312 000
未来利息支付的现值:	
在 20 个半年期中每期支付 50 000 美元 (1 000 000 × 10% × 1/2), 按 6% 贴现: 50 000 × 11.470 (见表 B-4)	573 500
预期的债券发行价格	885 500

注意, 因为市场利率超过了债券的票面利率, 债券折价 114 500 美元后发行 (即面值 1 000 000 美元减去发行价 885 500 美元)。因此, 我们知道这些债券出售给承销商的价格是面值的 88.55%。

如第 10 章所述, 债券发行时的折价全部借记"应付债券折价"这一负债抵消账户。记录该债券发行的分录如下:

借: 现金　　　　　　　　　　　　　　　　　　885 500
　　应付债券折价　　　　　　　　　　　　　　114 500
　　贷: 应付债券　　　　　　　　　　　　　　　　　　　　1 000 000
向承销商发行 10 年期、10% 利率、100 万美元面值的债券, 发行价为 88.55。

当 10 年后债券到期时，特拉斯柯尔公司必须按所发行债券的面值全额支付给债券持有人
1 000 000 美元，或者说比发行时实际收到的要多 114 500 美元。正是由于必须在到期时多支
付这笔款项，所以特拉斯柯尔公司的融资成本实际上就由发行时 10% 的票面利率增加到了投
资者所要求的 12% 的市场利率。

正如第 10 章所讨论的，到期时这额外的 114 500 美元代表公司总的利息费用的一部分，
而且这部分利息必须在该债券 10 年的寿命期内摊销。这样，特拉斯柯尔公司每半年发生的利
息费用为 55 725 美元，其计算如下。

半年期利息支付（1 000 000×10%×0.5）	50 000
加：半年中摊销的债券折价 [（114 500÷10）×0.5]	5 725
半年的利息费用	55 725

记录半年利息费用 55 725 美元的分录如下。

借：债券利息费用　　　　　　　　　　　　　　　　　55 725

贷：现金　　　　　　　　　　　　　　　　　　　　　　　　　　50 000

应付债券折价　　　　　　　　　　　　　　　　　　　　　　5 725

记录半年期利息费用并确认 10 年期应付债券 114 500 美元折价半年的摊销。

注意，虽然折价摊销使半年期利息费用增加了 5 725 美元，但并不要求立即进行现金支
出。全部 114 500 美元的额外利息费用在整个 10 年期内是不需要支付的，只是在债券最后到
期时才进行支付。

B4.4 资本租赁

第 10 章虽对资本租赁进行了简要的讨论，但并没有举例说明这些工具的会计处理方法。
本附录将对这些内容进行详细讨论。

资本租赁（即 A 类租赁）可被看作出租人将被承租人租赁的资产出售给承租人。在销售
日，出租人确认的收入等于未来应收租赁支付款项按实际利率贴现的现值。承租人也以未来
支付额的现值确定租入资产的成本，并对相应的债务进行评估。

例如，假定 12 月 1 日佩斯拖拉机公司以资本租赁方式向凯瑞平整公司销售一辆拖拉机。
该拖拉机在佩斯拖拉机公司永续盘存制账上的记录为 15 000 美元。租赁条款要求凯瑞平整公
司分 24 次按月度支付——从 12 月 31 日起，每次支付 1 000 美元，其中包括每月 1% 的利息
费用。在 24 个月的租赁期满时，该拖拉机的产权将转移至凯瑞平整公司，且不再追加任何其
他费用。

1. 出租人（佩斯拖拉机公司）的会计处理

如表 B-4 的现值表 2 所示，当月贴现率为 1% 时，24 个月内每月收入 1 美元的现值为
21.243 美元。因此，24 次未来租赁支付金额的现值为 1 000×21.243，即 21 243 美元。佩斯
拖拉机公司将这次资本租赁记录为拖拉机的销售，其价格等于租赁支付的现值，具体分录
如下。

借：应收租赁款项　　　　　　　　　　　　　　　　　21 243

贷：销售收入　　　　　　　　　　　　　　　　　　　　　　21 243

通过资本租赁/A 类租赁向凯瑞平整公司销售拖拉机，要求每月付款 1 000 美元，共
24 次，包括 1% 的月利息费用。

| 借：销货成本 | 15 000 | |
| 贷：存货 | | 15 000 |

在资本租赁/A 类租赁下记录拖拉机的销售成本。

注意，虽然从凯瑞平整公司收到的全部金额为 24 000（=1 000×24）美元，但拖拉机的销售价格仅为 21 243 美元。佩斯拖拉机公司在整个租赁期内将两者的差额 2 757 美元确认为利息收入。

记录 12 月 31 日第一笔每月租赁付款的分录如下（计算结果保留到整数）：

借：现金	1 000	
贷：利息收入		212
应收租赁款项		788

收到凯瑞平整公司第一个月的租赁款：收到的租赁款 1 000 美元 − 利息收入 212 美元（=21 243 美元 ×1%）=应收租赁款项减少 788 美元。

在收到第一次租赁款项后，应收租赁款项余额就减少到 20 455 美元（期初余额 21 243 美元减去 788 美元）。所以在第 2 个月的租赁期，利息收入为 205（=20 455×1%）美元（计算结果保留到整数）。[⊖]

2. 承租人（凯瑞平整公司）的会计处理

凯瑞平整公司也应该用租赁款项的现值来确定拖拉机的成本和相应的债务金额，相关分录如下。

| 借：租赁设备 | 21 243 | |
| 贷：租赁付款债务 | | 21 243 |

以资本租赁/A 类租赁方式从佩斯拖拉机公司购买拖拉机，每月付款 1 000 美元，共付款 24 次，包括 1% 的月利息费用。

记录 12 月 31 日发生第一笔月度租赁付款的分录如下（计算结果保留到整数）。

借：利息费用	212	
租赁付款债务	788	
贷：现金		1 000

向佩斯拖拉机公司支付第一个月的租赁款项，计算如下：支付租赁款 1 000 美元 − 利息费用 212 美元（21 243 美元 ×1%）=租赁付款债务的减少额 788 美元。

B4.5　退休后福利负债

第 10 章讨论了退休后福利问题。与这些福利有关的费用要与员工退休前的收入相匹配并加以记录和积累。在资产负债表上，针对这些未来福利的短期债务都按长期负债进行列示。这些负债按预期对退休职工的未来现金支付的现值来报告，而这种支付包括养老金、医疗保险等。这种现值计算十分复杂，以至于需要由职业精算师来完成。但需要了解的是，资产负债表报告的这种退休后债务的现值通常远小于对退休者预期的未来支付额，毕竟现金支付将发生在未来的许多年中。

⊖ 佩斯拖拉机公司和凯瑞平整公司都要编制摊销表，以列示每期租赁支付在利息和到期本金之间的分配额。

习题

讨论题

1. 解释货币时间价值的含义。

2. 解释为什么终值的现值总是小于该终值。

3. 指出决定一项投资的现值与终值间差额的两个因素。

4. 解释货币时间价值概念在投资中的3个方面的应用。

5. 简要解释现值与以下各项的关系：①至未来现金流量发生时的时间长短；②确定现值时使用的贴现率。

6. 请对"财务工具"下定义。解释最初在财务报表中记录财务工具时所用的计价概念。

7. 常见的应收账款和应付账款是财务工具吗？这些项目在资产负债表中是按现值表示的吗？为什么？

8. 假定预期的未来现金流量金额无变动，那么是什么因素可能造成财务工具现值发生变动？为什么？

练习题

1. 使用终值表1（表B-1）和终值表2（表B-2）确定下列投资的终值：

   （1）投资额为90 000美元，期限为10年，年利率为6%，按复利计算。

   （2）30万美元将在从今天起的5年后收回，按10%的年利率计算。

   （3）在今后10年内的每年年末投资50 000美元于某项基金，年利率为8%，并按复利计算。

   （4）最初投资为60 000美元，以后3年的每年年末再追加投资8 000美元，年利率为12%，按复利计算。

2. 根据债券条款的规定，今后20年申克公司每年年末需要向一项偿债基金支付等额款项。该偿债基金可赚取8%的年利率，到第20年末必须积累到80万美元。

   （1）计算每年支付的金额。

   （2）计算该基金在20年内所赚得的利息总数。

   （3）编制普通日记账分录，记录第20年末该债券的赎回。假定偿债基金在

申克公司的会计记录为80万美元，而应付债券也记录同样的金额。

   （4）如果每年支付额的要求回报率上升，那么会产生怎样的影响？请解释原因。

3. 使用现值表1（表B-3）和现值表2（表B-4）确定下列投资的现值：

   （1）在10年内每年将支付40 000美元，按年利率6%贴现，在每年年末支付。

   （2）今天能收到12 000美元。假定对这笔钱进行2年期、年利率为8%的投资。

   （3）每月支付500美元，期限为36个月。在第36个月末，额外支付最后一笔较大的金额18 000美元，并按1.5%的月利率贴现。第一次支付将发生在自今天起的一个月后。

   （4）在最初3年内，每年收到30 000美元；在接下来的2年内，每年收到20 000美元（整个收款期是5年），按年利率8%贴现。假定收款都发生在年末。

4. 本年度6月30日，蓝岭电力公司发行了面值40 000 000美元、10年期、票面年利率为9%的应付债券。债券按半年付息，计息日为12月31日和6月30日。债券发行之时，具有相似风险的同类债券的市场年利率为10%。

   （1）为使该债券的实际年利率达到10%，计算其发行价格（提示：将利息支付和到期值都按20个半年期贴现）。

   （2）编制日记账分录以记录（1）中所计算的债券发行这一事项。

   （3）解释为什么该债券会折价发行。

5. 12月1日，室内设计展示公司从居美家居公司购买了一批家具，支付了现金10 500美元，并出具了面值为28 800美元的分期应付票据。该票据将在24个月内分期支付，每次付款1 200美元。尽管该票据并没有提及利息费用，但这类业务一般都要求公司支付1.5%的月利息。

   （1）计算该应付票据的现值并采用1.5%的月利率贴现。

   （2）为该公司编制日记账分录：

①在 12 月 1 日，记录购买家具（借记存货）。

②在 12 月 31 日，记录对票据的第一笔付款 1 200 美元，并用实际利率法来确认一个月的利息费用（利息费用的计算结果保留到整数）。

（3）在 12 月 31 日的资产负债表中，该应付票据是怎样列示的（假定该票据被分类为流动负债）。

6. 定制卡车制造公司经常利用长期租赁合同来为销售公司的卡车融资。2021 年 11 月 1 日，定制卡车制造公司对州际货运公司出租一辆卡车，其账面价值是 33 520 美元（按永续盘存制）。租赁条款要求州际货运公司从 2021 年 11 月 30 日开始，分 36 次每次 1 400 美元进行月度支付。考虑到内含 1% 月息的利息费用，这些支付的现值等于卡车的正常价格 42 150 美元。到 36 个月的租赁期满，卡车的所有权将转移给州际货运公司。

（1）为定制卡车制造公司编制 2021 年的会计分录，以记录以下事项：

①11 月 1 日，记录通过融资租赁的销售以及相关的销货成本（借记"应收租赁款项"42 150 美元，即未来租赁支付额的现值）。

②11 月 30 日，记录收到第一笔款项 1 400 美元（编制复合日记账分录，将现金收入在"利息收入"和"应收租赁款项"的减少间分配。每月支付的款项中被确认为利息收入的部分等于"应收租赁款项"中该月月初余额的 1%。利息费用的计算结果保留到整数）。

③12 月 31 日，记录收到第二次付款。

（2）为州际货运公司编制 2021 年的会计分录，以记录以下事项：

①11 月 1 日，记录该租赁卡车的购置。

②11 月 30 日，记录第一笔月度支付款 [以与（1）相对应的方式，确定支付中代表利息费用的那部分]。

③12 月 31 日，记录第二次的付款额。

④12 月 31 日，记录所租赁卡车在年末所确认的折旧。采用直线折旧法计算折旧费用，寿命期为 10 年，预计残值为 6 150 美元。

（3）计算所租赁卡车在州际货运公司 2021 年 12 月 31 日资产负债表中的账面价值。

（4）计算 2021 年 12 月 31 日州际货运公司租赁付款债务的金额。

7. 12 月 31 日，富地农场公司出售了一片土地，其成本为 93 万美元，购买者为天际开发公司，后者的付款方式是 15 万美元现金，外加 5 年期、4% 利率的应收票据 90 万美元。该票据的利息按年支付，本金金额在 5 年后到期。富地农场公司的会计师并没有注意到该票据的利率是出乎意料的低，并在 12 月 31 日做了下列分录来记录这次销售：

借：现金 150 000
　　应收票据 900 000
　贷：土地 930 000
　　　土地销售利得 120 000

出售土地给天际开发公司，获得现金和 5 年期每年计息的票据。

（1）计算在销售日来自天际开发公司的应收票据的现值。假定这类业务的实际利率是 12%（提示：同时考虑每年支付的利息和票据的到期价值）。

（2）编制 12 月 31 日的日记账分录以正确记录土地的销售。列示销售利得或损失的计算过程。

（3）解释富地农场公司会计师的失误对下列事项的影响：①该销售发生年度的净利润；②此后 5 年的综合净利润。不考虑所得税。

企业组织形式

学习目标

- 描述独资企业的基本特征。
- 识别评估独资企业盈利能力或偿债能力时应考虑的因素。
- 描述普通合伙企业和有限个人责任的合伙企业的基本特征。
- 描述公司的基本特征。
- 解释公司所得税的会计处理以及所得税对税前利润和损失的影响。

- 解释股票发行的会计处理。
- 阐述留存收益的本质、股利的会计处理以及留存收益表的编制。
- 解释公司财务报表不同于非公司制企业财务报表的原因。
- 讨论影响公司组织形式选择的主要因素。
- 处理合伙人间合伙企业净利润的分配。

企业法律组织形式的重要性不仅体现在企业组建之时，而且体现在其整个经营寿命期。企业的组织形式会影响企业筹措资本的能力、企业与所有者之间的关系以及债权人与企业所有者索偿权的安全。在美国，企业组织的形式主要有三种：独资企业、合伙企业和公司。

公司是商业活动的主体，因此本附录重点介绍这种企业组织形式。不过，独资企业和合伙企业也很重要，毕竟这类企业在美国企业组织中所占数量最大。本附录对本书之前介绍的独资企业和合伙企业做了进一步的说明，并对作为主体企业组织形式的公司进行深入讨论。

C1 独资企业

独资企业（sole proprietorship）是为单个人所有的非公司制企业。由于组建容易，所以独资企业是最为常见的企业组织形式。

组建独资企业不需要任何政府部门的批准，而且投入资金通常很少或几乎不用投入资金。例如，一个年轻人提供抄写、看管婴儿或修剪草坪等服务，就等于拥有了一家独资企业。从大范围来讲，独资企业这一组织形式多见于农场、服务企业、小型零售商店、饭店以及一些专业服务行业，如医护、法律和会计服务等。

独资企业是最为简单的企业组织形式，所以也为说明会计原理提供了最好的范例。不过，在商界，此类机构的财务报表却难得一见。

绝大多数的独资企业规模相对较小，几乎不负有（即使有的话也是很少的）向投资大众报告财务状况的义务。独资企业对会计信息的需求主要限于日常经营中要用到的一些数据，如企业银行存款账户的余额和应收、应付项目金额。事实上，除非有特殊需要，如取得银行贷款所需要的资料，大多数独资企业并不编制正式的财务报表。

C1.1 独立经营主体的概念

基于会计的目的以及作为会计的基本准则之一，包括独资企业在内的每个企业都被视为独立于其所有者其他业务的经济主体。因此，我们就能在不受所有者其他财务活动影响的前提下独立衡量企业的经营业绩。

然而从法律意义上讲，独资企业并不是独立于其所有者的主体。根据法律规定，所有者才是经营主体，因此独资企业仅仅代表了其所有者的部分财务活动。独资企业与其所有者在法律上属于同一实体，由此我们可以解释独资企业这一企业组织形式的许多特点。

C1.2 独资企业的特征

独资企业的主要特征包括：
- 组建容易，这也是此类组织形式为何如此普遍的原因。
- 企业的资产实际上归属于企业的所有者。因为独资企业并非法律实体，所以不能拥有财产。资产实际上归属于所有者，而不属于独资企业。因此，独资企业的所有者可任意将资产转入或转出企业。
- 独资企业不负担所得税。根据联邦税法的规定，独资企业的经营并不独立于其所有者的其他财务活动，因此独资企业不必申报或缴纳所得税。相反，独资企业的所有者在申报个人所得税时必须将独资企业的收入纳入其申报范围。
- 独资企业不向其所有者支付薪酬。独资企业的所有者不领取薪水。所有者的补偿就是独资企业的所有净利润（或净损失），因此所有者从独资企业提取的任何款项须记入业主提款账户，而不是被确认为工资费用。
- 所有者个人须承担独资企业的全部债务。这一概念被称为**个人无限责任**（unlimited personal liability），这一点非常重要，值得特别注意。

C1.3 个人无限责任

独资企业的所有者个人对独资企业的所有债务负责。因此，对意外事故，如经营过程中发生的个人损伤，独资企业的所有者得承担巨大的个人责任。[⊖]

个人无限责任是这种组织形式的最大缺点。其他企业组织形式对其所有者承担企业债务的责任规定了某些限制，但独资企业并非如此。如果企业经营可能产生巨大债务，那么所有者应考虑采用其他组织形式。

C1.4 独资企业的会计实务

在独资企业的资产负债表中，所有者权益总额所表示的就是所有者**资本账户**（capital account）的余额。所有者投入的资产通过增加或减少资本账户来记录，而提款则记入所有者的**提款账户**（drawing account 或 withdrawal account）。在会计期末，再将提款账户和利润汇总账户结平，转入所有者投资账户，成为独资企业资产负债表（如果编制的话）的唯一项目。

许多独资企业报告财务状况的唯一义务是为所有者申报个人所得税提供必须纳入的信息。

⊖ 雇员或顾客遭受到伤害常常会使企业背上几百万美元的债务，诉讼败诉的损失也可能大大超过企业可以得到的保险赔偿。独资企业常常通过购买大量的失误与一般责任保险来防止所有者个人财产的丧失。

因此，一些独资企业按照个人所得税法规而非一般公认会计原则来进行会计记账。

C1.5 对独资企业财务报表的评估

1. 净利润的充足性

独资企业不确认与所有者提供的服务有关的工资费用，也不确认所有者投入企业的资本的利息费用。因此，如果独资企业被认为是成功的，那么其净利润至少应能对所有者提供的服务和投入企业的权益资本进行合理的补偿。

此外，独资企业的净利润应足以补偿所有者所承担的巨大风险。许多小企业在经营失败后，其所有者对企业债务要承担个人无限责任。因此，如果一家独资企业蒙受巨大损失，那么所有者失去的可能比其权益投资额要多得多。

总之，一家独资企业的净利润应对所有者在以下三方面提供足够的补偿：①所有者为独资企业提供的个人服务；②所有者投入的资本；③所有者所承担的财务风险。

2. 偿债能力的评估

对于以公司制形式组建的企业，债权人可以通过分析公司资产负债表中资产与负债的关系做出是否借款的决定，但独资企业的资产负债表对债权人借款决策的有用性则很小。

对独资企业而言，资产负债表中列示的资产归属于所有者，而非归属于企业。独资企业的所有者可以随意将资产转入或转出企业，同时对独资企业的债务承担一切经济责任。因此，独资企业的偿债能力取决于其所有者的财务能力，而不仅仅是资产负债表中列示的资产与负债及其相互关系。

独资企业的财务能力可能受许多因素的影响，而这些因素并不反映在资产负债表中。例如，独资企业的所有者可能拥有巨大的私人财产或高额的个人债务。

总之，独资企业的债权人不能只凭资产负债表来分析问题，而真正要关注的是独资企业所有者偿还债务的能力。为此，债权人可以要求所有者附上有关个人财务状况的资料，也可以聘请资信评级机构调查所有者以往的信用状况。

3. 一点忠告

在第1章中，我们讨论了提升上市公司财务报表可信度的一些措施，包括内部控制的结构、来自独立会计师的审计、联邦证券法规以及职业会计师是否称职与可靠等。

这里要强调的是这些措施只适用于上市公司发布的**公开信息**（public information），而通常不适用于小企业提供的财务信息。

小企业可能没有足够的财力，或没有必要建立复杂的内部控制结构，所提供的财务信息通常也不经过审计。联邦证券法规只适用于上市公司。独资企业的会计簿记工作多由其所有者完成，而且他们自己并没有多少会计经验。

C2 合伙企业

合伙企业（partnership）是由两个或两个以上合伙人组成的非公司制企业⊖。合伙企业常常被称为事务所。

合伙企业是最少见的企业组织形式。然而，在诸如医疗、法律、会计等执业领域，合伙

⊖ 合伙人可以是个人或公司。

企业十分普遍。⊖许多小企业，尤其是家族式经营企业，也采用这种组织形式。大多数合伙企业规模不大，但也并非全部如此。

出于会计的目的，我们将合伙企业看成独立于其所有者其他活动的经营主体。但在法律上，合伙企业并不独立于其所有者，合伙人必须单独（或共同）对合伙企业的活动负责。就这一点而言，合伙企业与独资企业非常相近。

合伙企业的资产不属于合伙企业，而属于全体合伙人。除非另有特别规定，每个合伙人都对合伙企业的债务承担无限责任。合伙企业本身不缴纳所得税，但合伙人在申报个人所得税时要包括合伙企业利润中他所占的份额。

从法律上说，合伙企业存续期有限。一旦某一合伙人退出或死亡，合伙企业即告终结。同样，新合伙人的加入也使原合伙企业终结，新的法律实体诞生，但这仅仅是法律上的区别。绝大多数合伙企业不受单个合伙人加入或退出的影响而持续存在。合伙协议通常预先就规定合伙人退出或新合伙人加入属常规事项，因而不影响经营主体的正常经营。

合伙企业包括三类不同的企业组织形式：普通合伙企业、有限合伙企业和有限责任合伙企业。这里先介绍普通合伙企业的特征。

C2.1　普通合伙企业

普通合伙企业中合伙人的权利和义务与独资企业所有者大致相同。例如，每个**普通合伙人**（general partner）可以随意从合伙企业中撤走现金和其他资产。⊖此外，每个合伙人可作为全权代表为合伙企业商谈合同，这就是**共同代理**（mutual agency）的概念。每个合伙人对企业债务负有无限责任。

个人无限责任和共同代理这两个特征使普通合伙企业成为一种潜在危险很大的组织形式。假设你与汤姆·琼斯建立了一家普通合伙企业，双方同意等额分享利润和损失。当你休假时，琼斯代表合伙企业签订了一项合同，但根据企业现有资源，该合同是无法完成的。由于企业无法履行合同，给客户造成了巨大的经济损失，客户向法院提起诉讼并被判胜诉，可获500万美元的赔偿。

琼斯个人财力有限，宣告破产，胜诉方要求你一个人承担全部500万美元的赔款。虽然你和琼斯同意等额分担损失，但这并不会减少你向合伙企业的债权人偿还债务的责任。当然，你也可以上诉要求琼斯承担另外50%的负债，但又能怎样呢？他已破产了。

总而言之，普通合伙企业同独资企业一样存在个人无限责任，其风险甚至更大，因为你可能要对自己，甚至对其他合伙人的行为承担经济责任。

C2.2　个人有限责任的合伙企业

随着时间的推移，各州法律也不断演变，现已允许成立变通的合伙企业，包括有限合伙企业和有限责任合伙企业。这些变通的合伙企业组织形式的目的是对合伙人可能承担的责任加以限制。

1. 有限合伙企业

有限合伙企业（limited partnership）由一个或一个以上的普通合伙人和一个或一个以上的有限合伙人组成。普通合伙人就是传统意义上的合伙人，他们对企业债务承担个人无限责任，

⊖　一些州的法律禁止执业人员成立公司。因此，超过一名业主参与的企业必须采用合伙制。

⊖　财产所有权归属于合伙企业。因此，任何合伙人不可随意出售或提款。

并有权做经营决策。

有限合伙人（limited partners）基本上等同于被动的投资者，他们分享利润，分担损失，但并不主动参与企业管理，不单独承担合伙企业债务。因此，如果企业经营不善，有限合伙人遭受的损失以其对企业的出资额为限。

过去，有限合伙企业被广泛运用于各种风险投资，如开采石油、开发房地产或制作电影等。因为这些投资至少在早期往往是亏损的，如果有盈利，也是在后期产生。

对于这些企业，有限合伙概念对投资者就有很大的吸引力。有限合伙人在申报个人所得税时将合伙企业损失所占份额包括在内，以抵销部分应税收入。同时作为有限合伙人，他们承担的财务风险以其权益出资额为限。

最近税法做了修改，大大限制了有限合伙人用合伙企业的亏损冲抵其他收入的程度。因此，现在有限合伙企业比过去少得多。但在许多时候，如果企业以S型公司（S corporation）形式组建（将在本附录后面讨论），投资者也可获得类似的税收优惠。

2. 有限责任合伙企业

有限责任合伙企业（limited liability partnership）是一种不同的企业组织形式。各州历来要求诸如医生、律师和会计师等执业人员以独资企业或合伙企业形式组建其服务机构，目的是确保他们对所提供的专业服务承担无限责任。

历年来，许多提供专业服务的合伙企业的规模不断扩大。例如，某些会计师事务所拥有几千名合伙人，并且在世界范围内经营。但与此同时，对这些专业机构的诉讼在案件数量和金额上都有了显著增长。为了避免无辜的合伙人受诉讼牵连而破产，有限责任合伙企业就应运而生。在这种合伙制度下，每个合伙人只对自己的专业服务活动，而不对其他合伙人的行为承担个人无限责任。与有限合伙企业不同的是，有限责任合伙企业的所有合伙人都可以参与企业管理。

C2.3 合伙企业的会计实务

合伙企业的会计处理大多与独资企业相同，唯一不同的是所有者增多了。所以，每个合伙人都同样要设立一个单独的投资账户和提款账户。

与独资企业一样，合伙企业合伙人提供给企业的服务不被确认为工资费用，支付给合伙人的款项记录在该合伙人的提款账户中。

合伙人权益表（statement of partner's equity）替代了所有者权益表，该表单独反映每个合伙人投资账户的变动情况。[○]表 C-1 给出的就是典型的合伙人权益表。

表 C-1　合伙人权益表　　　　　　　　　　　　　　　　（单位：美元）

布莱尔 – 克罗斯合伙企业合伙人权益表（截至 2021 年 12 月 31 日年度）			
	布莱尔	克罗斯	合计
年初余额（2021 年 1 月 1 日）	160 000	160 000	320 000
加：追加投资	10 000	10 000	20 000
本年度净利润	30 000	30 000	60 000
小计	200 000	200 000	400 000
减：提款	24 000	16 000	40 000
年末余额（2021 年 12 月 31 日）	176 000	184 000	360 000

1. 合伙人之间的净利润分配

合伙企业的一个特征就是需要将企业净利润在合伙人之间进行分配，也就是说要计算净

○ 对于有较多合伙人的企业，该表往往会被简化，只列示合伙人权益总额的变化。

利润（或亏损）中每个合伙人所占的份额，并贷记（或借记）该合伙人的投资账户。

合伙企业的利润分配只是一笔简单的簿记分录，在结平"利润汇总"账户时，转入各合伙人的投资账户。这种利润分配不涉及分配实际的现金或资产给合伙人。

在会计年度中，某一合伙人提走的资金数可能与分配到的净利润大不相同。合伙人根据分配到的净利润而不是提走的资产金额缴纳个人所得税。

合伙人在确定如何分配净利润时自由度很大。如果没有事先规定，各州法律通常规定在各合伙人之间平均分配，但这种情况十分罕见。合伙人通常会就如何分配净利润事先达成协议。

合伙企业会计处理的各种特点，包括如何分配净利润，将在本附录后面详细讨论。

2. 合伙企业合同的重要性

在开业之前，每个合伙企业都要准备一份详细的**合伙企业合同**（partnership contract），合同中就合伙人的权利和义务达成协定，详细解释每个合伙人的责任、如何分配净利润以及允许合伙人提取的资产限额。

合伙企业合同虽不能避免日后合伙人间产生争议，却为解决争议提供了合约基础。

C2.4　对合伙企业财务报表的评估

1. 净利润的充足性

合伙企业的净利润与独资企业大致相同，表示对合伙人在以下三方面的补偿：①合伙人提供的个人服务；②合伙人投入的资本；③合伙人所承担的财务风险。此外，所报告的净利润应是税前数，因为合伙企业并不缴纳企业所得税。

每个合伙人所提供的服务和投入的资金可能各不相同，他们负担的财务风险因此也可能各不相同。因此，我们很难评估合伙企业的利润。相反，如果合伙人一定根据其个人对企业的贡献来单独评估他们所得的那部分利润，那么有些合伙人会认为报酬丰厚，而有些则会认为他们所得的收入不尽合理。

2. 偿债能力的评估

合伙企业的资产负债表比独资企业更富实际意义，因为在法律上，合伙人共同拥有的合伙企业财产和合伙人私人财产有明显界限。另一个原因是，对合伙企业债务承担的个人责任与其他合伙人无关。

债权人务必要清楚不同形式合伙企业的区别。在普通合伙企业，所有合伙人对企业负债都负有个人无限责任，这为债权人提供了最大限度的保障。在有限合伙企业，只有普通合伙人才负有这种义务；而在有限责任合伙企业，疏忽或经营不善造成损失的责任仅归属于直接参与的合伙人。

C3　公司

几乎所有大型企业和许多小型企业都以公司形式组建。虽然独资企业的数量要比公司多得多，但以业务金额来衡量，公司却独占鳌头。由于公司在经济中占主导地位，对于每位致力于在商业、经济和政治方面发展的个人来说，了解公司及其会计政策是很重要的。

C3.1 何谓公司

公司（corporation）是独立于其所有者而存在的法律实体。公司的所有者被称为**股东**（stockholders）或持股者。他们所持有的可转让股票证明的是他们对公司的所有权。

公司的组建要比其他任何一种企业组织形式更困难，费用更高昂。公司必须取得所在州政府颁发的经营许可证，必须经该州政府核准方可发行股票。此外，公司的建立通常需要律师、注册会计师及其他法律和金融专业人员的协助。

作为一个独立的法律实体，公司名下拥有资产；公司的资产归属于公司本身，并不属于股东。公司具有法人资格，即可以如同个人一样起诉他人或被起诉。作为法律实体，公司可以签订合同，并对其债务负责，同时根据收益缴纳所得税。

公司的日常运作由聘用的专职经理负责，而不是由股东来管理。⊖所以，股东基本上属于投资者，而不是积极的管理者。

公司的最高管理层是**董事会**（board of directors）。董事会由股东选举产生，负责其他专职经理的聘任。此外，董事会还负责做出主要的政策决议，包括将公司利润分配给股东的比例。

董事由股东选举产生，这一事实说明一名或数名股东若拥有某家公司50%以上的股票，就能对公司实施有效控制。这些"控股股东"有权选举董事，进而由董事制定公司政策，任免经理和其他公司人员。

公司所有权可以转让、可以雇用职业管理人员等特征使得公司比其他组织形式的企业拥有更长的存续性。股东个人可以将其股票出售、转赠、遗赠给他人而不影响公司的经营。因此，无论所有权如何变动，公司可无限期持续经营。

表 C-2 将公司制企业与独资企业和普通合伙企业进行了对比。

表 C-2　企业组织形式的比较

企业组织形式的特征		
独资企业	普通合伙企业	公司
1.法律地位 非独立的法律实体	非独立的法律实体	独立的法律实体
2.所有者对企业债务的责任 对企业债务承担个人无限责任	对合伙企业债务承担个人无限责任	对公司债务不承担个人责任
3.会计地位 独立实体	独立实体	独立实体
4.税收地位 由所有者纳税	由合伙人提供反映分配给每个合伙人合伙企业利润的资料	公司申报所得税并根据收益缴纳所得税
5.管理权限 所有者	每个合伙人	聘用职业经理
6.企业存续性 所有者退职或死亡即停止	合伙人变更则新企业成立	不受所有权转让影响的无限期存续

C3.2 股东对公司债务的责任

表 C-2 中的第二行"所有者对企业债务的责任"值得我们特别注意。公司股东对公司债务不承担个人责任。如果公司经营不善，股东的潜在损失以其对企业的权益出资额为限。

对于大公司的投资者以及许多小企业的所有者来说，**个人有限责任**（limited personal liability）是采用公司组织形式的最大优势之一。

⊖ 有时，经理与股东合二为一，即经理可以拥有股票，股东也可受聘进入管理层。不过，拥有股票并不能使股东自动升任管理层。

此外，债权人应当清楚股东个人不负有偿还公司债务的责任。因此，债权人只对公司财产而不是公司股东的个人财产有索偿权。

C3.3　选择公司制组织形式的企业

哪些类型的企业可选择公司制组织形式呢？答案是任何类型的企业都可以。

提起公司，我们首先想到的是诸如 IBM、宝洁之类规模大、声誉好的公司。的确，几乎所有大规模的企业都以公司形式组建。股东的有限责任、所有权可自由转让、职业管理层、无限期存续等特征使公司成为获取众多权益投资者资金的最佳组织形式。

这些大公司的股票在诸如纽约股票交易所和纳斯达克等有组织的证券交易所进行交易（由投资者买入或卖出）。股票可在交易所内买卖的公司被称为**公众持股公司**（publicly owned corporations），因为任何人均可购入其股票。

当你在证券交易所购入某种股票时，通常是从另一名投资者（股东）手中，而不是从公司购入的。这种有组织的证券交易所的存在使得上市公司股票的转让变得很容易。

不过，并非所有的公司都是规模巨大、公开上市的。许多小企业也可以按公司形式组建。事实上，许多公司只有一个股东。非公开上市的公司被称为**闭锁型公司**（closely held corporations）。

一般公认会计原则对所有类型企业的要求都大致相同。鉴于公司所特有的法律特征，它们在所得税、所有者薪酬、所有者权益和对所有者的利润分配方面的会计处理与其他组织形式的企业存在显著区别。

C3.4　公司所得税的会计处理

公司与非公司组织形式企业的一个主要区别就是，公司必须按照收益缴纳所得税。

公司所得税通常按季分期支付。若公司要将所得税和相关收入进行合理配比，那么所得税费用应在赚得应税利润的期间予以确认，具体的操作就是在每一会计期末编制调整分录。

只有在公司完成年度所得税的申报后，才能准确计算当年的所得税支出额。每一会计期的所得税支出可以根据当前税率和公司应税利润进行合理估计，其关系如下：

$$应税利润（根据税法确定）\times 税率（法律规定）= 所得税费用$$

应税所得（taxable income）的计算主要依据所得税法，而不是依据一般公认会计原则。在这里，我们假设应税利润就是所得税税前所得，即公司利润表中小计数。**所得税税前所得**（income before income tax）等于总收入扣除所得税费用以外的所有费用。[⊖]

应税所得不同，对应的税率也会有所不同。此外，美国国会每年也可能调整税率。为了说明这一点，我们假设受联邦和各州所得税双重影响的公司所得税率为 40%。

为说明所得税费用的确认，假设史密斯公司 11 月的税前所得为 50 000 美元，月末确认相关所得税费用的调整分录如下。

借：所得税费用	20 000	
贷：应付所得税		20 000

根据 11 月的所得记录估算的所得税费用（50 000×40%）。

⊖ 在大多数情况下，税前所得是合理估计应税所得的基础，但两者的差异确实存在。在本书中，当这两部分出现显著差异时，我们进行了讨论。不过，对该问题更为深入的讨论属于高级会计课程的范畴。

应付所得税项目会出现在公司资产负债表的流动负债中。如表 C-3 所示，公司 11 月的利润表中就报告了公司的所得税费用。

表 C-3 史密斯利润表简表（截至 2021 年 11 月 30 日月度） （单位：美元）

销售净额	550 000
销货成本	350 000
毛利润	200 000
费用（不包括所得税，具体项目略）	150 000
所得税税前利润	50 000
所得税费用	20 000
净利润	30 000

所得税费用与其他经营费用不同，因为它不产生收入，所以所得税在利润表中通常与其他费用分开列示，并且紧跟在税前利润（或亏损）这一小计数后。在利润表中，所得税费用通常被称为备付所得税。

那么，亏损期间的所得税该如何处理呢？出现亏损时，公司可以确认一笔负值的所得税费用。在发生亏损的会计期间，记录该亏损期所得税费用的调整分录为借记应付所得税账户，贷记所得税费用账户。

负值的所得税费用意味着企业预期政府会退回部分企业在之前盈利期间确认并已缴纳的所得税。[⊖] 所得税费用的负值余额（贷方余额）作为税前损失的抵销项目列示。

（单位：美元）

部分利润表：亏损期间	
税前利润（亏损）	（100 000）
所得税利益（前期缴纳税款的退回）	40 000
净亏损	（60 000）

如前所述，所得税费用减少的是税前利润。现在我们注意到，所得税的利益（即前期缴纳税款的退回）减少的是税前亏损。因此，所得税既可减少利润额，也可减少亏损额。

如果年末应付所得税账户出现借方余额，则在资产负债表中将其归为资产，列为"应收所得税退税款"。

C3.5 支付给所有者的工资

如前所述，非公司制企业将对所有者的支付记为提款，而不是记为工资费用。但公司的所有者不能撤回投入公司的资产。此外，公司的许多雇员（甚至多达成千上万）本身也可能是股东。因此，公司对雇员是否同时是股东不做区分，所有支付给雇员（包括雇员／股东）的工资都被确认为工资费用。

C3.6 公司资产负债表中的股东权益

在各种组织形式的企业中，所有者权益有两种基本来源：①所有者的投资；②来自盈利业务的收益。各州法律要求公司在资产负债表中对两种权益的数额分项列示。

为说明这一点，现假设：

⊖ 退税限于企业近几年缴纳的税款。在这里，我们假设企业前几期缴纳的税款足够使企业本期亏损所引起的负的所得税费用获得补偿。

- 2019年1月4日，玛丽·福斯特和另外几名投资者投资现金10万美元建立了一家闭锁型公司玛丽出租汽车公司。公司向这些投资者发行了10 000股股票。
- 至2021年12月31日，3年中玛丽出租汽车公司净利润总额为18万美元，其中6万美元以股利形式分配给股东。

下面给出的是2021年年末该公司资产负债表的股东权益部分。

股东权益：	
股本	100 000
留存收益	120 000
股东权益合计	220 000

股本账户的10万美元表示玛丽·福斯特和另外几名投资者投入企业的资金，该账户通常也叫"投入资本"或"实收资本"。

留存收益账户的12万美元表示企业开业以来的利润与分配给投资者的股利之差（即净利润18万美元减股利6万美元）。留存收益也叫"赚得资本"。

C3.7 股票的发行

公司在收到其所有者投资的现金或其他实物资产时，作为交换，需发行股票。为记录该投资业务，公司应贷记股本账户。

例如，玛丽出租车公司记录收到现金投资10万美元，发行10 000股股票的分录为：

借：现金	100 000	
贷：股本		100 000

记录发行10 000股股票以取得现金。

C3.8 留存收益

留存收益账户记录因企业经营获利而增加的所有者权益。净利润使留存收益账户的余额增加，但许多股份公司有一项政策，即至少将部分利润分配给股东，即**股利**（dividends）。

股利使资产和股东权益同步减少（如同非公司形式企业的提款一样）。股东权益的减少反映在留存收益账户余额的减少。此外，如企业发生亏损，那么留存收益也会减少。

值得注意的是，留存收益账户的余额并不代表特定会计期间的净利润或净亏损，而表示企业开业至今累积的净利润（或亏损）减去分配给股东的股利后的余额。简而言之，留存收益代表留在公司内部的盈利。事实上，一些最大的公司就是通过将大部分盈利业务产生的资源持续累积在企业内部而不是分配给股东而逐步壮大的。

留存收益是所有者权益的一部分。企业的所有者权益并不等同于现金或其他资产。公司拥有的现金资产反映在资产负债表中的现金部分，而不反映在股东权益部分。资产负债表中的股东权益表示所有者对公司总体的投资情况，而不代表对个别资产的投资。

C3.9 股利的会计处理

公司的所有者不能从企业随意提取利润。向股东分配现金或其他资产必须由公司董事会正式核准并宣告，这样正式分配的利润被称为股利。根据法律规定，股利必须按股东持股比例向所有股东分配。

公司董事会在某日正式宣布发放股利，但股利发放会在宣告日后不久。举例来说，玛丽出租汽车公司在 2021 年 12 月 1 日宣布对流通在外的 10 000 股股票支付季度股利，每股 50 美分。董事会的决定规定股利将于 12 月 15 日发放给 12 月 10 日股东名册上登记的股东。

这里，共需编制两笔会计分录：一笔是在 12 月 1 日记录宣告股利；另一笔是在 12 月 15 日记录发放股利。

12 月 1 日

借：股利   5 000

　　贷：应付股利   5 000

宣告将于 12 月 15 日向本月 10 日股东名册上登记的股东发放每股 50 美分股利。

12 月 15 日

借：应付股利   5 000

　　贷：现金   5 000

支付 12 月 1 日宣告的股利。

请注意在股利宣告日 12 月 1 日，公司资产并不减少，股东取得股利的权利被确认为企业的一项负债；在股利支付日 12 月 15 日，股利支付给股东时，公司偿还了这项负债。在股权登记日 12 月 10 日，不做任何分录。

会计期末，股利账户余额被结转到留存收益账户。

C3.10　结账分录和留存收益表

1. 根据利润、亏损和股利更新留存收益账户

如前所述，当企业有净利润时，留存收益账户余额就增加；相反，如果发生亏损或宣告股利分配，则留存收益减少。在会计记录这些变动情况时，将利润汇总账户和股利账户余额结转至留存收益账户。

例如，假设 2021 年 1 月 1 日，玛丽出租汽车公司留存收益账户余额为 80 000 美元。该年公司实现净利润 60 000 美元，支付 4 个季度股利共计 20 000 美元。12 月 31 日公司结平利润汇总账户和股利账户的分录如下。

借：利润汇总   60 000

　　贷：留存收益   60 000

在赢利的会计期末结转利润汇总账户。

借：留存收益   20 000

　　贷：股利   20 000

为结转股利账户，留存收益账户应等额减少本年度宣告的股利。

这些分录的影响就是留存收益账户增加了 40 000 美元，等于公司实现的净利润 60 000 美元减去支付的股利 20 000 美元。如果公司本年发生净亏损，那么利润汇总账户就会有借方余额，编制结转分录必须借记留存收益，减少股东权益总额，同时贷记利润汇总账户。

2. 留存收益表

公司编制留存收益表以汇总一年中留存收益数额的变化。⊖玛丽出租汽车公司的留存收益

⊖　许多公司会编制股东权益表，以反映一年中各股东权益账户的变动情况。第 12 章对股东权益表进行了说明和讨论。

表如表 C-4 所示，其中最后一行的留存收益数额将出现在公司年末的资产负债表中。

表 C-4　玛丽出租汽车公司留存收益表（截至 2021 年 12 月 31 日年度）（单位：美元）

留存收益年初余额（2021 年 1 月 1 日）	80 000
本年净利润	60 000
小计	140 000
减：股利	20 000
留存收益年末余额（2021 年 12 月 31 日）	120 000

C3.11　对公司财务报表的评估

1. 净利润的充足性

就某些方面而言，对公司财务报表的评估要比对非公司制企业的评估来得容易。例如，非公司制企业的利润反映的是对其所有者以下三方面的补偿：①向企业提供服务；②投入企业的资本；③作为所有者承担的风险，常常涉及个人无限责任。

但对公司而言，情况并非如此。如果股东为公司提供服务，他取得工资作为报酬。公司在计算净利润时将工资确认为一项费用，因此净利润不构成所有者私人为公司提供服务的一项补偿。

此外，公司股东作为所有者承担的财务风险以其出资额为限。所以，公司的净利润仅代表股东资本投资的回报。股东只需自问："净利润是否能抵偿我的投资所承担的风险？"这样，股东在投资决策时就比较容易对各公司的盈利能力进行对比。

请牢记，股东并不将其应得的那部分公司净利润纳入其个人所得税申报。还过，公司需要为收到的股利支付所得税。[⊖]

2. 偿债能力的评估

在考虑向非公司制企业提供信用时，债权人通常关注的是所有者个人的偿债能力，而不是经济实体的偿债能力，因为所有者个人对企业债务承担偿还责任。但在向公司提供信用时，债权人通常只注意经济实体的偿债能力。因此，当企业以公司形式组建时，企业的财务能力就变得至关重要了。

3. 小公司与还款担保

那些规模不大的闭锁型公司往往因缺少足够的经济资源而没有资格申请所需贷款。在这种情况下，债权人可以要求公司的一名或几名股东以个人名义为企业的某项特定债务担保（或共同担保）。如果公司无法偿还借款，那么共同担保的股东个人就要承担还款责任。

C3.12　"双重课税"的概念和问题

非公司制企业不缴纳所得税，而是由每位所有者根据其所占企业净利润的份额缴纳个人所得税。

相反，公司则必须根据其应税利润缴纳公司所得税，而且股东还要为他们收到的股利支付个人所得税。因此，公司利润就会被两次征税：一次是在公司赚得利润时，另一次是以股利形式将利润分配给股东时。

这种在两个层面对公司收益分别征税的概念常常被称为**双重课税**（double taxation）。两次征

⊖　此规则的一个例外就是 S 型公司。对此，后面很快会进行说明。

税加起来就占到公司税前利润的 60%～70% 之多。如果投资者预期面临如此高的税率，那么几乎没有企业能筹集到权益资本，因此**纳税筹划**（tax planning）对任何公司制企业都显得至关重要。

公司可通过几种合法途径来规避双重课税的影响，例如，对于在企业服务的股东，公司必须支付工资。这些工资对股东来说是应税收入，但对公司来说工资被记入费用，从而减少了企业的应税利润。又如，如果企业不分配股利而是完全保留盈利，那么对股利的征税可完全避免。

不过，法律对这一切也有限制，如在何种程度上公司可以通过保留收入而不是分配利润给股东来避免缴税。如果公司超过了限度，那么就必须补缴税款。

C3.13　S 型公司

根据"税法 S 分章"的有关规定，许多小规模的闭锁型公司享有特殊纳税地位。符合条件可享受这种特殊待遇的公司就是所谓的 S 型公司（S corporation）。[⊖]

S 型公司不缴纳公司所得税，其股东也不用因收到股利缴纳个人所得税。相反，每位股东根据其所占公司净利润的份额缴纳个人所得税。因此，S 型公司净利润的纳税方式与合伙企业相同。

在下列情况下，组建 S 型公司往往最为有利：

- 当公司赢利并计划将大部分利润以股利形式分配时，S 型公司可避免双重课税问题。
- 新公司在经营早期多会发生亏损。通常，公司发生的净亏损对股东申报个人所得税没有影响，但如果企业是 S 型公司，那么股东就可以在申报个人所得税时减去其在企业净亏损中所占的份额。

从纳税角度来看，S 型公司的纳税地位可使闭锁型公司的所有者大大受益，所以小企业的所有者应考虑采用这种组织形式。

S 型公司属于一种特例，而非常规情况。除非特别说明，否则这里所指的公司均为一般公司，而不是 S 型公司。

C4　合适企业组织形式的选择：将现有企业改组为公司

任何人在创办企业时，首先应仔细考虑企业的组织形式。选择企业的组织形式时，通常须考虑以下因素：

- 所有者对企业债务所承担的个人责任；
- 所得税；
- 筹集大量权益资本的需要；
- 所有者对灵活撤回资金的需要；
- 所有者是否都有管理权限；
- 未来所有权变化时企业持续经营的必要性；
- 组建企业的难易程度和成本。

企业刚建立时，多为独资企业或合伙企业。但随着企业规模的逐渐扩大，这些企业就会改组成闭锁型公司，最后可能发展为上市公司，即向公众发行股票，而且这些股票可在证券

⊖ 作为 S 型公司，必须拥有 75 名或稍少一点的股东，所有的股东都必须是个人，而且是美国公民。因此，当一家公司拥有其他公司的股份时，就不能成为 S 型公司的股东。

交易所交易。

当一家已建企业被改组为公司时，它就成了一个新的经济实体。此时，对该公司资产和负债的估价应以新实体建立时的市价为基础，而不应以过去经济实体的账面价值为基础。

例如，假设独资企业雷恩工程公司长期为戴凡·雷恩所有和经营。1月，雷恩决定将企业重组为公司。他注册了新公司，并将独资企业的所有资产转入新公司，且新公司也承担了原企业的全部债务。作为对投入净资产（资产减负债）的回报，雷恩得到新公司的 20 000 股股票。

下表列出了新企业组建日原独资企业的资产、负债和所有者权益。其中左边一栏中的数据为原独资企业这些项目的会计账面价值，右边一栏数据则为相应的市场价值。各栏中的所有者权益都等于总资产减总负债。

（单位：美元）

	独资企业会计记录中的账面价值	现行市场价值
现金	30 000	30 000
应收账款	75 000	60 000
存货	10 000	15 000
土地	40 000	100 000
建筑物	60 000	70 000
设备	70 000	90 000
应付票据	55 000	55 000
应付账款	20 000	20 000
所有者权益	210 000	290 000

以收到的资产和债务的价值为基础，记录新组建公司的分录如下。

借：现金	30 000	
应收账款	60 000	
存货	15 000	
土地	100 000	
建筑物	70 000	
设备	90 000	
贷：应付票据		55 000
应付账款		20 000
股本		290 000

从雷恩工程公司获得的资产和债务，通过发行 20 000 股股票来交换。

公众持股公司只有在股票上市出售给投资大众时（称为"首次公开募股"或 IPO）才收到现金。之后，股票的交易只是发生在不同投资者之间，对公司现金流量无直接影响。然而，公开上市公司往往非常关心其流通在外股票市价的增长趋势。

为什么？主要原因是：第一，公司密切关注其股票市价是因为其股票的表现直接影响将来企业（通过增发）募集权益资本的能力；第二，股票业绩差通常暗示企业正面临财务危机，这反过来可能会使公司很难获得贷款，甚至使潜在客户不愿购买其生产的产品或提供的服务。第三，许多的公司将股票期权纳入管理层薪酬计划。如果公司股价跌破一定价值，那么期权就会一文不值。一旦发生这种情况，公司的主要管理者就会丧失为公司努力的动力，甚至会决定投向其他公司。

C5 对合伙企业会计的深入探讨

合伙企业的会计处理有许多独特之处。这里重点讨论新建合伙企业开立账户、追加投资、业主提款、合伙人之间分配净利润以及编制年底结账分录等问题。

C5.1 为新建合伙企业开立账户

如果某一合伙人以非现金资产投资，那么就会面临资产如何计价的问题。对非现金资产的估价应当以资产转入合伙企业当日的公允市场价值为准。而且，评估价值必须经所有合伙人的同意。

为说明新建合伙企业最初会计分录的编制，假设：2021年1月1日，约翰·布莱尔和理查德·克罗斯各经营一家零售商店，现决定合并建立一家合伙企业。这样，应先为每个合伙人开立一个投资账户，并贷记净资产（总资产减总负债）的约定价值。记录布莱尔和克罗斯开立账户的日记账分录如下。

借：现金 40 000
  应收账款 60 000
  存货 90 000
 贷：应付账款 30 000
  实收资本——约翰·布莱尔 160 000
记录合伙企业中约翰·布莱尔的投资。

借：现金 10 000
  存货 60 000
  土地 60 000
  建筑物 100 000
 贷：应付账款 70 000
  实收资本——理查德·克罗斯 160 000
记录合伙企业中理查德·克罗斯的投资。

合伙企业的会计处理与独资企业大致相同，不同之处在于每个合伙人有一个单独的投资账户用于记录合伙人投入资本、提取资本和净利润中分得的份额。简而言之，投资账户显示了每个合伙人在企业中权益变动的全过程。

每个合伙人还有一个提款账户。当合伙人提取现金或其他资产时，包括使用合伙企业资金偿还个人债务，都要记入提款账户。

1. 追加投资

假设开业后6个月，企业需要更多的资金，每个合伙人在7月1日追加投资10 000美元。如下所示，追加投资应贷记资本账户：

借：现金 20 000
 贷：实收资本——约翰·布莱尔 10 000
  实收资本——理查德·克罗斯 10 000
记录追加投入资本。

2. 合伙企业年末结账

在会计年度末，利润汇总账户的余额要结转到合伙人的资本账户。合伙企业的盈利或亏损按他们的合伙协议在合伙人之间分配。

在本例中，假设布莱尔和克罗斯达成协议平均分享利润（本章后面将讨论其他的利润分享协定）。假定合伙企业营业第 1 年的净利润为 60 000 美元，结平利润汇总账户的分录如下：

借：利润汇总	60 000	
贷：实收资本——约翰·布莱尔		30 000
实收资本——理查德·克罗斯		30 000

根据平均分享利润协定分配该年的净利润。

结账的下一步是将合伙人的提款账户余额转入他们的资本账户。假定年度内布莱尔提款 24 000 美元，克罗斯提款 16 000 美元，12 月 31 日结平提款账户的分录如下：

借：实收资本——约翰·布莱尔	24 000	
实收资本——理查德·克罗斯	16 000	
贷：提款——约翰·布莱尔		24 000
提款——理查德·克罗斯		16 000

将合伙人提款账户的借方余额转入各自的资本账户。

不难发现，把利润和提款结转到资本账户的最终结果是布莱尔资本账户上的资本数量现在比克罗斯资本账户上的资本数量少 8 000 美元。布莱尔资本账户增加了 6 000 美元（等于 30 000 美元的利润减去 24 000 美元的提款），而克罗斯资本账户增加了 14 000 美元（等于 30 000 美元的利润减去 16 000 美元的提款）。

3. 合伙企业的利润表

合伙企业的利润表同独资企业唯一不同的是最后要加上净利润在合伙人之间的分配情况（参见表 C-5）。与独资企业相同的是，合伙企业的利润表中没有所得税费用和支付给提供服务的合伙人工资。

表 C-5　布莱尔 – 克罗斯合伙企业利润表（截至 2021 年 12 月 31 日年度）　　　（单位：美元）

销售收入		600 000
销货成本		400 000
销售毛利		200 000
经营费用：		
销售费用	100 000	
管理费用	40 000	140 000
净利润		60 000
净利润分配：		
约翰·布莱尔（50%）	30 000	
理查德·克罗斯（50%）	30 000	60 000

4. 合伙企业合伙人权益表

合伙人通常要求了解上年末至本年末合伙人投资账户的变动情况。表 C-6 给出了布莱尔 – 克罗斯合伙企业的合伙人权益表。

表C-6 布莱尔-克罗斯合伙企业合伙人权益表（截至2021年12月31日年度）（单位：美元）

	布莱尔	克罗斯	合计
年初余额（2021年1月1日）	160 000	160 000	320 000
加：追加投资	10 000	10 000	20 000
本年净利润	30 000	30 000	60 000
小计	200 000	200 000	400 000
减：提款	24 000	16 000	40 000
年末余额（2021年12月31日）	176 000	184 000	360 000

布莱尔-克罗斯公司资产负债表将列示每个合伙人的投资账户以及权益总额36万美元。

C5.2 合伙人间合伙企业净利润的分配

合伙企业赚得的利润补偿的是：①合伙人为合伙企业提供的个人服务；②合伙人投入合伙企业的资本；③合伙人作为合伙企业所有者所承担的风险。确认上述三个方面的因素有助于制定合理的合伙企业利润分配方案。

若有一位合伙人全职为企业服务，而另一位合伙人付出很少时间或根本不花时间管理企业，那么合伙人为企业贡献不同的时间和精力应当在分享利润的协议中得到体现。如果某位合伙人有特殊技能，协议中也应规定给予报酬。另外，合伙人投入企业的资本额也会有差异。同样，合伙人在以上方面对企业贡献的差异也应在盈亏分享协议中得到体现。

为确认每个合伙人对企业的具体贡献，合伙企业的盈亏分享协议往往包括对合伙人的工资补贴和按出资额计算的利息补贴。这里的"工资"和"利息"不是企业的费用，而是计算分配合伙企业净利润时的考虑因素。

在上述布莱尔和克罗斯组建合伙企业的例子中，我们假定两位合伙人投入等额资本，提供等量服务，并等额分享净利润。现在，我们要考虑合伙人出资以及提供服务不等量的情况。理论上，合伙人可选择任何分享利润与亏损的方式。不过，大多数盈亏分享协议不外乎以下四种类型：

- 按固定比例分配。在前述布莱尔-克罗斯合伙企业的例子中，就介绍了这种按固定比例分配的方法，采用的是50%对50%的平均分配。合伙人可就任何比例在事先达成约定，如60%对40%或70%对30%。
- 在向合伙人提供工资津贴的基础上，剩余净利润或亏损按固定比例分配。
- 根据合伙人投资账户余额给予利息补贴，剩余净利润或亏损按固定比例分配。
- 在向合伙人提供工资津贴并根据合伙人投资账户余额给予利息补贴的基础上，剩余净利润或亏损按固定比例分配。

以上这些分配合伙企业净利润的方法旨在确认合伙人之间所提供的个人服务和所投入资本数量的差异。

在下面的例子中，假定合伙人投资账户的期初余额分别为布洛克·亚当斯160 000美元，本·巴纳斯40 000美元，年末利润汇总账户有贷方余额96 000美元，代表当年的净利润。

1. 工资津贴加按固定比例分配的剩余利润

由于合伙人为企业提供的服务量往往不同，因此合伙企业协议的利润分配条款常常会考虑提供给合伙人的工资津贴。

例如，假定亚当斯和巴纳斯就年度工资津贴达成协定，亚当斯每年得到 12 000 美元，巴纳斯得到 60 000 美元，这笔总数达 72 000 美元的工资津贴是合伙人事先达成协定的。当然，企业在某个年度的净利润不大可能正好等于 72 000 美元。因此，合伙企业的剩余净利润或亏损分配协议中应规定关于扣除工资津贴后剩余利润或亏损分配的比例。这里假定亚当斯和巴纳斯两人协定平分剩余利润或亏损。

表 C-7 给出了合伙企业的 96 000 美元净利润在合伙人亚当斯和巴纳斯之间的分配情况。这里，先向合伙人分配协定的工资津贴，用去净利润 72 000 美元。之后，余下的 24 000 美元按协定的固定比例（本例为 50% 对 50%）进行分配。

表 C-7　合伙企业净利润的分配 （单位：美元）

	亚当斯	巴纳斯	净利润
供分配的净利润			96 000
分配合伙人的工资津贴	12 000	60 000	（72 000）
分配工资津贴后的剩余利润			24 000
按固定比例分配：			
亚当斯（50%）	12 000		
巴纳斯（50%）		12 000	（24 000）
每一合伙人分得的总份额	24 000	72 000	0

根据该协议，亚当斯分得 96 000 美元利润中的 24 000 美元，巴纳斯分得 72 000 美元。结转利润汇总账户的分录如下。

借：利润汇总　　　　　　　　　　　　　　　　　　　　　96 000
　　贷：实收资本——亚当斯　　　　　　　　　　　　　　　　24 000
　　　　实收资本——巴纳斯　　　　　　　　　　　　　　　　72 000

将协定的工资津贴和平分的剩余利润贷记合伙人投资账户以结转利润汇总账户。

合伙企业利润分配中的工资津贴有时会被错误解释，甚至合伙人本身也不甚明白。工资津贴仅仅是用于利润分配的事先协定好的方法，既不是企业的费用，也不作为工资费用记入合伙企业账户。合伙人是企业的所有者而不是雇员。因此，合伙人向企业提供服务的目的是分享利润，而不是取得工资津贴。

与合伙人工资津贴相比，合伙人从合伙企业撤回的现金或其他资产数量或多或少。即使合伙人撤回的资金数量恰好等于他的"工资津贴"，提款业务依旧借记该合伙人提款账户，而不是借记费用账户。这里要再次强调的是，合伙人的"工资津贴"不记为企业的费用。⊖

2. 利息补贴加按固定比例分配的剩余利润

现在我们假设合伙人为企业提供的服务极少，净利润主要依靠投入企业的资本。因此，利润分配计划可能强调把投入资本作为利润分配的第一步。

例如，假设亚当斯和巴纳斯两位合伙人都同意按照年初投资账户余额的 12% 获得利息，剩余的利润或亏损部分平均分配。假设供分配的利润依旧为 96 000 美元，年初投资账户的余额为亚当斯 160 000 美元，巴纳斯 40 000 美元。表 C-8 给出了合伙企业净利润的分配情况。在分配过程的第一步，亚当斯所分到的利润（19 200 美元）比巴纳斯分到的利润（4 800 美元）要高得多，原因就在于亚当斯的资本投入比巴纳斯的要多得多。

⊖ 这一原则的例外情形将在更高级的会计课程中进行讨论。

表 C-8 合伙企业净利润的分配 （单位：美元）

	亚当斯	巴纳斯	净利润
供分配的净利润			96 000
按年初投资额分配的利息补贴：			
亚当斯（160 000×12%）	19 200		
巴纳斯（40 000×12%）		4 800	
分配的利息补贴总额			（24 000）
扣除利息补贴后的剩余利润			72 000
按固定比例分配：			
亚当斯（50%）	36 000		
巴纳斯（50%）		36 000	（72 000）
每一合伙人分得的份额	55 200	40 800	0

本例中结转利润汇总账户的分录如下。

借：利润汇总 96 000
  贷：实收资本——亚当斯 55 200
    实收资本——巴纳斯 40 800

按年初投资账户余额的 12% 计息，余额平均分配，贷记合伙人投资账户，结转利润汇总账户。

3. 利息补贴、工资津贴加按固定比例分配的剩余利润

前面的例子虽然考虑了亚当斯和巴纳斯出资额的不同，但忽略了他们提供的服务量的不同。在下面的例子里，我们假设合伙人达成的利润分配协议规定了工资津贴以及按年初投资账户余额计算的利息补贴。首先，按照约定的工资津贴，亚当斯得到 12 000 美元，巴纳斯得到 60 000 美元，依据的是他们各自投入的时间和专业技能。其次，年初投资账户余额为亚当斯 160 000 美元，巴纳斯 40 000 美元，合伙人得到按出资额 10% 计算的利息补贴，主要体现的是合伙人出资额和财务风险的差异。最后，对支付所批准的工资津贴和资本利息补贴后的剩余利润采用平均比例分配。表 C-9 给出了基于上述安排的合伙企业净利润的分配。

表 C-9 合伙企业净利润的分配 （单位：美元）

	亚当斯	巴纳斯	净利润
供分配的净利润			96 000
分配给合伙人的工资津贴	12 000	60 000	（72 000）
分配工资津贴后的剩余利润			24 000
按期初投资额计算的利息补贴：			
亚当斯（160 000×10%）	16 000		
巴纳斯（40 000×10%）		4 000	
分配的利息补贴总额			（20 000）
分配工资津贴和利息补贴后的剩余利润			4 000
按固定比例分配：			
亚当斯（50%）	2 000		
巴纳斯（50%）		2 000	（4 000）
每一合伙人分得的份额	30 000	66 000	0

本例中结转利润汇总账户的日记账分录如下。

借：利润汇总	96 000	
贷：实收资本——亚当斯		30 000
实收资本——巴纳斯		66 000

将约定的工资津贴、按期初投资额10%计算的利息补贴以及均分得到的剩余利润贷记合伙人投资账户，以结转利润汇总账户。

4. 超过净利润的约定工资津贴和利息补贴

在前例中，约定的工资津贴和利息补贴的总额为92 000美元，而可供分配的利润总额为96 000美元。如果净利润只有50 000美元，那又该如何分配呢？

如果合伙企业协议规定了工资津贴和出资资本的利息补贴，同时还规定：即使净利润少于约定的工资津贴和利息补贴总额，也要进行工资津贴和利息补贴分配。如果亚当斯和巴纳斯的合伙企业净利润仅为50 000美元，那么此时的分配情况如表C-10所示。

表 C-10 合伙企业净利润的分配 （单位：美元）

	亚当斯	巴纳斯	净利润
供分配的净利润			50 000
分配给合伙人的工资津贴	12 000	60 000	（72 000）
分配工资津贴后剩余的亏损			（22 000）
按期初投资额计算的利息补贴：			
亚当斯（160 000×10%）	16 000		
巴纳斯（40 000×10%）		4 000	
分配的利息补贴总额			（20 000）
分配工资津贴和利息补贴后剩余的亏损			（42 000）
按固定比例分配：			
亚当斯（50%）	（21 000）		
巴纳斯（50%）		（21 000）	42 000
每一合伙人分得的份额	7 000	43 000	0

亚当斯可能会对这一会计年度合伙企业净利润的分配感到惊奇。这一分配方式事实上仅使亚当斯分得7 000美元利润，巴纳斯分得43 000美元利润。主要原因在于巴纳斯分得60 000美元的工资津贴。结转利润汇总账户的日记账分录如下。

借：利润汇总	50 000	
贷：实收资本——亚当斯		7 000
实收资本——巴纳斯		43 000

将约定工资津贴、按年初投资账户余额10%计算的利息补贴和平均分担的亏损贷记合伙人投资账户，以结转利润汇总账户。

如表C-11所示，如果净利润更少，比如说只有30 000美元，那么亚当斯所能分得的就是负值金额了。

表 C-11 合伙企业净利润的分配 （单位：美元）

	亚当斯	巴纳斯	净利润
供分配的净利润			30 000
分配给合伙人的工资津贴	12 000	60 000	（72 000）

（续）

	亚当斯	巴纳斯	净利润
分配工资津贴后的剩余亏损			（42 000）
按期初投资额计算的利息补贴：			
亚当斯（160 000×10%）	16 000		
巴纳斯（40 000×10%）		4 000	
分配的利息补贴总额			（20 000）
分配工资津贴和利息补贴后的剩余亏损			（62 000）
按固定比率分配：			
亚当斯（50%）	（31 000）		
巴纳斯（50%）		（31 000）	62 000
每一合伙人分得的份额	（3 000）	33 000	0

习题

讨论题

1. 约翰·汉森名下的独资企业汉森体育用品商店是一家零售商店。约翰·汉森还拥有一栋建筑物，当时以25万美元购入，现在价值为30万美元（约翰·汉森以该建筑物为抵押借款14万美元）。请说明汉森体育用品商店的财务报表是如何列示该建筑物和抵押贷款的？

2. 莎拉·米勒是一家小型生产企业的业主。她正在考虑与威尔·勃莱根合作建立一家合伙企业的可能性，因为她觉得勃莱根十分精通业务，而且双方意气相投。简要阐述建立合伙企业对米勒的利弊。

3. 共同代理这一术语是指什么？

4. 某房产开发公司由国内50名投资者投资建立，现由两名经验丰富的开发商进行管理。为使投资者取得最大限度的所得税利益，企业以合伙企业形式组建。请解释为什么这种类型的企业最有可能采用有限合伙企业形式而不是普通合伙企业形式。

5. 在比较具有相同规模的合伙企业和公司的净利润时，应考虑哪些因素？

6. 米妮·里德是零售商店计算机工厂的合伙人。在本年度内，她从合伙企业提取现金45 000美元，同时取走价值3 200美元的存货供个人使用。今年她分得的合伙企业净利润为39 000美元。里德在申报个人所得税时应申报多少？

7. 根据以下特征来区别公司与合伙企业。
   （1）所有者对企业债务承担的责任；
   （2）所有权利益的转让；
   （3）持续存在性；
   （4）联邦所得税。

8. 解释对公司利润进行"双重课税"的含义。

9. 当两名或多名合伙人考虑签订利润分配协议时，需要考虑哪些因素？

10. 合伙人约翰·弗雷奇面临着他的合伙人给出的一个选择：接受无工资津贴但可获得合伙企业净利润1/3的方案，或者接受每年36 000美元工资津贴外加1/4合伙企业净利润的方案。请简要指出约翰·弗雷奇做决策时须考虑的因素。

练习题

1. E-Z制造公司是一家合伙企业，合伙人有约兰多·冈萨雷斯、威利·托德和琳达·沃克三人。合伙企业合约规定三人平分合伙企业利润。本年度，冈萨雷斯提款25 000美元，托德提款23 000美元，沃克提款35 000美元。该公司的净利润为180 000美元。
   （1）计算本期每位合伙人分得的净利润。
   （2）合伙企业经营对合伙人个人申报所得税是否有影响？如果有，请说明。

（3）编制本年度合伙人权益表。假设年初合伙人投资账户余额分别为：冈萨雷斯 50 000 美元，托德 60 000 美元，沃克 40 000 美元。

2. 下表给出的是华生公司截至 2020 年 12 月 31 日年度和截至 2021 年 12 月 31 日年度资产负债表的股东权益情况。

（单位：美元）

	2021 年度	2020 年度
股东权益：		
股本	50 000	30 000
留存收益	200 000	180 000
股东权益总额	250 000	210 000

（1）计算 2021 年度股东的追加投资金额。

（2）假设公司宣告并支付 2021 年度股利 10 000 美元，计算公司 2021 年度赚得的净利润。

（3）解释 2021 年 12 月 31 日留存收益余额 200 000 美元的意义。

3. 莎朗和罗伯特都是注册会计师，他们分别出资 100 000 美元和 80 000 美元建立了一家合伙企业，同意按如下条款分配净利润：

（1）莎朗的工资津贴为 80 000 美元，罗伯特为 60 000 美元。

（2）按投资账户年初余额的 15% 计算利息补贴。

（3）超过利息补贴与工资津贴的合伙企业利润，莎朗得 60%，罗伯特得 40%。

合伙企业经营第 1 年发放利息补贴和工资津贴前的净利润为 247 000 美元。这笔 247 000 美元的净利润在两位合伙人之间如何分配？计算时，按照表 C-9 的格式分别列示利息补贴、工资津贴和剩余利润的分配。

4. 快餐小屋是一家快餐店，由三名合伙人投资建立，约定平均分享利润。下表列示的是本年度结账前部分账户的余额。

（单位：美元）

	借方	贷方
实收资本：		
格伦		55 000
周		60 000
威尔克斯		5 000

（续）

	借方	贷方
提款：		
格伦	15 000	
周	15 000	
威尔克斯	25 000	
利润汇总		90 000

根据上述资料，回答下列问题并列出必要的计算步骤。

（1）在各合伙人的纳税申报表中，三名合伙人应报告多少与该企业相关的收入？

（2）编制本年度（截至 12 月 31 日）的合伙人权益表。假定三名合伙人本年度都没有进行追加投资。

（3）假定每位合伙人为企业服务相同时间。那么，为什么格伦和周会觉得利润分配方案不合理？

（4）在评估合伙企业赚得的利润是否充足时，合伙人应考虑哪些因素？

5. 礼帽公司是按公司形式组建、从事魔术道具经营的连锁企业。6 月，公司股东权益账户发生了以下经济事项：

6 月 3 日，公司按每股 20 美元的价格出售 1 000 股无面值股票。

6 月 10 日，公司宣布向流通在外的 20 000 股股票发放股利，每股 30 美分，6 月 23 日支付。

6 月 23 日，公司发放 6 月 10 日宣告的股利。

6 月 30 日，利润汇总账户有贷方余额 60 000 美元，公司按月结账。

（1）为公司以上各经济事项编制日记账分录，包括结转利润汇总账户和股利账户所需的分录。

（2）编制 6 月的留存收益表。假定 5 月 31 日留存收益账户的余额为 52 万美元。

6. 威廉·伯斯特在 2020 年年初组建了边疆西部服饰有限公司。1 月 15 日，公司按每股价值 20 美元向威廉·伯斯特和其他投资者发行了 40 000 股股票。

在 2020 年年底将收入和支出账户（除所得税费用账户外）结转至利润汇总账户后，公司有 12 万美元的税前利润。公司所得税税率为40%。公司本年度没有宣告股利。

2021年3月15日，公司董事会宣告发放每股股利50美分，4月15日支付。

（1）编制2020年下列事项的日记账分录：①记录发行普通股；②记录12月31日的所得税负债；③结转所得税费用账户。

（2）编制并记录2021年3月15日宣告股利和4月15日支付股利的日记账分录。

（3）公司2021年产生净亏损18 000美元。编制2021年12月31日结转利润汇总账户和股利账户的日记账分录。

（4）编制2021年12月31日资产负债表的股东权益部分并单独列表说明编表日留存收益的计算过程。

7. 下面两个案例相互独立，每个案例都为编制公司资产负债表的股东权益部分提供了必要的资料。

（1）2019年年初，威森股份公司成立，发行股票50 000股，每股5美元。2019年公司报告净亏损32 000美元，2020年又发生净亏损12 000美元。2021年，公司报告90 000美元净利润，并宣告发放股利，每股50美分。

（2）安贝实业公司于2017年年初成立，发行股票100 000股，每股10美元。公司已经营5年，共赢利900 000美元，并且每年向普通股股东支付每股股利25美分。

要求：

为两家公司分别编制2021年12月31日公司资产负债表的股东权益部分。

8. S&X公司是乔·桑特独资拥有的一家零售商店。11月，该零售商店的资本账户发生了以下相关的经济事项：

11月9日，乔·桑特追加投资15 000美元。

11月15日，乔·桑特提取1 500美元，作为他本月前两周的工资津贴。

11月30日，乔·桑特提取1 500美

元，作为他本月后两周的工资津贴。

11月30日，S&X公司向乔·桑特分配利润1 000美元。

（1）假设该企业以独资企业形式组建：

①编制该企业记录上述经济事项的日记账分录。

②编制11月的结转分录。假定结转所有收入和费用账户后，利润汇总账户有余额5 000美元。

[提示：采用单独的投资账户记录投资，用单独的提款账户记录提款（工资津贴）。结转分录包括将提款账户结转到投资账户。]

（2）假设该企业以公司组织形式组建：

①编制该公司记录上述经济事项的日记账分录。假定11月30日的利润分配是支付11月20日宣告的股利。

②编制11月的结转分录。假定结转所有收入和费用账户（除所得税费用账户外）后，利润汇总账有余额2 000美元。编制结转分录前，先编制当月应付所得税费用分录，并将所得税费用账户结转至利润汇总账户。假定公司所得税税率为30%。

（3）解释该企业采用独资企业与采用公司组织形式时产生净利润差异的原因。

（4）阐述组织形式对乔·桑特申报个人所得税的影响，假定企业分别采用独资企业形式和公司组织形式。

9. 阿夫雷-克拉克的合伙企业于7月1日成立。合伙人乔治·阿夫雷和第纳·克拉克约定等额出资，平均分配利润与亏损。阿夫雷的出资包括30 000美元现金和价值56 000美元的商品存货。

克拉克出资总额也是86 000美元。按照约定，他的出资包括原有企业的资产和随同转入合伙企业的负债（见下表）。下表给出了各项目的约定价值以及在克拉克企业账户上的账面价值。此外，克拉克还拿出部分现金，使其投资账户达到86 000美元。

（单元：美元）

	克拉克的投资	
	克拉克企业账户的余额	约定价值
应收账款	81 680	79 600
存货	11 400	12 800
办公设备（净值）	14 300	9 000
应付账款	24 800	24 800

（1）编制记录阿夫雷和克拉克在新建合伙企业投资的分录（普通日记账形式）。

（2）编制7月1日关闭原企业后新建合伙企业的资产负债表（报表形式）。说明上述资产在企业间的转移。

（3）经过一年的营业，次年6月30日，利润汇总账户显示贷方余额为74 000美元，每位合伙人的提款账户均有借方余额31 000美元。编制6月30日的日记账分录以结转利润汇总账户和提款账户。

10. "今日喜剧"是一家以合伙企业形式组建的喜剧俱乐部。其中，艾布特出资80 000美元，马丁出资120 000美元。经营第一年的净利润达110 000美元。

（1）在下列三种盈亏分配假设方案下，110 000美元净利润该如何分配？运用本附录的净利润分配表并列示净利润分配的步骤：

①净利润按固定比例分配：艾布特占35%，马丁占65%。

②按投资账户年初余额的15%计算利息补贴，余额平分。

③给合伙人艾布特工资津贴36 000美元，马丁56 000美元；按投资账户年初余额的15%计算利息补贴，余额则平分。

（2）根据③中分配方案的结果编制日记账分录，以结转利润汇总账户。

11. 罗斯加尔特装备公司共有三位合伙人——阿克斯勒、勃莱特和康纳特。当年度他们三人投资账户的期初余额分别为阿克斯勒180 000美元、勃莱特140 000美元和康纳特80 000美元。合伙企业协议规定合伙人的工资津贴如下：阿克斯勒10 000美元、勃莱特50 000美元和康纳特28 000美元。合伙人还将得到该年投资账户余额12%的利息补贴。剩余的利润或亏损按如下方式分配：阿克斯勒1/2、勃莱特1/3和康纳特1/6。

根据以下假设分别编制表格说明三个合伙人对利润的分配情况。下面的数据是当年可供分配的合伙企业净利润或亏损（计算结果保留整数）。

（1）利润526 000美元。

（2）利润95 000美元。

（3）亏损32 000美元。

12. 阿兰·韦伯名下的小肉铺"大切刀"最初是独资企业，而后他开始在报刊的礼品栏中登载广告，企业因而迅速扩展成大型邮购企业。现在，该企业通过速递向世界各地出售肉类产品和海产品。

本年度初，韦伯将企业改组为公司，他本人是唯一股东。当年公司赚得税前利润100万美元（当年公司所得税税率为40%，韦伯的个人所得税税率为45%）。

在工资津贴和提款方面，韦伯采用的操作方法仍旧和以前独资企业一样。尽管企业由他个人管理，但他不拿工资。他解释道："为什么要拿工资？现在我其他方面的收入足够开支；此外，工资支出会使公司利润减少，而利润又是属于我的。"

近几年，韦伯每月将与公司月净利润等额的资金从公司的银行账户转入他的个人账户。大切刀改组为公司后，他继续通过发放月度股利进行这些资金转账。

（1）在不考虑所得税因素的情况下，请指出韦伯将企业改组为公司的有利之处。

（2）如果大切刀仍为独资企业，计算其100万美元税前利润在缴纳所得税后，韦伯可留存的部分。

（3）大切刀作为公司，其100万美元税前利润在缴纳所得税后，韦伯又可留存多少？

（4）解释"双重课税"的含义。

（5）讨论韦伯合法降低公司税前利润纳税总额的几种方法。

13. 胡安·雷米尔和杰米·史密斯正在考虑建立一家从事高空摄影工作的合伙企业。雷米尔是一名持有执照的飞行师，现年薪为 48 000 美元，他计划投入合伙企业 50 000 美元。史密斯是一名职业摄影师，现年薪为 30 000 美元。最近他继承了 70 000 美元的财产，准备全部投入合伙企业。

两名合伙人都将在合伙企业全职工作。经过仔细研究，他们预计经营第一年的费用可能要比收入多 10 000 美元，而第二年企业可望赢利约 80 000 美元（这些估计的费用不包括支付给合伙人的工资津贴和利息补贴）。按照当前的市场环境，该行业的平均投资报酬率为 20%。

（1）根据上述资料，为雷米尔和史密斯准备一套利润分配方案，同时说明你选择该方案的理由。

（2）根据你提供的方案，分别编制两位合伙人接下来两年的预计净利润分配表（假定合伙人投资账户的最初余额两年内保持不变。按照该简化的假设，因利润分配、投资退出或追加投资而带来的资本账户变动可忽略不计）。

（3）简要说明两名合伙人分得利润不同的原因并用你的利润分配计划来说明这些结果。